국어 교육을 위한
현대 국어 음운론

국어 교육을 위한
현대 국어 음운론

이문규

한국문화사

이 책의 초판이 나온 지 10년이 넘었다. 그 사이에 교육과정이 세 차례나 바뀌었고, 곧 또 새 교육과정이 고시될 예정이라고 한다. 이렇게 자주 바뀌는 교육과정을 일일이 따라갈 수는 없는 일일 뿐 아니라 음운론의 내용이 교육과정의 바뀜에 따라 달라질 부분이 많지 않다고 하더라도, 이 책이 국어과 교육을 염두에 두고 쓴 것이라는 점을 생각하면 개정판이 나오기까지 걸린 시간이 너무 길었던 것은 틀림없다. 더욱이, 처음부터 성글고 부족한 책인 줄 알면서도 제대로 교정 한 번 못 보고 그 긴 시간을 보낸 것을 매우 부끄럽게 생각한다.

초판에서는 가능하면 학교 문법의 관점을 따른다는 원칙에 따라 대부분의 내용에 대해 학교 문법 및 어문규범의 내용과 개념을 앞세우고 다른 관점이 있으면 덧붙이는 방식으로 내용을 기술하였다. 개정판에서도 이 원칙은 대체로 고수되었으나 몇 군데는 학문 문법의 일반적인 관점을 따라 내용을 수정하거나 용어를 바꾸고, 학교 문법의 내용을 비판적으로 검토하는 내용을 더하기도 했다. 음운 변동의 유형 중에서 하나의 음운이 다른 음운으로 바뀌는 현상을 '대치'로만 부르기로 한 것이나, '축약'에 넣었던 '반모음화'를 '대치'로 옮긴 것이 그 보기이다.

아울러, 이번 개정에서는 제목에 덧붙은 '국어 교육을 위한'이라는 수식어의 뜻에 조금이라도 더 부합하는 방향으로 내용을 보완하고자 하였다. 이 일은 주로 문법 교육의 가치를 추구하기 위해, 현재의 음운 교육의 내용에서 좀 더 강조하거나 추가할 내용, 혹은 좀 다른 각도에서 접근할 필요가 있는 내용 등에 대한 의견을 제시하는 방식으로 이루어졌다. 문법 교육의 내용은 우리말의 본질적 특성 및 한국 사람의 언어 능력을 더 잘 보여줄 수 있도록 내용을 선별하고 재구성할 필요가 있다고 보고, 음운 분야에서 그러한 내용을 제시하고자 한 것이다. 이것은 문법 교육의 내용은 학문 문법을 바탕으로 구성될 수밖에 없지만 그것의 요약본이 되어서는 안 되며, 그것은 국어과 교육의 목표, 문법 교육의 가치에 부합하는 방향으로 재구성되어야 한다는 생각을 바탕으로 한 것이다.

　이번 개정 작업도 일일이 밝히지 못한 많은 선행 연구의 도움을 받았다. 이 자리를 빌려 한 번 더 감사를 드린다. 이 책으로 강의를 하면서 격려와 조언을 해 주신 여러 선생님들께, 그리고 이 책으로 국어 음운론을 공부하면서 다양한 질문을 해 준 많은 학생들에게도 깊은 감사의 마음을 전한다. 이분들의 격려와 관심이 없었더라면 여전히 부족함 투성이인 이 개정판은 나오기가 어려웠을 것이다. 그리고 지난 몇 년 동안 개정 작업을 독려해 주었고, 또 판형을 바꾸어 가며 이렇게 예쁜 책으로 꾸며 준 한국문화사 여러분께도 감사의 말씀을 드린다.

2015년 8월 10일
이문규

　이 책은 국어 교육을 염두에 두고 쓴 음운론 개설서이다. 따라서 다양한 이론을 적용하기보다는, 일관된 방법론으로 우리말의 음운과 관련된 사항들을 쉽고 자세하게 설명하는 데 중점을 두었다. 이를 위해, 언어 자료의 관찰을 통해 우리말 음운을 탐구하고 그 결과를 국어 교육에 바로 활용할 수 있도록 하는 쪽으로 내용을 구성하였다.

　여러 해 동안 예비 국어 교사들을 대상으로 음운론을 강의하면서, 우리말 음운에 대한 자세한 설명을 담고 있으면서 아울러 국어 교육에 대해서는 실질적인 지원 자료가 될 수 있는 음운론 교재가 있으면 좋겠다는 생각을 해 왔다. 이 소박한 생각이 그동안의 부실한 강의안을 책으로 엮는 만용으로 이어진 것이다.

　책의 목적과 방향을 대강 정하고 그것에 따라 얼개를 짠 후, 몇 해에 걸쳐 모아온 강의안과 참고 자료를 믿고 덥석 시작은 하였으나 실제 작업은 그리 만만한 것이 아니었다. 머릿속에 든 지식과 강의안의 내용들도 막상 개설서의 성격에 맞는 내용으로 진술되기에는 턱없이 불완전하고 정제되지 않은 상태였던 것이다. 발음 하나, 형태 하나도 사전의 도움을 받지 않고는 확신을 가질 수 없었으며 간단한 설명 하나도 먼저 나온 논저를 확인하기 전에는 선뜻 하기 어려웠다.

　따라서 이 책은 여러 선행 연구의 도움이 아니었으면 단 한 줄도 이루어지지 못했을 것이다. 이 점 깊이 감사드리며 세세한 인용과 주석을 달지 못한 점에 대해서는 양해를 구한다.

　책을 쓰면서 가장 크게 느껴진 것은, 이 까다로운 내용을 불완전한 언어로, 그것도 늘 시간에 쫓겨 가면서 내뱉었으니 그동안 강의를 들은 학생들이 얼마나 힘들었을까 하는 점이었다. 그 힘든 강의를 내색하지 않고 열심히 들어준, 게다가 강의 평가에서 후한 점수까지 준 부산교대와 경북대학교의 국어 교육과 학생들이 고마울 따름이다.

허웅 선생님이 쓰신 책으로 공부를 하고 또 그 책으로 강의를 하다가, 그 책 언저리에도 갖다 놓기 부끄러운 이 책을 선생님께서 별세하신 해에 세상에 내놓게 되었다. 학기 초에 며칠이라도 늦게 책을 주문할라치면 출판사 전화를 직접 받으시고는 "이번 학기에는 좀 늦네요?" 하시며 학생들 편을 들어주시던 목소리가 선연하다.

완성된 원고를 놓고 보니 부실한 점이 한두 가지가 아니다. 집필 계획에 따른 것이긴 하지만 음운 이론에 대한 내용이 부족한 점이 여전히 마음에 걸리고, 당초에 중점을 두고자 했던 우리말 자료에 대한 설명에도 학계의 연구 성과가 두루 반영되지 못했다. 음운론과 언어 규범의 관계나 학교 문법에 대한 설명 역시 균질적이지 못한 부분이 많이 눈에 띈다. 앞으로 계속 깁고 채워 나갈 것을 다짐한다.

부족한 책을 세상에 내놓으면서, 감사의 인사를 드려야 할 분들이 너무나 많다. 내세울 것이 없는 삶과 학문이지만 필자가 오늘 여기까지라도 온 것은 오로지 지도교수이신 김종택 선생님의 가르침과 보살핌 덕택이다. 선생님은 철모르는 촌놈을 불러 공부를 시키고 20년이 넘는 세월 동안 한결같이 과분한 사랑을 베풀어 주셨다. 이번 여름에 영광스런 정년을 맞이하실 선생님께 그동안 당신이 내주신 많은 숙제 중 하나를 제출하는 마음으로 이 책을 바치고 싶다. 선생님께 보여드려야 할 숙제는 아직도 많이 남아 있고 갚아야 할 은혜는 산처럼 쌓여 있다.

이상태 선생님은 필자로 하여금 음운론을 전공하도록 이끄셨고 삶의 고비마다 올바른 방향을 제시해 주신 분이다. 학문으로나 삶으로나 선생님의 가르침을 미처 헤아려 따르지 못함을 늘 송구스럽게 생각하고 있다. 임지룡 선생님은 과분한 기대와 격려로 필자의 삶을 독려하시는 분이다. 그 기대의 절반에도 이르지 못함이 죄송스러울 뿐이다. 늘 따뜻하게 지켜보시면서 제자의 앞길을 염려해 주시는 이주행, 서종문 선생님, 학부 지도교수이신 김문기 선생님, 멀리 계시면서도 항상 관심과 격려를 아끼지 않으시는 김형철 선생님께도 그동안 큰 은혜를 입었다.

지난 1996년 학위 논문 심사를 받으면서 김차균 선생님을 만나 뵙게 된 것은 필자로서는 크나큰 행운이었다. 선생님은 필자가 평생 연구 과제로 생각하고 있는 성조 분야에 눈을 뜨게 해 주셨을 뿐 아니라 학자로서의 치열한 삶의 자세를 몸소 보여 주고 계신 분이다. 5년 전부터 시작된 이곳 부산에서의 생활에 큰 힘이 되어 주시는 김성화 선생님, 그리고 부산교대 국어 교육과의 여러 교수님들께도 깊은 감사의 말씀을 드린다.

엉성하기 짝이 없었던 이 책의 초고를 읽고 일일이 다듬어 주신 이은규, 송창선, 최웅환 선생님, 늘 함께 공부하며 이끌어 주시는 김종록, 황미향 선생님, 못난 선배의 부족한 부분을 메워주는 총명한 후배 이종열 선생님, 필자에게는 모두 소중한 분들이다.

늘 자식의 앞날만을 걱정하시는 친가와 처가의 두 어머님과 가족들, 삶의 터전을 부산으로 옮겨 오면서 자신의 일을 버리고 집안을 맡아 여러 가지 어려움을 묵묵히 감내해 주고 있는 아내, 낯선 곳에서 새 친구를 사귀며 밝고 건강하게 자라주고 있는 건하, 윤하에게도 사랑의 마음을 전한다.

마지막으로 경제적 가치가 없어 보이는 이 책을 선뜻 맡아 출판해 주신 한국문화사 김진수 사장님, 바쁜 일정 속에서도 이렇게 예쁜 책을 꾸며준 최은경 팀장, 문소진 님께 감사의 말씀을 드리며, 책 속의 그림과 표를 정성을 다해 그려준 이승왕, 강민정 두 학생에게도 고마움의 말을 전하고 싶다.

2004년 8월 1일
이문규

| 차례 |

제1장
음운론의 뜻과 하는 일

1. 음운론의 뜻

언어는 뜻과 소리로 이루어진 하나의 기호이다. 언어를 탐구하여 그 본질을 밝히고 인간의 언어 능력을 설명해 내는 것을 목적으로 하는 학문을 언어학이라고 하는데, 그 대상이 우리말로 한정되면 한국어학 혹은 국어학이라고 한다. 언어학은 구체적인 연구 영역에 따라 몇 개의 하위 분야로 나뉘는데, 그 중 말소리를 대상으로 하는 분야가 음운론(音韻論, phonology)이다. 다음 문장을 보기로 하여 살펴보자.

그는 늘 책만 봤다.[그는 늘 챙만 봗:따]

음운론은 주로 이 문장을 이루고 있는 형태나 단어들이 [　] 안처럼 발음되는 원리를 설명하는 일에 관심을 가진다. 예를 들어 '책+만'이 [챙만]으로 발음되는 것은 '비음 동화'(ㄱ→ㅇ)에 의한 것으로 설명하고, '보+았+다'가 [봗:따]로 발음되는 것은 반모음화 및 장모음화(ㅗ+ㅏ→ㅘ:), 평파열음화(ㅆ→ㄷ), 된소리되기(ㄷ→ㄸ)에 의한 것으로 설명한다.

그런데 말소리 발음의 원리를 설명하는 일은 이와 관련된 국어 화자의 언어 능력을 밝히는 것과 같다. 이 일은 주로 위 문장을 [　] 안의 모습으로 발음하는 사람의 머릿속에 들어 있는 언어 요소 및 규칙을 밝혀내는 것으로 이루어진다. 즉, '책만'을 [챙만]으로, '봤다'를 [봗:따]로 발음하는 사람은 이들을 구성하는 낱소리들의 소릿값에 대한 지식, 그리고 일정한 환경에서 이 소리들을 다른 소리로 바꾸는 음운 변동 규칙을 언어 능력의 일부로 가지고 있다고 보는 것이다.

요컨대, 국어 음운론은 국어 화자가 자신의 머릿속에 들어있는 형태소나 단어, 혹은 이들의 연결체를 올바르게, 그리고 통일된 방식으로 발음하도록 하는 언어 요소와 장치, 다시 말해 머릿속에 들어 있는 국어의 말소리 목록과 체계, 말소리의 변동을 관장하는 음운 규칙 등을 밝혀내고자 하는, 국어학의 하위 분야이다.

2. 음운론이 하는 일

음운론이 하는 일은 크게 세 가지 정도로 나뉜다. 먼저 음운론은 한 언어에서 쓰이는 말소리의 목록과 체계를 알아내려고 한다. 한 언어에서 뜻을 구별하는 데 사용되는 낱소리를 '음소(phoneme)'라 하고 말소리의 길이나 높낮이, 세기 등이 뜻을 구별하는 구실을 하면 이를 '운소(prosodeme)'라 하는데 이들을 함께 말할 때는 줄여서 '음운'이라고 한다. 음운론은 먼저 한 언어의 음운을 하나하나 찾고 그들 사이의 관계를 확인하여 그 체계를 밝히는 일을 한다.

한 언어의 음운을 확인하여 그 목록과 체계를 잡는 일을 '음소 분석(phonemic analysis)'이라고 한다. 뒤에서 살피겠지만 음소 분석의 과정은 복잡하고 어려워서 그 방법론을 세우는 일 자체가 음운론의 한 영역이 될 정도이다. 그런데 음소 문자는 대개 음소 하나에 글자 하나가 대응한다. 따라서 음소 문자를 만들기 위해서는 해당 언어의 음소를 정확하게 분석해 내는 작업이 먼저 이루어져야 한다. 음소 문자인 한글이 만들어지는 과정에서도 이 엄청난 일이 이루어졌을 것이다.

다음으로, 음운론은 발화 과정에서 일어나는 말소리의 바뀜을 연구한다. 말소리는 그 놓이는 자리에 따라서 원래의 소릿값을 지키지 못하고 다른 소리로 바뀌기도 하는데 이러한 말소리의 바뀜을 '음운의 변동'이라고 한다. 음운론은 이러한 음운의 변동 현상을 탐구하여 그 속에 들어 있는 규칙과 원리를 밝히는 일에 힘을 쏟는다.

위의 두 일이 음운론의 본질적인 관심사인데 반해, 다음의 일은 이 학문의 연구 성과를 관련 분야에 응용하는 것이라는 점에서, 음운론이 간접적으로 하는 일이라 할 수 있다. 즉 음운론은 언어생활과 관련된 각종 어문 규범, 예를 들어 표기법이나 표준어, 표준 발음 등을 정하는 데 필요한 바탕 이론을 제공한다. 우리나라에서도 한글 맞춤법이나 표준어 규정, 표준 발음법 등의 어문 규범은 상당 부분 음운론의 연구 성과를 바탕으로 하고 있다. 아울러 이 학문의 연구 결과는 학교 문법의 한 부분으로 초·중등학교 국어과 교육의 교수·학습 내용이 된다.

위의 내용을 간추려 보면, 음운론은 한 언어에서 뜻을 구별하는 데 쓰이는 말소리를 확인하여 그 체계를 밝히고 실제 발화에서 말소리가 이어날 때 나타나는 여러 말소리 바뀜 현상을 살펴 그 원리와 규칙을 세우는 일을 한다. 그리고 각종 어문 규범을 제정하는 데 바탕 이론을 제공하고 그 자체로 국어 교육의 내용이 된다. 다음의 발화 자료를 가지고 이 일들에 대해 좀 더 구체적으로 알아보자.

ㄱ) 그 냇가의 흙만 넣으면 좋은 밭이 될 것이니 두고 봐라.
ㄴ) /그 내ː#가ː+의 흙+만 넣+으면 좋ː+은 밭+이 되+을 것+이+니 두+고 보+아라/[1]
/ki nɛ:#ka:+ịi hilk+man nʌh+imjən tɕo:h+in patʰ+i tø+il kəs+i+ni tu+ko po+ala/
ㄷ) [그 낻ː까의 흥만 너으면 조ː은 바치 될 꺼시니 두고 봐ː라]
[ki nɛːf̚k'a:ịi hiŋman nʌimjən tɕoːin patɕʰi tøl k'ʌsini tugo pwa:ra]

위에서 ㄱ)은 지금의 한글 맞춤법 규정에 맞게 적은 '표기형'이고 ㄴ)은 각각의 형태나 단어가 우리의 머릿속 사전에 들어 있을 것으로 추정되는 원래의 모습을 적은 것인데, 뒤에 나올 '기저형'과 비슷하다. ㄷ)은 ㄴ)을 지금의 표준 발음법 규정에 따라 발음된 상태를 적은 '발음형'인데

---

1 '#'는 단어 경계를, '+'는 형태소 경계를 표시한다.

뒤에 나올 '표면형'과 비슷하다.

국어 음운론이 하는 일의 핵심은, 우리말의 음운 체계를 세우고 그것을 바탕으로 위의 ㄴ)과 ㄷ)을 비교하여 둘 사이의 관계를 합리적으로 설명해 내는 것이다. 다시 말해, ㄴ)과 ㄷ)을 분석하여 우리말의 음소들을 찾아내고 그 체계를 세우는 일과 ㄴ)이 ㄷ)으로 바뀌는 과정²을 탐구하여 그 속에 들어 있는 음운 변동의 규칙을 찾아내는 일이다. 이 일을 차례로 살펴보면 다음과 같다.

먼저 ㄷ) 층위, 즉 실제 발화된 상태의 말소리들을 관찰하여 우리말에서 쓰이는 모든 음성을 찾아내고 이들에 대해 음소 분석의 방법을 적용하여 우리말의 음운 목록을 알아낸다. 예를 들면, 우리말에서 '그[ki]'의 [k]와 '두고[tugo]'의 [g]가 서로 다른 소리인지, 하나의 소리(음소)가 환경에 따라 모습을 달리한 것(변이음)일 뿐인지 살핀다. 그 결과 [k]와 [g]는 한 음소의 변이음이므로 하나의 음소 /k/로 처리한다. ㄷ)을 이루고 있는 낱낱의 소리들이 말소리가 놓이는 환경에 따라 실현된 구체적인 음성들인 반면, ㄴ)의 소리들은 이와 같은 음소 분석 과정을 통해 확인된 우리말의 음소들이다. 이와 같은 작업을 통해 우리말의 음운 목록이 만들어지면 자음과 모음으로 나누어 각 음소들 사이의 관계를 따져보고 그 체계를 세운다. 자음은 발음되는 위치와 방법 등에 따라 같은 무리로 묶기도 하고 다른 무리로 가르기도 하는 반면, 모음은 입을 벌리는 정도나 혀의 전후 위치, 입술의 오므림과 폄에 따라 묶고 가르고 한다.

한편 ㄷ)을 발음형이라고 했는데, 발음을 해 보면 낱낱의 소리 단위로 발음되는 경우보다 두 개나 세 개 정도의 소리가 하나로 뭉쳐진 상태로 발음되는 경우가 많음을 알 수 있다. 이때 한 번에 발음될 수 있는 최소의 단위를 '음절(syllable)'이라고 하는데, 예를 들어, [그], [까], [바] 등은 자음 하나와 모음 하나가 모여 한 음절을 이루었고, [홍]이나 [될]은 '자음+모음+자음'이 한 음절이 되었으며 [의]는 모음 하나만으로 한 음절이 되었다. 이와 같이 한 언어에서 음절이 구성되는 모습이나 음절의 구조 등에

---

2 사실은 ㄷ)이야말로 실제로 존재하는 언어의 모습이고 오히려 ㄴ)은 ㄷ)으로부터 추론된 가상의 언어 혹은 이론상의 언어라고 할 수 있다.

대해 연구하는 것도 음운론이 하는 일에 속한다.

다음으로, 음운론에서 ㄴ) 층위와 ㄷ) 층위의 관계를 밝히는 일은 결국 원래의 형태소나 단어가 음운론적 환경에 따라 어떤 변이 형태로 실현되는가를 밝히는 것과 같다. 이 일은 ㄷ) 층위의 자료에서 어떤 하나의 형태소나 단어가 환경에 따라 달리 실현되는 양상을 분석하여 이들의 원래의 형태(=기저형)를 결정하는 일, 그리고 이 원래의 형태로부터 다양한 환경에 나타나는 각각의 발음형(=표면형)이 만들어지는 과정을 설명하는 일로 이루어진다. 예를 들어, '[hiŋman]'은 '土'라는 뜻을 가진 어떤 명사와 조사 '만[man]'이 결합하여 이룬 어절의 발음형인데, 이 명사는 모음으로 시작하는 조사 앞에서는 '흙[hilk]'으로, 자음으로 시작하는 조사 앞이나 단독으로 발음될 때에는 '흑[hik̚]'으로, '만'과 같이 비음(=콧소리)으로 시작하는 조사 앞에서는 '흥[hiŋ]'으로 실현된다. 하나의 단어가 환경에 따라 ≪흙~흑~흥≫의 세 형태로 실현되는 셈이다. 이제 이 세 형태 중, 뒤에서 보게 될 기저형 설정의 원리에 따라 /흙/이 기저형으로 결정되고 나머지 두 형태는 이 원래의 형태로부터 특별한 음운 변동을 겪어 나온 변이 형태로 처리된다.

/흙/ → [흑]　　　　　/흙/ → [흥]
↑　　　　　　　　　↑
자음군 단순화　　　자음군 단순화, 비음 동화

같은 방법으로 '/내:#가/→[낻:까]'는 'ㅅ-첨가'에 이은 '된소리되기'와 '단모음화'로, '/넣-+-으면/→[너으면]'과 '/좋:-+-은/→[조:은]'은 'ㅎ-탈락'으로 설명되며, '/보-+-아라/→[봐:라]'는 '반모음화'에 의한 음절 축약과 '장모음화'로 설명된다.

한편, 언어는 시간의 흐름에 따라서 그 모습을 바꾸는 성질을 가지고 있다. 언어 체계에 큰 변화가 일어난 시기를 경계로 해서 시대 구분을 하고 각 시대별 언어의 모습을 통시적으로 비교하면 언어사가 되는데 그 중에서도 말소리 측면의 변화상을 '음운사'라고 부른다. 음운론 안에서도 음운사 방면의 연구를 '통시 음운론'이라 하여, 한 시대의 음운 체계 및 음운 변동을 연구하는 '공시 음운론'과 구별한다. 또 음운론의 연구 방법을 방언에 적용하여 특정 방언의 공시적인 모습과 통시적인 변천상을 연구하는 분야를 각각 '방언 음운론', '방언 음운사'라고 부르는데 이들 역시 음운론의 영역에 속한다.

이 책에서는 음운론이 하는 일 중에 음운사와 방언 음운론을 제외하는 대신, 음운 교육에 대한 부분을 보태어 살펴보고자 한다. 따라서 이 책에서는 다음과 같은 네 부면을 함께 탐구하게 될 것이다.

- 음성학적 기초(2장) : 말소리 생성의 과정과 발음 기관, 우리말 낱소리의 음성학적 특징
- 음운 체계와 음절(3장, 4장) : 음소 분석, 음운의 대립 관계, 국어의 음운 체계, 음절의 뜻과 유형, 구조
- 국어의 음운 변동(5장, 6장) : 음운 변동 설명의 방법론, 국어의 음운 변동 탐구
- 음운 교육론(7장)

학교 문법의 음운론에서도 위와 같은 내용을 주로 다루고 있다. 초등학교 교과서에서는 우리말 낱소리의 발음과 음운 변동에 따른 소릿값의 바뀜 현상이 다루어지고, 중·고등학교 국어 교과서나 고등학교 문법 교과서에서는 대개 음운 체계와 음절, 음운 변동에 대한 내용이 집중적으로 제시되며, 그 밖에 '국어의 특질'에 음운상의 특질이, '국어의 역사'에 음운사가 포함되어 제시되고 있다.

제2장
말소리의 모습

1. 음성학

　음운론이 하는 일은 한 언어의 화자들이 발음하는 모든 소리를 관찰하여 다른 언어의 말소리와 비교해 가면서 그 종류와 성질을 분석해 내는 것으로부터 시작되는데, 이 일을 위해서는 음성학(音聲學, phonetics)의 도움을 받지 않을 수 없다. 사람의 발음 기관을 통해 나오는 말소리의 모습과 성질을 과학적으로 연구하는 학문을 음성학이라고 하는데, 이는 그 자체로 체계를 갖춘 하나의 학문일 뿐 아니라 음운론을 비롯한 언어학 연구의 바탕이 된다.

　음성학과 음운론은 둘 다 말소리를 연구 대상으로 한다는 점에서 공통성을 가지지만 연구 방향과 내용에는 분명한 차이가 있다. 음운론이 한 언어를 이루고 있는 말소리의 구조와 체계를 연구하고 그것이 의미 전달의 과정에 관여하는 양상, 즉 말소리의 기능을 연구하는 학문이라면, 음성학은 발음 기관을 통해 말소리가 만들어져 나오는 과정, 화자의 입에서 청자의 귀로 전달될 때의 낱소리의 물리적 성질 등을 객관적으로 연구하는 학문이다. 예를 들어, [k], [k'], [kʰ]의 세 소리는 그 만들어지는 자리가 같다는 사실, 앞의 둘에 비해 맨 뒤의 소리를 발음할 때에는 강한 기(aspiration)가 분출되기 때문에 '개방 후 무성 기간'(VOT, voice onset time)이 상대적으로 길다는 사실 등은 음성학의 연구 결과인 반면, 우리말에서 이 세 소리는 단어의 끝자리나 다른 자음 앞에서는 모두 'ㄱ'으로 조음되어 서로 구분이 되지 않는다든가 또 'ㄴ'이나 'ㅁ'과 같은 비음 앞에서는 세 소리 모두 같은 위치의 비음인 'ㆁ(ŋ)'으로 바뀐다든가 하는 것은 국어 음운론의 연구 결과이다. 이와 같은 연구 방향 및 내용의 차이에 따라서, 음운론을 동적(dynamic)인 학문이라고 하고 음성학을 정적(static)인 학문이라 하여 이 둘의 성격 차이를 나타내기도 한다.

음성학은 그 연구 대상과 방향에 따라 다시 세 가지 정도로 나뉜다. 먼저 '조음 음성학(articulatory phonetics)'은 말소리가 만들어지는 과정에 관심을 가지는데, 주로 낱소리가 만들어지는 자리(조음 위치)와 만들어지는 방법(조음 방법), 이 과정에 관여하는 조음 기관의 움직임, 그 움직임에 의해 나타나는 소리의 성질 등을 연구한다. 조음 음성학을 '생리 음성학(physiological phonetics)'이라고도 한다. 다음으로 '음향 음성학(acoustic phonetics)'이 있는데, 이 분야는 말소리의 음향적 측면을 주로 연구한다. 화자의 입에서 나온 말소리가 청자의 귀에 전달되는 데에는 공기의 진동이 중요한 구실을 하게 된다. 말소리를 실은 공기의 진동에서 여러 가지 음향학적 특성을 찾아내어 그것으로 말소리의 성질을 규명하는 분야가 음향 음성학이다. 마지막으로, 말소리 청취의 측면을 연구하는 분야는 '청취 음성학(auditory phonetics)'이라고 한다. 청취 음성학은 청자의 소리 듣기 감각과 소리에 대한 인상 등에 관심을 가진다. 음성학의 역사로 보면 조음 음성학이 먼저 발달했으나 최근에는 여러 가지 음성 분석 장비의 눈부신 발달로 인해 음향 음성학 방면의 연구가 눈에 띄는 성과를 올리고 있다.

훈민정음의 창제는 우리말에 대한 음성학적 연구 성과를 바탕으로 한 것이었다. 자음을 조음 위치에 따라 어금닛소리(牙音), 혓소리(舌音), 입술소리(脣音), 잇소리(齒音), 목구멍소리(喉音) 등으로 구분한 것이나, 같은 조음 위치의 자음 글자들을 비슷하게 만들되, 소릿값의 차이에 따라 조금씩 모양을 달리한 것이라든지, 모음을 분류하는 데 혀 오므림의 정도(舌縮 − 舌小縮 − 舌不縮), 소리의 깊이(聲深 − 聲不深不淺 − 聲淺), 입술의 모양(口蹙 − 口張) 등을 이용했다는 것은 당시의 음성학이 상당한 수준에 이르렀다는 것을 보여준다.

다음은 훈민정음 제자해(制字解)의 일부인데, ( ) 안의 번역은 조규태(2000ㄴ)를 그대로 가져왔다.

正音二十八字 各象其形而制之 初聲凡十七字 牙音ㄱ 象舌根閉喉之形 舌音ㄴ 象舌附上顎之形 脣音ㅁ 象口形 齒音ㅅ 象齒形 喉音ㅇ 象喉形 ㅋ比ㄱ 聲出稍厲 故加畫 ㄴ而ㄷ ㄷ而ㅌ ㅁ而ㅂ ㅂ而ㅍ ㅅ而ㅈ ㅈ而ㅊ ㅇ而ㆆ ㆆ而ㅎ 其因聲加畫之義皆同 而唯ㆁ爲異 半舌音ㄹ 半齒音ㅿ 亦象舌齒之形而異其體 無加畫之義焉(정음 스물여덟 자는 각각 그 모양을 본떠서 만들었다. 첫소리는 무릇 열일곱 자인데, 어금닛소리 ㄱ은 혀뿌리가 목구멍을 닫는 모양을 본뜨고, 혓소리 ㄴ은 혀가 윗잇몸에 붙는 모양을 본뜨고, 입술소리 ㅁ은 입의 모양을 본뜨고, 잇소리 ㅅ은 이의 모양을 본뜨고, 목구멍소리 ㅇ은 목구멍의 모양을 본떴다. ㅋ은 ㄱ보다 소리가 조금 세게 나는 까닭에 획을 더하였다. ㄴ에서 ㄷ, ㄷ에서 ㅌ, ㅁ에서 ㅂ, ㅂ에서 ㅍ, ㅅ에서 ㅈ, ㅈ에서 ㅊ, ㅇ에서 ㆆ, ㆆ에서 ㅎ이 됨도 그 소리로 말미암아 획을 더한 뜻이 모두 같으나, 오직 ㆁ만은 다르게 하였다. 반혓소리 ㄹ, 반잇소리 ㅿ도 또한 혀와 이의 모양을 본떴으나 그 모양을 달리해서 (만들었기에) 획을 더한 뜻은 없다.)

2. 말소리가 나는 과정

　　말소리는 몇 단계의 과정을 거쳐 나는데 이 과정에는 여러 신체 기관이 관여한다. 다음 쪽의 ┃그림 1┃은 사람의 얼굴과 목 부분을 발음 기관을 중심으로 나타내 본 것이다. 이 그림의 여러 기관은 대부분 원래는 숨을 쉬거나 음식을 씹어 넘기는 일 등, 사람이 살아가는 데 꼭 필요한 다른 구실을 하는 것들이지만 이차적으로 말소리를 내는 데 이용되고 있다.[1]

　　말소리가 만들어지는 과정은 크게 세 부분으로 나뉜다. 먼저 말소리를 내는 데 필요한 최초의 움직임은 숨쉬기이다. 말소리는 숨을 쉬기 위해 들이마시고 내뱉는 공기에 얹혀 나기 때문이다. 즉, 말소리를 내려면 일

---

[1] 우리나라에서 발음 기관을 가리키는 용어는 통일되어 있지 않다. 우선 고유어계 용어와 한자어계 용어가 섞여 쓰이고 있으며 국어학 및 국어 교육학에서 쓰는 용어와 의학에서 쓰는 용어가 다르다. 예를 들어, '목청(성대), 센입천장, 여린입천장'을 해부학에서는 각각 '성대주름, 단단입천장, 물렁입천장'으로 부르고 있다. 학교 문법에서는 국어학에서 쓰는 고유어계 용어와 한자어계 용어 중 어느 한 쪽을 일관되게 선택하지 않고 경우에 따라 한 쪽을 골라 쓰고 있는데, 주로 입에 익은 정도를 따져서 그렇게 하는 듯하다. 이 책에서도 가능한 한 학교 문법에서 쓰이고 있는 용어를 따르고자 한다.

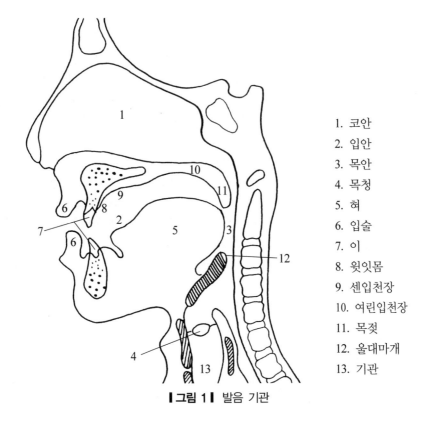

1. 코안
2. 입안
3. 목안
4. 목청
5. 혀
6. 입술
7. 이
8. 윗잇몸
9. 센입천장
10. 여린입천장
11. 목젖
12. 울대마개
13. 기관

┃그림 1┃ 발음 기관

단 공기가 움직여야 하는데, 이 일을 '공기 움직이기'라고 하고 이 과정을 '발동 과정(airstream process)'이라 하며 이 일이 일어나는 곳을 '발동부(initiator)'라고 한다. 공기는 숨을 들이쉴 때와 내쉴 때 움직인다. 공기를 움직일 수 있는 기관에는 허파와 후두 그리고 입안의 뒤쪽이 있는데 대부분의 말소리는 허파에서 불어내는 공기, 즉 허파 날숨에 실려 나온다.[2]

허파에서 불어낸 공기는 기관을 타고 올라오다가 턱 바로 아래쪽에 있는 후두(larynx)[3]에 이르러 그 안에 있는 목청[4]을 지나게 된다. 목청은 두

---

2 평소에 잘 느끼지 못하지만, 우리가 말을 하는 동안에는 공기가 계속 흘러나온다. 말을 하면서 입술 바로 앞에 손바닥을 대어 보면 입안에서 흘러나오는 공기의 움직임을 느낄 수 있다.

3 남자들의 목 바로 아래 동그랗게 튀어 나온 부분이 후두이다. 후두의 앞부분 아래쪽에 있는 연골의 모양 차이로 인하여 그 부분에 남녀 차이가 생겼다.

4 국어학이나 학교 문법에서는 목청을 서로 마주 보고 있는 두 쪽의 '소리를 내는' 인대라는 뜻에서 '성대'(vocal cords)로 불러 왔고, 해부학 쪽에서는 '성대 주름'(vocal folds) 혹은 '소리 주름'이라고도 하며(대한해부학회, 1999: 1091, 정인혁 2001: 389 참조.) 북한에서는 '목청주름'이라

쪽으로 나뉘어 수평으로 서로 마주 보고 있어 그 사이로 공기가 지나가는 틈이 생기게 되는데 이 틈을 '성문(glottis)'이라고 한다. 말을 하거나 음식을 넘길 때와 같은 경우가 아닌 보통 때에는 성문이 열려 있어서 그 사이로 호흡을 위한 공기가 드나든다. 그리고 무거운 물건을 들기 위해 힘을 모을 때에는 성문이 가장 확실하게 닫히고 반대로 심호흡을 크게 할 때에는 성문이 넓게 열린다.

말을 할 때에는 성문의 열림과 닫힘이 빠른 속도로 반복된다. 이때 성문이 가볍게 닫힌 상태에서 공기가 지나가면 마주 보고 있는 목청이 떨게 되는데, 이 목청 떨림(성대진동)에 의해서 나는 소리를 유성음(울림소리, voiced)이라고 한다. 특별한 경우가 아닌 한, 모음은 모두 유성음[5]이고 자음 중에도 유성음이 있다. 우리말의 자음 중에는 'ㄴ, ㅁ, ㅇ, ㄹ'이 유성음이다. 물론 여기서는 목청이 떨려 소리가 나기만 하고, 그 구체적인 소릿값은 다음 단계에서 결정된다.

한편 대부분의 무성음(voiceless)은 벌어진 목청 사이로 그냥 지나간 공기가 후두 위쪽에 있는 여러 기관의 다양한 작용에 의해 소리가 나게 된다. 다시 말해 대부분의 무성음은 후두에서는 아직 소리가 만들어지지 않은 상태이다. 그러나 몇 개의 무성음은 이곳에서 만들어진다.

성대가 붙지 않을 정도로 작은 틈새를 만들어 공기가 지나가게 하면 그 사이에서 마찰이 일어나게 되는데, 우리말의 'ㅎ(h)' 소리가 이 소리에 가까워서 이 소리를 일반적으로 성문 마찰음이라고 부른다.[6] 성문을 꼭 닫고 잠시 멈추어 성문 아래쪽의 공기압을 높인 후 갑자기 성문을 힘주어 열면 순간적으로 소리가 터져 나오는데 이 소리를 성문 파열음(목청 터짐소리)이라고 한다. 놀랐을 때나 힘을 불어 넣을 때 지르는 '앗!' 소리는 이 성문 파열음으로 시작하는 데, 이 소리를 적는 음성 전사 기호로는

고 한다. 제7차 고등학교 문법 교과서(54쪽)에서는 성대를 '탄력성 있는 근육으로' 되어 있는 것으로 설명하고 있다.

[5] 속삭이는 말에서는 모음도 무성음으로 난다.

[6] 그런데 'ㅎ'이 나는 과정을 관찰해 보면 그 마찰이 일어나는 곳이 반드시 한 곳이 아니라 뒤따르는 모음의 종류에 따라 달라지는 것을 알 수 있다. 이 점을 고려하면, 'ㅎ'이 나는 곳을 성문으로만 제한하기 어렵다고 할 수 있다.

[?]이 쓰인다. 말소리가 만들어지는 전체 과정으로 볼 때 목청에서 일어나는 움직임은 '소리를 내는' 단계라고 할 수 있다. 물론 모든 소리가 여기서 나는 것도 아니고, 여기서 나는 소리조차도 구체적인 모습을 갖추는 것은 아니지만, 말소리 내기의 가장 중요한 요소인 모음이 이 단계에서 난다는 점에서, 이 단계의 일을 '소리내기'라고 할 수 있고 이 과정을 '발성 과정(phonation process)'이라 하며, 목청을 '발성부(organs of voice)'라고 한다.

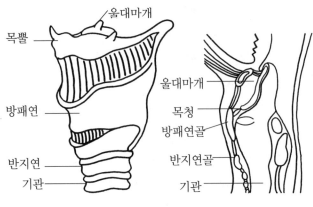

┃그림 2┃ 후두의 구조

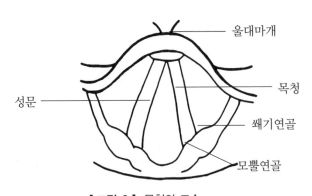

┃그림 3┃ 목청의 모습

성문을 지난 공기는 울대마개(=후두개, epiglottis)를 통과하여 목안(=인두, pharynx)에 다다랐다가 다시 입이나 코를 지나 밖으로 나오게 된다. 말소리가 구체적인 모습과 성질을 갖추기 위해서는, 목청으로부터 소리를 싣고 올라온 공기가 후두의 위쪽에 자리 잡고 있는 목안, 입안의 여러 부위들,

코 등의 기관을 거치면서 필요한 작용을 받아야 한다. 이 작용을 '소리 다듬기'라고 하고 이 과정을 '조음 과정(articulatory process)'이라 하며 이 과정에 참여하는 기관을 '조음부(articulator)'라고 한다.

자음은 입안의 특정 부위에서 공기의 흐름이 막히거나 방해를 받아서 나는데, 이러한 막힘이나 방해가 일어나는 자리와 방법에 따라 소릿값이 결정된다. '바, 다, 가, 자', '빠, 따, 까, 짜', '파, 타, 카, 차'를 일정한 간격으로 발음하면서 발음 기관의 움직임을 관찰해 보면 자음이 소리 나는 자리와 방법의 차이를 관찰할 수 있다. 이에 반해 공기의 흐름이 방해를 받지 않고 나는 모음은 혀의 전후 위치나 입을 벌리는 정도, 입술의 모양 등에 따라 구체적인 소릿값이 결정된다. '아, 에, 이, 오, 우'를 일정한 간격으로 발음해 보면 그 차이를 관찰할 수 있다.

목안까지 다다른 공기가 입을 통해 나가느냐 코를 통해 나가느냐 하는 것은 목젖(=구개수, uvula)의 움직임에 따른다. 목안의 위쪽 천장에 매달려 있는 듯이 보이는, 입천장의 안쪽 끄트머리 부분을 목젖이라고 하는데, 이것이 목의 뒤쪽 벽에 붙으면 코로 나가는 공깃길을 막게 되므로 입으로만 공기가 나가게 되고, 이것이 허공에 그냥 매달려 있는 상태가 되면 공기가 코로 나가게 된다. 우리말의 'ㄴ, ㅁ, ㅇ'과 같은 자음은 공기가 코로 나가면서 코안을 울려 나는 비음(=콧소리)이다. 비음도 그 구체적인 소릿값은 입안 기관의 움직임에 의해 결정되므로, 입이야말로 소릿값을 결정하는 데 가장 중요한 구실을 하는 곳이라고 할 수 있다. 앞쪽에서부터 살펴보면 두 입술과 이, 잇몸, 혀와 입천장 등이 입에 소속된 기관들인데, 이들 중 위쪽에 있는 기관들과 아래쪽에 있는 기관들이 상호 작용하여 소리를 다듬게 된다. 위쪽에 있는 윗입술, 윗니, 윗잇몸, 입천장 등은 늘 그 자리에 있으므로 '고정부'라 하고, 소리를 다듬기 위해 움직이는 아랫입술, 아랫니, 혀를 '능동부'라고 부른다.

발음 기관을 확인하고 말소리가 나는 과정을 이해하는 활동은 학습자로 하여금 인간 언어 능력의 중요한 부분을 자신의 몸으로 인식하게 할 수 있다는 점에서 적지 않은 교육적 가치가 있다. 따라서 단순히 말소리를 내는 데 관여하는 기관의 위치를 확인하는 정도를 넘어 각 기관이 말소리 생성에 관여하는 방식을 직접 확인하도록 하는 활동을 음운 분야의 중요한 교수·학습 내용으로 선정할 필요가 있다. 이러한 활동은 뒤에 이어질 분절음의 조음 및 분화 원리와 소릿값을 탐구하는 일의 바탕이 된다는 점에서도 꼭 필요하다.

3. 자음

3.1. 자음의 특성

성문을 통과한 공기가 입 밖으로 나올 때까지 거치는 통로를 공깃길이라 하는데, 이 공깃길의 가운데 부분이 순간적으로 막히거나 매우 좁아져서 공기의 흐름이 방해를 받아 나는 소리를 자음(=닿소리, consonant)이라고 한다.[7] 이에 반해, 공깃길의 모양은 변하지만 공기의 흐름이 전혀 방해를 받지 않고 나는 소리가 모음이다.

'바'를 발음하려고 마음먹는 순간 일어나는 발음 기관의 움직임을 관찰해 보자. 두 입술이 저절로 닫히는 것을 확인할 수 있을 것이다. 'ㅂ'을 발음하기 위해서는 일단 두 입술을 닫아서 공기의 흐름을 순간적으로 막아야 하기 때문이다. 마찬가지로 '가'의 'ㄱ'을 발음하기 위한 첫 단계 움직임은 혀의 뒷부분이 여린입천장(연구개) 근처를 막는 일임을 확인할 수 있을 것이다. '사'의 'ㅅ'을 발음하기 위해서는 혀끝이 윗잇몸 근처에 닿기 직전의 상태까지 근접하여 공기의 자연스러운 흐름을 방해한다.

자음은 공깃길의 어느 지점에서 공기의 흐름을 방해해서 나는 소리이므로, 한 자음의 구체적인 모습은 공기의 흐름이 방해를 받는 자리와 방해 받는 방법에 따라 정해진다. 즉 어느 곳에서 어떤 식의 방해를 받느냐에 따라 각 자음의 소릿값이 정해지고 또 그 차이에 따라 자음의 종류가 나누어진다는 것이다. 이 자리와 방법을 각각 '조음 위치'와 '조음 방법'

---

7 혀의 끝부분을 윗잇몸에 거의 닿을 정도로 근접시킬 때 생기는 좁은 틈으로 공기를 밀어내면 그 사이에 마찰이 일어나면서 소리가 나는데 우리말의 'ㅅ(s)'이 이 소리에 해당한다. 자음은 공기의 흐름이 'ㅅ'을 발음할 때 이상으로 방해를 받아서 나는 소리라고 보면 된다.

이라고 한다. 음성학에서 자음을 설명할 때에는 조음 위치와 조음 방법의 개념을 가장 우선적으로 이용한다.

3.2. 조음 위치

공깃길이 막히거나 극도로 좁아져서 공기의 흐름이 방해를 받는 자리가 곧 자음의 조음 위치가 되는데, 언어에 따라 이 자리는 매우 다양하다. 이들을 '능동부-고정부' 식으로 나열해 보면 아랫입술-윗입술(양순음), 아랫입술-윗니끝(순치음), 혀끝-윗니끝(치간음), 혀끝-윗니 뒤쪽(치음), 혀끝-윗잇몸(치조음), 혀끝-윗잇몸 뒤쪽(후치경음), 혀끝-센입천장(권설음), 혓바닥의 앞부분-센입천장(경구개음), 혓바닥의 뒷부분-여린입천장(연구개음), 혀뿌리-인두벽(인두음), 목청(성문음) 등을 들 수 있다. 그러나 한 언어가 이 조음 위치를 모두 이용하는 예는 없으며, 우리말의 경우에도 이 중 다섯 군데 정도가 자음의 조음 위치로 쓰이고 있다. 다음 표는 우리말의 자음을 조음 위치에 따라 나누어 정리한 것이다.

┃표 1┃ 국어 자음의 조음 위치

고정부	윗입술	윗잇몸	센입천장	여린입천장	목청
능동부	아랫입술	혀끝	앞혓바닥	뒷혓바닥	
자음	ㅂ(p), ㅃ(p'), ㅍ(pʰ), ㅁ(m)	ㄷ(t), ㄸ(t'), ㅌ(tʰ), ㄴ(n), ㅅ(s), ㅆ(s'), ㄹ(l)	ㅈ(tɕ), ㅉ(tɕ'), ㅊ(tɕʰ)	ㄱ(k), ㄲ(k'), ㅋ(kʰ), ㅇ(ŋ)	ㅎ(h)
이름	양순음	치조음	경구개음	연구개음	성문음

이 표에 제시된 자음은 우리말의 자음 음소(=주변이음)들이다. 실제로는 앞뒤 소리의 영향 때문에 원래의 조음 위치가 아닌 다른 곳으로 옮겨 나기도 한다. 예를 들어 치조음들은 모음 'ㅣ'나 반모음 'ǐ(j)' 앞에서는 경구개음으로 바뀐다.[8] 말하자면 이 표는 한 자음이 조음되는 둘 이상의 위치 중에서 가장 대표적인 곳을 가지고 나눈 셈이다.

아울러 이 표는 우리말의 조음 위치에 대한 전통적인 학설을 따른 것[9]

---

8 이런 소리를 변이음이라고 하는데, 이들에 대해서는 조음 방법에 관한 설명에서 상세하게 다루어질 것이다.

이지만 몇몇 자음에 대해서는 약간의 설명을 덧붙이는 것이 좋겠다. 먼저 치조음으로 분류된 소리들을 발음해 보면, 정확하게 윗잇몸에서만 나는 것 같지는 않다. 허웅(1985: 41)에서 'ㄷ'류에 대해 '잇소리와 잇몸소리의 가운데에서 나는 gingival'이라고 했거니와, 사실 이 소리들은 윗니 뒤쪽으로부터 잇몸에 이르기까지 넓은 곳에서 나기 때문에 정확하게 '윗잇몸' 한 곳으로 한정하기가 곤란하다. 이에 대해 이호영(1996: 47)에서는 윗잇몸소리 전체를 개인에 따라 치음이나 치조음으로 발음한다고 했고, 이현복(1998: 110)에서는 세대나 성에 따른 발음 경향으로 보아서, 주로 젊은 세대나 여성층에서 잇소리로 내는 경우가 있다고 하였다. 배주채(2013: 77~78)에서는 우리말 자음의 조음 위치에 치음을 따로 두고 'ㄷ, ㄸ, ㅌ, ㄴ'을 이곳에서 나는 자음으로, 'ㄹ, ㅅ, ㅆ'은 치조음으로 처리하고 있다.[10] 이 책에서는 이러한 사실을 지적하면서도, 학교 문법과의 혼란을 피하기 위해 전통적인 관점을 따르기로 한다.

다음으로 'ㅈ, ㅉ, ㅊ'이 나는 자리도 그냥 센입천장이라기보다는 센입천장의 앞쪽(=전경구개), 즉 센입천장 중에서도 윗잇몸 쪽에 가까운 부분이다. 따라서 그 전사 기호는 [tɕ]이 된다. 국어 음운론에서는 일반적으로 'ㅈ'류를 'ʧ'(유성음은 dʒ)로 전사해 왔는데, 이 기호는 후치조음(=경구개치조음)을 적는 글자이기 때문에 우리말의 'ㅈ'이 나는 곳과는 다르다.(신지영 2000: 87~88 참조.) 이 책에서는 이들 자음의 이름은 관례대로 경구개음이라 하되, 전사는 각각 'tɕ, tɕ', tɕʰ'으로 한다.

연구개음이 특별한 환경에서, 여린입천장보다 더 뒤쪽, 즉 목젖 부근까지 닿아서 나는 경우가 있다. 예를 들어, '관광'을 좀 강조해서 발음해 보면 혀가 닿는 부위가 더 뒤로 밀려난다는 느낌을 받는데, 여기가 여린입천장의 뒷부분이다. '관광'의 첫 'ㄱ'은 무성음 [q], 둘째 'ㄱ'은 유성음 [G], 첫음절 끝소리 'ㄴ'은 [N]으로 난다. 또 '꽝'의 첫소리 'ㄲ'은 된소리 [q']이고 '쾅'의 첫소리 'ㅋ'은 거센소리 [qʰ]이다.(허웅 1985: 44 참조.)

---

9 학교 문법의 자음 체계표도 기본적으로 이 표와 같다.
10 배주채(2013)에서는 자음의 조음 위치를 모두 여섯 군데로 잡고 있다.

학교 문법에서는 조음 위치에 따른 자음의 이름을 '고유어[한자어]'식으로 부르고 있다; 입술소리[순음(脣音)], 잇몸소리[치조음(齒槽音)], 센입천장소리[경구개음(硬口蓋音)], 여린입천장소리[연구개음(軟口蓋音)], 목청소리[후음(喉音)]. (제7차 『고등학교 문법』 60쪽)

3.3. 조음 방법

앞에서도 말했듯이, 조음 방법은 공깃길의 특정 위치에서 어떤 방법으로 공기의 흐름을 방해하느냐에 달려있다.

3.3.1. 파열음

먼저 공깃길의 어느 한 자리에서 공기의 흐름을 완전히 막았다가 막혔던 공기를 순간적으로 터뜨리듯이 하여 소리를 내는 방법이 있다. '바, 다, 가'를 일정한 간격으로 발음하면서 느껴지는 발음 기관의 움직임을 관찰해 보자. 서로 다른 위치이긴 하지만 어느 곳에선가 완전한 막힘이 있고 난 후, 다시 그곳의 열림에 의해 소리가 난다는 것을 확인할 수 있을 것이다. [바]의 경우, 먼저 두 입술을 닫고[11] 극히 짧은 동안이나마 입안의 공기 압력이 높아질 정도로 그 상태를 유지하다가, 모음을 발음하기 위해 입을 여는 순간 막혔던 공기가 터져나가면서 소리가 나게 된다. [바]에서 첫소리 'ㅂ'만을 따로 떼어 말하자면, '입술 닫기-닫음 유지하기-입술 열기'의 단계를 따라 소리가 난다. [다]의 'ㄷ'은 혀끝과 윗잇몸이, 그리고 [가]의 'ㄱ'은 혀의 뒷부분과 여린입천장이 붙는다는 점만 다를 뿐 나머지 과정은 'ㅂ'과 같다. 음성학에서는 이 과정을 '폐쇄(approach)-지속(hold)-개방(release)'의 세 단계로 설명하고 이런 방법에 의해 나는 소리들을 파열음(破裂音, 터짐소리, plosive)이라고 한다. 위에서 본 대로 우리말의 'ㅂ(p)'은 두 입술, 'ㄷ(t)'은 혀끝-윗잇몸(혹은 윗니), 'ㄱ(k)'은 뒷혓바닥-여린입천장에서 나는 파열음이다.

---

11 이때 목젖이 목 뒷벽에 붙어 코로 통하는 길도 막힌다.

'파열음'은 그 발음의 세 단계 중 '개방' 단계에 초점을 둔 이름이다. 이와 달리 '폐쇄' 단계를 중시하여 이 소리 무리를 '폐쇄음'으로 부르기도 한다. 그런데 뒤에 나올 '파찰음'과의 관계를 생각하면 '폐쇄음'보다는 '파열음'으로 부르는 것이 낫다. 파열음을 '폐쇄음'으로 부르면, 이 소리와 마찰음의 성질을 아울러 가진 소리인 파찰음은 '폐찰음'으로 불러야 할 것이기 때문이다. 학교 문법, 표준 발음법, 외래어 표기법 등에서도 이 소리를 '파열음'으로 부르고 있다.

파열음이 항상 위와 같은 '폐쇄-지속-개방'의 세 단계를 거쳐 조음되는 것은 아니다. 놓이는 자리에 따라 폐쇄 단계가 생략될 수도 있고 개방 단계가 생략될 수도 있다. '밥보[밥뽀]'의 세 양순음을 비교해 보자. 첫음절의 초성[12] 'ㅂ'은 '입술 닫기[13]-닫음의 유지-입술 열기'의 세 단계를 모두 거치지만, 나머지 두 양순음은 어느 한 단계가 생략된다. '밥보'에서 '밥'의 종성 'ㅂ'은 뒤에 모음이 오지 않고 바로 다음 자음의 발음으로 이어지기 때문에 개방되지 않는다. 반면에 다음 음절의 'ㅃ'은 이미 입술이 닫혀 있는 상태이기 때문에 '입술 닫기' 단계가 필요 없게 된다. '밥보[밥뽀]'가 발음되는 동안에 일어나는 입술의 움직임만을 대강 묘사해 보면 다음 정도가 될 것이다.

ㅂ	–	ㅏ	–	ㅂ	–	ㅃ	–	ㅗ
닫기	유지하기	열기	닫기	더 길게 유지하기	열기

'국가[국까]'의 세 연구개음도 이와 같아서 첫음절 종성의 'ㄱ'은 개방 단계를, 둘째 음절 초성의 'ㄲ'은 폐쇄 단계를 거치지 않고 조음된다.

---

[12] 한 음절을 구성하는 소리와 그 자리를, 훈민정음의 용어를 빌려 초성(자리), 중성(자리), 종성(자리)으로 부른다.

[13] 이 단어를 발음하기 전에 이미 입술을 닫고 있었다면 겉으로 보기에 '입술 닫기' 단계는 일어나지 않는 것 같다. 그러나 자세히 관찰해 보면 알 수 있듯이, 그냥 숨을 쉬며 입술을 닫고 있을 때와 [ㅂ] 소리를 내기 위해 입술을 닫는 동작은 분명히 다르다. 전자의 경우에는 입안의 공기압이 높아지지 않지만 후자의 경우에는 목젖이 코로 통하는 길을 막기 때문에 허파에서 나온 공기가 입안에 갇혀 순간적으로 공기압이 높아지게 된다.

이러한 관찰을 바탕으로 할 때, '밥보'와 '국가'의 실제 발음은 각각 [밥뽀]와 [국까]가 아니라 [바뽀]와 [구까]라고 할 수 있다. 자음 발음의 핵심은 공기의 흐름을 방해하는 것이고 파열음인 'ㅂ'은 두 입술을 닫고 여는 동작으로 실현되는 것인데 '밥보'의 모음 사이 두 'ㅂ'을 위해서는 한 번의 폐쇄와 한 번의 개방만이 이루어지기 때문이다. 마찬가지로 '국가'도 [구까]로 발음된다. 이러한 현상은 '부엌칼[부억칼]', '앞발[압빨]', '닫다[닫따]' 등 같은 조음 위치에서 나는 두 장애음이 연속하는 모든 경우에 해당한다.

파열음의 조음 과정에서 폐쇄 단계가 생략되는 것은, 위의 '밥보[밥뽀]'나 '국가[국까]'처럼 같은 조음 위치에서 나는 자음 뒤라는 환경에서만 일어나는 현상이기 때문에 음성학적으로 큰 의미를 가지지는 않는다. 그러나 개방 단계의 생략은 다른 여러 현상에 영향을 미치기 때문에 음성학적으로 중요한 의미를 가진다. 개방 단계의 생략은 어떤 자음 뒤에 'ㅎ'을 제외한 다른 자음이나 다른 단어가 연결될 때 그리고 뒤에 아무것도 오지 않을 때 일어난다.[14] '밥+도[밥또], 밥+과[밥꽈], 밥#집[밥찝], 밥[밥]'과 '밥+이[바비], 밥+을[바블], 밥+은[바븐]'을 비교해 보면 [ㅂ]의 개방 단계가 생략되는 환경을 확인할 수 있을 것이다.

국어 음성학과 음운론에서는 이와 같이 개방 단계가 생략되는 현상을, 파열음의 기본 속성인 파열이 일어나지 않는다는 점을 중시하여 '불파음화'(不破音化) 혹은 '미파음화'(未破音化)로 부르거나, 개방 단계 없이 조음된다는 점을 고려하여 '닫힘소리되기' 혹은 '안열림소리되기'로 부르기도 한다.[15] 우리말은 불파음화 현상이 일어나는 대표적인 언어로서[16], 이 현상은 우리말의 자음 관련 음운 변동을 비롯한 음운론적인 과정 전반에 중요한 영향을 미친다. 예를 들어, 우리말의 대표적인 자음 동화 현상 중 하나인 비음 동화도 불파음화에 기인하는 것으로 볼 수 있다. '밥+만[밤만]'이

---

[14] 이 환경은 '자음 앞이나 단어 경계 앞'으로 요약되는데 이 자리는 음절의 구조라는 차원에서 보면 '음절말'이 된다.

[15] 이 책에서는 이들 중 '불파음화'라는 용어를 쓰고자 한다. 따라서 개방 단계 없이 조음되는 자음은 '불파음'이 되겠다. 불파음의 음성 전사는 해당 자음의 기호 오른쪽 어깨 위에 'ㄱ' 표시를 하여 [ㅂ˺(p˺)] 식으로 한다.

[16] 영어의 경우 음절말 위치의 자음이 파열되기도 하고 파열되지 않기도 하는데 그 차이는 언어학적으로 특별한 의미를 가지지 않는다.

조음되는 과정을 자세히 관찰해 보면 첫음절의 종성 'ㅂ'을 조음하기 위해 입술을 닫은 채, 다음 음절의 'ㅁ'을 조음하기 위해 코로 통하는 길을 열어 공기를 코안으로 통과시키는 과정이 연속적으로 일어난다. 따라서 불파음 'ㅂ'은 자연스럽게 같은 조음 위치의 비음인 'ㅁ'으로 바뀔 수밖에 없다.

불파음화는 음절말 위치에서 예사소리[17], 된소리, 거센소리의 구분을 없앨 뿐 아니라 심지어는 서로 다른 조음 위치의 자음들까지도 같은 소리로 나도록 만들기도 한다. '앞+도[압또], 같+고[갇꼬], 부엌[부억]' 등의 예는 음절말 위치에서 'ㅍ', 'ㅌ', 'ㅋ'이 각각 'ㅂ', 'ㄷ', 'ㄱ'과 같은 소리[18]로 조음된다는 사실을 보여주고, '낮+도[낟또], 꽃+과[꼳꽈]'는 경구개 자음 'ㅈ, ㅊ'이 음절말 위치에서 치조음인 'ㄷ'과 같은 소리로 조음된다는 사실을 보여준다. 'ㅍ'과 'ㅂ'은 둘 다 두 입술 위치에서 조음되는 파열음이지만 하나는 거센소리이고 다른 하나는 예사소리라는 점이 다르다. 거센소리와 예사소리의 차이는 개방 단계에서 결정되는 것인데 이 단계가 일어나지 않으므로 당연히 두 소리의 구별이 없어지는 것이다.[19]

파열음과 파찰음은 원래 무성음이지만 모음 사이 혹은 모음과 유성 자음 사이에 놓이면 유성음으로 바뀐다. 우리말의 파열음 'ㅂ(p)', 'ㄷ(t)', 'ㄱ(k)'도 이런 환경에서는 각각 같은 조음 위치, 같은 조음 방법의 유성 자음 [b], [d], [g]로 바뀌어 조음된다.[20] '바보'의 두 'ㅂ' 중 앞의 것은 양순 무성 파열음 [p]이고 뒤의 것은 양순 유성 파열음 [b]이다. 마찬가지로 '다도해'에서 앞의 'ㄷ'은 치조 무성 파열음 [t], 뒤의 'ㄷ'은 치조 유성 파열음 [d]이며, '가게'에서 앞의 'ㄱ'은 연구개 무성 파열음 [k], 뒤의 'ㄱ'

---

17 학교 문법에서는 '된소리'와 '거센소리'의 짝으로 '예사소리'를 써 왔다. 그런데 '예사소리'의 '예사(例事)'는 한자어라는 점에서 '된'이나 '거센'과는 짝이 되기에 적절하지 않은 면이 있다. 그러나 이 책에서는 입에 익은 대로 '예사소리'를 그대로 쓰기로 한다.

18 정확한 소릿값은 각각 [ㅂ(p̚)], [ㄷ(t̚)], [ㄱ(k̚)]이다.

19 불파음화에 대해서는 뒤의 '음운 변동' 단원에서 더 상세히 설명된다.

20 그러나 우리나라 사람들은 이 바뀜을 알아차리지 못한다. 우리는 뜻을 구별하는 데 관여하는 소리의 차이만을 인식할 수 있기 때문이다. 그래서 'ㅂ'과 'ㅍ'의 다름은 쉽게 알아차리지만 [p]와 [b]의 다름은 알아차리지 못하는 것이다. [b, d, g]는 우리가 소리를 내면서도 모르는 자음인 셈이다.

은 연구개 유성 파열음 [g]이다. '곰보'의 'ㅂ', '잔디'의 'ㄷ', '정각'의 'ㄱ'
도 모두 유성 파열음이다.

　막히거나 좁혀졌던 공깃길을 여는 순간 성문을 힘주어 좁히면 순간적
으로 목청 아래쪽의 공기 압력이 매우 높은 상태가 되었다가, 밖으로 나
가는 공기의 양이 매우 적은 상태로 소리가 나게 되는데, 이 소리는 청각
적으로 단단하고 된 인상을 주기 때문에 흔히 '된소리' 혹은 '경음'(硬音,
fortis 혹은 tense)이라 한다. 우리말의 양순 파열음 중에서는 'ㅃ(p')'[21]이, 치조
파열음 중에서는 'ㄸ(t')'이, 연구개 파열음 중에서는 'ㄲ(k')'이 된소리이
며, 파열음은 아니지만 치조 마찰음인 'ㅆ(s')'이나 경구개 파찰음인 'ㅉ
(tɕ')'도 된소리이다. 된소리는 음성학적으로 공깃길을 막거나 좁히고 있
는 시간, 즉 폐쇄 지속 시간이 예사소리에 비해 훨씬 더 긴 성질을 가지고
있다. 표진이(1975)에 의하면 'ㅂ', 'ㅍ', 'ㅃ'의 폐쇄 지속 시간은 각각
8c.s(centi second), 16c.s, 23c.s으로 측정되었고, 'ㄷ, ㅌ, ㄸ'과 'ㄱ, ㅋ, ㄲ'
의 경우에도 된소리 계열이 가장 긴 것으로 측정되었다.

　막혔던 공깃길이 개방되는 순간 성문이 넓게 열리고 그 사이로 강한
기류가 빠져 나가면 'ㅎ' 소리를 낼 때와 비슷한 무성의 마찰이 일어나게
되는데, 이런 무성의 마찰을 일으키며 분출되는 강한 공기의 흐름을 '기'
(氣, aspiration)라고 한다. 파열음이나 파찰음 중에서 기를 수반하는 소리를
'유기음'(有氣音, aspirated)이라고 하는데, 거친 느낌을 주는 소리라는 뜻으로
'거센소리'나 '격음(激音)'이라고도 부른다. 우리말의 양순 파열음 중에서
는 'ㅍ(pʰ)'이, 치조 파열음 중에서는 'ㅌ(tʰ)'이, 연구개 파열음 중에서는
'ㅋ(kʰ)'이 거센소리이고, 경구개 파찰음인 'ㅊ(tɕʰ)'도 거센소리이다. 'ㅎ

---

[21] 한글을 전사 기호로 이용하면 된소리를 적는 데 전혀 불편함이 없지만 국제 음성 기호(IPA)로
적을 때에는 문제가 있다. 국제 음성 기호에는 우리말의 된소리를 적는 데 적합한 기호가 없기
때문이다. 따라서 이 경우 된소리를 표시하는 기호를 따로 만들어 쓸 수밖에 없는데, 지금까지는
해당 전사 기호의 오른쪽 어깨에 '를 표시하여 [p']식으로 적어 왔다. 그런데 '는 국제 음성 기호
에서는 다른 소리, 즉 방출음(ejectives)의 표기를 위한 기호여서 다른 나라 사람에게 보여주기에
는 적합하지 않다. 이런 이유로 된소리 표기를 따로 만들어 쓰는 경우도 있는데, [p=](이호영
1996)나 [p*](신지영 2000)가 그 예이다. 그리고 국어의 로마자 표기법에 따라 [pp] 식으로 적는
방법도 있다. 그러나 이 책에서는 혼란을 피하기 위해 전통적인 전사 방식을 따라 [p']을 그대로
쓰기로 한다.

(h)'은 그 자체로 기의 덩어리여서 음성학적으로 거센소리라고 할 수 있지만, 일반적으로 거센소리는 파열음이나 파찰음 안에서 예사소리나 된소리와 구별되는 성질로 작용하기 때문에 'ㅎ'을 거센소리로 분류하지는 않는다.

입 앞에 손바닥이나 종이 한 장을 갖다 대고 [바, 파, 빠]를 발음해 보면 입 밖으로 유출되는 공기의 양이 차이가 난다는 것을 쉽게 알아차릴 수 있는데 그 순서는 '[파]>[바]>[빠]'이다. 거센소리와 예사소리, 된소리 사이의 이러한 관계는 '개방 후 무성 기간'(VOT, voice onset time)[22]에 대한 측정 결과와 일치한다. 개방 후 무성 기간이란 막혔던 공깃길을 개방하는 시점으로부터 뒤따르는 모음을 조음하기 위해 목청이 떨기 시작하는 시점까지의 기간을 말한다. 목청의 떨림은 공깃길이 개방되는 순간부터 바로 시작되지 않고 잠시 무성의 기간을 거치게 되는데, 이 기간의 길이는 개방과 함께 분출되는 공기의 양에 비례한다. 즉 개방과 동시에 공기가 많이 분출될 때에는 그렇지 않은 경우보다 목청이 떨릴 때까지 걸리는 시간이 길다는 뜻이다. 그러므로 같은 자리에서 조음되는 예사소리, 된소리, 거센소리의 개방 후 무성 기간은 '거센소리>예사소리>된소리'의 순서가 된다. Kim C-W(1965)에서는 'ㅂ', 'ㅍ', 'ㅃ'의 개방 후 무성 기간을 각각 23msec, 98msec, 9msec로, 'ㄷ', 'ㅌ', 'ㄸ'는 각각 38msec, 92msec, 15msec로, 'ㄱ', 'ㅋ', 'ㄲ'는 각각 45msec, 90msec, 13msec으로 보고하였다. 다른 여러 사람들도 개방 후 무성 기간을 측정하였는데 구체적인 수치는 차이가 있지만 예사소리, 된소리, 거센소리 사이의 순서는 거의 같은 것으로 보고하였다.

손바닥 및 책장 실험, 개방 후 무성 기간의 측정치에 의하면, 예사소리는 거센소리보다는 적지만 된소리보다는 많은 기를 수반하는 소리라는 것을 알 수 있다. 그렇지만 우리는 이 예사소리를 거센소리로 받아들이거나 그렇게 분류하지는 않는다. 우리말에서 예사소리와 거센소리 사이의 관계를 가장 잘 보여 주는 것이 '거센소리되기'(=유기음화)라는 음운 변동 현상이다. 즉 예사소리 'ㅂ', 'ㄷ', 'ㄱ', 'ㅈ' 등이 'ㅎ'을 만나면 각각 같은 조음 위치의 거센소리인 'ㅍ', 'ㅌ', 'ㅋ', 'ㅊ'로 바뀐다.(법학[버팍], 북한[부칸], 놓지[노

---

22 '성대 진동 시점', '성대 진동 시작 시간' 등으로도 번역된다.

치]) 이 변동은 'ㅂ, ㄷ, ㄱ, ㅈ'이 거센소리가 아니라는 것을 전제로 하는 것이고, 한국인이 이들을 예사소리로 인식하고 있다는 증거가 되는 동시에 음운론에서 이들을 예사소리로 분류하도록 하는 근거가 된다. 여기서 개방 후 무성 기간의 수치에 있어 예사소리와 거센소리는 정도의 차이만 보인다는 것은 음성학적 사실이고, 그럼에도 불구하고 이두 소리를 '예사소리'와 '거센소리'로 구분하는 것은 음운론적 차원의 처리이다.

위에서 파열음은 목청 떨림 여부에 따라 무성음과 유성음으로 나뉘고 후두 긴장 및 기의 유무에 따라 예사소리, 된소리, 거센소리로 나누어진다는 사실을 알게 되었다. 이와 같은 분류는 조음 과정에 대한 관찰 및 소리에 대한 청각적 인상 등을 기준으로 한 것인데, 그 결과는 폐쇄 지속 시간이라든가 개방 후 무성 기간 등과 같은 음파에 대한 실험 음성학적 분석 결과와 일치한다는 사실도 확인할 수 있었다.

음성학적인 관점에서 볼 때, 무성 파열음과 유성 파열음의 다름은 예사소리, 된소리, 거센소리 사이의 다름 못지않다. 그러나 국어 화자들은 후자는 뚜렷하게 인식하는 반면, 전자에 대해서는 그 차이를 쉽게 받아들이지 못한다. 여기서 알 수 있는 것은 우리가 소리를 인식하는 데에는 물리적인 차이만이 절대적인 기준으로 작용하지는 않는다는 사실이다. 이 점에 대해서는 뒤의 '음성과 음소' 부분에서 더 자세히 설명한다.

3.3.2. 마찰음

능동부를 고정부에 닿기 직전의 상태까지 최대한 접근시켜 만들어지는 좁은 틈으로 공기를 통과시키면 그 사이에 마찰이 일어나면서 소리가 나는데, 이 소리를 마찰음(摩擦音 =갈이소리, fricative)이라고 한다. 우리말에서 '사람'의 'ㅅ[s]'은 혀끝-윗잇몸에서 조음되는 마찰음으로 예사소리이고 '싸움'이나 '쑥'의 초성 자음 'ㅆ[s']'은 된소리이다. 이에 비해 '실, 씨름'의 'ㅅ[ɕ]'과 'ㅆ[ɕ']'은 뒤따르는 모음 'ㅣ'에 이끌려 그 조음 위치를 경구개로 옮긴 상태의 마찰음이다.

치조 마찰음과 경구개 마찰음의 조음 위치의 다름은 다음과 같은 간단한 관찰로 확인할 수 있다. [사]를 발음하려고 마음먹은 상태에서 숨을 들이쉬어 본 다음, [실]을 발음하려고 마음을 고쳐먹고 다시 숨을 들이쉬어 보면 공기가 들어오면서 특별히 시원해지는 곳이 서로 다르다는 사실을 알 수 있다. 그 시원해지는 곳이 바로 공깃길이 가장 좁아져서 마찰이 일어나는 곳이라고 생각하면 된다.[23] 한편 마찰음은 다른 자음에 비해 좀 늦게 습득되는 것으로 보인다. 다른 자음은 쉽게 발음하면서도 이 치조 마찰음을 제대로 발음하지 못하는 아이들이 종종 발견되기 때문이다. 이런 아이들의 경우 주로 마찰음 'ㅅ'을 같은 위치의 파열음으로 발음하는데, 재미있는 것은 예사소리 'ㄷ'이 아닌 거센소리 'ㅌ'으로 바꾸어 발음한다는 것이다.(산에→[타네]) 이런 현상이 나타나는 것은 음성적으로 'ㅅ'이 거센소리와 비슷한 정도의 유기성을 가지기 때문인데, 이는 'ㅅ'을 예사소리가 아닌 거센소리로 처리해야 한다는 주장의 근거가 되기도 한다. 그러나 여느 예사소리와 같이 'ㅅ'도 장애음 아래에서는 된소리로 바뀐다는 점(앞산→[압싼]), 그리고 토박이 화자들도 이 소리를 예사소리로 인식하고 있다는 점을 고려하면 이 소리를 예사소리로 처리하는 것이 합리적이다.

'하나, 허파, 호박'의 'ㅎ[h]'은 성문을 좁히고 그 사이로 공기를 통과시키며 마찰을 일으켜 내는, 성문 무성 마찰음이다. 이 소리는 '여행, 영향'에서처럼 유성음 사이에 오면 같은 유성음 [ɦ]으로 소리 나며, '향수, 효자, 힘'에서와 같이 모음 'ㅣ'나 반모음 'ㅣ(j)' 앞에서는 경구개음화 하여 [ç]으로 바뀐다. 두 입술 사이에서도 마찰음이 조음되는 일이 있다. '부부, 우비, 갈비' 등의 'ㅂ'은 보통은 양순 유성 파열음 [b]로 나지만 때에 따라서 혹은 화자에 따라서 양순 유성 마찰음 [β]로 나기도 한다. 또 '회의, 이후'에서처럼 원순 모음 앞의 'ㅎ'이 양순 마찰음 [ɸ]으로 나기도 한다. '먹어라, 먹이' 등의 연구개 유성 파열음 [g] 역시 두 모음 사이에서 연구개 유성 마찰음 [ɣ]로 나기도 한다.

일반적으로 'ㅎ'의 조음 위치를 성문으로 잡는다. 그런데 실제로는 이 소리를 낼 때 일어나는 마찰은 정확하게 성문 쪽에서만 나타나는 것 같지 않고 공깃길 전체를 통해 나타나는 것처럼 느껴진다. 즉 치조 마찰음인 'ㅅ'과 비교할 때 'ㅎ'은 그 마찰이 일어나는 자리가 뚜렷하지 않다는 말이다. 이것을 '국부 마찰'(局部摩擦)과 '전강 마찰'(全腔摩擦)로 구분하기도 하지만, 'ㅎ'의 경우 공깃길의 모양이 뒤따르는 모음을 조음하기에 적합한 상태로 갖추어진 상태에서 마찰이 일어나기 때문에 마치 그 모음의 무성음처럼 느

---

[23] 이 관찰 방법은 신지영(2000)에서 가져온 것이다.

꺼지기도 한다. 조음 위치가 뚜렷하지 않다는 것은 그만큼 자음으로서의 성질이 약하다는 말도 된다. 실제로 우리말에서 'ㅎ'은 자음이 아닌 것처럼 행동하는 경우가 있다. 거센소리되기는 'ㅎ'이 하나의 자질로 바뀐 상태로 옆의 다른 자음에 포함되는 과정이라 할 수 있으며, '결혼'이 [kjəlhon]이 아닌 [kjərʰon]으로 발음되는 것도 'ㅎ'의 이런 성질 때문이다.

3.3.3. 파찰음

파열음과 같이 능동부를 고정부에 닿게 하여 공기의 흐름을 한 순간 완전히 막았다가 터뜨리는 과정에서, 그 터뜨리는 속도를 조금 더디게 하면 순간적으로 마찰이 일어난다. 이러한 방법으로 내는 소리를 파찰음(破擦音 =붙갈이소리, affricate)이라고 한다.

우리말의 'ㅈ(tɕ)'은 앞 혓바닥이 센입천장에 닿았다가 떨어지면서 나는 경구개 무성 파찰음인데 그 유성음은 [dʑ]이다. 'ㅊ(tɕʰ)'은 같은 위치의 거센소리이며 'ㅉ(tɕ')'은 된소리이다.

3.3.4. 비음

조음 기관의 움직임은 같은 위치의 파열음과 같으나 막혔던 공기를 터뜨리는 순간 코로 통하는 공깃길을 열어 그 속으로 공기를 통과시키며 내는 소리를 비음(鼻音 =콧소리, nasal)이라고 한다. 비음은 코안을 울리면서 나는 소리인 동시에 목청을 떨어서 내는 소리이므로 모두 유성음이다.

우리말의 'ㅁ(m)'은 양순 비음, 'ㄴ(n)'은 치조 비음, 'ㅇ(ŋ)'은 연구개 비음[24]으로, 공기가 코안을 통과하면서 난다는 점을 제외하고 나면 각각 'ㅂ', 'ㄷ', 'ㄱ'과 조음 위치와 조음 방법이 같다. 치조 비음인 'ㄴ'은 '다니고, 남녀, 냠냠'에서처럼 모음 'ㅣ'나 반모음 'ĭ(j)' 앞에 놓이면 경구개 음화 하여 [ɲ]으로 발음된다.[25]

---

[24] 그런데 다른 언어와 비교하면, 우리말의 비음은 그 비음성(nasality)이 낮아서 외국인이 듣기에는 비음으로 들리지 않고 같은 조음 위치의 구강 파열음으로 들릴 정도라고 한다.

[25] [나]를 발음하려고 마음먹는 순간 혀가 저절로 가 붙는 위치와, [냐]의 그것을 비교해 보면 [n]과 [ɲ]의 조음 위치의 다름을 확인할 수 있다.

3.3.5. 설측음, 탄설음, 전동음

혀끝의 중앙부를 윗잇몸 근처에 댄 상태에서 혀의 양 옆으로 공기를 흘려 내보내면서 내는 소리를 설측음(舌側音 =혀옆소리, lateral)이라고 한다. 우리말에서 '물, 물과'의 'ㄹ'과 같은 음절말의 'ㄹ'과 '흘러'의 두 번째 'ㄹ'과 같이 'ㄹ' 다음에 오는 초성 'ㄹ'은 치조 설측음 [l]이다. 그런데 '흘리다, 흘려, 달력'의 두 번째 'ㄹ'과 같이, 음절말 'ㄹ'과 모음 'ㅣ' 및 '반모음 'ㅣ(j)' 사이에 오는 설측음 [l]은 경구개음 [ʎ]로 발음된다.

혀끝을 윗잇몸 쪽에 한 번 가볍게 튀기듯 닿게 해서 내는 소리를 탄설음(彈舌音 =두들김소리, flap)이라 하는데, 우리말의 경우 '나라, 노래'의 'ㄹ'처럼 모음 사이의 'ㄹ'은 치조 탄설음 [r]이다. 그리고 노래를 부를 때와 같은 특수한 상황에서, 모음 사이의 'ㄹ'을 혀를 떠는 듯이 빠른 속도로 윗잇몸에 붙였다 뗐다 하면서 내는 경우가 있는데 이때의 'ㄹ'은 전동음(顫動音 =떨음소리, trill) [r]이다.[26]

설측음 [l]과 탄설음 [r]은 우리말에도 있고 영어에도 있다. 그러나 음성학이나 음운론을 공부하지 않은 국어 화자가 이 두 소리를 구분하는 경우는 없지만 영어 화자들은 이 두 소리를 금방 구별한다. 뒤에 나오겠지만 이것은 영어에서 이 두 소리가 각각 음소의 자격을 가지는 데 반해 우리말에서는 이 두 소리가 하나의 음소로 행동하기 때문이다. 영어에서는 'lead[liːd]-read[riːd]'와 같은 단어 쌍이 있어서 이 두 소리를 구별하지 않으면 의미 전달에 큰 지장이 생기게 된다. 세종대왕도 한글을 만들 때, 이 두 소리를 위해 서로 다른 글자를 만들지 않았다.

3.4. 자음의 부류

위에서 조음 위치 및 조음 방법을 기준으로 자음을 분류한 것은 이 둘의 상호 작용으로 인해 자음의 소릿값이 결정되기 때문이다. 그런데

---

[26] 탄설음은 [ɾ]로, 전동음은 [r]로 적는 것이 원칙이나 음운론에서 전동음을 적을 일이 거의 없다는 점, [r]이 더 익숙하고 인쇄가 편리하다는 점 때문에 탄설음을 [r]로 적는 경우가 많다. 이 책에서도 이런 관례를 따른다.

이렇게 분류된 자음들은 다시 어떤 음성적 기준에 의해 더 큰 부류로 묶이거나 나누어질 수도 있는데, 한 부류로 묶인 소리들은 음운 체계상 더 긴밀한 관계에 놓이게 되며 음운의 변동에서는 같은 기능을 하는 경우가 많다.

먼저 '설측음, 탄설음, 전동음'은 능동부의 어느 부위가 고정부의 특정 위치에 닿거나 접근해서 나는 소리라는 점에서는 다른 자음과 같지만 그 막음의 정도가 미약하거나 완전하지 않아서 다른 자음에 비해 공기의 흐름이 쉽다는 공통성을 가진다. 공기가 자유롭게 흘러 나간다는 뜻에서, 이 세 소리를 묶어 유음(流音 =흐름소리, liquid)이라고 부른다.

학교 문법에서는 국어 자음의 음성적인 특징을 속속들이 설명할 필요가 없으므로 설측음, 탄설음, 전동음을 따로 언급하지 않고, 탄설음과 설측음을 묶어 유음으로 부르고 있다. 다음은 제7차 교육과정에 의한 문법 교과서(60쪽)에 제시된 유음에 대한 설명이다.

혀끝을 잇몸에 가볍게 대었다가 떼거나 혀끝을 윗잇몸에 댄 채 공기를 그 양 옆으로 흘려 내보내면서 내는 유음(流音)이 있다.

다음으로 유음과 비음도 한 부류로 묶일 수 있는데, 이들은 자음이면서도 공깃길이 완전히 막히지 않아서 공기의 흐름이 자연스럽다는 점, 조음할 때 성대 진동이 수반되므로 모두 유성음이고 또 입안이나 코 안을 울려서 나는 소리라는 점에서 나머지 자음들과는 다르다. 이들을 공명음(共鳴音, sonorant)이라고 하는데, 공명음의 공통적인 특징은 성대를 진동시켜 낸다는 점, 공기의 흐름이 한 번도 완전히 차단되지는 않는다는 점, 입안이나 코안을 울려서 낸다는 점, 청각 인상이 부드럽다는 점에 있다. 모음도 성대를 진동시켜서 내는 소리이므로 당연히 공명음이다. 그러므로 유음과 비음은 자음이지만 공명음이라는 점에서는 모음과 한 부류로 묶인다. 공명음과는 달리 공기의 흐름이 한 순간 완전하게 막히거나 두드러지게 방해를 받아서 나는 소리들을 장애음(障碍音, obstruent)이라고 한다. 파열음, 마찰음, 파찰음이 장애음인데 이들은 공명음에 비해 드세고 거친 느낌을 준다.

한편 장애음 가운데서도 파열음이나 파찰음은 공깃길의 특정 부분이 잠시 동안 완전히 막혔다가 터뜨리는 순간에 소리가 난다. 그래서 이들을 순간음(瞬間音) 혹은 정지음(停止音, stop)이라고 하고, 공기의 흐름이 한 순간도 완전히 막히지는 않아서 소리를 길게 이어 낼 수 있는 나머지 소리를 지속음(持續音, continuant)이라 하여 구분하기도 한다.[27]

3.5. 현대 국어의 자음

지금까지 조음 위치와 조음 방법을 기준으로 자음의 구체적인 모습들을 살펴보았다. 이 과정에서 우리말에 음성적으로 존재하는 자음[28]은 거의 망라된 셈이다. 이들을 모아 정리해 보면 다음과 같다.

┃표 2┃ 국어의 자음

조음 방법 \ 조음 위치			두 입술	혀끝-윗잇몸	센입천장 앞	센입천장 뒤	여린입천장 앞	여린입천장 뒤	목청
파열음	예사소리	안울림	p, p̄	t, t̄			k, k̄	q	
		울림	b	d			g	G	
	된소리		p'	t'			k'	q'	ʔ
	거센소리		pʰ	tʰ			kʰ	qʰ	
파찰음	예사소리	안울림			tɕ				
		울림			dʑ				
	된소리				tɕ'				
	거센소리				tɕʰ				
마찰음	예사소리	안울림	Φ	s	ɕ	ç			h
		울림	β				ɣ		ɦ
	된소리			s'	ɕ'				
비음			m	n	ɲ		ŋ	N	
설측음				l	ʎ				
탄설음				ɾ					

---

27 소리의 완전한 막힘이 있느냐 하는 점을 기준으로 삼으면 파열음과 파찰음만 순간음이 되지만, 소리를 길게 이어 낼 수 있느냐 하는 점을 기준으로 하면 탄설음도 순간음에 속하게 된다.

28 '음성적으로 존재하는 자음'이란 국어 화자의 입에서 나오는 모든 자음, 즉 우리말에 물리적으로 존재하는 자음이라는 뜻으로 뒤에 나오는 음소 차원의 자음과는 다른 개념이다. 이 표에 제시된 모든 자음들을 한글 자음 글자로 다 적을 수 없는 이유는 한글이 '음성적으로 존재하는 자음'이 아닌 '음소' 차원의 자음 하나에 글자 하나가 배당되는 방식으로 만들어졌기 때문이다.

4. 모음

4.1. 모음의 특성

자음과는 달리, 성문을 통과한 공기의 흐름이 어느 곳에서도 막힘이나 방해를 받지 않고 나는 소리가 모음(=홀소리, vowel)이다. 즉 혀의 움직임이나 입을 벌리는 정도, 입술의 모양 등에 따라 공깃길의 모양은 바뀌지만, 능동부와 고정부가 닿거나 마찰이 일어날 정도로 접근하지 않고 나는 소리가 모음이다. 자음은 조음부에서 소리가 나고 또 소릿값이 결정되지만, 모음은 소리 자체는 발성부에서 나고, 조음부를 울림통으로 이용하면서 구체적인 소릿값이 결정된다. 또 모음은 목청을 떨어서 나는 소리이고, 목안과 입안을 울려서 나는 유성음이다. 앞에서 살폈듯이, 자음 중에도 유성음이 있지만 이들은 능동부와 고정부가 닿아서 공깃길의 중앙부가 막히는 과정을 수반한다는 점에서 모음과는 다르다. 아울러 모음은 홀로 발음이 가능하기 때문에 단독으로 음절을 구성할 수 있는 소리, 즉 성절성(成節性, syllabicity)을 갖춘 소리로 정의되기도 한다.[29]

자음의 소릿값이 공기의 흐름이 방해 받는 위치와 방법에 따라 정해지는 반면 모음은 조음부의 여러 기관이 취하는 자세에 의해 만들어지는 공깃길의 모양에 따라 소릿값이 정해진다. 이때 혀나 입술 등 조음부의 기관들이 한 번 취한 자세를 유지하면서 내는 소리를 단순 모음(單純母音, =홀홀소리, simple vowel)[30]이라 하고, 소리 나는 동안에 혀나 입술의 모양이 한 번 움직이거나 변해야 낼 수 있는 소리를 중모음(重母音, =겹홀소리, complex vowel)이라 한다.

4.2. 단순 모음

모음의 소릿값을 결정하는 요인에는 혀의 높이, 전후 위치, 입술의 모

---

[29] '모음'의 고유어 이름인 '홀소리'에 이런 성질이 반영되어 있다.

[30] '단모음'(短母音)과의 혼동을 피하기 위해 '단모음'(單母音)이 아닌 '단순 모음'(單純母音)으로 부르고자 한다.

양 등이 있다. 먼저 혀의 높이는 하나의 모음을 발음할 때 혀가 가장 높이 올라가는 부분, 즉 혀의 최고점(最高點)의 높낮이를 말하는데 이것은 입이 벌어지는 정도, 즉 개구도(開口度, =간극도, aperture)와 관계가 있다. 혀의 최고점의 높이가 가장 높은 모음은 고모음(high vowel)이라 하는데, 이는 입이 벌어지는 각도가 가장 적다는 뜻에서 폐모음(close vowel)이라고 부르기도 한다. 그 다음은 중모음(mid vowel) 혹은 반개모음(half-open vowel)이라고 부르고 혀의 최고점이 가장 낮은 모음은 저모음(low vowel) 혹은 개모음(open vowel)이라고 한다.

혀의 전후 위치란, 조음할 때 혀의 최고점이 입의 앞뒤 어디쯤에 놓이느냐 하는 것을 말하는데 이에 따라서 전설 모음(front vowel), 중설 모음(central vowel), 후설 모음(back vowel)이 나누어진다. 다음으로 입술 모양을 둥글게 오므린 상태로 소리를 내느냐, 아니면 입술을 편 상태로 소리를 내느냐에 따라 원순 모음(rounded vowel)과 평순 모음(unrounded vowel)이 나누어진다.

그런데 이와 같은 요인에 따라 소릿값이 정해진다 하더라도, 모음은 그 조음 위치를 정확하게 지정하기가 매우 어려운 것이 사실이다. 모음은 능동부와 고정부 사이에 어느 정도 간격을 둔 상태에서 조음되기 때문이다.[31] 그래서 모음의 소릿값 결정에 관여하는 위의 요인에 대해 가장 두드러진 값을 가진 모음의 위치를 고정시킨 가공의 모음 체계를 만든 다음, 실제 여러 언어나 방언들의 모음을 이 모음 체계와 비교하면서 설명할 수 있도록 하는 방법이 고안되었다. 영국의 음성학자 다니엘 존스(Danial Jones)가 만든 '기본 모음'(cardinal vowel)이 그것인데, '혀의 최고점'이라고 하는 기준이 모호하다는 점과 모든 모음의 조음 작용을 포괄적으로 설명하기에 부족한 면이 있다는 지적을 받기도 하지만, 그 설명 방법의 간편성과 교육적인 실용성 때문에 지금까지 널리 사용되고 있다. 존스의 '기본 모음'은 각각 8개씩의 모음으로 이루어진, '1차 기본 모음'(primary cardinal vowels)과 '2차 기본 모음'(secondary cardinal vowels)으로 되어 있는데 각 모음에는 설명과 비교를 돕기 위해 일련번호가 붙어 있다.

---

[31] 자음에 비해 모음의 수나 소릿값 등에 대한 방언차가 큰 것도 이런 이유 때문이다.

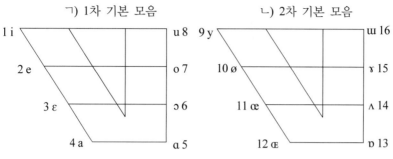

ㄱ) 1차 기본 모음   ㄴ) 2차 기본 모음

1 i   u 8   9 y   ɯ 16

2 e   o 7   10 ø   ɤ 15

3 ɛ   ɔ 6   11 œ   ʌ 14

4 a   ɑ 5   12 ɶ   ɒ 13

▮**그림 4**▮ 존스의 기본 모음

1차 기본 모음 중에서도 1번 모음과 5번 모음의 자리가 맨 먼저 고정되고, 나머지 모음들은 이 두 모음과의 거리에 따라 적당한 자리를 부여받는다. 먼저 1번 모음인 [i]는 입술을 오므리지 않은 상태에서, 모음성을 잃지 않을 정도로 혀의 앞부분을 최대한 입천장의 앞쪽을 향해 접근시켜서 내는 소리이다. 다시 말해 혀의 앞부분을 최대한 높게, 그리고 최대한 앞쪽으로 뻗어서 내는 소리가 [i]이다. 5번 모음 [ɑ] 역시 입술을 편 채로 혀 전체를 최대한 뒤로, 아래로 움츠려서 내는 소리이다. 1번 모음을 발음하는 데서 혀를 조금만 더 입천장 쪽으로 더 올리거나 5번 모음을 발음하는 데서 혀를 조금만 더 뒤로 물리면, 두 경우 모두 마찰 자음이 만들어지게 된다. 이 두 모음의 자리가 그만큼 극단적인 소릿값을 가지도록 고정되었음을 의미한다. 1번 모음 [i]를 내는 자세로부터 시작하여 입을 조금씩 더 벌리고 동시에 혀를 조금씩 낮추어 가면서 조음되는 전설 모음들을 같은 간격으로 배치한 것이 2번 [e], 3번 [ɛ], 4번 [a] 모음인데 이들은 모두 평순 모음이고, 5번 모음 [ɑ]로부터 혀의 높이를 높여가면서 조음되는 후설 모음들을 같은 간격으로 배치한 것이 6번 [ɔ], 7번 [o], 8번 [u] 모음인데 이들은 모두 원순 모음이다. 2차 기본 모음에 자리를 부여받은 여덟 모음 사이의 관계는 1차 기본 모음의 그것과 같은데, 다만 원순성의 값은 1차 기본 모음과 정반대이다. 9, 10, 11, 12번 모음은 차례로 저모음성이 강해지는 전설의 원순 모음들이고 13, 14, 15, 16번 모음은 차츰 고모음성이 강해지는 후설 모음들인데, 13번만 원순 모음이고 나머지는 모두 평순 모음이다.

우리말의 단순 모음도 이 기본 모음과 비교함으로써 그 소릿값을 알아

볼 수 있다. 현대 국어의 단순 모음들을 위와 같은 모음 사각도 위에 나타
내보면 대강 다음과 같다.

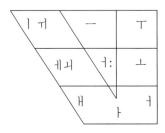

┃그림 5┃ 모음 사각도 위의 국어의 단순 모음

전설, 중설, 후설 모음의 순으로 각 모음의 소릿값에 대해 살펴보자.
먼저 'ㅣ'는 혓바닥의 앞부분을 입천장의 앞쪽을 향해 최대한 접근시키
고[32] 입술은 편 상태에서 내는 평순 전설 고모음으로서 기본 모음의 1번
[i]에 가깝다.

　길이[kiri], 미리[miri], 비밀[pi:mil], 이리[iri], 일기[ilgi], 피리[pʰiri]

'ㅔ'와 'ㅐ'는 'ㅣ'로부터 차례대로 혀를 조금씩 더 낮추면서 내는 소리
로서 각각 기본 모음의 평순 전설 중고모음 [e]와 평순 전설 중저모음
[ɛ]에 가깝다.[33]

　게[ke:], 나이테[naitʰe], 네[ne:], 데리고[terigo], 메밀[memil],
　베[pe], 세월[se:wʌl]
　개[kɛ:], 내[nɛ:], 대리[tɛ:ri], 매미[mɛ:mi], 배[pɛ], 새[sɛ:], 해거리[hɛgʌri]

원순 전설 모음인 'ㅟ'와 'ㅚ'의 소릿값은, 입술을 둥글게 오므려 내민
상태에서 각각 'ㅣ'와 'ㅔ' 모음을 내는 것과 비슷하므로, 2차 기본 모음

---

32 따라서 입이 벌어지는 정도는 매우 작다.
33 경상 방언에서는 오래 전부터 이 두 모음이 구분되지 않았고, 중부 방언에서도 지금은 이 둘의
　소릿값이 구분되지 않는 경향을 보여주고 있다.

의 9번 [y](원순 전설 고모음)와 10번 [ø](원순 전설 반고모음)에 가깝다고 하겠다.[34]

뒤[ty:], 쥐[tɕy]　　되[tø], 쇠[sø]

'ㅡ'는 입술을 편 상태에서 혀를 연구개 쪽으로 접근시켜 내는 소리인데 일반적으로 혀의 높이는 'ㅣ', 'ㅜ'와 비슷하되, 전후 위치는 'ㅣ'보다는 뒤쪽, 'ㅜ'보다는 앞쪽인 것으로 기술해 왔다. 즉 혀의 최고점이 중설에 오는 것으로 본 것인데 이 사실을 충실하게 고려하면 국제 음성 기호(IPA)[35]의 평순 중설 고모음 [ɨ]에 가깝다고 하겠고, 위의 2차 기본 모음으로 보면 9번과 16번의 중간쯤에 위치하는 모음으로 처리할 수 있을 것이다. 그러나 'ㅡ'와 'ㅜ'를 발음하면서 둘의 소릿값을 비교해 보면 혀의 전후 위치의 차이는 입술 모양의 차이만큼 현저하지 않다는 것을 알 수 있다. 따라서 'ㅡ'는 위의 2차 기본 모음 중 16번 즉 평순 후설 고모음 [ɯ] 정도로 볼 수도 있다.

그[kɨ], 느림보[nirimbo], 득세[tik`s'e], 뜰[t'ɨl],
바글바글[pagɨlbagɨl], 여름[jʌrɨm], 흐르다[hɨrida]

우리말의 'ㅓ'는 음성 환경에 따라 두 가지의 소릿값을 가진다. 즉 '거리[kə:ri], 멀다[mə:lda], 없다[ə:p't'a]' 등에서와 같이 장모음으로 조음될 때에는 국제 음성 기호의 중앙 모음인 [ə]에 가깝게 발음되므로 평순 중설 중고모음 정도의 소릿값을 가지는 것으로 볼 수 있고, '거품[kʌpʰum], 머리[mʌri], 업다[ʌp't'a]'에서처럼 단모음으로 조음될 때에는 2차 기본 모음의 14번 [ʌ]에 가까운, 평순 후설 중저모음의 소릿값을 가진다.[36]

---

[34] 그러나 지금 이 모음들이 단순 모음으로 발음되는 경우는 특정 지역과 세대로 한정된다. 중부 지역이나 호남 지역의 노년층을 제외한 대부분의 국어 화자들은 이 두 모음을 이중 모음 [wi]와 [we]로 발음하는 경향이 강하다.

[35] 국제 음성 기호는 아래 45쪽 참조.

[36] 요즈음은 장단에 관계없이 모든 'ㅓ'가 [ʌ]로 통일되는 경향(이현복 1998: 25)을 보여주고 있는데, 특히 중부 지역 젊은 세대의 발음에서는 [ㅓ:]와 [ㅓ]가 구별되지 않는다.(이호영 1996: 113) 이에 비해 경상 방언 화자들은 모든 'ㅓ'를 중설 중고모음으로 발음하는데 그 소릿값이 중설

우리말의 'ㅏ'는 혀의 앞부분이 아랫니 뒤쪽까지 내려올 정도로 입을 많이 벌려서 내는 비원순 중설 저모음이다. 이 모음이 발음될 때 혀의 최고점은 입천장의 가운데 부분에 있기 때문에 그 소릿값은 위 1차 기본 모음 및 국제 음성 기호(IPA)의 두 저모음 [a]와 [ɑ]의 중간쯤 된다고 할 수 있지만 전사 기호는 편의상 [a]를 쓴다.

가방[kabaŋ], 나라[nara], 마라도[marado], 바다[pada], 파[pʰa], 하늘[hanil]

'ㅜ'는 입술을 둥글게 만들어 앞으로 내민 상태에서 혀를 뒤로 잔뜩 움츠림으로써 혓바닥의 뒷부분을 연구개 쪽으로 상당히 접근시킨 상태로 조음하는 원순 후설 고모음 [u]이다.

구두[kudu], 누룩[nuruk̚], 두루미[turumi], 물[mul], 부두[pudu], 쑥[s'uk̚], 죽[tɕuk̚]

'ㅗ'는 'ㅜ'보다 입을 조금 더 벌림으로써 혓바닥이 연구개로부터 조금 더 떨어진 상태로 조음하는 원순 후설 중고모음 [o]이다.

고통[kotʰoŋ], 노동[nodoŋ], 목소리[mok̚s'ori], 복[pok̚], 종[tɕoŋ], 초복[tɕoʰbok̚]

이상에서 살핀 우리말 단순 모음의 소릿값을 표로 정리해 보면 다음과 같다.[37]

고모음 'ㅡ'와 잘 구별되지 않는다.
[37] ▮표 3▮은 우리말에 물리적으로 존재하는 모든 모음 음성을, 모음의 소릿값을 결정하는 세 요인을 기준으로 하여 분류·정리한 것이고 그 앞의 설명 역시 각 모음 음성에 대한 기본적인 기술이다. 이들이 국어 음운론에서 어떤 기능을 하는지, 국어 화자가 이들을 어떤 모음으로 인식하고 있는지 하는 것은 다른 층위의 문제로서 뒷장에서 따로 다루기로 한다.

┃표 3┃ 국어의 단순 모음

고저 \ 원평 \ 전후	전설 모음 평순	전설 모음 원순	중설 모음 평순	중설 모음 원순	후설 모음 평순	후설 모음 원순
고모음	ㅣ(i)	ㅟ(y)	ㅡ(ɨ)			ㅜ(u)
중고모음	ㅔ(e)	ㅚ(ø)	ㅓ:(ə:)			ㅗ(o)
중저모음	ㅐ(ɛ)				ㅓ(ʌ)	
저모음			ㅏ(a)			

음성학에서 혀의 전후 위치라고 하면 일반적으로 혀가 가장 높아지는 지점의 위치를 말하지만, 능동부와 고정부 사이가 가장 좁아지는 부분의 자리, 즉 '좁힘점'의 위치를 중요하게 보는 학자도 있다. 즉 어떤 모음을 발음할 때 혀와 입천장 혹은 인두 사이의 가장 좁아지는 부분의 자리에 따라 모음이 분류될 수 있으며, 이것이 모음의 실제 소릿값을 결정하는 데 더 중요한 요인이 된다고 보는 것이다. 실제로 이 좁힘점을 기준으로 모음을 분류하면 입안 공명실의 모양에 따라 모음의 종류가 나누어지는데, 이는 혀의 최고점을 기준으로 한 것과는 차이가 있다. 우리말의 모음을 좁힘점과 공명실의 모양에 따라 분류한 것을 김영송(1981)에서 가져와 보이면 다음과 같다.[38]

① 센입천장 좁힘 모음(ㅣ, ㅔ, ㅐ, ㅟ, ㅚ) : 경구개 쪽 입안이 좁아지고 그 부분이 가늘어지며, 여린입천장 쪽과 목머리가 합하여 큰 공명실을 이룬다.

② 여린입천장 좁힘 모음(ㅡ, ㅜ) : 여린입천장 쪽이 좁아지고 센입천장 쪽과 목머리(인두)에 따로따로 비슷한 크기의 공명실이 생긴다.

③ 목머리 좁힘 모음(ㅗ, ㅏ, ㅓ) : 목머리가 좁아져서 센입천장과 여린입천장 쪽의 입안에 큰 공명실이 생기며 목머리 안쪽에도 조그마한 공명실이 생긴다.

4.3. 이중 모음

소리 나는 동안에 혀가 움직이거나 입술의 모양이 변하는 등 조음 기관의 자세 변화를 수반해야 낼 수 있는 모음을 중모음(重母音)이라고 한다. 모음을 발음하는 과정에서 혀나 다른 조음 기관이 움직인다는 것은 둘

---

[38] 좁힘점에 의한 모음 체계의 기술에 대해서는 김영송(1981: 7~138)에서 상세한 설명을 볼 수 있다.

이상의 모음을 이어 내기 위함이므로 중모음이라 하는 것이다. 중모음에는 이중 모음, 삼중 모음 등이 있을 수 있으나 우리말의 'ㅑ, ㅕ, ㅛ, ㅠ, ㅘ, ㅝ, ㅢ'는 모두 이중 모음이다.

이중 모음을 발음한다는 것은 두 모음을 각각 원래의 소릿값대로 발음한다는 것, 즉 각각을 한 음절로 발음한다는 것이 아니라 그 둘을 한 음절로 발음한다는 말이다. 이를 위해서는 두 모음 중 어느 하나가 주모음(主母音)이 되고 다른 하나는 마치 이 주모음에 딸린 것처럼 짧게 소리 나야 한다. 예를 들어 우리말 이중 모음 'ㅑ'는 극히 짧은 순간 'ㅣ' 모음을 조음하는 자세를 취했다가 미끄러지듯 'ㅏ' 모음을 조음하는 자세로 바뀌는 움직임에 의해 만들어진다. 이때 극히 짧게 조음된 'ㅣ' 모음 비슷한 소리를 반모음(半母音, semi-vowel)이라고 부른다. 자음과 같은 정도로 공깃길의 흐름이 방해를 받아서 나는 소리가 아니기 때문에 자음으로 보기는 어렵지만 그렇다고 단순 모음과 같은 정도의 모음성과 단독으로 음절을 구성할 수 있는 성질을 갖추지 못했기 때문에 모음으로 보기도 어렵다는 뜻이다. 그래서 '반자음'이라고 부르기도 한다. 또 이 소리는 조음 기관이 주모음을 조음하기 위한 자세로 옮아가는 도중에 나는 소리란 뜻으로 과도음(過渡音)이라 부르기도 하고, 순간적으로 주모음을 향해 미끄러지듯 짧게 나는 소리라 해서 활음(滑音, glide)으로도 부른다.[39]

반모음은 이중 모음에 대한 음성학적 분석을 통해서 설정되지만, 여기서는 편의상 반모음을 먼저 제시하고 그 반모음을 구성 요소로 하는 이중 모음들을 살피는 순서로 기술한다. 우리말의 반모음은 학자에 따라 두 개 내지 세 개를 설정하는데 여기서는 3 반모음 체계를 바탕으로 우리말의 이중 모음을 살피기로 한다.

먼저 반모음 'ǐ(j)'[40]는 모음 'ㅣ(i)'와 비슷하나 그 길이가 훨씬 짧고 혀의 위치도 더 높아서 경구개 쪽에 접근하는 정도가 더 가까우므로 평순

---

39 이상의 설명은 이중 모음에 대한 일반적인 인식을 바탕으로 한 것이다. 이에 대해, '이중 모음'을 '동일한 음절 내의 두 모음의 연결'만을 가리키는 개념으로 보고, 반모음과 단순 모음의 연결은 이중 모음이라고 할 수 없다는 관점도 있다.(정인호 2007 참조.)

40 반모음을 적는 기호가 따로 만들어져 있지 않을 때에는 반달표(ˬ, ˇ)로 표시하는데 한글 모음 글자는 반달표를 위에 적고 국제 음성 기호는 반달표를 아래에 적는다.

경구개 반모음이라고 부른다. 'ㅣ(j)'-계 이중 모음에는 'ㅑ(ja)', 'ㅕ(jʌ)', 'ㅕ:(jəː)', 'ㅛ(jo)', 'ㅠ(ju)', 'ㅖ(je)', 'ㅒ(jɛ)' 등이 있다.

약속[jakˀsʼokˀ], 양념[jaŋnjʌm], 여유[jʌju], 연약[jʌnjakˀ], 연구[jəːŋgu], 요리[jori], 교통[kjotʰoŋ], 표현[pʰjohjʌn], 유람[juram], 예술[jeːsul], 얘기[jɛːgi]

반모음 'ㅜ(w)'도 모음 'ㅜ(u)'와 비슷하나 그 길이가 훨씬 짧고 조음 위치가 연구개 쪽에 더 가까워서[41] 원순 연구개 반모음이라고 부른다. 'ㅜ(w)'-계 이중 모음에는 'ㅘ(wa)', 'ㅝ(wʌ)', 'ㅙ(wɛ)', 'ㅞ/ㅚ(we)', 'ㅟ(wi)' 등이 있다.

관[kwan], 권리[kwʌʎʎi], 왕위[waŋwi], 왜가리[wɛgari], 워낙[wʌnakˀ], 웽웽 [weŋweŋ], 외교[weːgjo], 위험[wihʌm]

이들 중 'ㅚ'와 'ㅟ'는 이중 모음으로 발음되는 경우를 말한다. 앞에서 보았듯이 이 두 모음은 단순 모음으로 발음되는 경우가 있고, 표준발음법에서도 이들을 단순 모음으로 처리하고 있다.[42] 'ㅞ'와 'ㅚ'는 한글로 표기할 때는 서로 다르지만 그 소릿값은 둘 다 [we]로 같다. 실제로 'ㅚ'가 이중 모음으로 발음될 경우 그 소릿값은 [we]가 되어 'ㅞ'와 구별이 되지 않는다. 억지로 구별하자면 'ㅞ'는 'ㅜ'에서 시작하고 'ㅚ'는 'ㅗ'로 시작한다고 해야 할 텐데 실제로는 거의 같다.

'ㅜ(w)'-계 이중 모음 중 'ㅟ'는 두 가지 방식으로 발음된다. 하나는 'ㅜ(u)'로 시작하여 입술을 펴면서 혀도 'ㅣ(i)'의 위치로 이동시키는 방식이고 다른 하나는 원순 전설 고모음 'ㅟ(y)'를 조음할 때처럼 입술을 둥글

---

41 이런 식으로 기술하는 것은, 음성적으로 반모음이 단순 모음보다 자음성이 강하다는 사실 때문 이지만, [ㅜ(w)]-계 이중 모음을 발음해 보면 [ㅜ]보다는 오히려 [ㅗ]를 조음하는 자세에서 시작 하는 것처럼 느껴지는 경우가 많다. 혀의 최고점의 높이가 [ㅜ]보다도 더 낮은 곳에서 시작하는 것처럼 느껴진다는 것이다.

42 따라서 'ㅚ'와 'ㅟ'가 단순 모음으로 발음되는 체계에서는 이들이 이중 모음 목록에서는 빠져야 한다. 반면 이들이 이중 모음으로 발음되는 체계에서는 단순 모음 목록에서 이들 이 빠져야 한다.

게 한 상태에서 혀를 경구개 쪽으로 내밀고 있다가 입술만 펴는 식으로 발음하는 방법이다.[43] 앞쪽 방식으로 발음될 경우에는 [wi]로 적고 뒤쪽 방식으로 발음될 때에는 [ɥi]로 적는다.

'ㅢ'는 놓이는 환경에 따라 제 소릿값을 실현시키지 못할 때가 많은 이중 모음이다. 이 소리가 제 소릿값대로 온전하게 실현되는 것은 초성 자음이 없는 단어의 첫머리 자리에서뿐이고 자음 다음에서는 많은 경우에 'ㅣ'로 나며 그 밖의 자리에서도 'ㅣ'나 'ㅔ'로 바뀐다.[44]

의견[의:견], 의도[의:도], 의사[의사], 의의[의의/의이], 강의[강:의/강:이], 주의[주의/주이], 무늬[무니], 틔다[티:다], 희망[히망], 협의[혀비], 군의관[구니관],[45] 나라의[나라의/나라에], 집의[지븨/지베],

그런데 [ㅢ]를 구성하고 있는 두 모음 요소 중 어느 쪽을 반모음으로 처리할지 결정하기는 쉽지 않다. 앞 요소를 반모음으로 처리하는 관점에서는 반모음 'ᵚ(ɨ̯)'를 설정하여 'ɨ̯i'로 적고, 뒤 요소를 반모음으로 보는 관점에서는 새 반모음을 설정할 필요가 없이, 앞의 평순 경구개 반모음 'ㅣ(j)'를 이용하여 'ɨj'로 적는다.

'ㅢ'를 'ɨj'로 처리하느냐 'ɨ̯i'로 처리하느냐 하는 문제는 국어의 이중 모음 체계와 관계가 된다. 이중 모음에는 반모음이 앞에 오고 주모음이 뒤에 오는 상향 이중 모음(rising diphthong)과, 주모음이 앞에 오고 반모음이 뒤에 오는 하향 이중 모음(falling diphthong)이 있는데, 우리말의 이중 모음은 대부분 상향 이중 모음이다. 'ㅢ'를 'ɨj'로 처리하는 관점을 취하게 되면 예외적인 하향 이중 모음의 존재를 인정해야 하는 부담은 있지만 반모음

---

[43] 다시 말해 '원순의 [ㅣ]'에서 시작하여 '평순의 [ㅣ]'로 끝낸다고 보면 된다. 혀는 시종일관 [ㅣ]의 자리에 머물러 있으면서 입술만 '원순⇒평순'으로 움직인다. 원래는 [ㅜ] 자리에서 시작해야 하지만 뒤의 [ㅣ]에 이끌려 자리를 옮겨 시작한 것으로 보면 된다.

[44] 표준 발음법 제5항 참조. 방언에 따라서는 단어 첫머리 자리의 [ㅢ]도 이중 모음으로 실현되지 않는 경우가 있다. 경상방언에서는 단어 첫머리의 [ㅢ]가 [ㅣ]로 나며 전라방언에서는 [ㅡ]로 나는 경향이 강하다.

[45] 현재의 표준 발음법(제5항)에서는 '협의', '군의관'의 '븨', '늬'처럼, 연음에 의해 형성된 '초성+ㅢ'의 'ㅢ'에 대해서는 [ㅢ]로 발음함을 원칙으로 하고 [ㅣ]로 발음함을 허용하는 것으로 규정하고 있다.

의 수를 하나 줄인다는 장점을 가진다. 이에 반해 'ㅢ'를 'ᶤi'로 처리하면 새로운 반모음을 하나 더 인정해야 한다는 부담을 가지지만 우리말의 이중 모음을 모두 상향 이중 모음으로 기술할 수 있다는 이점이 있다.⁴⁶ 아울러 자음 다음의 'ㅢ'가 [ㅣ]로 실현되고, 둘째 이하 음절에서는 'ㅣ'로 발음되기도 한다는 사실을 설명하는 데도 'ᶤi'로 처리하는 관점이 유리하다. 이런 환경에서 주모음이 탈락한 것으로 설명하기보다는 반모음이 탈락한 것으로 보는 것이 더 자연스럽기 때문이다. 이 책에서는 후자의 관점을 따라 반모음 'ᅳ(ï)'를 설정하고 'ㅢ'는 상향 이중 모음 'ㅢ(ïi)'로 보기로 한다.

반모음은 모음도 아니고 자음도 아니지만 굳이 어느 한 쪽에 넣어야 한다면 어느 쪽이 좋을까? 우리말의 경우 반모음을 자음으로 처리하게 되면 '경치[kjəːŋtɕʰi]'나 '과자 [kwaʼdza]'와 같이 단어 첫머리의 '자음+이중 모음'에 대한 설명이 문제가 된다. 우리말에는 단어의 첫머리에 두 개 이상의 자음이 올 수 없다는 중요한 제약이 있는데 반모음을 자음으로 보게 되면 이 제약을 어기게 된다는 것이다. 이런 점을 생각하면 우리말에서는 반모음은 모음에 가깝다고 하겠다. 반면 영어에서는 [w]나 [j]⁴⁷가 자음으로 행동한다. 부정관사의 용법, 정관사의 발음을 보면 이를 확인할 수 있다.

한편, '뀌어, 뉘어, 뛰어, 쉬어' 등이 한 음절로 축약될 때 나타나는 모음을 관찰해 보면 우리말에 삼중 모음도 있다는 사실을 알게 된다. 예를 들어 '뀌어'는 모음 충돌을 피하기 위해 [뀌여(kʼwijʌ)]로 발음되기도 하지만, 일상의 발화에서는 한 음절로 축약된 발음, 즉 [kʼwjʌ]가 더 자연스럽다. '뛰어라'의 경우에도 [tʼwjʌra]로 발음되는 경우가 흔히 있다. 즉 [kʼwi-ʌ]의 'i'가 반모음화하면서 [kʼwjʌ]로 바뀐 것인데, 이때 나타나는 [wjʌ]는 삼중 모음이다. 이 삼중 모음은 이중 모음 'ㅟ'로 끝난 어간 다음에 어미 모음 'ㅓ'가 연결될 때 그리고 그들이 반모음화에 의해 음절 축약

---

46 어떤 문제에 대해 체계 전체가 가지는 일정한 방향성을 체계적 동형성(pattern congruity)이라고 하는데, 음운론에서는 두 가지 대등한 해결책 중 체계적 동형성에 부합하는 쪽에 더 높은 점수를 주는 경우가 많다.

47 영어에서는 'y'로 표기된다.

을 겪을 때만 나타나기 때문에 음운론에서 중모음으로 인정하지 않는 경우도 있고 이 소리를 위한 한글 모음 글자도 따로 만들어 쓰지 않았다.[48]

5. 초분절음

5.1 초분절음의 특성

자음이나 모음처럼 절대적이고 분절적(segmental)인 소릿값을 가지지는 않지만 분명 말소리의 한 부분을 이루는 것에 초분절음이 있다. 초분절음은 말소리의 길이(length), 높이(pitch), 세기(stress), 억양(intonation) 등을 말하는데 이들은 자음이나 모음처럼 절대적인 소릿값을 가지지 않기 때문에 스스로의 힘만으로는 실현되지 못한다. 따라서 단독으로는 음절을 구성하는 요소로 참여하지도 못한다. 초분절음은 주로 모음에 얹혀서 실현되는데 그렇다고 딱히 어느 한 모음에 소속된다고 보기도 어렵고 자음이나 모음처럼 하나하나의 실체로 분석되지도 않는다. 그래서 이들을 초분절음 (suprasegmental, 덧소리) 또는 자립 분절적 자질(autosegmental feature), 운율 자질 (prosodic feature), 뜨내기 소리 바탕 등으로 부른다.

초분절음이 말소리의 일부로 실현되는 모습을 살펴보면 단어나 문장의 뜻을 구별하는 데 관여하기도 하고 정서 표현이나 잉여적인 요소로 쓰일 때도 있다. 음운론이 관심을 가지는 것은 이들이 말의 뜻과 관련된 일정한 구실을 할 때이다.[49]

5.2. 길이

길이(length)는 하나의 소리를 내는 데 걸리는 시간 즉 지속 시간(duration)에

---

[48] 여러 음운론 관계 저서나 논문에서 이 삼중 모음의 존재를 언급하고 있는데, 특히 조규태(2000 ㄱ)에서는 우리말 중모음 체계에 삼중 모음 'wjə'를 설정할 것을 주장하고 그 한글 표기는 'ㆅ'로 할 것을 제안했다.

[49] 초분절음이 단어나 문장의 뜻을 구분하는 데 사용될 때 그것을 운소(韻素, prosodeme)라고 한다.

의해 결정되는 초분절음으로서 장단(長短)이나 음장(音長)이라고도 한다. 음성학적으로는 자음과 모음 둘 다 길이를 가진다. 자음의 경우 된소리나 거센소리가 예사소리보다 길다. 그러나 음운론에서 말하는 소리의 길이는 주로 모음의 길이를 대상으로 한다.

우리말에서 모음의 길이는 감정을 강조하기 위한 방법으로 쓰이기도 하고 단어의 뜻을 구별하는 구실을 하기도 한다. '자-알 한다', '눈물이 뚜욱뚝 떨어지네'와 같은 표현에서 보듯 '자-알'이나 '뚜욱뚝'은 사실 첫 음절의 모음을 길게 발음한 것을 시각적으로 표기한 것인데, 이 경우의 장음은 감정을 더 적극적으로 드러내기 위해 쓰인 것이다. 이에 비해 다음과 같은 단어쌍들은 오로지 첫음절 모음의 길이에 따라 뜻이 분화된 보기이다.

밤-[pam](夜)/[pa:m](栗), 말-[mal](馬, 斗)/[ma:l](語),
눈-[nun](眼)/[nu:n](雪), 솔-[sol](松)/[so:l](刷)
무력-[murjʌk̚](無力)/[mu:rjʌk̚](武力), 사료-[sarjo](飼料)/[sa:rjo](史料)

위의 보기는 우리말에서 모음의 길이가 운소의 자격을 가지고 있음을 말해 준다. 지금의 학교 문법과 표준 발음법에서도 모음의 길이를 운소로 인정하고 있다.[50]

그런데 우리말의 장모음은 단어의 첫음절에서만 실현된다. 예를 들어, '말'[ma:l](語)은 장모음을 가지고 있지만 '고운말'[ko:unmal]에서는 단모음으로 실현된다. '사람'[sa:ram]과 '눈사람'[nu:nsaram], '까치' [k'a:tɕʰi]와 '아침까치'[atɕʰim k'atɕʰi] 등에서도 이 사실을 확인할 수 있다.

5.3. 높이

소리의 높고 낮음도 초분절음이 될 수 있다. 음성학에서는 이를 높이 (pitch), 고저, 음고(音高) 등으로 부른다. 높이는 목청 떨림(=성대진동)의 빠르기

---

50 그러나 국어의 현실은 장모음과 단모음이 제대로 구분되지 않는 쪽으로 변해가고 있다.

에 의해 결정되는데, 이 빠르기는 조절이 가능하다. 모음의 높이가 뜻을 구분하는 구실을 하면 성조(聲調, tone)라고 하는데, 성조 언어의 가장 좋은 보기는 중국어이다. 예를 들어 북경어에는 분절음은 같으면서 오직 모음의 높이차에 의해 뜻이 달라진, 다음과 같은 단어쌍들이 있다.

媽[ma 55]   麻[ma 35]   馬[ma 214]   罵[ma 51]

위에서 [ ] 안에 든 숫자는 높이를 표시하기 위해 고안된 것이다. 55는 평탄하게 높은 소리를 가리키는데 음평(陰平)이라고 하고, 35는 높은 곳에서 더 높이 올라가는 소리로 양평(陽平)이라고 한다. 214는 약간 내려오다가 다시 높이 올라가는 소리로 상성(上聲)이라 하고 51은 높은 데에서 급하게 떨어지는 소리로 거성(去聲)이라 한다.

잘 알다시피 우리나라의 15세기에 나온 여러 문헌들을 보면 글자 왼쪽에 성조를 표기한 것으로 보이는 방점(傍點)이 찍혀 있고, 훈민정음에는 이 점들의 높이 표시에 대한 설명까지 나와 있다. 가장 낮은 소리인 평성은 점을 찍지 않았고(활, 弓), 가장 높은 소리인 거성에는 한 점을 찍었고 (·갈, 刀), 낮다가 높아지는 소리인 상성에는 두 점을 찍었다. (:돌, 石)[51]

현대의 우리말 방언 중 경상 방언과 함경 방언, 그리고 강원도 방언의 일부에 성조가 있다. 이 방언들의 모든 음절은 그 방언이 가지는 둘 또는 셋 정도의 음고(音高, pitch)[52] 중 하나로 실현되고 모든 형태소와 단어는 둘 또는 셋 정도의 성조형(聲調型)으로 실현된다. 다음은 몇몇 방언의 성조형을 비교한 것이다.

---

51 이 방점을 현대 성조 방언의 성조와 비교하면 정연한 대응 관계가 확인된다.

52 경상 방언은 대개 세 개의 음고를 가진다. 예를 들어 대구 방언에는 고조(H), 저조(L), 상승조(R)가 있고 부산 방언에는 고조(H), 저조(L), 최저조(T)가 있다. 이에 반해, 함경도 방언은 고조(H)와 저조(L)의 두 음고만 가진다.

┃표 4┃ 국어 성조 방언의 성조형

구분	부산	대구	삼척	북청
말(馬)이라도	HLLL	HLLL	HLLL	LHLL
말(斗)이라도	HHLL	HHLL	LHLL	HLLL
말(語)이라도	˥HHL	RHLL	Ë LLL	HLLL

5.4. 세기

　소리의 강하고 약함도 초분절음의 한 종류가 되는데 음성학에서는 이것을 세기(stress) 혹은 강세 등으로 부른다. 보통 소리의 세기는 진동하는 물체의 진동폭에 따라 결정된다. 그런데 세기는 단독으로 실현되기보다는 높이나 길이와 같은 다른 초분절적 요소를 동반하는 경우가 많다. 세기가 단어의 뜻을 구분하는 데 관여하는 언어를 '세기 언어' 혹은 '강세 언어'라 하는데, 영어나 독일어가 대표적인 강세 언어이다.

　우리말에도 세기가 있는 것으로 보는 사람도 있지만 영어나 독일어의 경우와는 다르다. 어두 음절이 장애음으로 시작하면 그 어두 음절에 세기가 오고 첫음절 모음이 장모음이면 역시 첫음절에 세기가 오며, 첫음절이 모음으로 시작하고 둘째 음절이 장애음으로 시작하면 둘째 음절에 세기가 온다는 식으로, 다른 음성 자질과 연계되어 있기 때문이다. 무엇보다도 우리말에서 세기가 단어의 뜻을 구분하는 데 쓰이는 경우는 없다.

5.5. 억양

　소리의 높낮이가 어느 한 음절이 아닌 구절이나 문장 층위에 얹혀, 문장의 성격이나 의미를 구별하거나 특별한 의도를 표현하는 일에 관여할 때 이를 억양(抑揚, intonation)이라고 한다. 우리말에서도 억양이 통사적 층위의 의미를 구별하기도 하고 화용적 기능이나 정서 표현의 기능을 하기도 한다. '밥 먹어'의 끝부분을 내리느냐 높이느냐에 따라 명령문이 되기도 하고 의문문이 되기도 하는 것은 통사적 기능의 보기이다. '밥 먹어?'를 발화할 때에도 그냥 사무적인 질문 차원일 경우와 따뜻한 마음을 전하고 싶을 경우, 또는 비웃고 싶을 경우에 그 억양이 다르게 표현된다. 그러나 이런 억양은 사람마다 차이가 있고 또 상황에 따라 다양하게 표현되기 때문에 규칙화하기가 매우 어렵다.

6. 음성 전사

6.1. 말소리 적기와 음성 전사 기호

말소리에 대해 공부하거나 가르치는 일을 하기 위해서는 이를 적을 수 있는 통일된 기호가 필요하다. 이 기호를 보통 '음성 문자', '발음 기호', '음성 기호', '음성 전사 기호' 등으로 다양하게 불러 오고 있다. 그러나 '문자'는 일반 문자와 혼동될 수 있을 뿐 아니라, 실제 발음을 전사하기 위해서는 문자가 아닌 특별한 기호 같은 것을 만들어 쓸 수 있다는 점 때문에 적당하지 않고, 오히려 '기호'나 '부호'라는 용어가 적당하다고 본다. 그리고 발음 기호는 정확한 발음을 모르는 사람에게 발음에 대한 정보나 올바른 발음 방법을 표시해 주기 위해 사용되는 것이므로 음운론에서의 말소리 적기와는 그 쓰임새가 다르다. 이러한 이유로 이 책에서는 '음성 전사 기호'(音聲轉寫記號) 혹은 줄여서 '음성 기호'로 부르고자 한다.

말소리를 음성 전사 기호로 옮겨 적는 것을 '전사'(轉寫, transcription)라고 하는데, 여기에는 간략 전사(broad transcription)와 정밀 전사(narrow transcription)가 있다. 음운론을 따로 공부하지 않은 일반인들에게 말소리를 듣고 그대로 적어보게 하면 음소 층위의 소리를 적는 경우가 많은데 이 정도의 전사는 간략 전사라고 할 수 있다. 이에 반해 간략 전사로는 나타나지 않는 음성 정보, 즉 음성 환경에 따른 변이음이라든가, 앞에서 공부한 여러 초분절적 요소들까지도 세밀하게 적는 것이 정밀 전사이다. 말소리 연구나 교육을 위해서는 일반적인 문자 생활과는 달리 환경에 따른 말소리의 미세한 차이를 하나하나 밝혀 적고 다른 소리와 어울려 변하는 모습 등을 세밀하게 적어야 할 때가 많다. 이런 필요에 맞출 수 있는 음성 전사 방식이 정밀 전사이다.

한글은 소리글자이기 때문에 그 자체로 전사 기호나 발음 부호로 이용될 수 있다. 물론 정밀 전사까지 할 정도는 아니지만[53] 음소 층위의 간략 전사를 하기에는 충분한, 훌륭한 전사 기호가 될 수 있다. 더욱이 이미 알고 있는 글자여서 따로 익히지 않아도 된다는 장점까지 가지고 있다. 따라서 이 책에서는 정밀 전사가 필요한 경우에는 기본적으로 아래에 소개할 국제 음성 기호를 이용하되, 그렇지 않은 경우에는 가능하면 한글 자모를 전사 기호로 이용하고자 한다.

6.2. 국제 음성 기호

가장 보편적으로 사용되고 있는 음성 전사 기호는 국제 음성 협회(International Phonetic Association)의 국제 음성 기호(International Phonetic Alphabet)이다. 이 전사 체계는 일반적인 자음, 모음뿐 아니라 매우 특별한 말소리와 세밀한 음성 정보까지도 적을 수 있는 온갖 문자와 기호들로 구성되었지만 그래도 개별 언어의 모든 소리를 일일이 적는 데는 모자람이 있다.[54] 그래서 사정에 따라 적당히 변형하거나 보완해서 사용하기도 하는데, 이 책에서도 일부의 기호에 대해서는 국제 음성 기호의 문자나 기호를 원래와는 다른 방식으로 이용하거나 새로운 기호를 만들어 사용하기도 한다.

---

[53] 물론 이 사실은 한글이 지니는 문자론적 차원의 단점이 되는 것은 전혀 아니다. 만약 한글이 모든 음성을 다 적을 수 있도록 만들어졌다면 훨씬 더 배우기 어렵고 복잡해서 일반 문자로서의 구실은 거의 감당하지 못했을 것이다. 예컨대 '사람'의 'ㅅ'과 '시시해'의 'ㅅ'을 각각 다른 자음 글자로 적는 상황을 가정해 보라. 이런 점을 고려해서, 기존의 한글 자모와 이들을 적절하게 변형시킨 글자꼴과 기호들로 이루어진 새로운 전사 기호를 개발하기도 했는데 이것이 대한음성학회의 '한글 음성 문자'(Korean Phonetic Alphabet)이다.

[54] 예를 들어 우리말의 된소리를 적을 수 있는 기호는 만들어져 있지 않다.

THE INTERNATIONAL PHONETIC ALPHABET (revised to 2005)

CONSONANTS (PULMONIC)   © 2005 IPA

	Bilabial	Labiodental	Dental	Alveolar	Postalveolar	Retroflex	Palatal	Velar	Uvular	Pharyngeal	Glottal
Plosive	p b			t d		ʈ ɖ	c ɟ	k g	q ɢ		ʔ
Nasal	m	ɱ		n		ɳ	ɲ	ŋ	N		
Trill	B			r					R		
Tap or Flap		ⱱ		ɾ		ɽ					
Fricative	ɸ β	f v	θ ð	s z	ʃ ʒ	ʂ ʐ	ç ʝ	x ɣ	χ ʁ	ħ ʕ	h ɦ
Lateral fricative				ɬ ɮ							
Approximant		ʋ		ɹ		ɻ	j	ɰ			
Lateral approximant				l		ɭ	ʎ	L			

Where symbols appear in pairs, the one to the right represents a voiced consonant. Shaded areas denote articulations judged impossible.

CONSONANTS (NON-PULMONIC)

Clicks		Voiced implosives		Ejectives	
ʘ	Bilabial	ɓ	Bilabial	ʼ	Examples:
ǀ	Dental	ɗ	Dental/alveolar	pʼ	Bilabial
ǃ	(Post)alveolar	ʄ	Palatal	tʼ	Dental/alveolar
ǂ	Palatoalveolar	ɠ	Velar	kʼ	Velar
ǁ	Alveolar lateral	ʛ	Uvular	sʼ	Alveolar fricative

OTHER SYMBOLS

ʍ   Voiceless labial-velar fricative

w   Voiced labial-velar approximant

ɥ   Voiced labial-palatal approximant

ʜ   Voiceless epiglottal fricative

ʢ   Voiced epiglottal fricative

ʡ   Epiglottal plosive

ɕ ʑ   Alveolo-palatal fricatives

ɺ   Voiced alveolar lateral flap

ɧ   Simultaneous ʃ and x

Affricates and double articulations can be represented by two symbols joined by a tie bar if necessary.

k͡p t͡s

VOWELS

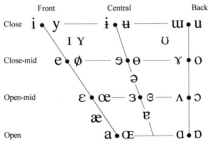

Where symbols appear in pairs, the one to the right represents a rounded vowel.

SUPRASEGMENTALS

ˈ	Primary stress	
ˌ	Secondary stress	ˌfoʊnəˈtɪʃən
ː	Long	eː
ˑ	Half-long	eˑ
˘	Extra-short	ĕ
ǀ	Minor (foot) group	
ǁ	Major (intonation) group	
.	Syllable break	ɹi.ækt
‿	Linking (absence of a break)	

DIACRITICS   Diacritics may be placed above a symbol with a descender, e.g. ŋ̊

̥	Voiceless	n̥ d̥	̈	Breathy voiced	b̤ a̤	̪	Dental	t̪ d̪
̌	Voiced	s̬ t̬	̰	Creaky voiced	b̰ a̰	̺	Apical	t̺ d̺
ʰ	Aspirated	tʰ dʰ	̼	Linguolabial	t̼ d̼	̻	Laminal	t̻ d̻
̹	More rounded	ɔ̹	ʷ	Labialized	tʷ dʷ	̃	Nasalized	ẽ
̜	Less rounded	ɔ̜	ʲ	Palatalized	tʲ dʲ	ⁿ	Nasal release	dⁿ
̟	Advanced	u̟	ˠ	Velarized	tˠ dˠ	ˡ	Lateral release	dˡ
̠	Retracted	e̠	ˤ	Pharyngealized	tˤ dˤ	̚	No audible release	d̚
̈	Centralized	ë	̴	Velarized or pharyngealized	ɫ			
̽	Mid-centralized	e̽	̝	Raised	e̝	(ɹ̝	= voiced alveolar fricative)	
̩	Syllabic	n̩	̞	Lowered	e̞	(β̞	= voiced bilabial approximant)	
̯	Non-syllabic	e̯	̘	Advanced Tongue Root	e̘			
˞	Rhoticity	ɚ a˞	̙	Retracted Tongue Root	e̙			

TONES AND WORD ACCENTS

LEVEL				CONTOUR		
e̋ or	˥	Extra high		ě or	˄	Rising
é	˦	High		ê	˅	Falling
ē	˧	Mid		e᷄	˦	High rising
è	˨	Low		e᷅	˨	Low rising
ȅ	˩	Extra low		e᷈	˒	Rising-falling
↓		Downstep		↗		Global rise
↑		Upstep		↘		Global fall

제3장
음운과 음운 체계

1. 음소의 뜻과 음소 분석

1.1. 음성과 음소

우리는 다양한 말소리를 들으며 살고 있다. 같은 말소리도 듣고 다른 말소리도 듣는다. 여기서 '같은 말소리'와 '다른 말소리'는 무엇을 뜻하는 가? 같은 문장을 두 사람이 읽거나 발화했다고 가정하자. 이때 두 사람은 같은 말소리를 낸 것인가 아니면 서로 다른 말소리를 낸 것인가? 두 사람은 똑같은 말소리를 낼 수 있는가?

하나의 문장을 두 사람이 읽거나 말했을 경우, 이 두 사람의 말소리는 물리적으로 분명히 다르다. 목소리의 굵기나 크기, 질감 등은 물론이고 억양이나 높이, 모음의 길이, 세기 같은 초분절적 요소가 서로 다르게 실현될 뿐 아니라 자음과 모음의 발음에도 상당한 차이가 나타난다. 이러한 차이는 언어 분화의 기준이 될 수 있는 지역이나 나이, 성별 등과 같은 요인에 의해서만 나타나는 것이 아니다. 같은 방언, 같은 나이, 같은 성별의 사람 사이에도 말소리가 다르고 심지어는 같은 사람의 말이라도 발화할 때마다 그 소리는 다르다. 이러한 차이 중 많은 부분은 실험 음성학적 장비를 이용한 분석을 통해 확인되기도 한다.

그러나 이러한 명백한 차이에도 불구하고, 두 사람에 의해 발화된 하나의 문장을 듣고 우리는 서로 다른 말을 들었다고 느끼지는 않는다. 같은 말소리를 듣고 같은 뜻을 전해들은 것으로 생각한다. 문장을 읽거나 말한 사람의 처지도 마찬가지이다. 그들도 당연히 서로 같은 문장을 같은 말소리로 발화한 것으로 믿는다. 여기서 앞의 '말소리의 다름'과 뒤의 '말소리의 같음'은 무엇을 뜻하는가?

말소리는 두 개의 차원에 존재한다. 하나는 바깥 세계, 즉 우리의 입과 귀 사이에 존재하는 말소리이고 다른 하나는 우리의 머리와 마음속에 존재하는 말소리이다. 앞쪽은 물리적인 세계의 말소리이고 뒤쪽은 심리적인 세계의 말소리이다. 위에서 같은 문장을 읽거나 말한 두 사람의 말소리가 다르다는 것이 바깥 세계에 존재하는 물리적인 말소리를 두고 한 말이라면, 두 사람의 말소리가 같다고 하는 것은 우리의 머리와 마음속에 존재하는 말소리에 대한 진술이다. 다시 말해 귀로는 분명히 다른 말소리를 듣고도 머리와 마음으로는 같은 말소리를 들은 것으로 느끼는 것이다. 우리는 입으로 말하고 귀로 들을 뿐 아니라 머리로 말하고 마음으로 듣기도 한다. 이것이 가능한 이유는 우리의 머릿속에 우리말의 자음과 모음, 그리고 그것들로 이루어진 단어들이 뜻과 한 덩이가 된 상태로 저장되어 있어서 말을 듣는 동안 상대의 입으로부터 들은 말소리를 자신의 머릿속에 들어 있는 낱소리 및 소리 연쇄와 끊임없이 연관시키는 정신 활동을 하기 때문이다. 이때 서로 다른 사람의, 서로 다른 말소리를 듣고도 같은 말소리를 들은 것으로 느끼는 것은 실제로 들은 말소리보다는 그 말소리와 연관된 머릿속의 소리 연쇄를 들은 것으로 생각하기 때문이다.

다음 두 단어를 이루고 있는 낱소리에 대해 생각해 보자.

'고기'[kogi]의 두 'ㄱ'
'시사'[ɕisa]의 두 'ㅅ'

'고기'의 두 'ㄱ'은 서로 다른 소리이다. 첫 'ㄱ'은 무성의 예사소리 [k]이고 두 번째 'ㄱ'은 유성의 예사소리 [g]이다. 그러나 우리는 이들을 각각 다른 소리로 받아들이지 않는다. 글자를 배운 사람이라면 우리가 'ㄱ'으로 적는 어떤 소리를 들었다고 생각할 것이고 글자를 모르는 사람은 그냥 같은 소리를 들었다고 느낄 것이다.[1] '시사'의 두 'ㅅ'도 마찬가지이다. 앞의 'ㅅ'과 뒤의 'ㅅ'은 엄격히 말해 서로 다른 곳에서 나는, 서로 다른 소리이지만 우리는 역시 같은 'ㅅ'으로 인식한다. 여기서 우리는 우리말에 있고 우리가 다르게 발음한 것인데도 불구하고 우리가 알아차리지 못하는 소리의 차이가 존재한다는 사실을 알 수 있다. 이런 차이를 가진 두 개의 말소리가 뒤에서 설명할 어떤 이유로 인해, 우리 한국인의 머릿속에는 하나의 소리로 갈무리되어 있어서 우리는 그들을 같은 소리로 인식하고 있는 것이다. 즉 물리적인 차원에서는 명백하게 구분되는 서로 다른 두 소리가 우리 한국인의 마음과 머릿속에서는 같은 소리로 인식되고 있는 것이다.

이렇게 구별되는 말소리의 두 차원 중 바깥 세계의 소리 혹은 물리적인 차원의 소리를 음성(音聲, phone)이라고 하고 우리의 머리와 마음속, 즉 심리적인 차원의 소리를 음소(音素, phoneme)라고 하여 구별한다. 같은 문장을 읽은 두 사람의 말소리가 같다고 느끼는 것이나 '고기'의 두 'ㄱ', '시사'의 두 'ㅅ'을 같은 소리로 인식한다는 사실로부터, 우리가 보통 '말소리'라고 하는 것이 뒤쪽, 즉 음소 차원의 것임을 알 수 있다. 모국어 화자는 모국어의 음소를 기억하고 있고, 따라서 다른 모국어 화자가 내뱉는 다소 기묘한 발음이나 부정확하고 불명확한 발음을 듣더라도 그 소리를 자신의 머릿속에 들어있는 모국어 음소 목록 속의 한 소리로 받아들이게 된다. '국어의 자음은 모두 19개다.', '우리말과 영어의 말소리는 서로 다르다.'라고 할 때 '자음'이나 '말소리' 역시 음소 차원의 개념이라 할 수 있다.

이제 음소와 음성에 대한 이와 같은 인식 속에 어떤 사정이 있는지 알아보자. 이번에는 '두 입술' 위치에서 조음되는 세 자음 [p], [b], [p']를 가지고 살펴보자. 이 세 소리는 모두 두 입술 위치에서 나는 파열음이라는 공통점을 가지고 있는데, [p]는 무성의 예사소리이고 [b]는 유성의 예사소리이며 [p']는 무성의 된소리이다. 그런데 이 세 소리 중 [p]와 [b]의 다름은 [p]와 [p']의 다름에 못지않다. [p]와 [b]의 다름은 목청 떨림의 여부에 의한 것이고 [p]와 [p']의 다름은 된소리 자질의 유무에 의한 것이다.

---

1 물론 글자를 배우지 못한 사람이라면 '고기'로부터 두 'ㄱ'을 떼어내는 것이 불가능하다고 느낄 수도 있다.

그런데 흥미로운 것은 우리나라 사람들이 [p]와 [pʰ]의 다름은 쉽게 알아차리고 이들을 각각 다른 소리로 받아들이는 반면, [p]와 [b]의 다름은 알지 못해서 이들을 하나의 소리로 생각한다는 것이다. 그 까닭은 무엇일까?

[p]와 [pʰ], 그리고 [p]와 [b]의 관계에 대한 한국인의 인식은, 우리말에서 이 세 소리가 나타나는 음성 환경과 관계가 있고 또 우리말에서 이들의 다름이 말의 뜻을 구별하는 구실을 하느냐의 여부와 관계가 있다. 다음 자료를 살펴보자.

ㄱ) ① 불[pul], 부리[puri], 바르다[parida], 배[pɛ], 보기[pogi], 비[pi]
　　 ② 법[pʌp˺], 맵시[mɛp˺ɕ'i], 입다[ip˺t'a], 갑각류[kap˺k'aŋnju]

ㄴ) ① 가방[kabaŋ], 고비[kobi], 두부[tubu], 바보[pabo]
　　 ② 공부[koŋbu], 냄비[nɛmbi], 단비[tanbi], 졸부[tɕolbu]

ㄷ) ① 빠르다[p'arida], 뽕[p'oŋ], 뿌리[p'uri], 뿔[p'ul]
　　 ② 고삐[kop'i], 바쁘다[pap'ɨda]
　　 ③ 악법[ak˺p'ʌp˺], 갑부[kap˺p'u], 역병[jʌk˺p'jʌŋ]

먼저 ㄱ)과 ㄴ)을 비교해 보면 우리말에서 [p]와 [b]는 그 나타나는 음성 환경이 전혀 다르다는 사실을 알 수 있다. [p]는 단어의 첫머리 자리(ㄱ의 ①), 단어의 끝자리나 다른 자음 앞(ㄱ의 ②)에 놓일 수 있는 반면, [b]는 모음과 모음 사이(ㄴ의 ①) 및 유성 자음과 모음 사이(ㄴ의 ②), 즉 유성음 사이에만 놓인다. 다시 말해 우리말에서 [p]와 [b]가 나타나는 환경이 겹치는 부분은 전혀 없다. 이렇게 두 소리가 나타나는 음성 환경이 전혀 겹치지 않을 때, 우리는 이 두 소리가 상보적 분포(complementary distribution) 관계², 혹은 배타적 분포(exclusive distribution) 관계에 있다고 말한다. 그런데 두 소리가 같은 음성 환경에 나타나는 일이 없다는 것은 이 두 소리의 다름에 의해 뜻이 달라지는 단어쌍이 존재하지 않는다는 말과 같

---

2 음운론에서 '상보적 분포 관계'의 개념은 더 엄격히 규정되어야 하지만 여기서는 이 정도로 풀이해 둔다.

다. 다시 말해 우리말에서 [p]라는 자음과 [b]라는 자음의 다름은 전혀 뜻을 분화하는 일에 관여하지 않는다는 것이다. 어떤 두 소리의 다름이 말의 뜻을 다르게 하는 구실을 할 때 이 두 소리의 관계를 '변별적(distinctive)'이라 하는데, 우리말의 [p]와 [b]는 비변별적(non-distincitve)인 관계에 있는 소리들인 것이다.

여기서 같은 환경에 절대 나타나지 않는 두 소리는 원래는 같은 소리인데 특정한 환경에서 어느 한 소리 혹은 두 소리 모두 그 모습을 바꾸어 나타나기 때문에 마치 다른 소리처럼 보이는 것으로 설명할 수 있다. 즉 우리말에서 [p], [b] 두 자음은 원래 하나의 소리인데, 그 하나의 소리가 유성음 사이에서는 [b]로 나타나고 그 밖의 환경에서는 [p]로 나타나는 것으로 설명한다는 것이다. 이 두 소리는 하나의 소리이기 때문에 같은 음성 환경에는 나타날 수가 없다. 만약 이 두 소리가 서로 다른 소리라면 유성음 사이에도 [p]가 나타나고 '그 밖의 환경'에서도 [b]가 나타날 수 있어야 한다. 신문사 여기자 로이스가 동료 기자인 클락과 슈퍼맨을 동일인이 아닐까 하고 의심하게 되는 것은 슈퍼맨에 관해서 많은 정보를 가지고 있는 클락이 슈퍼맨이 나타날 때면 어김없이 자취를 감추고 말기 때문이다. 클락과 슈퍼맨은 결코 한 때, 한 곳에 나타날 수 없는데 그 이유는 이 둘이 한 사람이기 때문이다.[3]

한편 ㄷ)에서 보듯이, [p']는 단어의 첫머리 자리와 모음과 모음 사이, 무성 자음과 모음 사이 등에서 나타나는 것으로 보아서, 그 분포 범위는 [p]가 나타나는 환경 및 [b]가 나타나는 환경과 거의 같다는 사실을 확인할 수 있다. 어떤 두 소리가 서로 같은 음성 환경에 나타날 수 있다는 것은 이 두 소리의 다름이 말의 뜻을 다르게 하는 구실을 한다는 것을 말한다. 슈퍼맨과 클락이 같은 시간에 한 장소에 나타난다면 이 둘을 서로 다른 사람으로 인정하지 않을 도리가 없는 것과 같은 이치다. 이 점과 관련하여 우리의 눈길을 끄는 것은 다음과 같은 단어쌍이다.

---

3 이 비유는 스티븐 핀커의 저서 「언어 본능」(김한영 외 옮김(1998), 262쪽)에서 가져왔다.

불[pul] - 뿔[p'ul]
부리[puri] - 뿌리[p'uri]
바르다[parida] - 빠르다[p'arida]
고비[kobi] - 고삐[kop'i]

　이 중 앞의 셋은 단어의 첫머리 자리에 [p]가 오느냐 [p']가 오느냐에
따라 단어가 달라진 보기이고, 마지막 보기는 [b]와 [p']의 다름에 의해
단어가 달라진 경우이다. 이렇게 단 하나의 소리 차이로 인해 서로 다른
단어가 된 단어쌍을 최소 대립쌍(minimal pair), 최소 대립어 혹은 준동음어라
고 부르는데, 위와 같은 최소 대립쌍의 존재는 우리말에서 [p]와 [p']의
다름, 그리고 [b]와 [p']의 다름이 말의 뜻을 다르게 하는 구실을 한다는
사실을 전제로 한다. 아울러 위의 자료는 [p']가 [p]나 [b]가 오는 환경
어디에도 올 수 있다는 사실을 한 번 더 확인하게 해 준다. 다시 말해
[p']의 음성 환경은 [p]와 [b]의 것을 더한 것과 같다는 것이다.
　위의 내용은 다음과 같이 정리할 수 있다. 우리말에서 [p]와 [b]는 그
나타나는 환경이 상호 배타적이어서 이 두 소리는 말의 뜻을 다르게 하는
구실을 하지 못한다. 따라서 우리 한국인들은 이 두 소리의 다름을 알지
못하고 하나의 소리로 받아들인다. 나타나는 음성 환경이 서로 다르고
뜻을 나누는 일을 하지 못하는 두 소리를 하나의 소리로 받아들이는 것이
다. 한편 [p']는 [p], [b] 두 소리가 나타나는 음성 환경에 올 수 있어서
이들과의 차이로 말의 뜻을 다르게 하는 구실을 하기 때문에 한국인은
[p']를 [p], [b]를 합친 어떤 소리와는 완전히 다른 소리로 인식한다. 뜻을
다르게 하는 데 관여하는 두 소리의 차이를 모국어 화자가 알아차리는
것은 너무도 당연한 일이다. 이런 소리의 차이를 혼동한다면 단어를 적절
하게 사용할 수가 없게 되고 따라서 의사소통을 제대로 할 수 없기 때문
이다. 여기서 같은 음성 환경에 나타나지 않고 뜻을 다르게 하지 못하는
우리말의 두 소리 [p]와 [b]는 한 음소의 두 변이음(變異音, allophone)[4]으로 처
리하고, 이들과 같은 환경에 나타나서 뜻을 다르게 하는 [p']는 별개의
독립적인 음소로 처리한다. 그리고 우리는 '음소'를 '다른 소리와 같은

4　뒤에서 밝혀지겠지만 이 두 변이음은 음소 /p/의 변이음이다.

음성 환경에 나타나서 뜻을 다르게 하는 구실을 하고, 모국어 화자들이 그 소리를 다른 소리와는 구별되는 하나의 소리로 인식하는 소리'라고 정의할 수 있다. 우리가 앞에서 두 차원의 소리로 구분했던, 물리적인 세계의 소리와 심리적인 세계의 소리 중에서 뒤쪽이 음소에 해당한다.

여기서 어떤 하나의 소리가 단독으로 음소로 인정되느냐 아니면 다른 소리와 뭉쳐야 하나의 음소가 되느냐 하는 것은 개별 언어의 특성에 따라 달라진다는 점을 분명히 해 둘 필요가 있다. 다시 말해, 위의 세 소리 [p]와 [p'], [b]의 관계는 우리말 음운론에서만 참일 뿐 다른 나라 말에서는 다르게 나타날 수 있다는 것이다. 예컨대 영어에서는 우리말과는 반대로, [p]와 [p']의 다름이 단어의 뜻을 다르게 하지 않는 반면, [p]와 [b]의 다름은 뜻을 다르게 하는 데 관여한다.

peach[piːʧ] – beach[biːʧ]
paund[paund] – bound[baund]

따라서 영어에서는 [p]와 [b] 두 소리는 각각 별개의 음소가 되지만 [p']는 음소의 자격을 가지지 못한다. 이와 같은 문제를 좀 더 명확히 이해하기 위해 우리말과 영어에서 유음들 사이의 관계가 어떻게 다른지 살펴보자. 먼저, 우리말의 유음에는 설측음 [l]과 탄설음 [r]이 있는데 이들은 같은 환경에 나타나는 일이 없으며 따라서 이 둘의 다름이 단어의 뜻을 다르게 하는 일도 없다.

달[tal], 돌담[toːltʼam], 흙은[hilgin], 말로[mallo], 물레[mulle]
나라[nara], 노래[norɛ], 보리[pori], 사람[saːram]

[l]이 단어의 끝자리나 다른 자음 앞에서는 단독으로 나타나고, 모음과 모음 사이에서는 [ll]로[5] 나타나는 반면, [r]은 모음 사이에서 단독으로 나타난다. 음성학이나 음운론을 공부하지 않은 대부분의 한국인은 이 두

---

5 뒷 모음이 'i'나 'j'인 경우에는 [ʎʎ]로 실현된다.(달력[taʎʎjʌk˺])

소리를 서로 다른 소리로 생각하지 않으며 국어 음운론에서도 이 두 소리를 한 음소의 두 변이음으로 처리한다. 세종대왕도 이 두 소리를 위한 글자를 하나만 만들었다.

영어에도 치조 위치의 두 유음 [l]과 [r]이 있는데, 앞엣것은 설측음이고 뒤엣것은 접근음[6]이다. 그런데 이들은 같은 환경에 나타날 수 있고 따라서 이들의 다름은 뜻의 차이를 초래한다.

lead[li:d] - read[ri:d]
law[lɔ:] - raw[rɔ:]
lay[lei] - ray[rei]

따라서 영국인이나 미국인들은 이 두 소리를 서로 다른 소리로 생각하며 영어 음운론에서는 이들을 당연히 별개의 음소로 처리한다. 영국인이나 미국인은 영어 발음에 능숙하지 못한 외국인들이 이 두 소리를 혼동하여 잘못 발음하면 그 잘못을 바로 알아차리는데, 스티븐 핀커가 자신의 저서에서 소개한 어느 일본인 언어학자의 발음 혼란[7]은 바로 'l'과 'r'이 별개의 음소로 존재하는 영어와 그렇지 않은 일본어의 차이를 명백히 보여 주는 좋은 보기이다.

이상의 논의를 통해, 어느 한 언어에서 다른 소리와 맞서서 뜻을 구별하는 구실을 하는 소리를 음소라고 한다는 사실과 하나의 음소는 그 음성 환경에 따라 서로 다른 두 개 이상의 변이음으로 실현될 수 있다는 사실을 알게 되었다. 음소는 모국어 화자가 서로 다른 소리로 인식하고 있는 낱낱의 소리이며 음소 문자의 글자 하나에 대응하는 낱소리와도 같다.

---

[6] 정확한 음성 표기는 [ɹ]이다.

[7] 그 일본인 학자가 한 말은 "In Japan, we have been very interested in Clinton's **erection**."이었는데 'election'을 잘못 발음하여 'erection'처럼 들렸다는 것이다.

1.2. 음소 분석

하나의 소리(음성)가 한 언어의 음소로 인정되기까지의 과정, 즉 어떤 소리들은 하나의 음소로 뭉치고 또 어떤 소리들은 각각 독립 음소로 인정되는가의 여부를 결정해 나가는 작업을 음소 분석(音素分析, phonemic analysis)이라고 한다. 즉 어느 한 언어의 음소 목록을 작성하기 위해 그 언어에서 음소의 자격을 가지는 말소리들을 하나하나 찾아나가는 작업이 바로 음소 분석이다. 음운론의 역사에서 이 음소 분석이 가장 중요한 일로 여겨지던 시기가 있었다. 현대 음운론에서는 음소 분석 작업이 그 당시처럼 큰 비중을 차지하지는 않지만 적어도 그 방법과 절차에 대한 이해는 필요하다. 다음은 음소 분석이 음운론에서 큰 비중을 차지하던 시기에 만들어진 음소 발견의 방법과 절차이다.

① 자유(임의) 변이 관계에 있는 둘 이상의 소리는 하나의 음소로 통합한다.
② 상보적 분포(相補的 分布, complementary distribution) 혹은 배타적 분포(exclusive distribution) 관계에 있는 둘 이상의 소리는 하나의 음소로 통합한다.
③ 상보적 분포 관계에 있는 소리쌍이라 하더라도 음성적 유사성(phonetic similarity)이 없으면 별개의 음소로 처리한다.
④ 최소 대립쌍(minimal pair)을 형성하는 둘 이상의 소리는 각각 다른 음소로 처리한다.

먼저 우리말에서 '두 입술'을 조음 위치로 하는 자음들을 대상으로 이 음소 분석의 절차를 적용해 보자.

ㄱ) 불[pul], 바지[padʑi], 발[pal], 바가지[pagadʑi]
   맵시[mɛpˈɕʼi], 밥[papˈ], 입다[ipˈtʼa], 갑각류[kapˈkʼaŋŋju]
ㄴ) 냄비[nɛmbi], 단비[tanbi], 공배수[koŋbɛsu]
ㄷ) 갈비[kalbi/kalβi], 부부[pubu/puβu], 졸부[tɕolbu/tɕolβu]
ㄹ) 불[pul], 물[mul], 풀[pʰul], 뿔[pʼul], 굴[kul], 줄[tɕul]

ㄱ)은 두 입술 위치에서 조음되는 파열음 중 예사소리가 단어의 첫머리 자리와 끝자리, 다른 자음 앞이라는 음성 환경에 놓였을 때의 모습을

보여주고, ㄴ)과 ㄷ)은 유성음 사이에 놓였을 때의 모습을 보여준다. ㄹ)은 첫머리 자리 자음의 다름으로 인해 서로 다른 단어가 된 최소 대립어들의 보기이다.

먼저, ㄴ)과 ㄷ)을 보면 양순 유성 파열음 [b]와 양순 유성 마찰음 [β]가 나타나는 환경이 겹친다는 사실을 알 수 있다. 그런데 [b]는 유성음 사이이면 어디든 놓일 수 있는데 반해, [β]는 모음과 모음 사이나 [l]과 모음 사이에만 놓인다. 즉 유성음 사이라는 환경을 전체로 보았을 때, [β]가 놓일 수 있는 환경에서는 두 소리가 모두 올 수 있고 나머지 환경에서는 [b]만 올 수 있다. 모음과 모음 사이나 [l]과 모음 사이에 두 소리가 모두 올 수 있다는 말은 이 환경에서는 [b]가 오나 [β]가 오나 단어의 뜻에는 아무런 영향을 주지 않는다는 것을 뜻한다. 이렇게 둘 이상의 소리가 뜻에는 영향을 주지 않으면서 일정한 자리에서 서로 자유롭게 바뀌어 나타날 수 있는 것을 자유 변이(free variation) 혹은 임의 변이라고 한다.

자유 변이 관계에 있는 두 소리를 서로 다른 음소로 볼 수는 없다. 이들이 별개의 음소라면 한 소리가 다른 소리로 대치될 때 단어의 뜻도 함께 바뀌어야 할 것이기 때문이다. 자유 변이는 하나의 음소가 상황에 따라서 혹은 화자의 발음 습관에 따라서 아주 작은 음성적 차이를 가진 모습으로 실현되는 것에 불과한 것으로 본다. 그래서 자유 변이 관계에 있는 소리들은 음소 분석 과정의 첫 단계에서 하나의 음소로 통합된다.

두 소리를 한 음소로 통합할 때에는 제3의 다른 소리로 통합하는 것이 아니라 둘 중 하나를 주변이음(主變異音)으로 삼고 나머지 하나를 그 쪽으로 통합하게 된다. 이때 분포 환경이 조금이라도 더 넓은 쪽을 주변이음으로 삼는 것이 유리하다. '한 소리가 특별한 음성 환경에서 다른 모습으로 실현된다.'는 식의 설명이 가능하기 때문이다. [b], [β]의 경우 [β]가 나타나는 환경은 '유성음 사이'라는 환경 중에서도 유성성의 정도[8]가 더 높은,

---

8 '유성성의 정도'란 '유성음다움의 정도'란 뜻으로 사용한 것이다. 모든 소리를 '유성음다움'이라는 기준을 가지고 등급을 매기면 자음 중에는 [l]이 가장 높은 등급에 속한다. 이 개념은 뒤의 '정도 자질'에서 설명할 '울림도', '간극도/열림도' 등과 비슷한 개념이다. 예를 들어 소쉬르가 매겨 놓은 '간극도'(aperture) 등급에 따르면 비음은 2도, 유음은 3도가 되며 모음은 모두 4도 이상이다. [b]와 [β]의 분포 환경을 간극도를 가지고 정리하자면 '[β]는 간극도 3도 이상의 환경

즉 더 모음에 가까운 환경이다. 우리말에서 [ㄹ]은 유성 자음 중에서도 가장 유성성이 높은 소리이다. 그러므로 [β]는 [l] 이상의 유성성을 가진 유성음 사이에만 나타나는, [b]의 자유 변이음인 것으로 정리되고 이 두 소리에 대한 음소 분석의 결과는 다음과 같이 요약된다.

[b], [β] → [b]

그런데 [b], [β]에 대한 분석을 통해 얻어진 주변이음 [b]가 바로 음소로 확정되지는 않는다. 또 다른 변이음과 통합될 가능성이 있는지 확인해야 하기 때문이다. [b]는 소릿값이 비슷한 [p][9]와 한 음소로 통합될 가능성이 있으므로 다시 이 두 소리의 분포 관계를 따져 보아야 한다.

앞에서도 살폈고 위의 ㄱ)과 ㄴ), ㄷ)의 비교를 통해서도 다시 확인할 수 있듯이, 우리말에서 [p]와 [b] 두 소리는 그 나타나는 음성 환경이 상보적이다. 상보적 분포 관계에 있는 두 소리는 아주 특별한 경우가 아니라면 하나의 음소로 보아야 한다. 여기서 '아주 특별한 경우'란 위 음소 분석의 절차 ③의 '음성적 유사성'과 관계되는데, 두 소리의 소릿값이 완전히 달라서 도저히 하나의 소리로 보기 어려운 경우를 말한다. 예를 들어 우리말의 두 자음 [h]와 [ŋ]는 상보적 분포 관계에 있다. [h]는 음절의 초성 자리에만 올 수 있는 반면, [ŋ]는 종성에만 올 수 있기 때문이다. 그러나 이 두 소리는 도저히 하나의 소리로 통합될 수 없다. [h]가 성문 무성 마찰음인 데 반해 [ŋ]는 연구개 비음으로서 둘 사이에 음성적 유사성이 전혀 없기 때문에, [h]가 어떤 환경에서 [ŋ]로 바뀌었다는 식의 설명은 하기 어렵다는 것이다. 이와는 달리 [p]와 [b]는 둘 다 양순 파열음이면서 예사소리로서 우리말에서 이런 소릿값을 가진 소리는 이 둘뿐이다. 따라서 [p]와 [b]는 하나의 음소로 통합될 수 있다.

상보적 분포 관계에 있는 두 소리를 하나의 음소로 통합할 때에도 역시 더 넓은 분포 환경을 가진 쪽을 주변이음으로 삼는 것이 유리하다. [p]와

에만 나타난다.'(허웅 1985: 142)고 할 수 있다.

[9] 여기서 [p]는 [pʰ]까지 포함하고 있다. 엄밀히 말하자면, 이 단계의 분석은 [p], [pʰ], [b]의 셋을 대상으로 삼아야 하지만, 편의상 [p]와 [b]만을 대상으로 설명한다.

[b] 중 [p]를 주변이음으로 잡았을 때와 [b]를 주변이음으로 잡았을 때의 설명력을 비교해 보자. 앞쪽의 경우 [p]가 유성음 사이에서 그 환경에 동화되어 [b]로 바뀐다고 설명할 수 있다. 유성음 사이에서 무성음이 유성음으로 바뀌는 것은 다른 나라말에서도 발견되는, 매우 자연스러운 과정이기 때문에 이 설명은 음운론적 타당성을 가진다. 그러나 뒤쪽의 방식으로는 어떤 환경에서 [b]가 [p]로 바뀌는지를 설명하기가 매우 복잡하다. 유성음 사이가 아닌 환경에서 [b]가 [p]로 바뀐다는 식으로 기술할 수 있겠지만 이런 변동은 유성 자음이 음소로 존재하는 영어와 같은 언어에서조차 나타나지 않을 정도로 그 음운론적 동기가 매우 부족하다.

클락과 슈퍼맨의 경우 어느 쪽을 주 인물로 삼아야 할까? 슈퍼맨은 위급한 순간에만 나타나고 나머지 시간과 공간에는 클락으로 존재하므로, 위와 같은 주변이음 잡기의 기준을 기계적으로 적용하면 클락이 주 인물이 되겠다. 하지만 '슈퍼맨'이라는 영화의 주제나 슈퍼맨 개인의 인생사로 보면 정반대의 결론이 나올 수도 있다.

이제 상보적 분포 관계에 있는 두 소리 [p]와 [b]는 다음과 같이 하나의 소리로 통합된다.

[p], [b] → [p]

지금까지의 과정을 돌아보면, 우리말에서 [p]는 양순 유성 마찰음 [β], 양순 유성 파열음 [b], 양순 무성 평파열음 [p]가 통합된, 이 세 변이음의 주변이음인 셈이다. 그러나 [p]가 우리말의 한 음소로 확정되기까지는 아직도 거쳐야 할 작업이 남아 있다. [β]와 합쳐진 [b]에 대해서도 그랬듯이, [p]에 대해서도 혹시 변이음 관계에 있는 다른 소리가 있는지 확인해 보아야 한다. 그러나 이 작업은 우리말의 모든 자음을 대상으로 할 필요는 없다. [p]와 한 음소로 통합될 가능성이 있는 소리는 음성적으로 유사한 성질을 가지고 있어야 하기 때문이다. 따라서 검토 대상이 되는 자음은 [p]와 조음 위치가 같은 [p'], [pʰ], [m]과 조음 방법이 같거나 비슷한 [t],

[k], [tɕ] 등이다. 이 단계의 작업은 위 ㄹ)과 같은 자료를 확보하는 것으로 이루어진다. ㄹ)의 단어들은 오로지 첫머리 자리 자음의 다름으로 인해 서로 다른 단어가 된 것들이다. 다시 말해 이들 단어는, [p]가 [p'], [pʰ], [m], [t], [k], [tɕ]¹⁰ 등으로 대치될 경우 단어의 뜻이 달라진다는 사실을 보여주는 최소 대립어들이다. 이와 같은 최소 대립어의 확인으로 말미암아 [p]는 최종적으로 우리말의 한 음소로 확정된다.¹¹

　　[p], [b] → /ㅂ(p)/

　　다른 자음들에 대한 음소 분석도 위의 양순 평파열음의 경우와 비슷하기 때문에 자음 음소 분석에 대한 더 이상의 설명은 생략하기로 한다.¹²
　　자음에 비해 모음은 변이음의 수가 적다. 모음은 조음 위치가 뚜렷하지 않아서 방언에 따라 혹은 심지어 개인의 발음 습관에 따라서도 그 소릿값이 조금씩 다를 수는 있지만, 한 모음이 주변의 음성 환경에 따라 다른 모음으로 바뀌거나 변이음으로 실현되는 경우는 드물기 때문이다. 우리말에서는 단순 모음 'ㅓ' 및 반모음 'ㅜ'의 두 변이음 정도가 음소 분석의 대상이 된다.
　　앞에서도 보았듯이, 모음 'ㅓ'는 중부 지역어에서 장모음 [əː]와 단모음 [ʌ]의 두 가지로 실현된다.

　　거리[kəːri], 멀다[məːlda], 없다[əːp't'a], 어미(語尾)[əːmi]
　　거품[kʌpʰum], 머리[mʌri], 업다[ʌp't'a], 어미(母)[ʌmi]

　　그런데 '장모음으로 발음될 때'와 '단모음으로 발음될 때'라는 분포 환경의 차이는 우열을 가릴 수 있는 성질의 것이 아니어서 이것만으로는 주변이음 설정의 기준이 되기가 어렵다. 그래서 지금까지는 대개 둘 중

10　그 밖에 [p]와 조음 위치가 같은 자음으로, 양순 무성 마찰음 [ɸ]이 있으나 이 소리는 [h]의 변이음이다. 그런데 '바늘[panil]:하늘[hanil]'과 같은 최소 대립어가 있으므로 [ɸ]는 [p]와 통합될 후보에서 제외된다.
11　음소와 음성을 구별할 때에는 각각 / /, [ ]에 넣어 표기한다.
12　우리말의 음소 분석 과정에 대한 상세한 설명은 허웅(1985: 139~208) 참조.

하나를 임의로 선택하여 주변이음으로 설정했는데, 일반적으로 [ə]를 주변이음으로 설정하는 경우가 많았다. 그러나 [ə]는 실제로 존재하는 변이음이 아니라는 점에 문제가 있기 때문에 오히려 [ʌ] 쪽이 더 설득력이 있어 보인다. 주변이음은 일반적으로 변이음 중에서 선택하는 것이 원칙인데, 'ㅓ'의 변이음은 [ə]가 아닌 [əː]와 [ʌ]이기 때문이다. 아울러 음장과는 관계없이 모든 환경에서 [ʌ]로 발음하는 사람의 수가 늘어가고 있다는 점도 [ʌ]를 주변이음으로 설정하게 하는 동기가 될 수 있다. 이렇게 해서 'ㅓ'의 두 변이음은 음소 /ㅓ(ʌ)/로 통합된다.

[əː], [ʌ] → /ㅓ(ʌ)/

앞에서도 말했듯이, 중부 지역의 젊은 세대는 모든 'ㅓ'를 [ʌ]로 발음하는 쪽으로 변해가고 있다. 이렇게 모든 환경에서 'ㅓ'를 [ʌ]로 발음하는 세대의 경우에는 당연히 주변이음은 [ʌ]가 된다. 이와는 반대로 모든 환경의 'ㅓ'를 [əː]나 [ə]로 발음하는 경상 방언의 경우에는 [ə]가 그대로 주변이음이 된다.

앞에서 'ㅜ(w)'-계 이중 모음 중 'ㅟ'는 두 가지 방식으로 조음된다고 했다. 하나는 [wi]이고 다른 하나는 [ɥi]이다. 'ㅟ'를 [ɥi]로 발음하는 사람의 경우, 반모음 'ㅜ'는 두 개의 변이음을 가지는 셈이 된다.

[wa], [wʌ/wəː], [wɛ], [we]
[ɥi]

[ɥi]는 [i] 모음 앞에만 올 수 있고 나머지 모음 앞에는 [w]가 오므로, [w]를 주변이음으로 잡고 [ɥi]는 뒤의 [i] 모음에 동화된, [w]의 변이음으로 처리할 수 있다.

[ɥi], [w] → /ㅜ(w)/

이렇게 되면 우리말의 반모음 음소는 'ㅣ(j)', 'ㅜ(w)', 'ㅡ(ɰ)'의 셋으로 분석된다.

한편 앞의 2장에서도 제시한 적이 있는 다음과 같은 대립쌍들은 우리 말에서 음장(音長), 즉 말소리의 길이가 운소의 자격을 가진다는 것을 말해 주고 있다.

밤-[pam](夜)/[pa:m](栗), 말-[mal](馬, 斗)/[ma:l](語), 눈-[nun](眼)/[nu:n](雪)
무력-[murjʌk](無力)/[mu:rjʌk](武力), 사료-[sarjo](飼料)/[sa:rjo](史料)

1.3. 국어의 음운 목록

지금까지의 우리말 자음, 모음, 초분절음에 대한 검토와 음소 분석 절차를 거쳐 정해진 우리말의 음운 목록은 다음과 같다.

- 자음 : /ㅂ(p)/, /ㅃ(p')/, /ㅍ(pʰ)/, /ㅁ(m)/, /ㄷ(t)/, /ㄸ(t')/, /ㅌ(tʰ)/, /ㅅ(s)/, /ㅆ(s')/, /ㄴ(n)/, /ㄹ(l)/, /ㅈ(tɕ)/, /ㅉ(tɕ')/, /ㅊ(tɕʰ)/, /ㄱ(k)/, /ㄲ(k')/, /ㅋ(kʰ)/, /ㅇ(ŋ)/, /ㅎ(h)/
- 단순 모음 : /ㅣ(i)/, /ㅔ(e)/, /ㅐ(ɛ)/, /ㅟ(y)/, /ㅚ(ø)/, /ㅡ(ɨ)/, /ㅓ(ʌ)/, /ㅏ(a)/, /ㅜ(u)/, /ㅗ(o)/
- 반모음 : /ĭ(j)/, /ŭ(w)/, /ɯ̆(ɨ̆)/
  (이중 모음[13] : ㅑ(ja), ㅕ(jʌ), ㅛ(jo), ㅠ(ju), ㅖ(je), ㅒ(jɛ), ㅘ(wa), ㅝ(wʌ), ㅞ(we), ㅙ(wɛ), ㅢ(ɨi))
- 운소 : 음장

2. 음소의 대립 관계

한 언어의 모든 음소는 각각 독립적으로 존재하는 것처럼 보이지만 사실은 다른 소리들과 일정한 관계를 맺고 있다. 그 관계는 한 음소가

---

13 이중 모음은 단순 모음과 반모음으로 분석되기 때문에 '음운'에 포함되지는 않는다. 하지만 편의상 단순 모음과 이중 모음을 국어의 음운 체계에서 함께 다루기도 한다. 한편, 이 이중 모음 목록에는 앞에서 기술한 'ㅟ(wi)'가 빠져 있는데, 그 이유는 'ㅟ'가 단순 모음 목록에 포함되었기 때문이다. 앞에서도 말했듯이, 이 모음을 이중 모음으로 발음하는 사람의 경우에는 이 모음이 이중 모음 목록에 포함되는 대신 단순 모음 목록에서는 빠져야 한다.

특정한 소리 성질을 가지고 있느냐의 여부나 그런 성질을 어느 정도 가지고 있느냐 등에 따라 결정된다. 달리 말하면 한 언어의 음소는 한편으로는 다른 음소들과 공통된 속성을 가지면서도 또 한편으로는 구별되는 성질을 가지고 있어서 그 다름으로 인하여 뜻을 분화하는 구실을 하게 된다. 이렇게 음소와 음소 사이에 맺어지는 음운론적 관계를 대립 관계라고 한다. 우리말에서 음소 'ㅂ'과 'ㅁ'은 다른 모든 성질은 같으면서 다만 공기를 입으로 내보내느냐 코로 내보내느냐의 차이에 따라 대립하고 있고, 'ㅂ'과 'ㅍ'은 'ㄱ'의 유무에만 차이가 있는 대립 관계이다. 모음 음소 'ㅜ'와 'ㅗ'는 입이 벌어지는 각도의 크기 혹은 혀의 높이의 정도 차이에 의해 대립하고 있다.

그런데 이러한 음소간의 대립 관계는 그 소리들의 음성학적 성질의 차이와 반드시 일치하지는 않는다는 점을 유의해야 한다. 즉 실재하는 음성학적인 차이 중 어느 것이 모국어 화자에 의해 더 중요한 것으로 받아들여지느냐에 따라 유의미한 차이와 무의미한 차이의 구분이 생기게 되는데, 이 중 유의미한 차이만이 음소 사이의 대립 관계를 결정하게 된다는 것이다. 먼저 우리말의 단순 모음들은 서로 어떤 대립 관계를 형성하고 있는지 생각해 보자. 다음 표는 우리말의 단순 모음 중 음소 분석의 과정을 거쳐, 최종적으로 모음 음소로 확정된 10개의 모음을 모음의 소릿값을 결정하는 세 요인에 따라 정리한 것이다.

┃표 6┃ 국어의 단순 모음

고저 \ 전후, 원평	전설 모음		중설 모음		후설 모음	
	평순	원순	평순	원순	평순	원순
고모음	ㅣ(i)	ㅟ(y)	ㅡ(i)			ㅜ(u)
중고모음	ㅔ(e)	ㅚ(ø)				ㅗ(o)
중저모음	ㅐ(ɛ)				ㅓ(ʌ)	
저모음			ㅏ(a)			

이 표에 따르면 우리말의 모음은 '혀의 최고점의 전후 위치'라는 기준에 따라 세 부류로, 또 '혀의 최고점의 고저'에 따라 네 부류로 나누어진

다. 이와 같은 분류는 음성학적으로는 매우 타당하고 정확하다고 할 수 있다. 그러나 음운론적 '대립 관계'의 측면에서 보면 이런 식의 분류가 모두 유의미한 것은 아니다. 다시 말해 한국인들은 이러한 모음의 차이들을 모두 인식하고 있는 것은 아니라는 것이다. 우리말의 모음 관련 음운 변동 현상 중 하나인 'ㅣ-역행 동화'를 살펴보면 ▮표 6▮과 같은 분류 체계와 음운론적 대립 체계는 다르다는 사실을 알 수 있다.

눕히다 → [뉘피다](/[니피다])
그리다 → [기리다]
고기 → [괴기](/[게기]/[기기]), 포기 → [푀기](/[페기]/[피기])
어미→ [에미], 먹이다 → [메기다](/[미기다])
아기 → [애기], 막히다 → [매키다]

방언에 따라 ( ) 안의 발음형으로까지 바뀌는 경우가 있지만 이를 일단 제외해 두고 ( ) 밖의 발음을 중심으로 살피면, 이 모음 동화 현상은 앞 음절의 중설 모음 혹은 후설 모음이, 뒤 음절 모음인 'ㅣ'의 조음 위치에 이끌려 같은 높이, 같은 입술 모양의 전설 모음으로 그 조음 위치를 바꾸는 현상이다. 즉 다른 성질은 그대로 유지한 채 혀의 전후 위치만 '중설, 후설 → 전설'의 변화를 보이고 있는 것이다.

먼저 중설 모음과 후설 모음이 한 무리가 되어 이 동화 현상에 참여하고 있다는 점, 그리고 그 결과가 전설 모음으로의 변동으로 나타난다는 점에서 우리는 ▮표 6▮의 '중설'과 '후설'의 구분이 의미를 가지지 못한다는 점을 알 수 있다. 예를 들어, 'ㅡ'와 'ㅜ'는 한 무리가 되어 각각 전설의 'ㅣ' 및 'ㅟ'와 대립하고 있다. 'ㅏ' 역시 'ㅐ'와 대립하고 있다는 점에서 후설 모음의 무리에 속한다. 이것은 '혀의 최고점의 위치'에 대해서 우리말 모음들은 '전설'과 '비전설'의 대립만을 보이고 있음을 말해 준다.

다음으로, 'ㅣ-역행 동화'는 같은 높이의 전설 모음으로의 변화를 보인다는 점에서, 우리말 모음의 유의미한 '높이' 구분에 대한 정보도 제공해 주고 있다. 즉 우리말 모음들이 음성적으로는 네 단계의 높이 차이를 보이지만 'ㅣ-역행 동화' 현상에 비추어 보면 세 단계의 대립만을 이루고 있으며, 특히 모음 'ㅐ'와 'ㅏ', 'ㅔ'와 'ㅓ'가 각각 같은 높이의 '전설-비전설'로 대립하고 있음을 알 수 있다. 일반적으로 'ㅐ'와 'ㅏ'는 저모음으로, 'ㅔ'와 'ㅓ'는 중모음으로 처리한다. 마지막으로 비전설의 원순 모음은 전설의 원순 모음으로, 평순 모음은 평순 모음으로 바뀐다는 점에서 '평순-원순'의 대립은 여전히 유효함을 알 수 있다.

학교 문법의 음운론에서도 우리말 단순 모음의 대립 체계에 대해 같은 인식을 하고 있는 것으로 보인다. 예컨대 제6차 교육과정에 의한 고등학교 문법 교과서(36쪽, 학습 활동 도움말)에서는 'ㅣ-역행 동화'에 대한 설명을 하면서 "후설 고모음은 전설 고모음으로, 후설 중모음은 전설 중모음으로, 후설 저모음은 전설 저모음으로 변동되어 모음 동화가 모음 체계와 관련되어 있음을 알 수 있다."고 기술하였다.

개별 말소리의 음성적인 특징이나 다른 말소리와의 차이가 모두 음운론적 대립으로 이어지지 않는 경우는 자음에도 존재한다.

먼저, 우리말에도 네 개의 유성 자음이 있지만, 이들의 존재가 유·무성의 대립의 존재로 인식되지는 않는다. 이들이 같은 조음 위치의 다른 자음들과 대립하는 것은 '비음성'(ㅁ, ㄴ, ㅇ)이나 '유음성'(ㄹ)과 같은 자질 때문이지 '유성성' 때문은 아니다. 따라서 비음 동화 같은 음운 변동은 있어도 같은 조음 위치의 무성 자음들이 유성 자음으로 바뀌는 유성음화나 반대 방향의 무성음화와 같은 음운 변동은 나타나지 않는다.

다음으로, 'ㅅ'이나 'ㅎ'도 음성학적인 성질로만 보면 거센소리로 분류할 정도의 유기성을 가진다. 그러나 일반적으로 한국인들은 이들을 예사소리로 인식하고 있다. 이러한 인식은, 이들이 마찰음이라는 조음 방법상의 특징으로 말미암아 다른 조음 위치의 예사소리인 'ㅂ, ㄷ, ㄱ'에 비해 더 많은 유기성을 가지긴 하지만 이 성질로 다른 자음들과 대립하는 것은 아니라는 점에 기인하는 것으로 보인다. 특히, 'ㅅ'은 다른 조음 위치의 예사소리와 함께 된소리되기라는 음운 변동 과정의 입력형이 되는데 이는 'ㅅ'과 'ㅆ'이 '예사소리:된소리'의 대립 관계를 형성한다는 증거가 된다. 'ㅎ'의 경우에는 이러한 된소리의 짝이 없기 때문에 같은 조음 위치에서는 어떤 대립 관계도 형성하지 않는다. 따라서 대립 관계의 측면에서 보면 'ㅎ'을 예사소리라고 하느냐 거센소리라고 하느냐 하는 것은 큰 의미를 가지지 못한다고 할 수 있다. 그러나 어느 한 조음 위치에 하나의 자음만이 존재한다면 그 자음은 예사소리로 보는 것이 합리적이다.

3. 현대 국어의 음운 체계

이상의 음소 분석 과정과 대립 관계를 바탕으로 국어의 음운 체계를 살피기로 한다. 여기서, 음운 체계란 각 음운 사이의 대립 관계에 따라 맺어지는 음운론적 관계의 총체를 말한다. 자음의 경우 조음 위치와 조음 방법에 따라 체계를 형성하며, 모음은 혀의 높이와 전후 위치, 입술의 모양에 따라 체계를 형성한다.

3.1. 자음 체계

우리말 자음 체계는 조음 위치와 조음 방법에 따라 비교적 정연한 대립 관계를 형성하고 있다.

┃표 7┃ 국어의 자음 체계

조음 방법	조음 위치	양순음	치조음	경구개음	연구개음	성문음
파열음	예사소리	ㅂ(p)	ㄷ(t)		ㄱ(k)	
	된소리	ㅃ(p')	ㄸ(t')		ㄲ(k')	
	거센소리	ㅍ(pʰ)	ㅌ(tʰ)		ㅋ(kʰ)	
파찰음	예사소리			ㅈ(tɕ)		
	된소리			ㅉ(tɕ')		
	거센소리			ㅊ(tɕʰ)		
마찰음	예사소리		ㅅ(s)			ㅎ(h)
	된소리		ㅆ(s')			
비음		ㅁ(m)	ㄴ(n)		ㅇ(ŋ)	
유음			ㄹ(l)			

2장의 ▌표 2▐와 비교해 보면, 음소 분석 절차에 의해 파열음과 파찰음의 유성음 계열이 무성음 계열에 통합되었고 불파음도 예사소리 계열로 통합되었다.[14] 아울러 설측음과 탄설음도 통합되었고, 음성 환경에 따라 조음 위치를 옮겨 발음되는 소리들도 주변이음이 조음되는 위치로 통합되었음을 알 수 있다.

위의 체계표에서, 조음 위치가 같은 자음들과 조음 방법이 같은 자음들은 상황에 따라 무리를 이루어서 음운론적 행동(phonological behavior)을 함께 하는 모습을 보여주기도 한다. 예를 들어 장애음의 예사소리들은 장애음 다음에서는 모두 된소리로 바뀐다. 치조음은 양순음 앞에 놓일 때에는 같은 조음 방법의 양순음으로, 연구개음 앞에서는 같은 조음 방법의 연구개음으로 바뀌기도 하며[15], 모음 'ㅣ' 및 반모음 'ǐ' 앞에서는 경구개음으로 바뀐다. 그리고 비음 동화라는 음운 변동에서는 구강음(口腔音, oral)과 비음(鼻音, nasal)이 각각 한 무리가 되어 행동한다.

이것이 바로 말소리의 '체계적인' 모습이다. 우리가 개별적인 말소리가 아닌 '체계'를 강조하는 것은 이러한 모습에 그 나라 말소리의 특징이 들어 있기 때문이다. 따라서 자음 체계를 교수·학습하는 상황에서는 위의 표를 맹목적으로 암기하기보다는, 발음 기관 및 발음 과정에 대한 관찰을 통해 조음 위치와 조음 방법을 직접 확인하고, 같은 자질을 가진 자음들이 보이는 음운론적 동질성을 이 표를 통해 확인하는 활동이 중요하다.

우리말 자음 체계의 가장 큰 특징은, 같은 조음 위치의 장애음들이 조음 방법상 유·무성의 대립을 가지지 않는 대신, '후두 긴장'과 '기'의 유무에 따라 정연한 대립 관계를 이루고 있다는 점이다. 위 표에서 보듯이, 파열음과 파찰음 계열은 '예사소리-된소리-거센소리'로 대립하고 있고 치조 마찰음은 '예사소리-된소리'로 대립하고 있다. 이렇게 유·무성

---

[14] 자음의 경우 같은 조음 방법으로 내는 부류를 '계열'(系列)이라 하고 같은 조음 위치에서 나는 소리 부류를 '서열'(序列)이라고 한다. 모음은 혀의 전후 위치가 같은 부류가 '계열'이 되고 높이가 같은 부류는 '서열'이 된다.(허웅(1985: 96) 참조.)

[15] 6장의 '조음 위치 동화' 참조.

의 대립 없이 무성음 안에서 세 계열이 대립하는 체계를 가진 언어는 드물다. 그리고 다른 언어에 비해 마찰음의 수가 적은 대신 파열음의 비중이 크다는 점도 우리말 자음 체계의 한 특징이다.

위에서 살핀 대로, 우리말에도 유성 자음이 있지만, 이들이 '유성' 자질의 있고 없음에 따라 다른 자음과 대립하고 있는 것은 아니다. 다시 말해, 우리말에서 유성 자음과 무성 자음의 차이는 예사소리와 된소리의 차이나 예사소리와 거센소리의 차이만큼 큰 비중을 가지지는 않는다는 것이다. 따라서 자음 체계를 제재로 하는 문법 단원에서 우리말의 자음을 유성 자음과 무성 자음으로 일차 분류하고 이 두 무리의 차이를 강조하는 것은 우리말 자음 체계의 특징을 제대로 반영한 것으로 평가받기 어렵다. 음운 체계를 가르치는 단원에서는 우리말 음운 체계의 특징적인 면을 우선적으로 다루는 것이 더 높은 가치가 있을 것이기 때문이다. 아울러, 문학 영역에서 유성음이 든 시어를 많이 사용한 시를 감상하면서 이 소리 무리의 음감을 느끼도록 하는 일이 있는데 이 경우에도 '유성성' 자질만이 관여한다기보다는 콧소리나 흐름소리가 가진 '소리맛'이 함께 작용한다고 보는 것이 옳을 것이다.

한편, 자음은 모음에 비해 조음 위치나 방법이 뚜렷한 편이어서 방언에 따라 소릿값이 크게 다르지 않다. 따라서 자음 체계도 방언에 따른 차이는 크지 않은 편이다. 그러나 부분적으로 몇 가지 눈에 띄는 차이가 발견되기도 하는데, 평안도 방언에서는 경구개 자음이 치조 위치에서 발음된다거나 경상도 지역 일부 방언의 자음 체계에는 /ㅆ/이 존재하지 않는다든가 하는 것이 그 보기이다.

3.2. 모음 체계

앞의 'ㅣ-역행 동화' 현상에 대한 검토 등을 통해 도출된 현대 국어의 단순 모음 체계는 다음과 같다.

┃표 8-1┃ 국어의 단순 모음 체계 (1)

전후 \ 고저 원평	전설 모음		후설 모음	
	평순	원순	평순	원순
고모음	ㅣ(i)	ㅟ(y)	ㅡ(i)	ㅜ(u)
중모음	ㅔ(e)	ㅚ(ø)	ㅓ(ʌ)	ㅗ(o)
저모음	ㅐ(ɛ)		ㅏ(a)	

혀의 최고점의 전후 위치에 따라 전설과 후설이 대립하고, 높이에 따라 고모음, 중모음, 저모음이 대립하는 체계를 형성하고 있다. 전설 모음과 후설 모음에 각각 평순 모음 셋과 원순 모음 둘이 대립하고 있어 비교적 균형 잡힌 모음 체계라고 할 수 있다. 지금의 학교 문법과 표준 발음법도 이 체계를 따르고 있다.

그런데 이 모음 체계는 현대 국어의 단순 모음을 최대한 많이 인정하는 관점을 따른 것으로, 언어 현실과는 다소 차이가 있다. 먼저 전설의 두 원순 모음은 지금 많은 세대와 지역에서 이중 모음 [wi], [we]로 발음되기 때문에 단순 모음 체계에 넣기가 어려울 정도이다. 표준 발음법(제4항의 '붙임')에서 이 둘을 이중 모음으로 발음할 수 있도록 허용한 것도 이런 사정을 고려한 것이라 할 수 있다. 이 두 모음을 빼고 단순 모음 체계표를 다시 그리면 다음과 같다.

┃표 8-2┃ 국어의 단순 모음 체계 (2)

고저＼전후	전설 모음	후설 모음	
		평순	원순
고모음	ㅣ(i)	ㅡ(i)	ㅜ(u)
중모음	ㅔ(e)	ㅓ(ʌ)	ㅗ(o)
저모음	ㅐ(ɛ)	ㅏ(a)	

다음으로 전설 모음인 'ㅔ'와 'ㅐ'도 사실상 구분되지 않는 쪽으로 변해가고 있다. 특히 젊은 세대의 발음에서는 이 두 모음이 거의 하나의 소리로 통합된 상태이고, 이 두 모음이 들어간 단어는 글자로서만 구분되고 있을 뿐이다. 이런 현실까지 고려하면 현대 국어의 단순 모음 체계는 ┃표 8-3┃과 같은 7모음 체계가 된다.

┃표 8-3┃은 현대 국어의 현실에 가장 가까운 단순 모음 체계라 할 수 있다. 그러나 이 책에서는 이러한 사정을 지적하면서도, 언어생활의 규범이 되는 학교 문법과 표준 발음법을 따라, 우리말의 단순 모음 체계를 ┃표 8-1┃의 10모음 체계로 잡아 둔다.

▌표 8-3▐ 국어의 단순 모음 체계 (3)

전후 고저	전설 모음	후설 모음	
		평순	원순
고모음	ㅣ(i)	ㅡ(i)	ㅜ(u)
중모음	ㅐ(ε)	ㅓ(ʌ)	ㅗ(o)
저모음		ㅏ(a)	

국어의 모음 체계는 방언이나 세대에 따라 적지 않은 차이를 보인다. 예를 들어 경상 방언의 단순 모음 체계는 매우 단순화되어 있다. 이 방언에서 'ㅟ', 'ㅚ'는 이중 모음으로만 발음되고 'ㅔ'와 'ㅐ'가 구별되지 않음은 물론, 'ㅓ'와 'ㅡ'까지 구별되지 않는다. 따라서 경상 방언은 다음과 같은 6모음 체계를 가진다고 할 수 있다.

▌표 8-4▐ 경상 방언의 단순 모음 체계

전후 고저	전설 모음	후설 모음	
		평순	원순
고모음	ㅣ(i)	ㅓ(ə)	ㅜ(u)
중모음	ㅐ(ε)		ㅗ(o)
저모음		ㅏ(a)	

경상 방언의 모음 체계상의 특징은 일반인들에게도 알려진 유명한 사실이다. 어느 라디오 오락 프로그램에서 노래 제목 맞추기 전화 게임을 했는데, 마침 30대 초반의 경상도 총각이 그 게임에 참여했다. 송창식이란 가수가 부른 '한번쯤'이라는 노래의 반주가 나오자 그 총각은 재빨리 그리고 크게 정답을 말했으나 이기지 못했다. 그의 발음이 [함번쩜]이었다고, 진행자가 오답으로 처리했기 때문이다.

경기·충청 등 중부 지역과 호남 지역의 노년층의 언어에서는 위 〈8-1〉의 모음 체계가 유지되고 있는 반면 젊은층의 모음 체계는 〈8-3〉에 가깝다. 제주도 방언의 경우에는 15세기 국어의 '·'에 대응하는 모음이 존재하는 것으로 알려져 있지만 이 역시 젊은 세대의 언어는 중부 지역 방언의 현실과 크게 다르지 않다. 북한 지역 방언의 모음 체계는 대개 〈8-2〉

체계를 기본으로 하되, 후설의 평순, 원순 계열의 구별이 없어지는 쪽으로 변해가고 있다고 한다.[16]

다음으로 이중 모음 체계에 대해 알아보자. 앞의 음소 분석 과정을 통해 'ㅣ(j)', 'ㅜ(w)', 'ㅡ(ɨ)'의 세 반모음이 설정되었고, 여기에다 단순 모음 'ㅓ'에 대한 음소 분석 결과를 고려하면 현대 국어의 이중 모음 목록은 다음과 같이 정리된다.[17]

① /ㅣ(j)/-계 : ㅑ(ja), ㅕ(jʌ), ㅛ(jo), ㅠ(ju), ㅖ(je), ㅒ(jɛ)
② /ㅜ(w)/-계 : ㅘ(wa), ㅝ(wʌ), ㅞ(we), ㅙ(wɛ)
③ /ㅡ(ɨ)/-계 : ㅢ(ɨi)

이중 모음의 목록을 반모음과 단순 모음의 결합 관계에 따라 정리해 보면 우리말 이중 모음의 특징이 잘 나타난다.

┃표 9┃ 국어 이중 모음의 구성

반모음 \ 단순 모음	i	e	ɛ	y	ø	ɨ	a	ʌ	u	o
j		je	jɛ				ja	jʌ	ju	jo
w		we	wɛ				wa	wʌ		
ɨ	ɨi									

우선 상향 이중 모음밖에 없다는 점과 빈칸이 많다는 점이 눈에 띈다. 이 빈칸들은 반모음과 단순 모음의 결합이 음성적으로 불가능한 데 기인하는 것과 특별한 이유를 찾을 수 없는 것이 있다. 'i'나 'y'가 'j'와 결합될 수 없는 것은 서로의 조음 위치가 거의 같아서 반모음이 실현될 환경이 만들어지지 않기 때문이다. 'j'는 'i'와 비슷한 위치에서 뒤따르는 단순 모음의 위치로 움직여야 제 소릿값을 실현하는데, 'i'나 'y'는 'j'와 거의 같은 조음 위치이기 때문에, 위치 이동이 일어날 수가 없다. 'y', 'ø'가

---

16 현대 국어 모음 체계의 변화 방향에 대한 논의로는 곽충구(2003)를 참고할 수 있다.
17 위의 〈8-2〉~〈8-4〉처럼, 'ㅟ'와 'ㅚ'가 이중 모음으로 발음되는 체계에서는 'wi'가 이 목록에 추가된다.

'w'와 결합하지 않는 것은, 이들이 모두 원순 모음이기 때문이다. 'w'는 입술을 둥글게 하고 있다가 뒤따르는 평순 모음을 향해 입술을 펴가는 소릿값을 가진 반모음이기 때문에 뒤에 평순 모음이 주모음으로 결합할 때라야 제 소릿값대로 실현될 수 있다. 다음으로 'u', 'o'와 'w'는 조음 위치도 비슷하고 원순성도 같기 때문에 이중 모음으로 결합할 수가 없다. 'ɨ'와 'ɰ'의 관계도 마찬가지이다.

이제 단순 모음 체계와 같이 모음의 소릿값을 결정하는 요인들을 중심으로 해서 이중 모음의 체계를 정리하면 다음과 같다.

∥ 표 10 ∥ 국어의 이중 모음 체계

반모음 고저　　　전후	/ㅣ(j)/-계			/ㅜ(w)/-계		/ㅡ(ĭ)/-계	
	전설	후설		전설	후설	전설	후설
		평순	원순				
고모음			ㅠ(ju)			ㅢ(ɰi)	
중모음	ㅖ(je)	ㅕ(jʌ)	ㅛ(jo)	ㅞ(we)	ㅝ(wʌ)		
저모음	ㅒ(jɛ)	ㅑ(ja)		ㅙ(wɛ)	ㅘ(wa)		

3.3. 운소 체계

중부 지역어를 기준으로 할 때 우리말의 초분절음 중 운소로 인정되는 것은 모음의 길이, 즉 음장(音長)이다. 모음의 길이는 경남 및 함경 등 일부 방언을 제외한 대부분의 우리말에서 뜻을 분화하는 구실을 하고 있다.[18] 학교 문법이나 표준 발음법에서도 모음의 길이를 운소로 인정하고 있다.

한편 경상 방언이나 함경 방언, 그리고 강원 동해안 방언에서는 성조가 운소의 자격을 가진다. 따라서 이 방언들의 운소 체계를 기술할 때에는 성조가 중심이 되어야 한다. 물론 다음절어 중심인 우리말에서 성조가 수행하는 의미 변별의 기능은 단음절어 중심인 중국어만큼 크지는 않다. 그러나 어떤 방언이 변별 기능을 하는 성조 체계를 가지고 있고 이 체계가 다른 방언의 성조 체계와 정연한 대응 관계를 맺고 있다는 점에서

---

[18] 최근에는 모음의 장단이 구별되지 않는 경향이 강하게 나타나고 있는 것으로 보아 앞으로는 음장이 운소로서의 구실을 못하게 될 것으로 예측된다.

우리말의 성조도 그 방언 안에서는 운소로 인정되어야 한다.

한 성조 방언의 성조 체계를 구성하는 요소에는 음고(pitch)와 성조형(tonal pattern)이 있다. 대부분의 우리말 성조 방언은 두셋 정도의 음고를 가지고 있는데, 고조(H)와 저조(L)만을 가진 방언도 있고 고조(H), 저조(L)에 상승조(R)를 가진 방언도 있다. 그리고 각 방언은 두 개 내지 세 개 정도의 성조형을 가지고 있다. 대구 방언을 예로 들자면, 이 방언의 모든 음절은 고조, 저조, 상승조 중 하나로 실현되는데, 구체적으로 어느 음절이 어떤 음고로 실현되느냐 하는 것은 그 음절이 속한 어절이 어떤 성조형을 가지고 있느냐에 달려 있다. 대구 방언의 모든 어절은 다음과 같은 세 종류의 성조형 중 하나로 실현된다.

① 첫음절은 상승조, 둘째 음절은 고조, 셋째 이하 음절은 저조로 실현되는 형
말[R](語), 사람[RH], 말이라도[RHLL], 사람이더라[RHLLL]
② 첫 두 음절은 고조로 셋째 이하 음절은 저조로 실현되는 형[19]
구름이[HHL], 무지개[HHL], 갔는갑다[HHLL], 무지개더라[HHLLL]
③ 어느 한 음절만 고조로 실현되고 나머지 음절은 모두 저조로 실현되는 형
꽃[H], 꽃밭[LH], 꽃부터[LHL], 며느리[HLL], 가랑비[LHL], 사다리[LLH], 바람소리[LLHL], 집에서부터[HLLLL]

---

19 이 성조형을 가진 1음절 단어는 [제]로, 2음절 단어나 어절은 [저저]로 실현된다. 예) 말[L](斗), 물[L], 풀[L], 구름[LL], 물이[LL]

제4장

음절

1. 음절의 뜻

앞의 두 장에서 우리는 말소리의 물리적인 모습과 성질, 우리말의 음성과 음소, 음운 체계에 대해 살펴보았다. 이번 장에서 살필 내용은 음소의 바로 위 단위인 음절(syllable)이다.

다음 문장을 발음하고 그 발음을 음성 전사 기호로 옮겨 적어 보자.

ㄱ) 윤하가 밥을 먹는다　junha-ka pap-il mʌk-nin-ta
ㄴ) [윤:하가 바블 멍는다]　[juːɲiaga pabil mʌŋninda]

ㄱ)은 단어나 조사, 어미 등의 원래 형태 혹은 '기저형' 상태로 전사한 것이고 ㄴ)은 이를 실제로 발음한 상태를 옮겨 적은 것이다. 앞에서도 말했듯이, 음운론은 ㄱ)과 ㄴ)의 관계를 합리적으로 설명하는 것을 주된 목표로 하는 학문이며 이 목표를 달성하기 위해 ㄴ)을 일차적인 관찰 및 탐구 대상으로 삼는다. 그런데 ㄴ)은 다시 몇 개의 하위 단위로 나누어질 수 있다.

ㄷ) 윤하가/바블/멍는다
ㄹ) 윤/하/가/바/블/멍/는/다
ㅁ) ㅠ/ㄴ/ㅎ/ㅏ/ㄱ/ㅏ/ㅂ/ㅏ/ㅂ/ㅡ/ㄹ/ㅁ/ㅓ/ㅇ/ㄴ/ㅡ/ㄴ/ㄷ/ㅏ

위에서 ㄷ)의 세 하위 분절체는 흔히 우리가 '어절'이라고 부르는 단위로서 한글 맞춤법의 띄어쓰기 단위와 대략 일치하는데, 이 단위는 일정한 의미를 가지고 있기 때문에 각각이 전체 문장의 일정한 성분이 된다. 이에 비해 ㄹ)의 각 분절체는 의미 차원의 가치는 더 이상 없고 다만 소리 혹은 발음상의 한 단위가 될 수 있을 뿐인데 ㅁ)과 비교해 보면, 한 번의 조음 작용으로 발음할 수 있는 최소의 단위가 된다. ㅁ)의 각 분절체는 앞에서 살핀 음소와 일치하는데 이들 중 모음은 단독으로 발음이 가능하지만 자음은 단독으로는 발음이 불가능하다. 모음은 단독으로 발음하는 것은 가능하지만 그 발음이 원래의 문장과 직접적인 관련성을 가지지 못한다. 예를 들어 [바블]에서 자음을 빼고 모음만을 따로 떼어 발음하면 [아], [으]가 될 텐데, 이들은 전체 발화체인 ㄴ)을 구성하는 음소의 자격을 가질 뿐, ㄴ)을 구성하는 발음 단위는 되지 못한다. 바꾸어 말하면 ㄴ)을 구성하는 최소 발음 단위는 바로 ㄹ)의 각 분절체인데, 우리는 이들을 '음절'이라고 부른다.

요컨대, 음절은 음성학적으로 '하나의 발화체 안에서 단독으로 발음되는 최소의 소리 단위' 정도로 정의될 수 있겠다. 음절은 말소리를 구성하는 여러 층위의 단위 중 음소가 결합하여 이루는 첫 상위 단위가 된다. 한글 맞춤법은 음절 단위로 모아쓰기를 하는 것을 원칙으로 하고 있지만 이때의 음절은 어떤 형태의 원형을 밝혀 적는 경우가 많기 때문에 발음상의 음절과는 일치하지 않을 수가 있다. 음운론에서 말하는 음절은 ㄴ)과 같이 소리 나는 대로 적었을 때의 한 글자와 같다고 보면 된다.

2. 음절의 구성과 유형

2.1. 음절의 구성 방식

음운론에서 음절에 관련되는 중요한 문제 중 하나는 음절이 구성되는 방식, 즉 범언어적으로 어떤 소리들이 하나의 음절로 묶여서 발음되는가 하는 물음에 대한 답을 찾는 일이다. 이것은 이어지는 소리 연속체에서 어느 소리와 어느 소리가 하나의 음절로 묶이고 또 어느 소리와 어느 소리 사이에 음절의 경계가 놓이는가 하는 문제이다. 이 물음에 대해서는 몇몇 이론이 나름대로의 답을 제시하였는데, 그 중에는 울림도라는 개념을 이용하여 보편적인 음절 구성 방식을 설명하려는 이론도 있었고, 열림도를 바탕으로 하는 개념인 '내파음/외파음' 혹은 '점강음/점약음'을 가지고 음절 구성 방식을 설명하려는 이론도 있었다.(허웅, 1985: 109~118 참조.)

먼저 울림도를 가지고 음절을 설명하는 이론에 대해 알아보자. 울림도 (=공명도, sonority)는 모든 소리들이 가지고 있는 본질적 에너지를 말하는데, 다른 조건이 같으면 울림도 도수가 높은 소리일수록 더 잘 들린다고 보면 된다. 예스페르센(Otto Jespersen)은 다음과 같이 울림도의 등급을 나누고 이를 바탕으로 음절 구성 방식을 설명하였다.

┃표 11 ┃ 울림도 등급

울림도	1도	2도	3도	4도	5도	6도	7도	8도
말소리	무성 파열음 무성 마찰음	유성 파열음	유성 마찰음	비음 설측음	탄설음	고모음	중모음	저모음

울림도 이론에서는, 한 음절은 울림도 도수가 높은 하나의 소리를 중심으로 그 앞뒤에 울림도 도수가 낮은 소리들이 붙어서 만들어진다고 설명한다. 이때 한 음절을 구성하는 데 중심이 되는 소리, 즉 울림도 도수가 가장 높은 소리를 성절음(成節音, syllabic sound)이라 하고 그 성절음을 둘러싸고 있는, 해당 음절의 다른 소리들을 비성절음(non-syllabic sound)라 한다. 예를 들어, 영어 단어 'animal[æniməl]'의 울림도 도수는 [8-4-6-4-7-4]이므로 성절음은 [æ](8도)와 [i](6도), [ə](7도)의 셋이 된다. 따라서 이 단어는 3음절어가 된다.

다음으로, '내파음/외파음'은 소쉬르(F. de Saussure)의 개념인데 그는 말소리를 조음할 때 공깃길의 크기, 즉 턱이 벌어지는 정도를 열림도(=간극도, aperture)라 하고 그 등급을 가지고 음절 구성과 경계 등의 문제를 설명했다.

표 12	열림도 등급						
열림도	0도	1도	2도	3도	4도	5도	6도	7도
말소리	파열음	마찰음	비음	유음	고모음	중고모음	중저모음	저모음

위의 울림도 이론과 마찬가지로, 열림도가 큰 소리가 음절의 정점, 즉 성절음이 되고 그렇지 못한 소리들은 이 성절음의 앞이나 뒤에 자리를 잡는다는 식으로 설명한다. 소쉬르의 이론이 울림도 이론보다 나아진 점은 '내파/외파'의 개념을 가지고 음절 경계를 예측할 수 있도록 한 점인데, 내파음은 열림도가 낮은 소리 앞에 놓인 소리이고 외파음은 열림도가 높은 소리 앞에 오는 소리이다. 모음 사이에 두 개의 자음이 있을 때 앞의 자음은 점점 닫히는 중에 있으므로 내파음인 반면, 뒤의 자음은 열리는 중에 있으므로 외파음이다. 음절 경계는 내파음과 외파음의 사이에 놓이게 된다. 한편, 그라몽(M. Grammont)은 소쉬르의 '내파음/외파음'을 '점강음/점약음'의 개념으로 바꾸어 비슷한 방법으로 음절과 관련된 여러 문제를 설명했다. '점강음/점약음'을 가지고 이들의 음절 이론을 요약하면 다음과 같다.

ㄱ) 한 음절은 첫 점강음에서 다음 점강음 앞의 점약음까지의 소리의 모임이다.
ㄴ) 음절의 경계는 점약음과 점강음 사이에 놓인다.
ㄷ) 음절 구성의 필수 성분인 성절음은 경계 혹은 점강음 다음의 점약음이 된다.

앞의 'animal[æniməl]'을 예로 들면, [æ]는 뒤에 자음이 오므로 점약음이고, n은 뒤에 모음이 오므로 점강음이다. [i]는 점약음, [m]은 점강음, [ə]는 점약음이며, [l]은 뒤에 경계가 오므로 점약음이다. 따라서 제1음절은 [æ]가 되고 제2음절은 [ni]가 되며 제3음절은 [məl]이 된다.

그런데 이 이론들이 음절 구성 방식과 관련된 모든 문제를 일일이 설명해 내지는 못할 뿐 아니라 나아가 이런 측면의 설명으로 한 언어의 음절 구성 방식의 전모가 다 드러나는 것도 아니다. 한 언어의 음절이 구성되는 데에는 위와 같은 음성적이고 물리적인 요인 외에 그 언어 특유의 제약이나 조건 같은 것들이 작용하기 때문이다. 같은 소리 연쇄가 언어마다 다른 방식으로 음절화되는 경우가 있는 것은 바로 이런 이유 때문이다.[1] 그러므로 한 언어의 음운론에서 음절 구성과 관련된 설명은 그 언어 특유의 제약이나 조건에 따른 음절 구성 방식 쪽에 초점을 두는 것이 좋다.

우리말의 음절 구성 방식은 비교적 간단하다. 성절음이 될 수 있는 것은 모음밖에 없고 하나의 음절은 모음 하나에 자음이 앞뒤에 붙거나 붙지 않은 상태로 만들어진다. 따라서 우리말의 음절은 다음과 같은 기본 구조를 가지고 있다고 할 수 있다.

(C : 자음, V : 단순 모음, SV : 반모음)
▌그림 6▐ 국어 음절의 기본 구조

위 그림은 '(C)-(SV)V-(C)', 혹은 '(초성)-중성-(종성)'이라고 하는, 우리말 음절의 기본 구조를 보여 주는 동시에 다음과 같은 음절 구성 조건 또는 제약을 명시해 주고 있다.

⬇ 현대 국어의 음절 구성 제약 1
현대 국어의 한 음절은 필수 성분인 단순 모음 하나에, 초성 자음과 반모음이 각각 0개 혹은 1개, 종성 자음이 0개 혹은 1개 붙어서 이루어진다.[2]

위 제약은 초성 자리에 자음이 둘 이상 오거나, 혹은 모음이 없거나, 혹은 종성 자리에 자음이 둘 이상 오는 소리 연쇄는 우리말의 음절이

---

1 우리말과 일본어에 공통으로 존재하는 한자어나 서구 외래어가 두 나라말에서 서로 다른 음절수로 발음되는 경우가 좋은 예이다.
2 물론 같은 우리말이라도 시대나 방언에 따라서 음절 구성 방식이 다르다. 15세기 국어는 음절의 초성 자리에 자음이 둘 혹은 셋까지 올 수 있었다.(뿔, 빼) 그리고 경상 방언에서는 자음 다음의 이중 모음은 대부분 단순 모음으로 발음되기 때문에(과자 → [까자], 격파 → [겍파], 봐라 → [바라]), 'C-SV-V-(C)'형 음절은 존재하지 않는다.

되지 못한다는 사실을 말해 주고 있다. 이것은 어떤 소리 연속체가 우리 말에서 하나의 정상적인 음절로 인정되는 데 필요한 최소한의 조건이자 제약이다. 기저형에서 자음군을 말 자음으로 가진 형태소나 단어가 단독 으로 발화되거나 자음으로 시작하는 형태소와 결합할 때, 자음군 단순화 라는 음운 변동이 일어나는 것은 이 제약을 따르기 위한 것이다. 아울러, 초성 자리나 종성 자리에 자음이 둘 이상 달린 외국어 단어가 외래어로 들어올 때 음절수가 달라지는 것도 위의 음절 구성 제약에 따르기 위한 과정이다.

strike → 스트라이크   christmas → 크리스마스

그런데 우리말에서 모든 자음이 음절의 초성이나 종성 자리에서 발음 될 수 있는 것이 아니다. 아울러 한 음절 안에서 '자음-모음', '모음-자음' 의 모든 연결이 허용되지는 않는다. 음절 구성에 관여하는 또 다른 제약 이 존재하기 때문이다.

◪ 현대 국어의 음절 구성 제약 2
① 자음 'ㅇ(ŋ)'은 초성 자리에 올 수 없다.
② 종성 자리에는 'ㄱ, ㄴ, ㄷ, ㄹ, ㅁ, ㅂ, ㅇ'의 일곱 자음만이 올 수 있다.
③ 경구개 자음 'ㅈ, ㅉ, ㅊ'이 초성 자리에 놓이면 'ㅣ(j)'-계 이중 모음 'ㅑ, ㅕ, ㅛ, ㅠ, ㅖ, ㅒ'가 중성 자리에 올 수 없다.

①은 우리말에 'ㅇ(ŋ)'을 초성으로 하는 음절형은 존재할 수 없다는 것 을 말해 준다. 이 제약으로 인해, 음절의 초성 자리에는 18개의 자음만 올 수 있다. ②는 음절말, 즉 종성 자리에 놓인 자음은 입안 공깃길의 개방 없이 나는 소리, 즉 불파음[3]으로 실현되어야 한다는 음성학적 불파 음화가 음절 구성 제약으로 나타난 것이다. 이 제약으로 인해, 위의 일곱

---

3 '불파음'은 주로 장애음의 조음 과정을 설명할 때 쓰는 용어여서 일반적으로 'ㅁ, ㄴ, ㅇ, ㄹ' 등의 공명음에 대해서는 잘 쓰이지 않는다. 그러나 이들 공명음도 종성 자리에 놓이면 입안 공깃 길의 중앙부가 막힌 채 조음된다는 점은 장애음과 다를 바가 없다는 점을 고려하여 그대로 쓰기 로 한다.

자음에 속하지 않는 자음이 음절말 위치에 놓이면 이 일곱 자음 중 하나로 바뀌는 현상이 일어나게 되는데 평파열음화가 바로 그것이다.[4] 우리말에 '[앞], [낮], [밨], [놓]'과 같은 모양의 음절이 존재하지 않는 것은 ②의 제약에 따른 것이다. 다음으로, ③은 경구개 자음 뒤에서 경구개성 반모음인 'ĭ(j)'가 실현될 수 없다는 점이 음절 구성 제약의 하나로 나타난 것이다. 이는 우리말에는 [쟈, 져, 죠, 쥬, 졔, 쟤]와 이들에 종성이 연결된 음절형이 구조적으로 존재할 수 없음을 말한다. 이 제약으로 인하여 경구개 자음 뒤에서 반모음 'ĭ(j)'가 탈락하는 음운 변동이 일어나게 된다.

위에서 ①과 ②는 본질적으로 우리말의 음절 구성 방식과 관련되는 것인 반면, ③은 음소 연결 방식에 관련된 제약이다. 즉, 경구개 자음 뒤에서는 'ĭ(j)'-계 이중 모음이 올 수 없다는 것은 음소 연결에 대한 제약인데, 결과적으로 우리말에 가능한 음절 모양을 제약하는 구실을 하게 된 것이다.

우리말의 음소 연결과 관련된 제약에는 이 밖에도 몇 가지가 더 있다. 단어의 첫머리 자리에 'ㄹ'이 오지 못한다는 제약(두음법칙)은 위 ①과 비슷하고, 같은 자리에 자음 'ㄴ'이 올 경우 모음 'ㅣ'나 'ĭ(j)'-계 이중 모음이 연결될 수 없다는 제약, 단어의 첫머리 자리에서 양순음과 'ㅡ'의 연결이 불가능하다고 하는 제약도 ③과 비슷한, 음소 연결상의 제약이라고 할 수 있다. 다만 이들의 경우 현대 국어의 음절 구성 제약이나 음소 연결 제약이라고 할 정도로 강한 힘을 가지고 있는지 의심스러운 면이 있다. 먼저 단어 첫머리 자리의 'ㄹ' 회피 제약은 모든 한자어와 고유어가 복종하고 있지만('리을'은 예외) '라디오, 라이온스, 레이저, 리그, 롱런, 릴리프' 등의 외래어는 이 제약에서 벗어나 있다. 어두 [냐, 녀, 뇨, 뉴, 니] 회피 제약 역시 외래어에는 통하지 않을 뿐 아니라(뉴스, 뉴질랜드 등), 'ㄹ'의 경우보다 더 많은 고유어 예외가 존재한다.(냠냠, 녀석, 님, 니은, 닐리리[닐리리] 등) 어두 [브] 음절 역시 외래어에서는 가능하다. 무엇보다도, 이 세 가지 경우는 단어의 첫머리 자리가 아닌 곳에서는 적용되지 않는다는 점에서 위의 음절 구성 제약이나 음소 연결 제약과는 차이가 있다. 한편 또 다른 유형의 음소 연결 제약도 존재하는데, 예를 들어 우리말에서는 장애음과 비음의 연결이 불가능하다거나 'ㄴ+ㄹ' 혹은 'ㄹ+ㄴ'의 연결이 불가능하다는 것 등이 있다. 이들의 경우에도 강력한

---

4 ②의 일곱 자음 중 'ㄴ', 'ㄹ', 'ㅁ', 'ㅇ'의 넷은 음운 변동 차원에서는 아무런 바뀜이 없이 그대로 실현된다.

힘을 가지고 있어서 비음 동화나 'ㄴ'의 'ㄹ' 되기와 같은 음운 변동을 야기하지만 한 음절 안에서 음절 구성 방식을 제약하는 것은 아니라는 점에서 위 ①~③과 차이가 있다.

그 밖에 우리말 음절 구성 방식과 관련된 다른 중요한 사실은, 모음과 모음 사이에 자음이 하나가 있으면 그 자음은 뒤쪽 모음에 붙어 음절을 구성한다는 점[5], 모음과 모음 사이에 자음이 둘 올 때에는 그 두 자음 사이가 음절 경계가 되며 두 모음이 연속할 때 역시 음절 경계는 두 모음 사이에 놓인다는 점 등이다.

ko-gu-ma(고구마), pap̚(밥), pa-bi(밥이), tu-k'e(두께), mul-kʰʌŋ(물컹), a-i(아이), o-i(오이)
('-'는 음절 경계 표시)

음절 구성 제약은 우리말에서 발음 가능한 음절의 유형을 결정하는 일종의 틀이다. 이 제약 때문에 평파열음화나 자음군 단순화, 반모음 ǐ-탈락과 같은 음운 변동이 일어나고, 외래어의 음절 수가 원어와 달라지는 현상이 나타난다. 따라서 이것은 그 자체로 우리말의 중요한 말소리상의 특징 중 하나라고 할 수 있다. 그러므로 국어과 문법 영역의 말소리 관련 단원에서는 이 제약에 대해 따로 가르칠 필요가 있다. 뒤에서 다시 언급되겠지만, 학교 문법에서는 각각 '대치'와 '탈락'에 속하는 음운 변동인 평파열음화와 자음군 단순화를 '음절 끝소리 규칙'으로 묶어 가르쳐 왔는데 이는 음절 구성상의 제약과 그것을 지키기 위해 나타나는 음운 변동을 구별하지 않고 한 덩이로 교육 내용을 구성한 결과이다. 요약해서 말하자면, 우리말의 음절 종성 자리에는 하나 이하의 자음만 올 수 있다거나 그 자리에 올 수 있는 자음의 종류는 일곱 개로 제한된다는 것은 음절 구성상의 제약이고, '값도[갑또]'에 나타나는 'ㅄ→ㅂ'의 자음군 단순화나 '앞도[압또]'에 나타나는 'ㅍ→ㅂ'의 평파열음화는 이 제약을 지키기 위해 일어나는 음운 변동 차원의 현상이다. 말소리 관련 단원에서는 이러한 개념 관계를 명확하게 구별하여 교육 내용을 구성할 필요가 있다.

---

5 'ㅇ(ŋ)'은 예외이다.

2.2. 음절 유형과 가짓수

앞에서 보았듯이, 우리말의 음절은 모음 하나를 중심으로 앞뒤에 자음이 붙어서 만들어진다. 이때 모음을 성절음이라 한다고 말했거니와 음절의 처지에서 보면, 모음은 음절을 이루는 데 빠져서는 안 되는 필수 요소이므로 음절핵(syllable nucleus)이라고도 한다. 훈민정음의 용어에 따라, 한 음절 안에서 모음 앞의 자음을 초성, 모음을 중성, 모음 뒤의 자음을 종성이라 하면 우리말 음절의 기본적인 모양은 '초성-중성-종성'이 된다. 이 기본 음절형은 세부적인 사정에 따라 다음과 같은 여러 유형으로 나누어진다.

ㄱ) 모음 하나로 된 것 ⇒ '중성'형
  ·단순 모음 하나로 된 것 : 아, 이, 애 …
  ·이중 모음 하나로 된 것 : 야, 여, 와, 왜 …
ㄴ) 자음+모음으로 된 것 ⇒ '초성+중성'형
  ·자음+단순 모음으로 된 것 : 가, 도, 코, 깨 …
  ·자음+이중 모음으로 된 것 : 과, 며, 켜, 꿔 …
ㄷ) 모음+자음으로 된 것 ⇒ '중성+종성'형
  ·단순 모음+자음으로 된 것 : 옥, 얼, 압, 인 …
  ·이중 모음+자음으로 된 것 : 역, 융, 왕 …
ㄹ) 자음+모음+자음으로 된 것 ⇒ '초성+중성+종성'형
  ·자음+단순 모음+자음으로 된 것 : 검, 난, 목, 톱 …
  ·자음+이중 모음+자음으로 된 것 : 광, 벽, 명 …

자음의 수가 19개, 단순 모음 10개, 이중 모음이 11개라는 점, 앞의 음절 구성 제약 ①, ②에 따라 초성 자리에 올 수 있는 자음의 수가 18개, 종성 자리에 올 수 있는 자음의 수가 7개라는 점을 고려하여 계산하면 '중성'형이 21(10+11)가지, '초성+중성'형이 378(18×21)가지, '중성+종성'형이 147(21×7)가지, '초성+중성+종성'형이 2,646(18×21×7) 가지로 모두 3,192가지가 된다. 여기서 위 음절 구성 제약 ③에 의해 제외되는 음절형 144가지(3×6+3×6×7)를 빼면, 우리말에서 발음될 수 있는 음절 유

형의 가짓수가 모두 3,048가지라는 결론이 나온다.[6] 그러나 현대 국어에서 이 음절형들이 모두 사용되고 있는 것은 아니다. 그 이유는 이론적으로는 가능하지만 실제로 쓰이지 않는 음절형이 많이 있기 때문이다. 예를 들어 '볘, 뱨, 뵤, 뷔'나 '뎨, 댸, 뎌' 등은 음절 구성 제약은 준수하고 있지만 현대 국어에서는 사용되지 않는 음절형이다.[7]

3. 음절의 구조

앞에서 보았듯이, 우리말의 음절 유형은 '중성'형, '초성+중성'형, '중성+종성'형, '초성+중성+종성'형의 넷이다.[8] 이 중에서 '초성+중성+종성(C-V-C)'형을 기본형으로 잡을 수 있을 텐데, 그 이유는 '중성'형은 초성 자리와 종성 자리가, '초성+중성'형은 종성 자리가, '중성+종성'형은 초성 자리가 빈 상태라고 할 수 있기 때문이다. 그런데 여기서 우리가 관심을 가질 만한 문제는 이 음절형이 어떤 모습으로 구성되어 있을까 하는 것이다. 즉 초성과 중성, 종성 등 음절의 세 구성 성분이 서로 어떤 관계로 구조화되어 있는가 하는 것이다. 우리가 가정해 볼 수 있는 음절의 구조는 ▌그림 7▌과 같은 세 가지이다.

ㄱ)의 '머리-배-꼬리' 구조는 초성, 중성, 종성이 계층 관계를 형성하지 않고 서로 대등한 관계로 되어있는 데 반해 나머지 둘은 초성, 중성, 종성이 일정한 계층을 형성하는 구조이다. ㄴ)의 '머리-몸통' 구조는 중성과 종성이 먼저 하나의 덩이를 형성하고 이 덩이가 초성과 뭉쳐서 음절을 구성한다. 이에 반해 ㄷ)은 초성과 중성이 먼저 한 덩이를 이루고 그 다음

---

6 이 책의 초판에서는 이중 모음이 12개인 체계로 음절형의 가짓수를 계산하였다. 그러나 배주채(2010)에서 지적한 대로, 이 계산에는 'ㅟ'가 단순 모음인 체계와 이중 모음인 체계가 함께 고려되었다는 점에서 문제가 있으므로 여기서는 이중 모음을 11개로 계산하였다. 한편, 단순 모음의 수를 현실 발음에 맞게 8개나 7개로 잡으면 가능한 음절형의 가짓수도 이에 따라 훨씬 더 줄어든다.

7 정철(1962: 111)에서는 우리말에서 실현되는 음절수를 1,096가지로 계산하였다.

8 이 중에서 종성이 있는 음절을 폐음절(closed syllable)이라 하고 종성이 없는 음절을 개음절(open syllable)이라 하여 구분하기도 한다.

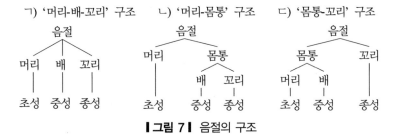

ㄱ) '머리-배-꼬리' 구조   ㄴ) '머리-몸통' 구조   ㄷ) '몸통-꼬리' 구조

┃그림 7┃ 음절의 구조

에 종성과 합쳐 하나의 음절을 구성한다. ㄴ)을 우분지 구조(右分枝構造, right-branching structure), ㄷ)을 좌분지 구조(左分枝構造, left-branching structure)라 하기도 한다.

한 언어의 음절 구조는 모국어 화자들이 가진 언어 능력의 내면에 존재하면서 언어 수행의 표층에 다양한 모습으로 반영되기 때문에 그 언어의 음절 구조를 알아내기 위해서는 말소리의 실현 양상을 포함한 여러 가지 언어 현상을 폭넓게 관찰할 필요가 있다. 중국어는 대표적인 '머리-몸통' 구조의 언어로 알려져 있는데, 이는 중국 운학의 오랜 전통을 고려한 판단이다. 중국의 운학에서는 한 글자의 음을 성모(聲母, initial)와 운모(韻母, final)로 나눈 뒤 운모를 다시 운복(韻腹)과 운미(韻尾)로 나누어, 이 요소들을 기준으로 글자를 분류하고 각 글자의 소릿값을 밝혔다. 중국 운서에 나타나는 반절(反切)식 소릿값 설명 방식이나 한시의 압운법(押韻法)에는 음절 구조에 대한 중국인의 인식이 그대로 드러난다. 다음 **┃그림 8┃**의 ㄱ)은 운학 이론에 따라 음절 구조를 그리고 여기에 운서의 용어를 붙인 것인데 위 **┃그림 7┃**의 ㄴ)과 다르지 않다. 중국어와 같은 음절 구조는 영어권을 중심으로 한, 음절 구조에 대한 연구들에서 언어 보편적인 음절 구조로 받아들여지기도 하는데 이들의 용어를 따라 다시 나타내면 **┃그림 8┃**의 ㄴ)과 같다.

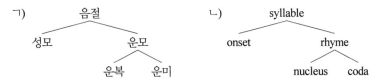

┃그림 8┃ 운학과 음절 음운론의 음절 구조

한자의 '자음'(字音)은 성모와 운모, 그리고 자조(字調=성조)에 의해 결정된다. '古'와 '怪'는 성모는 같지만 운모와 자조가 다르고, '報'와 '告'는 성모는 다르지만 운모와 자조가 같으며, '買'와 '賣'는 자조만 다르다. '尊, 村, 孫'은 그 성모가 각각 다르고, '村, 倉, 聰'은 운모가 각각 다르며, '村, 忖, 寸'은 자조가 다르다. '凉' [liaŋ2]은 성모가 [l]이고, 운모는 [iaŋ]이며 자조는 제2조, 즉 고승조(高昇調)인 글자이다.(임동석 역 1993: 96 참조.) 아울러 중국의 운서(韻書)에서는 각 글자의 소릿값을 '반절'(反切)로 표시해 놓았는데 반절의 첫 글자[反切上字]는 성모를, 둘째 글자[反切下字]는 운모를 나타낸다. 예를 들어, '東'의 소릿값은 '德紅切'로, '千'은 '蒼先切'로, '光'은 '古黃切'로 표시되어 있다.(이돈주 역주 1985: 15~16 참조.) 훈민정음의 글자 설명에도 이런 방식이 사용되었는데, 초성해(初聲解)의 앞부분에는 다음과 같은 기술이 나온다.

如牙音君字初聲是ㄱ. ㄱ與ㅜ 而爲군. 快字初聲是ㅋ. ㅋ與ㅙ而爲쾌…(아음인 君자의 첫소리는 곧 ㄱ인데, ㄱ이 ㅜ과 더불어 합하여 군이 되고, 快자의 첫소리는 ㅋ인데, ㅋ이 ㅙ와 더불어 합하여 쾌가 되고…(유창균 1998: 57)

우리말의 음절 구조에 대한 정보는 말실수나 말놀이, 축약 등 여러 방면의 언어 현상으로부터 얻을 수 있다. 손전화기가 처음 나왔을 때, 영어를 잘 모르는 어떤 사람이 한동안 '핸드폰'을 '핸브톤'이라고 부르는 말실수를 반복했다. 이 말실수는 우리말의 음절 구조를 '머리-몸통' 구조라고 보았을 때 가장 설명이 잘 된다. 이 사람은 '핸드폰'의 제2음절과 3음절의 초성만을, 그것도 거센 소리의 성질은 빼고, 바꾸었기 때문이다. 한편 재미있는 말놀이 중에는 '몸통-꼬리' 구조를 지지하는 근거로 이용되는 것들이 있다. 그 중 버버리말이라고 하는 놀이를 소개하면, 이 놀이에 참여하는 사람은 '나는 학교에 간다'를 '나바느븐 하박교보에베 가반다바'식으로 빠르게 바꾸어야 한다. 이 말놀이의 규칙은 중성과 종성 사이에 'ㅂ+중성'을 삽입하는 것으로 요약될 수 있고 이는 우리말 음절 구조가 '몸통-꼬리' 구조라고 볼 때 가장 설명이 잘 될 수 있다. 김차균(1987, 1998: 43~51)에서는 이 버버리말과 함께 노사말이라고 하는 말놀이에 나타나는 규칙성을 근거로, 우리말의 음절 구조가 '몸통-꼬리' 구조임을 주장하고 있다.

처노살수는 오노사늘 하노삭교에 아노산 가노산다
(철수는 오늘 학교에 안 간다.)

이 말놀이의 규칙은 매 어절의 첫음절에 '노사'를 삽입하되, 그 음절이
개음절이면 중성과 음절 경계 사이에 삽입하고 폐음절이면 중성과 종성
사이에 삽입하는 것이다. 이와 같은 '노사' 삽입 위치는 우리말의 음절
구조가 '몸통-꼬리' 구조라고 할 때 가장 설명이 잘 된다.

그 밖의 다양한 언어 현상으로부터도 우리말 음절 구조에 대한 정보를
얻을 수 있다. 다음은 우리말에 나타나는 형태 확장, 첩용, 축약 현상의
보기 자료인데, 각각의 경우에 나타나는 현상을 음절 구조와 관련지어
설명할 수 있다. 다음 자료들이 세 가지 음절 구조 중 어느 것을 지지하는
근거가 될 수 있을지 생각해 보자.

① 빵 → 빠방, 주룩 → 주루룩, 덜컥 → 덜커덕
② 고루 → 골고루, 떠름 → 떨떠름
③ 알록달록, 알쏭달쏭, 울퉁불퉁, 올록볼록
④ 그럼 다음에 → 금담에, 대행진 → 댕진, 자습서 → 잡서,
   제일로 → 젤로, 짜증 → 짱, 태극기 → 택기

①은 의성어의 형태가 확장되는 예인데, '빠방'과 '주루룩'은 의성어
마지막 음절의 '초성-중성'을 복사해서[9] 그 음절의 중성과 종성 사이에
삽입한 것이고 '덜커덕'은 같은 위치에 음절 '더'를 삽입한 것이다. 이
경우 나타나는 복사의 범위나 삽입되는 위치는 우리말 음절이 '몸통-꼬
리' 구조를 가지고 있다고 보는 관점에서 가장 잘 설명이 된다. ②도 일종
의 형태 확장이라고 할 수 있겠는데, '고루'의 '첫음절 + 둘째 음절의 초
성'이 복사되어 'CVC' 음절의 형태로 원말 앞에 반복된 것으로 볼 수도
있고 '고루고루 → 골고루'(둘째 음절 모음 탈락)로 볼 수도 있다. 어느
쪽이든 둘째 음절의 초성과 중성이 분리되는 과정을 전제해야 하므로 이
보기는 '머리-몸통' 구조를 지지하는 근거가 된다고 하겠다. ③은 의태어

---

9 이때 [긴장성]이나 [유기성] 자질은 복사되지 않는다.

의 불완전 첩용형[10]인데, 제1음절과 3음절의 초성 자음만 변화를 주면서 첩용되고 있다. 이 경우도 '머리-몸통' 구조의 관점에서 가장 무난하게 설명될 수 있다. ④는 통신 언어에 나타난 축약 현상의 보기인데, 둘째 음절의 '초성+중성'이 탈락함으로써 한 음절이 줄어들고 있다. 이 축약 현상은 '몸통-꼬리' 구조의 관점에서 가장 자연스럽게 설명된다.

①~④의 언어 현상에 대한 분석으로부터도, 우리말이 어떤 음절 구조를 가졌는지 쉽게 판단하기 어렵다는 사실을 알 수 있다. 그런데 이렇게 '머리-몸통' 구조와 '몸통-꼬리' 구조를 지지하는 언어 현상이 함께 존재한다는 사실은 오히려 우리말의 음절 구조가 '머리-배-꼬리' 구조라고 보는 관점에 대한 지지 근거가 될 수도 있다.

학교 문법에서는 주로 고등학교 단계에서 음절에 대한 기본적인 사항들을 제시하고 있다. 예를 들어, 제7차 고등학교 문법 교과서에서는 음절의 개념, 우리말의 기본 음절 형, 음절의 구성 요소(초성, 중성, 종성) 등에 대한 내용들을 설명하고 있다.(63쪽)

---

10 의성·의태어의 형태 확장이나 첩용 과정에 대해서는 이문규(1996) 참조.

제5장
음운 변동 설명의 방법론

1. 음운 변동의 뜻과 종류

모든 말소리는 고유한 소릿값을 가지고 있다. 그런데 그 소릿값은 항상 제값대로 실현되는 것이 아니고 또 영구불변하는 것도 아니다. 말소리는 그 놓이는 환경에 따라 다른 소리로 모습을 바꿀 수 있을 뿐 아니라 시간의 흐름에 따라 완전히 다른 소리로 바뀔 수도 있기 때문이다. 예를 들어, '바다/pata/'가 [pada]로 발음되는 것은 유성음 사이에서 무성 파열음 /t/가 유성 파열음 [d]로 바뀐 것이고, '국민/kukmin/'이 [kuŋmin]으로 발음되는 것은 비음 앞의 연구개 자음 /k/가 같은 조음 위치의 비음인 [ŋ]으로 바뀐 것이다. 이 두 종류의 말소리 바뀜이 지금의 말하기 과정에서 일어나는 공시적인 현상인 데 반해, '아ᄎᆞᆷ>아츰>아침'에 나타나는 'ㆍ>ㅡ>ㅣ'의 바뀜은 시간의 흐름에 따른 통시적인 현상이다.

일반적으로 통시적인 말소리 바뀜을 '음운 변화(音韻變化)'라 하여 공시적인 현상인 '음운 변동(音韻變動)'과 구별한다. 공시적인 변동에도 크게 두 종류가 있다. 하나는 한 음소가 자신이 가진 여러 변이음 중 하나로 실현되는 현상이고, 다른 하나는 하나의 음소가 다른 음소로 바뀌어 실현되는 현상이다. '바다/pata/ → [pada]'에 나타나는 '/t/ → [d]'는 전자에 속하고, '국민/kukmin/ → [kuŋmin]'의 '/k/ → [ŋ]'은 후자에 속한다. 이들을 각각 이음 변동(異音變動)과 음운 변동(音韻變動)으로 구분한다.

이음 변동은 한 음소 내의 말소리 바뀜 현상이기 때문에 그 바뀜의 영향력이나 결과도 음소 내부에 국한되어 나타난다. 그러나 음운 변동은 다른 음소로 바뀌는 현상이기 때문에 그 음소로 구성된 형태소나 단어의 형태에 변화를 초래하게 된다. 즉 형태론의 처지에서 보면 음운 변동은 일종의 변이 형태 실현 과정이라고 할 수 있다. 예를 들어 '/값+만/ → [감만]'을 음운론의 관점에서 보자면, 자음군 단순화(/ㅄ/ → [ㅂ])와 비음 동화(/ㅂ/ → [ㅁ])라는 음운 변동이 일어나는 과정이지만 형태론적 관점에서 보면 {값}이라는 체언 형태소가, 조사 {만} 앞에서 ≪감≫이라는 변이 형태로 실현되는 과정인 것이다.

말소리의 변화 및 변동 과정을 합리적으로 설명해 내는 것은 음운론의 가장 중요한 일 중 하나이다. 그러나 이 둘을 함께 다루기는 매우 어렵다. 음운의 변화는 음운 체계 변천 과정의 일부로서 다루어지는 것이 합리적이고, 이는 언어 체계 전체의 변화를 설명하는 이론을 바탕으로 접근되어야 한다는 점에서 공시적인 음운 체계를 바탕으로 일어나는 음운 변동과는 상당히 다른 방법론이 요구되기 때문이다. 따라서 이 책에서는 음운의 변화는 국어사의 한 분야인 음운사에 맡기고 공시적인 변동 현상만을 다루기로 한다. 그런데 우리말의 이음 변동에 대해서는, 제2장에서 국어 자·모음의 여러 변이음에 대한 음성학적인 검토를 할 때 어느 정도 다루어졌기 때문에 아래에서는 현대 국어의 음운 변동 현상만 다루기로 한다.

음운 변동 현상을 제대로 설명하기 위해서는 이들을 그 성격에 따라 분류한 다음, 그 분류 체계에 따라 살펴보는 것이 효과적이다. 음운 변동을 분류하는 데에는 몇 가지 기준이 있다.

ㄱ) 자음 관련 변동, 모음 관련 변동, 운소 관련 변동
ㄴ) 대치, 탈락, 첨가, 축약, 전위
ㄷ) 동화, 이화
ㄹ) 강화, 약화

ㄱ)은 변동에 참여하는 분절음의 큰 부류에 따라 분류한 것으로, 변동의 대상 혹은 변동 과정의 입력형이 자음이냐 모음이냐 혹은 운소냐 하는 것이 관건이 된다.

ㄴ)은 변동의 결과 표면적으로 나타나는 분절음 차원의 변동 양상을 기준으로 한 분류이다. 대치(replacement)는 어떤 음소가 다른 음소로 바뀌는 현상을 말하는데, 학교 문법에서는 대체로 '교체'로 부르고 있다.[1] 탈락 (deletion)은 원래 있던 한 음소가 없어지는 현상을 말하는데, 삭제라고도 한다. 첨가(addition))는 없던 음소가 추가되는 것을 말하는데, 삽입이라고 한다. 축약(contraction)은 두 개의 소리가 하나로 줄어드는 현상을 말하고, 전위(metathesis)는 말소리가 놓이는 순서가 바뀌는 현상을 말한다.

ㄷ)은 음운의 변동을, 그것이 일어나는 음운론적 동기에 따라 나눈 것이다. 동화(assimilation)는 한 소리의 소릿값이 그 놓이는 음성 환경과 같아지는 쪽으로 바뀌는 것을 말하는데, 대개 인접음의 조음 위치나 조음 방법을 닮거나 같아지게 된다. 연속하는 음운을 같은 조음 방식으로, 혹은 같은 조음 위치에서 발음하면 아무래도 조음 기관의 부담을 덜어 주어 발화 과정에 드는 노력이 절감된다. 이와 같이 동화는 말소리를 좀더 쉽게 조음하고자 하는 노력의 산물이라고 할 수 있다. 동화에 참여하는 요소 중에서 동화를 야기하는 소리를 동화주라 하고, 동화되는 소리를 피동화주라고 한다. 아울러 동화는 피동화주가 동화주에 가까워지는 정도에 따라 완전 동화와 부분 동화로 나뉘고 동화의 방향, 즉 동화주와 피동화주가 놓이는 순서에 따라 순행 동화와 역행 동화로도 나뉜다. 이화는 한 소리가 주변의 음성 환경과 달라지는 쪽으로 바뀌는 것을 말하는데 이 현상은 대개 표현력의 강화, 즉 가능하면 더 명확하게 발음하려는 노력에 따라 일어난다.

ㄹ)은 음운론적 강도가 강해지는 쪽으로의 변동이냐 약해지는 쪽으로의 변동이냐를 따져 나눈 것이다. 각 분절음은 강도에 따라 순위가 매겨질 수 있는데, 우리말 자음의 경우 된소리나 거센소리는 예사소리보다 강도가 강하고 파열음이나 파찰음은 마찰음보다 강도가 강하며, 같은 자음 중에서도 비음이나 유음은 강도가 약하다. 따라서 된소리되기나 거센

---

[1] 사전상의 의미로 보면 '교체'가 더 익숙하고 쉬운 면이 있다. 그러나 학문 문법에서 형태소의 이형태 실현을 가리키는 개념인 'alternation'을 '교체'로 번역하여 사용하고 있다는 점을 고려하여 이 변동을 '대치'로 부르고자 한다.

소리되기는 강화로 볼 수 있고 앞의 '/p/→[d]'에 나타나는 유성음화는 약화의 일종으로 볼 수 있다.

음운론에서 음운 변동 현상을 설명하는 데에는 ㄱ)을 기본으로 삼고 그 안에서 ㄴ), ㄷ), ㄹ)을 세부 분류의 기준으로 사용하거나, 자·모음에 관계없이 모든 음운 변동을 먼저 ㄴ)이나 ㄷ)으로 나누어 개별 변동 현상을 설명하는 방법도 있다. 이 책에서는 주로 ㄴ)의 분류 체계에 따라 현대 국어의 음운 변동 현상을 설명해 나가기로 한다.[2]

2. 생성 음운론의 설명 기제

음운의 변동 과정을 합리적으로 설명해 내기 위해 음운 학자들은 저마다 특징적인 이론을 세우게 되는데, 여기에는 음운 변동을 설명하는 데 필요한 개념과 장치들이 포함된다. 말소리에 대한 과학적인 관찰과 설명은 소쉬르에 의해 시작된 구조주의 언어학 시대에 와서 본격화된 것으로 볼 수 있다. 구조주의 언어학의 방법론을 바탕으로 세워진 음운 이론을 구조주의 음운론이라고 하는데, 이 이론은 말소리의 구조와 체계를 최대한 완전하게 기술해 내는 것을 목표로 삼았다. 음소의 개념 규정과 그 발견 절차 확립, 음운의 대립과 체계 수립의 방법, 음운 변동 과정의 정확한 기술 등이 구조주의 음운론의 주된 관심사였다.

구조주의 음운론에서 이루어진 여러 가지 개념과 방법론을 바탕으로 말소리와 관련된 여러 사항, 특히 음운의 변동 및 변화에 대한 설명 방법이 크게 한걸음 더 발전한 것은 생성 음운론(Generative Phonology)에서이다. 촘스키(Noam Chomsky)와 할레(Morris Halle)의 「영어의 음성 체계」(The Sound Pattern of English, 1968)에서 그 기초가 닦인 생성 음운론은 음소 목록이나 체계, 음운의 변동 등 말소리와 관련된 여러 사항을 관찰한 대로 엄격하게 기술하는 데 만족하지 않고 그것들을 인간의 언어 능력과 관련지어 설명하는 데까지 나아가려고 한다. 그들은 말소리의 발음과 관련된 모든 정보가 모국어

---

2 국어 음운 변동의 분류에 대해서는 다음 장에서 상세히 설명한다.

화자의 머릿속에 매우 정연한 모습으로 들어 있다고 믿는다. 이 정보 속에는 자신의 언어에서 뜻을 구별하는 기능을 하는 소리의 목록과 체계, 이 소리들이 연결되어 더 큰 단위를 이루는 방법과 제약, 또 실제 발음될 때 일어나는 음운 변동을 관장하는 규칙들이 포함되어 있다. 모국어 화자는 이런 정보 덕택에 자신이 사용하는 언어와 다른 언어의 말소리 차이를 알아차릴 수 있을 뿐 아니라, 임의의 방식으로 배열된 음소 연결체가 자신의 모국어에서 허용될 수 있는지 없는지 판단할 수 있으며, 그 언어에 존재하는 음운 변동 규칙이 적용된 발음을 자연스럽게 생산해 낸다. 예를 들어 정상적인 한국인이라면 국어 교육을 받은 정도에 관계없이 '꽃'을 [꼳]으로 발음하고 '국민'을 [궁민]으로 발음한다. 아울러 '이모'와 자음 하나 차이밖에 없는 [nimo]라는 발음을 들으면, 그것은 우리말에서는 불가능한 소리 연쇄라는 것을 당장 알아차리고 잘못 발음된 것이거나 외래어인 것으로 판단하게 된다.

음운 변동에 초점을 두고 말하자면, 생성 음운론에서는 음운 변동의 양상을 정확하게 관찰하고 기술하는 데 만족하지 않고 그러한 변동이 일어난 동기와 과정 등을 인간의 언어 사용 능력의 일부로 설명하려 한다. 음운의 변동은 모국어 화자의 발음을 통해 실현된다. 그들은 모국어의 발음에 대한 특별한 훈련을 받지 않고도 음운론의 설명 대상이 되는 여러 가지 음운 변동을 자신의 발음을 통해 실현시키는데, 이 과정에는 어떤 머뭇거림이나 마음의 준비도 필요가 없다. 이는 머릿속에 말소리의 변동과 관련된 중요한 정보와 그 변동을 관장하는 일정한 규칙이 질서 정연한 모습으로 들어 있기 때문인 것으로 보는데, 음운론의 임무는 이 머릿속의 규칙들을 찾아 그 참모습을 밝혀 보여주는 일이라는 것이다. 생성 음운론에서는 이와 같은 말소리의 변동 혹은 발음과 관련된 문제들을 합리적으로 설명해 내기 위해 새로운 개념과 장치들을 고안했다. 이들 중 가장 중요한 것으로, 음운 규칙(phonological rule)과 변별 자질(distinctive feature)이 있다.

2.1. 음운 규칙

2.1.1. 음운 규칙의 뜻

다음 문장이 발음되기까지의 과정에 대해 생각해 보자.

저 흙만 넣고 나면 좋은 밭이 된다. [저 흥만 너코 나면 조ː은 바치 된다]

국어 화자의 머릿속에는 각종 단어나 형태소들이 모여 있는 저장소와 새로운 단어 및 형태소를 만들어 내는 공장이 있으며(이들을 어휘부라고 부르자.), 또 어휘부로부터 필요한 단어나 형태를 선택한 다음 이들을 연결하여, 한국인이 받아들일 수 있는 형식을 갖춘 문장을 엮어 내는 규칙(이들을 통사 규칙이라고 부르자.)을 보관하고 있는 장소가 있다.(이 곳을 통사부라고 부르자.) 어휘부와 통사부를 거쳐 만들어진 문장이 알아들을 수 있는 소리로 실현되기 위해서는 다시 말소리의 발음을 담당하는 구실을 하는 음운부를 통과해야 하는데, 이곳에는 음운 규칙(phonological rule)이라 불리는 일련의 규칙들이 모여 있으면서, 국어의 각 음소가 그 놓이는 환경에 따라 발음되는 모습을 결정하는 일을 하고 있다.

위의 문장을 가지고 말하자면, 어휘부와 통사부를 거쳐 만들어진 '저 흙만 넣고 나면 좋은 밭이 된다.'라는 문장은 대략 다음과 같은 음운 규칙의 적용을 받아 실제 발음되는 소리의 모습을 갖추게 된다.

/흙 + 만/ → [흥만]　　　　　　/넣 + 고/ → [너코]
　　　↑　　　　　　　　　　　　　　↑
자음군 단순화 규칙, 비음 동화 규칙　　　거센소리되기 규칙

/좋ː + 은/ → [조ː은]　　　　　　/밭 + 이/ → [바치]
　　　↑　　　　　　　　　　　　　　↑
ㅎ-탈락 규칙　　　　　　　　　　구개음화 규칙

위의 말소리 변동을 관장하는 장치를 일종의 변환 장치로 보았을 때,

이 변환 장치의 입력형, 즉 '→' 왼쪽에 있는 형태를 기저형(underlying form)이라 부르고, 이 변환 장치의 출력형, 즉 '→'의 오른쪽에 있는 형태를 표면형(surface form)이라고 부른다. 그리고 '→', 즉 변환 과정 자체를 도출(derivation)이라고 부른다. 기저형은 '/ /' 안에 넣어 표기하고 표면형은 '[ ]' 안에 표기한다. 화자의 머릿속 어휘 사전에 등재되어 있는 형태를 기저형으로, 실제로 발음되는 형태를 표면형으로 이해하는 것이 쉽다. 예를 들어, 머릿속 어휘 사전에 들어 있는 '흙'이라는 명사와 '만'이라는 조사를 하나의 묶음으로 발음하면, 자음군 단순화 규칙과 비음 동화 규칙이 작용하여 [흥만]으로 실현된다는 말이다. 말하자면 음운 규칙은 기저형(/ /)으로부터 표면형([ ])이 도출되는 과정을 맡아 보고 있는 셈이다.

2.1.2. 기저형의 설정

앞의 문장 '저 흙만 넣고 나면 좋은 밭이 된다.'의 발음과 관련된 음운 규칙의 적용 과정을 통해, 우리는 '흙+만', '넣-+-고', '좋:-+-은', '밭+이'를 기저형으로 잡았다. 이에 대해 표면형인 '흥만', '너코', '조:은', '바치'를 기저형으로 잡으면 안 되는 이유가 있는가? 표면형 자체를 기저형으로 잡으면 음운 규칙이 적용되는 복잡한 도출 과정으로 설명하지 않아도 될 것 아닌가? 그러나 문제는 그렇게 간단하지 않다. 기저형을 설정하는 과정 자체가 도출 과정을 설명하는 일의 중요한 부분이 될 뿐 아니라 여기에는 고려해야 할 사항들이 많기 때문이다.

'/흙+만/ → [흥만]'을 대상으로 이 사항들을 살펴보자. 이 경우 도출 과정을 통해 달라진 쪽은 '/흙/ → [흥]'이므로 조사 '만' 앞에서 [흥]으로 실현되고 그 뜻이 '土'인 형태의 기저형이 /흙/으로 설정되는 과정에 대해서만 검토하면 된다. 조사 '만' 앞에서 [흥]으로 실현된 형태의 기저형을 설정하기 위해서는 이 형태가 다른 환경에서는 어떤 모습으로 실현되는지를 검토해야 한다. 다음 예문에서 보듯이, 조사 '만' 앞에서 [흥]으로 실현되는 형태는 다른 환경에서는 [흘ㄱ], [흑]으로도 실현된다.

흙에서 살리라[흘게서 살:리라]
흙과 함께[흑꽈 함께]

결국 하나의 기저형이 음성 환경에 따라 ≪흙~흑~흥≫의 세 형태로 실현되는 셈인데 이들을 교체형(alternating form)이라 부른다. 기저형을 설정하기 위해서는 이 세 교체형이 나타나는 음성 환경을 파악해야 하고 따라서 이 교체형들이 나타나는 환경을 종합적으로 살펴볼 필요가 있다.[3] 아래 자료에서 ( )에 든 것은 한글 맞춤법에 따른 표기형이다.

≪흙≫ : [흘게서](흙에서), [흘기](흙이), [흘글](흙을), [흘그로](흙으로), [흘기다](흙이다)

≪흑≫ : [흑](흙), [흑꽈](흙과), [흑또](흙도), [흑뽀다](흙보다), [흑꾸덩이](흙구덩이), [흑떵어리](흙덩어리), [흑삗](흙빛), [흑쏜](흙손), [흑짱난](흙장난), [흑칠](흙칠), [흑탕물](흙탕물), [흐갈갱이](흙알갱이)[4]

≪흥≫ : [흥냄새](흙냄새), [흥너키](흙넣기), [흥만](흙만), [흥먼지](흙먼지)

≪흙≫은 모음으로 시작하는 조사 앞에 나타나므로 그 음성적인 조건을 '모음 앞'으로 규정할 수 있다. 그리고 ≪흑≫은 단독으로 사용될 때, 자음으로 시작하는 조사 앞에, 또는 자음이나 모음으로 시작하는 명사가 뒤에 연결되어 합성어를 만들 때 나타난다. 한편 ≪흥≫은 어떤 경우에든 비음 앞에만 나타난다. 그러므로 위의 세 교체형이 나타나는 음성 환경은 다음과 같이 정리된다.

≪흙≫ : 모음 앞
≪흑≫ : 자음 앞, 단어 경계 앞
≪흥≫ : 비음 앞

일반적으로 교체형 중 하나가 기저형이 되므로,[5] 우리도 위 세 교체형

---

3 여기서 교체형은 형태론의 변이 형태와 같다고 할 수 있다. 흔히 변이 형태를 / / 안에 넣어 표기하지만 이것은 기저형 표기와 혼동될 우려가 있기 때문에, 여기서는 편의상 교체형을 ≪ ≫ 안에 넣어 구별하고자 한다.

4 '흙알갱이'는 '토양입자'의 북한어이다.(『표준국어대사전』(국립국어원))

5 학자에 따라서는 교체형 중 하나가 아닌 다른 어떤 형태를 기저형으로 설정할 수도 있다고 주장하기도 한다.

중 하나가 기저형으로 선택되는 과정을 살펴보기로 한다. 둘 이상의 교체형 중 하나를 기저형으로 선택할 때 고려해야 할 가장 중요한 요건은, 설정된 기저형에서 나머지 교체형이 도출되는 과정이 합리적으로 설명될 수 있어야 한다는 점이다. 즉 어느 한 교체형이 기저형으로 설정되려면, 그 교체형으로부터 다른 교체형이 도출되는 과정이 자연스럽게 설명되어야 한다는 것이다.

먼저 ≪흑≫이 기저형으로 선택되는 상황을 가정해 보자. 교체형 ≪흑≫이 기저형으로 설정되면 다른 교체형은 다음과 같은 도출과정에 의해 실현되는 것으로 설명되어야 한다.

ㄱ) /흑/은 모음 앞에서 [흙]으로 실현된다.
ㄴ) /흑/은 비음 앞에서 [흥]으로 실현된다.

ㄱ), ㄴ)을 변동에 참여하는 음운의 처지에서 다시 나타내면 다음과 같다.

ㄱ') /ㄱ/은 모음 앞에서 [ㄹ]으로 바뀐다.
ㄴ') /ㄱ/은 비음 앞에서 [ㅇ]으로 바뀐다.

위에서 ㄴ')와 같은 음운 현상은 우리말에서 흔히 나타나는 음운의 변동 중 하나이다. 예를 들어 '/국만/[궁만]', '/각막/[강막]', '/막내/[망내]', '/목놀림/[몽놀림]', '/죽는/[중는]', '/책무/[챙무]' 등은 비음 앞에서 'ㄱ'이 'ㅇ'으로 실현되는 현상이 우리말의 일반적인 음운 변동 중 하나임을 보여 준다. 아울러 구강음이 비음 앞에서 비음으로 바뀌는 것은 음성학적으로 자연스러운 동화 과정의 하나이다. 따라서 ㄴ) 및 ㄴ')는 특별한 문제가 없다고 할 수 있다. 그러나 ㄱ')와 같은 음운 변동은 우리말에서 다른 보기를 찾을 수 없을 뿐 아니라 음성학적으로도 자연스러운 과정이라고 하기 어렵다. ㄱ')는 결국 모음과 자음 'ㄱ' 사이에 'ㄹ'이 삽입된 셈인데 그 동기나 이유를 밝히기 어렵다. 예를 들어 /책+은/, /절벽+이/, /음악+으로/ 등은 모두 '모음+ㄱ+모음'의 연쇄를 가지는데, 이들의 경우 모음과 'ㄱ' 사이에 'ㄹ'이 삽입되어 [챌근], [절별기], [음알그로] 등으로 실현되는 일은 없다. 아울러 많은 자음 중에서 하필이면 'ㄹ'이 삽입된 이유도 설명하기가 어렵다. 이와 같은 검토를 통해 우리는 ≪흙~흑~흥≫ 세 교체형의 기저형으로 ≪흑≫이 선택되기는 어렵다는 사실을 확인할 수 있다.

다음으로 ≪흥≫이 기저형으로 선택되는 경우에 대하여 생각해 보자. 마찬가지로 ≪흥≫이 기저형으로 설정되면 다른 교체형은 다음과 같은 도출 과정에 의해 실현되는 것으로 설명된다.

　ㄷ) /흥/은 모음 앞에서 [흙]으로 실현된다. ⇒ 'ㅇ'은 모음 앞에서 'ㄺ'으로 바뀐다.
　ㄹ) /흥/은 비음이 아닌 자음이나 단어 경계 앞에서 [흑]으로 바뀐다. ⇒ 'ㅇ'은 비음이 아닌 자음이나 단어 경계 앞에서 'ㄱ'으로 바뀐다.

　ㄷ), ㄹ)은 둘 다 매우 부자연스럽고 보편성이 없는 과정이다. 종성의 'ㅇ'이 모음 앞에서 'ㄺ'으로 바뀌는 현상은 '닭'이나 '읽-'과 같이 'ㄺ'을 종성으로 가진 소수의 체언이나 용언에서 찾을 수 있을 뿐, /강에/[강:에], /기둥이/[기둥이], /절망으로/[절망으로] 등과 같은 일반적인 상황에서는 전혀 나타나지 않는다.

　또 종성의 'ㅇ'이 비음이 아닌 다른 자음이나 단어 경계 앞에서 'ㄱ'으로 바뀌는 과정도 마찬가지이다. /강과/[강:과], /기둥도/[기둥도], /절망/[절망] 등에서 'ㅇ'이 'ㄱ'으로 바뀌는 현상은 나타나지 않는다. 이런 변동의 음성적 동기를 찾을 수 없음은 물론이다. 이것으로 교체형 ≪흥≫ 역시 기저형으로 선택되기 어렵다는 것을 확인할 수 있다.

　이제 마지막으로 교체형 ≪흙≫을 기저형으로 설정하는 상황에 대해 생각해 보자. 마찬가지로, [흙]이 기저형으로 설정되면 다른 두 교체형은 다음과 같은 도출 과정에 의해 실현되는 것으로 설명된다.

　ㅁ) /흙/은 비음이 아닌 자음이나 단어 경계 앞에서 [흑]으로 실현된다. ⇒ 'ㄺ'은 비음이 아닌 자음이나 단어 경계 앞에서 'ㄱ'으로 바뀐다.
　ㅂ) /흙/은 비음 앞에서 [흥]으로 실현된다. ⇒ 'ㄺ'은 비음 앞에서 'ㅇ'으로 바뀐다.

먼저 ㅁ)이 상정하는, 자음 앞에서의 'ㄹㄱ → ㄱ'은 우리말에서 매우 자연스러운 음운 변동의 하나이다. '자음군 단순화'로 불리는 이 변동은, 자음이나 단어 경계 앞, 즉 음절말 위치에서 자음군을 이루고 있는 두 자음 중 하나를 탈락시킴으로써 우리말 음절 구조에 맞는 표면형을 생성해 내는, 일반적이고 자연스러운 과정이다. 우리말의 모든 자음군은 이 환경에서 같은 변동을 겪게 된다. '/닭과/[닥꽈]'나 '/읽지/[익찌]'는 같은 자음군 'ㄹㄱ'이 단순화되는 보기이고 '/값도/[갑또]', '/훑고/[훌꼬]', '/삶/[삼:]', '/앉는/[안는]' 등은 다른 유형의 자음군이 단순화되는 보기이다. ㅂ) 역시 우리말에서는 아주 자연스러운 음운 변동 과정의 일부이다. 즉 'ㄹㄱ → ㅇ'은 자음군 단순화와 비음 동화라고 하는 두 변동이 차례로 적용되고 있음을 보여주고 있다.

$$
\text{/흙만/} \;\to\; \text{흑만} \;\to\; \text{[흥만]}
$$
$$
\uparrow \qquad\qquad \uparrow
$$
$$
\text{자음군 단순화} \quad \text{비음 동화}
$$

비음 동화와 자음군 단순화가 자연스럽고 일반적인 음운 변동 현상으로 인정받았으므로, 위의 도출 과정은 [흥만]이 도출되는 과정에 대한 합리적인 설명이 되기에 충분한 조건을 갖춘 것으로 볼 수 있다.

이상의 검토를 통해 ≪흙~흑~흥≫으로 교체되는 형태의 기저형은 /흙/이 되어야 한다는 사실이 확인된다. 앞 문장의 '좋은[조:은]'이나 '밭이[바치]'도 비슷한 과정을 통해 그 기저형이 각각 /좋:+은/, /밭+이/로 설정된다.

기저형을 설정하는 과정과 방법에 대한 논의는 생성 음운론이 변모하는 과정에서 매우 깊고 복잡하게 전개되었지만 여기서는 이 정도의 기본적 이해로 만족하기로 한다.

2.1.3. 음운 규칙의 유형

음운 규칙은 마치 수학의 공식과 같이 간결한 모습을 하고 있는 것으로 가정되는데 그 기본적인 모양은 다음과 같다.

A → B / X _____ Y
(X와 Y 사이에 있는 A가 B로 바뀐다.)

위에서 A는 기저형(입력형), B는 표면형(출력형), '/'를 포함한 나머지 부분은 규칙이 적용되는 음운론적 환경을 나타낸다. 특히 '_____'는 변동되는 소리가 놓이는 자리를 표시한다. 다시 말해서, 이 규칙은 'X와 Y 사이의 A는 B로 바뀐다.'는 내용을 담고 있으며 이는 결국 소리 연쇄 'XAY'가 'XBY'로 바뀐다는 말과 같다. 그러므로 위의 규칙을 다음과 같은 모양으로 나타내도 된다.

XAY → XBY
(소리 연속체 XAY는 XBY로 바뀐다.)

그런데 위의 기본 모양은 한 소리의 앞과 뒤에 오는 두 소리가 함께 해당 음운 변동의 환경으로 작용하는 상황을 가정하고 있다. 하지만 우리말의 음운 변동은 대부분 변동되는 소리의 앞이나 뒤 중 어느 한쪽만 환경 조건으로 작용한다. 이런 경우의 변동 규칙은 다음과 같은 모양으로 표현된다.

A → B / X _____
(A는 X 뒤에서 B로 바뀐다.)

A → B / _____ Y
(A는 Y 앞에서 B로 바뀐다.)

'국밥[국빱]', '법대[법때]', '꽃값[꼳깝]', '옷집[옫찝]' 등의 발음에 나타나는 공통적인 변동 현상은 '된소리되기'로서, 장애음 뒤에서 예사소리가 같은 조음 위치의 된소리로 바뀌고 있다. 이 경우 된소리되기의 음운 환경은 '장애음 뒤'이므로 이 변동을 관장하는 규칙은 대략 다음과 같은 모양으로 되어 있다고 볼 수 있다.

예사소리 → 된소리 / 장애음 ____
(예사소리는 장애음 뒤에서 된소리로 바뀐다.)

'국민', '밥만', '돋는'이 각각 '[궁민]', '[밤만]', '[돈는]'으로 발음되는
것은 구강 자음인 'ㄱ', 'ㄷ', 'ㅂ'이 비음 'ㄴ, ㅁ' 앞에서 각각 같은 조음
위치의 비음인 'ㅇ', 'ㄴ', 'ㅁ'으로 바뀌는 동화 현상 때문인데, 이 변동을
유발하는 음운 환경은 변동 대상이 되는 자음 바로 뒤에 오는 비음이다.
따라서 이 변동을 관장하는 음운 규칙은 대략 다음과 같은 모양을 하고
있는 것으로 볼 수 있다.

장애음 → 비음 / ____ 비음
(비음 앞의 장애음은 비음으로 바뀐다.)

위의 두 변동은 어느 한 소리가 다른 소리로 바뀌는 '대치'인 데 반해,
한 소리가 일정한 환경에서 탈락하거나, 원래는 없던 소리가 첨가되는
일도 있다. 이들을 설명하기 위해 만들어지는 음운 규칙은 다음과 같은
모양이 된다.

A → ∅ / X ____ Y
(X와 Y 사이의 A가 탈락한다.)

∅ → A / X ____ Y
(X와 Y 사이에 A가 첨가된다.)

/날+는/, /울:+네/, /밀:+니/ 등이 각각 [나는], [우:네], [미:니] 등으로 발
음되는 것은 어간의 끝 자음인 'ㄹ'이 어미의 첫 자음 'ㄴ' 앞에서 탈락하
기 때문인데, 이 현상은 대강 다음과 같은 모양의 규칙에 의한 것으로
볼 수 있다.

ㄹ → ∅ / ____]어간 + ㄴ
(어간의 끝 자음 'ㄹ'은 어미 첫 자음 'ㄴ' 앞에서 탈락한다.)

위 규칙의 환경에 '____]어간 +'가 명시된 것은, 이 변동이 동사나 형용

사가 활용하는 과정에서만 나타나고 그 밖의 조건에서는 나타나지 않기 때문이다. 예컨대, '달님[달림]', '칼날[칼랄]' 등과 같은 체언에서는 같은 환경인데도 'ㄹ'이 탈락하지 않는다.

/밭#일/[반닐], /눈#요기/[눈뇨기], /솜:#이불/[솜:니불]의 발음을 관찰해 보면 받침을 가진 어떤 명사와, 모음 'ㅣ'나 반모음 'ĭ(j)'로 시작하는 다른 명사가 결합되어 하나의 합성 명사[6]를 이룰 때 원래 없던 'ㄴ' 소리가 첨가되고 있음을 알 수 있다. 이 현상을 규칙화하면 다음과 같은 모양이 된다.

Ø → [ㄴ] / C]명사 ＿＿ 명사[ㅣ, ĭ
(앞말의 끝 자음과 뒷말의 첫 모음 'ㅣ, ĭ' 사이에 'ㄴ'이 첨가된다.)

축약이나 전위 현상을 위한 음운 규칙은 위의 규칙들과는 다른 형식으로 되어 있다. 먼저 축약은 두 소리가 하나로 줄어드는 현상을 말하는데, 현대 국어의 음운 변동 중에서 거센소리되기가 좋은 보기이다. 예를 들어, '/좁+히+고/→[조피고]'에서는 어간의 끝 장애음 'ㅂ'과 접사의 첫 자음 'ㅎ'이 만나 'ㅂ'과 같은 조음 위치의 거센소리인 'ㅍ'으로 축약되는 현상이 나타난다. 장애음의 예사소리와 'ㅎ'이 만날 때 나타나는 이 현상은 다음과 같은 모양의 규칙으로 나타낼 수 있다.

장애음 + ㅎ → 1　　2　　3
　1　　2 3　　[+유기성]　　Ø
('ㅎ'은 앞의 장애음에 [+유기성]을 넘겨주고 자신은 탈락한다.)

전위는 음소의 배열 순서가 바뀌는 변동인데, 이 현상을 담당하는 규칙은 다음과 같은 모양으로 나타낸다.

X A B Y → 1 3 2 4
1 2 3 4

6　실제로는 이 현상이 명사와 접사의 결합, 즉 파생어 형성 과정에서도 일어난다. 이 문제는 뒤의 해당 부분에서 더 상세하게 살피기로 한다.

예를 들어, '/놓-+-고/→[노코]'를 'ㅎ-끝소리 자리 바꾸기'('ㅎ+ㄱ'→'ㄱ+ㅎ')와 거센소리되기(/ㄱ+ㅎ/→[ㅋ])의 연속적 적용으로 설명하는 관점 (허웅 1985: 265~266)이 있는데, 여기서 'ㅎ-끝소리 자리 바꾸기'는 전위의 일종이라고 볼 수 있다.

X ㅎ]어간 + 어미[C Y → 1 3 2 4
1 2   3 4
(용언의 끝 자음 'ㅎ'과 어미의 첫 장애음이 순서를 바꾼다.)

2.1.4. 음운 규칙의 적용 순서

/기저형/에 하나의 음운 규칙만 적용되어 [표면형]이 도출될 수도 있지만, 둘 이상의 음운 규칙이 적용되어야 할 때도 있다. 둘 이상의 음운 규칙이 적용될 때에는 그 규칙들 사이에 순서가 매겨진다.

/밟:+는/		/값+만/	
밥:는	(자음군 단순화)	갑ㄷ만	(평파열음화)
밤:는	(비음 동화)	갑만	(자음군 단순화)
[밤:는]	(표면형)	감만	(비음 동화)
		[감만]	(표면형)

위에서 보듯, '/밟:는/ → [밤:는]'에는 자음군 단순화 규칙과 비음 동화 규칙이 차례대로 적용되었고, '/값만/ → [감만]'에는 평파열음화, 자음군 단순화, 비음 동화 규칙이 차례대로 적용되었다. 규칙들 사이의 적용 순서가 지켜지지 않으면 실제 발음과는 다른 표면형이 도출될 수도 있다.

/훑+지/		/훑+지/	
훌ㄷ지	(평파열음화)	훌ㄷ지	(평파열음화)
훌ㄷ찌	(된소리되기)	훌지	(자음군 단순화)
훌찌	(자음군 단순화)	＿＿	(된소리되기)
[훌찌]	(표면형)	[*훌지][7]	(표면형)

---

7 [*]는 잘못된 발음형을 표시한다.

'훑지'의 올바른 표면형인 [훌찌]가 도출되기 위해서는 평파열음화, 된소리되기, 자음군 단순화 규칙이 차례대로 적용되어야 하며, 만약 된소리되기보다 자음군 단순화가 먼저 적용되면 된소리되기를 위한 환경을 제거해 버리기 때문에, 다음에 된소리되기가 적용될 수 없고 따라서 잘못된 표면형이 나오게 된다.

2.1.5. 표기 규약

음운 규칙의 표기를 위해서는 몇 가지 기호와 약속이 필요한데, 이를 표기 규약(representation convention)이라고 한다. 표기 규약은 원래 음운 규칙의 모양을 최대한 간결하고 일반성 있게 표기하기 위해 고안한 것이다. 앞에서도 말했듯이, 생성음운론은 말소리의 발음과 관련한 인간의 언어 능력을 최대한 효과적으로 설명해 내는 일을 중요한 목적으로 삼고 있다. 이 이론은 인간의 머릿속에 발음을 관장하는 음운 규칙들이 최대한 효율적이고 체계적인 모습으로 들어 있을 것으로 가정한다. 여기서 효율적이고 체계적인 모습이란 최소한의 규칙으로 한 언어의 발음과 관련된 음운 변동 현상을 모두 설명할 수 있는 상태를 가리킨다. 예를 들어, 다음의 자료에 나타나는 음운 변동을 관장하는 규칙이 어떤 모습을 하고 있을 것인가에 대해 생각해 보자.

ㄱ) 달님[달림], 물난리[물랄리], 설날[설ː랄], 줄넘기[줄럼끼], 칼날[칼랄], 하늘나라[하늘라라]
ㄴ) 닳네[달레], 뚫는[뚤른], 앓는다[알른다], 핥네[할레], 훑는다[훌른다]

ㄱ)은 'ㄹ+ㄴ'의 소리 연쇄가 'ㄹ+ㄹ'로 바뀌어 발음된다는 사실을, ㄴ)은 'ㄹ+다른 자음+ㄴ'의 소리 연쇄가 'ㄹ+ㄹ'로 바뀌어 발음된다는 사실을 말해 준다. 생성음운론에서는 국어 화자가 모두 예외 없이 이런 식의 발음을 한다는 것은 /달+님/이나 /닳+네/를 발음하려는 순간 머릿속에 들어있던 어떤 음운 규칙이 작동하여 [달림]과 [달레]로 바꾸어 주기 때문이라고 믿는다. 그렇다면 이 현상을 책임지고 있는 음운 규칙은 어떤 모습을 하고 있을까? 우선 다음과 같은 두 개의 규칙을 가정할 수 있다.

ㄱ) ㄴ → ㄹ / ㄹ ___ ('ㄴ'은 'ㄹ' 뒤에서 'ㄹ'로 바뀐다.)
ㄴ) ㄴ → ㄹ / ㄹC ___ ('ㄴ'은 'ㄹC' 뒤에서 'ㄹ'로 바뀐다.)

그런데 우리 머릿속에 위의 두 규칙이 따로따로 저장되어 있다고 보는 것은 우리의 발음과 관련된 언어 능력을 제대로 설명한 것이 되지 못한다. 왜냐하면 위 ㄱ)과 ㄴ)은 약간의 환경 차이가 있을 뿐 분명히 같은 음운 변동 현상임에 틀림없는데, 그 작은 차이를 설명하기 위해 비슷하면서도 다른 두 개의 규칙을 둔다는 것은 매우 비경제적인 방법이기 때문이다. 이 정도의 차이를 서로 다른 규칙으로 설명한다면 우리의 머릿속에는 엄청나게 많은 음운 규칙이 들어 있는 것으로 볼 수밖에 없으며, 이는 우리의 발음 관련 언어 능력의 우수성을 제대로 설명한 것이 되지 못한다.

생성음운론은 ㄱ)와 ㄴ)의 두 규칙을 하나로 묶을 수 있는 장치를 만듦으로써 이 문제를 해결했다. 소괄호 표기 '( )'가 그것인데, 소괄호는 그 안에 들어있는 요소가 변동의 환경으로 작용해도 되고 그렇지 않아도 되는 경우를 표시하기 위해 사용된다. 소괄호는 'A → B / __ X(Y)'와 같은 모양으로 사용되는데, 이것은 'A → B / ___ X'와 'A → B / ___ XY'를 묶은 것이다. 즉, 어떤 음운 변동을 관장하는 음운 규칙이 'A → B / ___ X'와 'A → B / ___ XY'의 둘로 나누어져 따로따로 머릿속에 저장되어 있는 것이 아니라 'A → B / __ X(Y)'의 상태로 들어있다고 설명하자는 것이다. 이 표기법을 이용하면 위의 ㄱ)와 ㄴ)는 다음과 같이 통합될 수 있다.

ㄴ → ㄹ / ㄹ(C) ___
('ㄴ'은 'ㄹ' 뒤나 'ㄹC' 뒤에서 'ㄹ'로 바뀐다.)[8]

우리말에는 자음 앞이나 단어의 끝소리 자리에 두 개의 자음이 오면 둘 중 하나가 탈락하는 현상이 있다.

---

8 이 규칙은 표기 규약의 용례를 설명하기 위해 든 것으로 'ㄴ → ㄹ' 규칙의 최종적인 모습은 아니다.

/값/[갑], /값+도/[갑또], /흙/[흑], /흙+과/[흑꽈]

이 현상을 하나의 규칙으로 표기하는 데는 중괄호 표기 '{ }'가 사용된다.

$$CC \rightarrow C \,/\, \underline{\quad} \left\{ \begin{array}{c} C \\ \# \end{array} \right\}$$

(자음군은 다른 자음 앞이나 단어 경계 앞에서 하나로 줄어든다.)

이 밖에도 규칙에 나타나는 선택적인 자질들 간의 상호 의존 관계를 효과적으로 표현함으로써 두 개 이상의 규칙을 통합하는 데 사용되는 직각 괄호 표기 '< >'나 변항(變項) 표기(α, β) 등이 있고, 'A → B / X __'와 'A → B / __ X' 두 규칙을 하나로 통합하는 데 사용되는 거울 영상 표기 '%'도 있다. 그 밖의 표기 규약에 대한 내용은 우리말의 음운 변동을 탐구하는 과정에서 설명하기로 한다.

현대 음운 이론이 변모하고 발전하면서 음운의 변동을 기술하고 설명하는 방법론도 다양해져 왔다. 그 중에는 '음운 규칙'이나 '도출'이라고 하는 개념 자체를 부정하는 이론도 있다. 이들은 우리의 머릿속에서 /흙+만/이라고 하는 '기저형'에 '자음군 단순화' 규칙과 '비음 동화' 규칙이 차례로 적용되어 [흥만]이 '도출'되는 식의 '과정'이 일어난다고 볼 증거가 없으며, 따라서 이런 식의 설명은 너무 자의적이고 인위적인 것이라고 비판한다. 그러나 어느 이론이 우리의 언어 능력을 더 본질에 가깝게 설명해 낼 수 있는가 하는 것은 아무도 단정하기 어려운 문제이거니와 지금까지 나온 어떤 언어 이론도 모든 언어 현상을 완벽하게 설명해 내지는 못하고 있다는 점을 부인할 수 없다.

비록 음운 규칙과 도출 과정이라고 하는 것이 인위적인 개념이라 하더라도 음운 변동 현상을 탐구하여 그 속에 들어있는 규칙성과 원리를 찾아보는 일을 하는 데에는 여전히 가장 쓸모가 많다고 판단된다. 즉 이런 규칙이나 도출의 과정이 실제로 우리 머릿속에 들어 있는지는 확실하지 않지만, 우리말의 음운 변동 현상을 관찰하고 분석하여 어떤 소리가, 어떤 환경에서, 어떤 소리로, 왜 그렇게 바뀌었는지를 알아내고 그 과정을 일관성 있게 설명해내는 데에는 이만한 도구도 없다는 것이다. 따라서 이 책에서는 생성 음운론의 '음운 규칙'이라는 개념을 우리말 음운 변동을 설명하는 기본 기제로 사용하고자 한다.

2.2. 변별 자질

2.2.1. 변별 자질의 뜻

생성 음운론의 또 다른 중요한 설명 기제는 변별 자질(distinctive feature)이다. '자질'이란 말소리를 이루고 있는 하위 성질 혹은 속성과 비슷하다. 예컨대 국어의 자음 'ㅂ'은 조음 위치가 두 입술이고, 조음 방법은 '두 입술의 완전한 닫힘에 이은 터뜨림'이며 된소리나 거센 소리가 아닌, 무성의 예사소리라는 속성을 가지고 있다. 바꾸어 말하자면 {두 입술, 파열, 예사소리, 안울림소리}라는 속성들이 모여 'ㅂ'이라는 자음을 이룬다고 할 수도 있다. 이 속성 중에서 '예사소리' 대신 '거센소리'라는 속성이 들어가면 'ㅍ'이 되고 '된소리'라는 속성이 들어가면 'ㅃ'이 된다. 마찬가지로 '두 입술' 대신에 '혀끝-윗잇몸'이나 '여린입천장'이 들어가면 각각 'ㄷ'과 'ㄱ'이 된다. 이와 같이 하나의 소리는 둘 이상의 속성의 집합으로 이루어지며, 한 소리를 이루는 각각의 속성은 그 소리를 다른 소리와 구별되도록 하는 요소가 된다. 우리가 앞에서 살핀 자·모음의 여러 조음 위치나 조음 방법, 모음의 길이나 높낮이 등이 모두 말소리를 구성하는 속성이다.

생성 음운론의 변별 자질은 기본적으로는 여기서 말한 소리의 속성과 같다. 그러나 한 언어의 자음, 모음, 그리고 운소와 관련된 모든 속성들이 변별 자질이 되는 것은 아니다. 생성 음운론에서는 소리를 구성하는 여러 속성 가운데서 말소리를 구별하는 데 꼭 필요한 최소한의 속성들을 가려 뽑고, 이 속성들의 유기적인 관계를 이용하여 모든 말소리와 말소리 관련 현상들을 설명해 내려고 한다. 이런 목적을 위해 뽑힌 속성들을 변별 자질이라고 한다. 예를 들어 우리말에서 'ㅎ'을 제외한 나머지 18개의 자음이 조음되는 위치는 모두 네 군데이다. 만일 이들 하나하나를 변별 자질로 인정하면, 국어의 자음에 대한 자질은 조음 위치에 대한 것만 해도 최소한 네 개가 될 것이다. 그러나 실제로는 두 개면 충분한데, 그것은 두 개의 자질만을 설정하고 모든 자음에 대해 그 두 자질이 있고 없음에 대해 값을 매겨 조합하면 {++, +-, -+, --}의 네 가지 경우가 구분될 수 있기 때문이다. 예를 들어 '혀끝-윗잇몸' 위치를 포함하는, 입의 앞쪽 부위에서 나오는 소리냐 아니냐에 따라 '전방성' 자질을 설정하고, 혀의 앞부분을 '입술 사이-연구개' 선보다 더 높이 들어 올리면서 발음하느냐 그렇지 않느냐에 따라 '설정성' 자질을 설정한 다음, 이 두 자질을 가진 소리를 '+'로, 그렇지 않은 소리를 '−'로 표시하면 국어의 모든 자음들은 이 두 자질에 대해 다음과 같은 값을 가지게 된다.

{+전방성, +설정성} : 치조음
{+전방성, −설정성} : 양순음
{−전방성, +설정성} : 경구개음
{−전방성, −설정성} : 연구개음

2.2.2. 국어의 변별 자질 체계

생성 음운론의 초기에는 범언어적인 변별 자질 체계를 제안했으나 이후로 많이 수정되었다. 지금부터 우리말의 자음과 모음을 위한 변별 자질에 대해 살펴보자.

먼저 모든 말소리를 몇 개의 큰 무리로 나누는 데 쓰이는 자질을 주요 부류 자질(the major class features)이라고 하는데, 여기에는 '성절성', '공명성', '자음성'의 세 가지가 있다. 성절성(成節性, syllabic)은 단독으로 음절을 구성할 수 있느냐의 여부에 대한 자질로서, 음절핵이 될 수 있는 모음은 이 자질에 대해 '+' 값을 가지고 그렇지 못한 반모음과 모든 자음은 '−' 값을 가진다. 이 자질에 의해 순수 모음과 그 밖의 소리들이 각각 다른 부류로 나뉘게 된다.

공명성(共鳴性, sonorant)은 조음 기관의 울림을 수반하는 소리인가 아닌가에 대한 자질로서, 모음과 유성 자음들은 '+' 값을, 나머지 자음들은 '−' 값을 가진다. 이 자질에 의해 유성음인 모음, 반모음, 유음, 비음이 한 부류로 묶이게 되고, 자음 중에서도 무성음인 장애음만이 다른 한 부류로 묶이게 된다.[9]

---

9 변별 자질에 의해 하나의 무리로 묶인 소리들을 '자연 부류'(natural class)라 하는데, 같은 자연

자음성(consonantal)은 자음다운 소리인가 아닌가 하는 점에 대한 자질인데, 'ㅅ'을 낼 때 이상으로 능동부와 고정부를 접근시킴으로써 공기의 흐름을 방해하여 내는 소리는 이 자질에 대해 '+' 값을 가진다. 우리말의 모든 자음은 '+', 모음과 반모음은 '-'가 된다. 이 자질에 의해 모음과 반모음이 한 부류로 묶이고 장애음, 유음, 비음이 한 부류로 묶인다.

다음 표는 이 세 주요 부류 자질에 대한 값에 따라 우리말의 분절음을 분류한 것이다.

┃표 13┃ 주요 부류 자질에 따른 국어 분절음의 분류

구분	모음	장애음	반모음	유음과 비음
성절성	+	−	−	−
공명성	+	−	+	+
자음성	−	+	−	+

이 표에는 우리말의 네 분절음 부류가 지니는 음성적 특징은 물론 각 부류 사이의 관계도 잘 나타난다. 주요 부류 자질에 대해 {+, +, −}의 값을 가지는 모음은 가장 모음다운 부류이고 정반대의 값을 가지는 장애음은 가장 자음다운 부류이다. 이들에 비해 반모음이나 유음, 비음은 양쪽의 성질을 서로 다른 정도로 나누어가져서 한 쪽은 장애음에 다른 한 쪽은 모음에 좀 더 가까운 모습을 보여준다.

다음으로 자음에 대한 자질을 알아보자. 자음의 소릿값이 그 조음 위치와 방법에 의해 정해지듯이, 자음을 그 성격에 따라 적절하게 분류하려면 조음 위치에 대한 자질과 조음 방법에 대한 자질이 필요하다. 먼저 조음 위치 자질에는 '전방성'과 '설정성'의 둘이 있다. 전방성(anterior)은 조음 위치의 전후에 따른 자질인데 그 경계는 치조가 된다. 즉 치조를 포함한 입의 앞쪽은 [+전방성], 그 뒤쪽에서 나는 자음은 [−전방성]이 된다. 우리말 자음 중에는 치조음과 양순음이 [+전방성]이고 경구개음과 연구개음은 [−전방성]이다.

부류에 속한 소리들은 특정 음운 변동 현상에서 함께 행동하는 경향이 있다.

설정성(coronal)은 혀의 아래위 움직임에 대한 자질로서, 혓날을 다문 두 입술 사이 부분과 연구개를 잇는 선보다 높게 들어 올려서 내는 자음은 이 자질에 대해 '+' 값을 가지고 그렇지 않은 자음은 '−' 값을 가진다. 우리말에서는 치조음과 경구개음이 [+설정성]이고 양순음과 연구개음은 [−설정성]이다.

'전방성'과 '설정성' 자질에 의해 우리말 자음은 다음과 같이 네 부류로 나누어진다.

┃표 14┃ 국어 자음의 조음 위치 자질

구분	양순음	치조음	경구개음	연구개음
전방성	+	+	−	−
설정성	−	+	+	−

자음의 조음 방법에 대한 자질로는 '지속성', '지연 개방성', '비음성', '유음성', '긴장성', '유기성' 등이 있다. 먼저 지속성(continuant)은 소리를 내는 동안 공깃길의 중앙부를 통한 공기의 흐름이 계속 되느냐의 여부에 따른 자질이다. 능동부와 고정부의 사이가 최소한으로 좁혀지지만 파열음이나 파찰음처럼 완전히 막히지는 않아서, 그 최소한의 통로를 통해 공기가 지속적으로 흘러 나가면서 내는 자음은 이 자질에 대해 '+' 값을 가지는 것으로 분류된다. 이 자질은 주로 마찰음을 다른 소리와 구분하는 데 쓰이는데, 우리말에서도 'ㅅ, ㅆ, ㅎ'은 [+지속성]이고 나머지 자음들은 [−지속성]이다. 유음은 공기가 계속 흘러 나가는 상태에서 나는 소리라는 점에서는 [+지속성]으로 볼 수도 있으나 공깃길의 중앙부가 막힌다는 점을 고려하여 [−지속성]으로 분류한다.[10]

지연 개방성(delayed release)은 공기의 흐름을 완전히 막았다가 터뜨리는 소리 중 그 터뜨림이 즉각적으로 일어나는 소리와 그렇지 않은 소리를 나누기 위한 자질인데, 주로 파찰음을 다른 소리, 특히 파열음과 구분하기 위해 설정되었다. 우리말 자음 중에는 'ㅈ, ㅊ, ㅉ'이 [+지연 개방성]

---

[10] 아울러, 유음을 [+지속성]으로 분류하면 음절의 종성 자리에 올 수 있는 일곱 자음 중 유일하게 'ㄹ'만 [+지속성] 자질을 가진 자음이 된다는 것도 불리한 점이다.

자질을 가진다.[11]

　비음성(nasal)은 공기를 코로 흐르게 하면서 내는 소리와 그렇지 않은 소리를 구분하기 위해 설정된 자질로, 우리말의 'ㅁ, ㄴ, ㅇ'이 [+비음성]이다.

　유음성(liquid)은 공깃길의 중앙부는 막히지만 혀 옆 통로를 통해서 공기의 흐름은 계속되는 상태로 내는 소리를 다른 소리와 구분하기 위해 마련된 자질이다. [+유음성] 자음과 [+지속성] 자음은 조음 과정 동안 공기의 흐름이 완전히 막히는 적이 없다는 점은 같지만, [+지속성]이 능동부와 고정부의 직접적인 접촉이 없는 상태로 조음되는 데 반해 '유음성'은 능동부인 혀끝이 고정부인 윗잇몸 중앙부에 닿은 상태로 발음된다는 점에서 분명히 다르다. 우리말에서는 'ㄹ'이 [+유음성]을 가지는 유일한 자음인데, 'ㄹ'만 가지는 이 성질이 음운 변동의 대상이나 목표가 되는 경우[12]가 있기 때문에 이 자질을 설정하는 것이 좋다. 영어와 같이, 치조 위치의 유음으로 'l'과 'r'을 함께 가진 언어에서는 이 둘을 구분하기 위한 자질로 [설측성]이 필요하지만 우리말에서는, 'l'과 'r'은 한 음소의 변이음 관계에 있으므로 이 자질은 필요하지 않다. 우리말에서 'l'은 '달[달]'에서처럼 단어의 끝소리 자리나 '달리다[달리다]'에서처럼 모음 사이에서 [ㄹㄹ] 연쇄로 쓰일 때에만 나타나는, 'ㄹ'의 한 변이음이다. 따라서 이 변이음 하나를 위해 하나의 자질을 설정하는 것보다는 설측음과 탄설음을 포함하는 'ㄹ' 전체를 가리킬 수 있는 [유음성] 자질을 설정하는 것이 더 합리적이다.

　긴장성(tense)은 후두를 비롯한 조음 기관의 근육이 긴장되어서 나는 소리, 즉 우리말의 된소리를 한 부류로 묶기 위한 자질이다.[13] 그리고 유기성(aspirated)은 파열과 함께 강한 기의 유출을 수반하는 소리, 즉 거센소리

---

11 우리말에서는 조음 위치에 대한 자질만으로도 'ㅈ'류를 한 무리로 묶을 수 있기 때문에 굳이 이 자질을 따로 설정할 필요가 없지만, 조음 방법만을 이용한 구별을 위해서 그대로 두었다.

12 제6장의 '유음화'나 'ㄹ-비음화'를 참고하기 바란다.

13 이 자질은 원래 영어의 긴장 모음과 이완 모음을 구분하는 데 쓰이는 자질이지만 우리말에서는 된소리를 구분하기 위한 자질로 이용되기도 한다. 한편, 된소리는 성문을 힘주어 좁힌 상태에서 나는 소리라는 점을 고려하여, 우리말의 된소리를 위한 자질로 '성문 협착성(constricted glottis, CG)'을 설정하기도 한다. 이 책에서는 더 익숙한 '긴장성'을 사용하기로 한다.

를 한 부류로 묶기 위한 자질이다.[14]

우리말의 자음이 위의 조음 방법 자질에 대해 가지는 값을 한자리에 모아 정리하면 다음과 같다.

┃표 15┃ 국어 자음의 조음 방법 자질

자질＼자음	ㅂ	ㅃ	ㅍ	ㄷ	ㄸ	ㅌ	ㅅ	ㅆ	ㅈ	ㅉ	ㅊ	ㄱ	ㄲ	ㅋ	ㅁ	ㄴ	ㄹ	ㅇ	ㅎ
지속성	-	-	-	-	-	-	+	+	-	-	-	-	-	-	-	-	-	-	+
지연개방성	-	-	-	-	-	-	-	-	+	+	+	-	-	-	-	-	-	-	-
비음성	-	-	-	-	-	-	-	-	-	-	-	-	-	-	+	+	-	+	-
유음성	-	-	-	-	-	-	-	-	-	-	-	-	-	-	-	-	+	-	-
긴장성	-	+	-	-	+	-	-	+	-	+	-	-	+	-	-	-	-	-	-
유기성	-	-	+	-	-	+	-	-	-	-	+	-	-	+	-	-	-	-	+

이제 모음에 대한 자질을 알아보자. 모음 역시 그 소릿값을 결정하는 데 관여하는 요인인, 혀의 높이와 전후 위치, 입술의 모양 등이 자질로 설정된다. 먼저 혀의 높이 자질로는 '고설성'과 '저설성'의 둘로 충분하다. 고설성(high)에 대해서는 상대적으로 가장 높은 위치에서 나는 고모음만 '+' 값을 가지고 중모음과 저모음은 '-' 값을 가진다. 이에 반해 저설성(low)에 대해서는 저모음만 '+' 값을 가진다. 중모음은 [-고설성, -저설성]의 자질값을 가진다. 그리고 반모음 셋은 모두 [+고설성]이 된다.

혀의 전후 위치에 대한 자질은 후설성(back) 하나면 충분한데, 이 자질에 대한 '+, -' 값에 따라 전체 모음을 두 부류로 나눌 수 있기 때문이다. 그래서 혀의 최고점이 경구개보다 뒤쪽에 있는 상태에서 내는 모음은 [+후설성]으로 나머지 모음은 [-후설성]으로 분류한다. 우리말 단순 모음 중 'ㅡ, ㅓ, ㅏ, ㅜ, ㅗ'는 [+후설성]이고 나머지 모음들은 [-후설성]이다.[15] 반모음 중에는 'ㅜ(w)'와 'ㅡ(ɰ)'는 [+후설성]이고 'ㅣ(j)'는 [-후설성]이다.

---

14 이 자질 대신 '성문 확장성'(spread glottis, SG)이 쓰이기도 하지만, 마찬가지로 더 익숙한 용어인 '유기성'을 사용하기로 한다.

15 모음 체계상의 후설 모음이 사실은 중설 모음과 후설 모음을 한 무리로 묶은 것이라는 사실을 고려하면 오히려 '전설-비전설'로 처리하여 '전설성(frontness)'을 설정하는 것이 옳은 일이나(김차균 1998: 29~30의 각주 11) 이 책에서는 익숙한 용어인 '후설성'을 사용하기로 한다.

모음을 분류하고 모음 관련 음운 변동을 적절히 설명하기 위해서는 입술의 모양과 관련된 자질도 꼭 필요한데, 이를 위해 설정된 것이 원순성(round) 자질이다. 우리말의 단순 모음 중에는 'ㅟ, ㅚ, ㅗ, ㅜ'가 [+원순성]이다. 'ㅟ'와 'ㅚ'를 단순 모음으로 인정하지 않게 되면, 전설 모음은 모두 [-원순성]이 되고, 후설 모음만 [+후설성, +원순성]인 모음('ㅜ'와 'ㅗ')과 [+후설성, -원순성]인 모음('ㅡ, ㅓ, ㅏ')이 대립하게 된다. 반모음 중에는 'ㅜ(w)'만 [+원순성]이다.

우리말의 단순 모음과 반모음이 위의 여러 자질에 대해 가지는 값을 모아 정리하면 다음 표와 같다.

┃표 16┃ 국어 모음의 변별 자질

자질＼(반)모음	ㅣ	ㅔ	ㅐ	ㅟ	ㅚ	ㅡ	ㅓ	ㅏ	ㅜ	ㅗ	ㅣ	ㅡ	ㅜ
고설성	+	−	−	+	−	+	−	−	+	−	+	+	+
저설성	−	−	+	−	−	−	−	+	−	−	−	−	−
후설성	−	−	−	−	−	+	+	+	+	+	−	+	+
원순성	−	−	−	+	+	−	−	−	+	+	−	−	+

그 밖에 우리말에는 운소에 관한 자질로 장음성(long)이 있다. 성조 방언에서는 성조와 관련되는 자질이 설정되어야 할 것이다.

2.2.3. 변별 자질의 설명력

생성 음운론은 인간의 언어 능력을 제대로 설명해내기 위해서는 말소리가 음소의 상태가 아닌 자질의 상태로 존재하는 것으로 보아야 하며 따라서 음운 변동에 대한 설명도 음소 층위가 아닌 자질의 층위에서 이루어져야 한다고 주장한다. 음운론에서의 자질의 위상을 이해하는 데는 몇 가지 비유가 필요하다.

먼저 결혼 중매인이 예비 신랑과 신부를 짝지어 주기 위해 어떤 일을 하는지에 대해 생각해 보자. 그의 파일에는 결혼 중매를 신청한 총각과 처녀들의 이름이 적혀 있겠지만 사실 그에게는 그 이름보다 더 중요한 것들이 있다. 즉 결혼 중매인에게는 신청인들 개인 한 사람 한 사람보다는 그들이 가지고 있는 '조건'들이 더 중요한 정보가 된다. 그 사람은 이○○ 양에게 소개해 줄 총각으로, 김○○ 군과 박○○ 군을 비교하는 것이 아니라 [+명문대 출신, +좋은 직장, −재산, −외모]와 [−명문대 출신, −좋은 직장, +재산, +외모]를 비교하게 된다. 결혼 중매인이 자신의 일을 효과적으로 해내기 위해서는 중매 신청인들을 그 사람 자체의 차원에서 바라보기보다는 그 사람이 가지고 있는 신랑, 신부로서의 '조건'의 차원에서 바라볼 필요가 있다. 즉 좋은 신랑 신부감이 갖추어야 할 조건의 목록을 만들고 그 조건 하나 하나에 대해 해당 신청인이 어떤 값을 가지느냐 하는 점을 따진다는 것이다.

우리가 알고 있는 '물(H_2O), 이산화탄소(CO_2), 암모니아(NH_3), 프로판(C_3H_8), 벤젠(C_6H_6), 설탕($C_{12}H_{22}O_{11}$)' 등은 모두 분자의 상태인데 그 분자식은 (   ) 안과 같다. 그런데 일반인들에게는 분자의 상태가 익숙하지만 화학자에게는 구성 요소인 원자의 상태가 더 유익하고 중요한 대상이다. '물'보다는 2개의 H와 1개의 O가 합쳐진 것이라고 인식하는 것이 CO_2나 NH_3 등 다른 물질과의 관계를 파악하는 데 유리하기 때문이다. 즉 화학자의 머릿속에는 분자의 상태인 물이나 이산화탄소, 암모니아 등이 들어 있는 것이 아니라 수소, 산소, 질소 등 원자와 그 각 원자들의 결합 방식에 대한 정보가 들어 있다고 볼 수 있다.

위에서 결혼 대상자의 조건이나 화학의 원자는 그저 한 개인이나 분자를 하위 요소로 나누는 데 머무르는 차원이 아니라, 본질적으로 결혼 중매업자에게 더 중요한 차원이 대상자 자신이 아닌 그 사람의 '조건'들이고, 화학 연구에서 더 중요한 기본 단위가 원자라는 점을 이해하는 것이 중요하다. 마찬가지로 변별 자질도 단순히 음소를 하위 요소로 나눈 것이 아니라, 이 자질을 더 기본적인 단위로 보고 말소리와 관련된 모든 현상을 설명할 때에는 음소 단위가 아닌 자질 단위로 하고자 하는 것이다. 결혼 중매인이 이모 양에게 김모 군이 아닌 박모 군을 소개했다고 하더라도 사실은 박모 군을 소개한 것이 아니라, 학벌은 좋지 않지만 외모가 준수한 돈 많은 남자를 소개한 것이다. 마찬가지로 우리 눈에 하나의 물체로 보이는 물은 사실은 수소 두 개와 산소 하나가 모인 상태이며 암모니아는 질소 하나와 수소 셋이 모인 물질이다. 이때 물과 암모니아의 성질은 수소, 산소, 질소 등이 어떤 관계로 결합되었는가에 따라 결정된다.

사실 생성 음운론에서 말하는 자질들은 조음 위치와 조음 방법과 관련된 것이 대부분이어서, 자질 자체는 별로 새로운 것이 없다는 생각이 들 수도 있다. 문제는 자질 자체가 아니라 자질의 구실이다. 구조주의 음운론에서 말소리의 소릿값을 규명하고 음운의 대립 관계와 체계를 수립하기 위해 조음 위치와 방법 등을 관찰한 반면, 생성 음운론에서는 자질을 음운론의 기본 단위로 보고 음운의 체계와 변동 등을 이 자질의 차원에서 설명하고자 한 것이다. 따라서 구조주의 음운론에서는 음운 기술의 첫 작업이 해당 언어의 음소 목록 작성과 음운 체계 수립이었지만, 생성음운론에서의 첫 작업은 범언어적인 변별 자질을 바탕으로 개별 언어 특유의 자질 목록을 확인하는 것이 된다.

다음 비음 동화 자료를 규칙화하는 두 가지 방식을 비교해 보면 변별 자질의 설명력이 잘 드러난다.

/밥+만/ → [밤만], /돋+는/ → [돈는], /허락+만/ → [허랑만]

ㄱ)
$$\left\{\begin{array}{l} ㅂ → ㅁ \\ ㄷ → ㄴ \\ ㄱ → ㅇ \end{array}\right\} / \_\_\_\_ ㅁ, ㄴ$$

('ㅂ', 'ㄷ', 'ㄱ'은 'ㅁ'이나 'ㄴ' 앞에서 각각 'ㅁ', 'ㄴ', 'ㅇ'으로 바뀐다.)

ㄴ) [-공명성] → [+비음성] / ____ [+비음성]
(장애음은 비음 앞에서 비음으로 바뀐다.)

규칙 ㄱ), ㄴ)을 비교해 보자. 동일한 현상을 규칙화한 것이지만 내용은 다르다. ㄱ)은 'ㅂ, ㄷ, ㄱ'이 'ㅁ, ㄴ' 앞에서 겪는 음운 변동을 충실하게 기술하고 있는 반면, ㄴ)은 우리말 장애음이 비음 앞에서 비음으로 동화된다는 사실을 나타내고 있다. 어느 규칙이 더 설명력이 높을까? 우리 머릿속에 어느 규칙이 들어있다고 보는 것이 우리의 언어 능력을 더 잘 설명한 것이 될까? 만약 우리 머릿속에 규칙 ㄱ)이 들어있다고 가정한다면, 어떤 단어를 발음할 때마다 그 자음 연쇄를 점검하여 'ㅂㅁ', 'ㅂㄴ', 'ㄷㅁ', 'ㄷㄴ', 'ㄱㅁ', 'ㄱㄴ'과 같은 자음 연쇄가 발견되면 이 규칙이 작동하여 이들을 각각 'ㅁㅁ', 'ㅁㄴ', 'ㄴㅁ', 'ㄴㄴ', 'ㅇㅁ', 'ㅇㄴ'으로 바꾼다는 식의 설명을 하게 된다. 이에 반해 ㄴ)이 머릿속에 들어 있다고 보면, '구강 장애음＋비음'의 연쇄를 '비음＋비음'의 연쇄로 바꾸는 일을 하는 것으로 설명하면 된다. 보다시피 ㄱ)은 어떤 변동이 일어났는지를 충실히 기술하고 있을 뿐인 데 반해, ㄴ)은 이 변동이 왜 일어났는지, 즉 그 동기까지 설명하고 있다. 이것은 ㄱ)이 이 변동을 음소 차원에서 본 반면 ㄴ)은 자질의 차원에서 본 데 기인하는 차이이다. 규칙의 모양으로 보아도 ㄴ)이 ㄱ)보다 간결하고 경제적이다. 규칙 ㄱ)과 ㄴ)의 차이는 음운 변동을 음소 차원에서 설명하느냐 자질 차원에서 설명하느냐의 차이이다.

이러한 뛰어난 설명력 때문에 변별 자질은 음운론의 중요한 설명 기제가 되었다. 『영어의 음성 체계』(The Sound Pattern of English, 1968) 이후 음운 이론의 변화와 발달 과정에서 자질 이론도 많은 변모를 겪었지만 음운의 변동을 탐구하고 설명하는 데에는 여전히 유용한 개념이다.

'변별 자질'은 생성 음운론의 주요 설명 기제이지만 학교문법에서 꼭 다루어야 할 개념은 아니다. 중고등학교 학생의 수준에서 알아야 할 정도의 내용은 아니기 때문이다. 그러나 음운변동 현상을 본질에 가깝게 설명하기 위해 이 개념을 이용할 필요는 있다. 음운 변동을 음운 층위에서 어떤 음소가 어떤 음소 앞에서 어떤 음소로 변한다는 정도로 설명하기보다는 어떤 속성을 가진 음소가 어떤 음성적 환경에서 어떤 속성을 가지게 된다는 내용으로 설명하는 것이 낫다. 따라서 음운 교육에서 변별 자질이라는 개념을 필수적으로 가르치지는 않더라도 이 개념을 원용할 필요는 있다.

2.2.4. 정도 자질

앞에서 본 변별 자질은 해당하는 성질의 유무만을 따져 값을 매기고 그 값에 의해 소리를 분류하며 그 분류 결과를 음운 변동 설명에 이용한다. 그러나 소리가 분화되는 데에는 특정 성질의 유무가 아니라 정도의 차이가 중요한 구실을 하는 경우도 있다. 즉 어떤 성질을 어느 정도나

가지고 있느냐 하는 것이, 소리를 분류하고 소리의 행동을 설명하는 데 유용한 경우가 있다는 것이다. 여기서 정도에 따라 등급화할 수 있는 소리의 성질 중 소리의 분류나 음운 변동을 설명하는 데 쓰일 수 있는 자질을 '정도 자질'로 부르고자 한다. 제4장에서 음절 구성 방식을 설명하는데에 울림도(sonority)나 열림도(aperture)라고 하는 개념들이 이용된 것도 여기서 말하는 정도 자질의 쓰임새와 비슷하다고 할 수 있다.

국어 음운론에서도 이미 정도 자질 이론이 체계적으로 정립되었고 이를 바탕으로 우리말의 많은 음운 변동 현상이 설명되었는데, 우리는 이를 김차균 교수의 일련의 연구에서 확인할 수 있다. 김차균 교수는 주로 열림도와 강도라는 정도 자질을 이용하여 우리말의 각종 동화 현상과 축약 현상을 합리적으로 설명해 내고 있다. 예를 들면, 우리말의 대표적인 자음 동화 현상인 비음 동화나 유음화는 다음과 같은 '열림도 연결의 원칙' (김차균 1998: 73)을 지키기 위한 것으로 설명이 된다.

앞 자음의 열림도 ≧ 뒤 자음의 열림도
(음절 경계 바로 앞소리의 열림도는 음절 경계 바로 뒷소리의 열림도보다 높거나 같다.)

다음은 김차균(1998: 30)의 정도 자질표 중 열림도만을 대강 정리한 것이다.[16]

┃표 17┃ 열림도 등급

열림도	1도	2도	3도	4도	5도	6도	7도	8도	9도
말소리	파열음 파찰음	마찰음	비음	설측음	탄설음	반모음	고모음	중모음	저모음

'/밥물/→[밤물]'이나 '/천리/→[철리]'는 위의 원칙을 지키기 위해 모음 사이에 놓인 두 자음의 열림도를 바꾸는 과정으로 설명된다.[17]

---

16 '(정도 자질에 따른) 국어 음성 도표'는 김차균(1998: 30)을 참고하기 바란다.
17 다음은 김차균(1998: 76~77)의 도출 과정을 열림도 변화를 중심으로 요약한 것이다. 실제로는 이보다 더 많은 단계를 거치도록 되어 있다.

밥물 : /p/(1도) + /m/(3도) → [m](3도) + [m](3도)
↑
앞 자음의 열림도 높이기

천리 : /n/(3도) + /r/(5도) → [l](4도) + [r](5도) → [l](4도) + [l](4도)
↑   ↑
앞 자음 열림도 높이기   뒤 자음 열림도 낮추기

3. 생성 음운론의 설명 방식

이제 앞에서 살핀 생성 음운론의 설명 기제가 실제 말소리 변동의 설명에 어떤 방식으로 적용되는지 알아보기로 한다. 생성 음운론이 국내에 소개되자 이전의 방법론으로는 접근하기 어려웠던 여러 언어 현상에 대한 음운론적 설명이 시도되었다. 그 가장 대표적인 보기 중 하나가 'ㅂ, ㄷ, ㅅ- 불규칙 활용'이다.[18] 다음의 자료를 보자.

1) ㄱ) /굽-/(曲) ; /굽+고/[굽꼬], /굽+지/[굽찌], /굽+어서/[구버서], /굽+으면/[구브면]

   ㄴ) /묻-/(埋) ; /묻+고/[묻꼬], /묻+지/[묻찌], /묻+어서/[무더서], /묻+으면/[무드면]

   ㄷ) /벗-/(脫) ; /벗+고/[벋꼬], /벗+지/[벋찌], /벗+어서/[버서서], /벗+으면/[버스면]

2) ㄱ) /굽:-/(炙) ; /굽:+고/[굽:꼬], /굽:+지/[굽:찌], /굽:+어서/[구워서], /굽:+으면/[구우면]

   ㄴ) /묻:-/(問) ; /묻:+고/[묻:꼬], /묻:+지/[묻:찌], /묻:+어서/[무러서], /묻:+으면/[무르면]

   ㄷ) /낫:-/(愈) ; /낫:+고/[낫:꼬], /낫:+지/[낫:찌], /낫:+아서/[나아서], /낫:+으면/[나으면]

---

[18] 뒤에서 말하겠지만, 'ㅂ, ㄷ, ㅅ' 불규칙 활용에 대해서는 도저히 음운 변동 규칙으로 설명하기 어렵다는 관점이 강하고 학교 문법에서도 음운 변동이 아닌 불규칙적인 형태 바뀜(교체)으로 다루고 있다. 그런데도 이것을 예로 드는 것은 생성음운론의 변동 설명 방법론을 보여주는 데 효과적이기 때문이다.

1)의 동사 어간은 활용 과정에서 그 모습이 달라지지 않는 반면, 2)의 동사 어간은 모음으로 시작하는 어미 앞에서 끝 자음이 다른 소리로 바뀐다. /굽ː-/의 끝 자음인 'ㅂ'은 반모음 'w'로 바뀌고 /묻ː-/의 끝 자음인 'ㄷ'은 'ㄹ'로 바뀌며 /낫ː-/의 끝 자음인 'ㅅ'은 탈락한다. 이전의 국어학에서 이런 현상을 불규칙 활용이라 하고 2)와 같은 부류의 용언을 불규칙 용언이라고 불러 온 것은, 이 현상을 음운의 변동으로 설명하기 어려웠기 때문이다.

앞에서 보아왔듯이, 음운 변동이라고 하는 것은 어떤 소리의 바뀜이 규칙적인 현상으로 설명될 수 있을 때, 다시 말해, 그러한 변동의 여부가 일관성 있게 예측될 수 있을 때로 한정된다. /밥+만/이 [밤만]으로 바뀌는 것을 불규칙적인 형태 바뀜이라 하지 않는 것은 우리말 음운론에서 비음 앞의 구강 자음이 비음으로 바뀌는 현상이 하나의 보편적인 변동으로 인정되기 때문이다. 즉 /밥+만/이 [밤만]으로 발음되는 것은 음운부에 있는 비음 동화 규칙의 적용에 의한 것이기 때문에 이 과정에 대한 형태론적 설명은 따로 필요하지 않다. 그러나 자료 2)에서 일어나고 있는 현상에 대해서는, 1)류와 다른 특별한 조건을 찾기 어렵다는 점 때문에 음운 변동으로 설명할 방법이 없었고, 따라서 형태론적 불규칙 현상으로 처리되어 왔던 것이다.

생성 음운론의 '도출' 개념은 'ㅂ, ㄷ, ㅅ-불규칙 활용'을 음운 변동으로 설명할 수 있도록 해 주었다. 이들에 대한 음운론적 설명을 위해 적용된 새로운 방법 중 하나는 1)류와 2)류의 기저형을 달리 설정하는 것이었다.[19] 예를 들면, /묻-/(埋)과 /묻ː-/(問)은 그 어간의 끝 자음이 각각 't'와 'd'로, 서로 다르다고 보는 것이다. 따라서 이들이 모음으로 시작하는 어미 앞에서 다른 행동을 보이는 것은 당연한 것이며, /묻ː-/의 어간 끝 자음이 'ㄹ'로 바뀌는 것은 다음과 같은 음운 규칙 때문으로 설명한다.

---

[19] 설정되는 기저 음소의 종류나 동기에 대한 설명 방식 등이 다르긴 하지만, 김진우(1971), 김차균(1971), 이병건(1976) 등이 이 부류에 속한다고 할 수 있다.

⬇ d → l 규칙

d → l / ___]어간 + 모음

(용언의 어간 끝 자음 'd'는 모음으로 시작하는 어미 앞에서 'l'로 바뀐다.)[20]

위 'd → l 규칙'은 기저 음소 'd'에만 적용되므로 기저 음소가 't'인 /묻-/(埋)은 이 규칙의 적용을 받지 않는다. 따라서 /묻+어서/(埋)[무더서]와 /묻:+어서/(問)[무러서]의 차이는 다음과 같이 기저형의 차이에 따라 서로 다른 과정을 거치기 때문으로 설명된다.

/mut+ʌsʌ/	/mu:d+ʌsʌ/	
_____	mu:lʌsʌ	(d → l 규칙)
mud+ʌsʌ	murʌsʌ	(유성음화, l → r, 단모음화)
[mudʌsʌ]	[murʌsʌ]	

1)류와 2)류의 다름을 기저형의 차이로 설명하는 방식은 매우 깔끔해 보인다. 불규칙 활용을 하는 어간에 대해서는 그 끝 자음을 규칙 활용하는 어간의 그것과 다른 것으로 처리하면 되기 때문에, 이 방식에 의한 설명은 어떤 예외도 남기지 않는다.

그러나 이 설명 방식의 큰 단점은 현대 국어에서 음소의 자격을 갖지 못하는 소리를 기저 음소로 인정해야 한다는 점이다. /묻:-/의 기저형을 /mu:d-/으로 잡는다는 것은 이 기저형을 이루고 있는 낱소리, 즉 'm, u, d'가 우리말의 음소 체계 안에 있다는 사실을 전제로 하는데, 이 중 유성 치조 파열음인 'd'는 현대 국어의 음소로 인정받지 못하는 자음이다. 이런 설명 방식을 다른 불규칙 활용에 대해 적용하게 되면, 'ㅂ-불규칙'을 위해서는 'b'를, 'ㅅ-불규칙'을 위해서는 'z'를 인정하는 등, 현대 국어 자음 체계에 유성 장애음 계열을 인정해야 하는 결과를 가져온다. 이는 유성 장애음 계열의 존재를 인정하지 않는 일반적인 관점과는 거리가 있는 처리 방식일 뿐 아니라 특정 현상의 설명을 위해 음소의 수를 늘려 잡는

---

[20] 이 규칙의 최종적인 모습은 이와 다르다.

다는 점에서 매우 비경제적인 설명 방식이라는 비판을 면하기 어렵다.

'ㅂ, ㄷ, ㅅ- 불규칙 활용'에 대한 또다른 생성 음운론적 설명 방법의 특징은, 이들의 어간 모음이 가진 음장을 중요한 변수로 끌어들이는 데 있다.[21] 자료 (1), (2)에서 보듯, 'ㅂ, ㄷ, ㅅ'을 어간의 끝 자음으로 가진 단음절 용언 중 규칙 활용을 하는 것은 대개 어간 모음이 단모음인 반면, 불규칙 활용을 하는 어간들은 대부분 장모음이다. 새로운 설명 방법은 이 어간 모음의 음장을, 활용 과정에서 끝 자음이 유지되느냐 다른 소리로 바뀌거나 탈락하느냐를 결정하는 요인이 되는 것으로 파악한 것이다. 예를 들어, /묻-/(埋)과 /묻:-/(問)은 그 어간 모음의 길이가 각각 단모음과 장모음으로 다른데, 장모음 다음의 끝 자음 'ㄷ'은 모음으로 시작하는 어미 앞에서 다음과 같은 규칙의 적용을 받는 것으로 설명된다.

⬇ ㄷ → ㄹ 규칙

ㄷ → ㄹ / 장모음 ___]어간 + 모음

(장모음 뒤의 어간 끝 자음 'ㄷ'은 모음으로 시작하는 어미 앞에서 'ㄹ'로 바뀐다.)

2)의 ㄴ)과 ㄷ)을 위해서는 다음과 같은 'ㅂ→ w 규칙'과 'ㅅ-탈락' 규칙을 설정한다.

⬇ ㅂ → w 규칙

ㅂ → w / 장모음 ___]어간 + 모음

(장모음 뒤의 어간 끝 자음 'ㅂ'은 모음으로 시작하는 어미 앞에서 'w'로 바뀐다.)

⬇ ㅅ-탈락 규칙

ㅅ → [∅] / 장모음 ___]어간 + 모음

(장모음 뒤의 어간 끝 자음 'ㅅ'은 모음으로 시작하는 어미 앞에서 탈락한다.)

---

[21] Kim-Renaud(1974)가 대표적이다.

이제 /묻+어서/(㉤)[무더서]와 /묻:+어서/(㉣)[무러서]의 차이는 다음과 같이 'ㄷ → ㄹ' 규칙의 적용 여부에 따른 차이로 설명된다.

/묻+어서/	/묻:+어서/	
_____	물:어서	(ㄷ → ㄹ 규칙)
_____	물어서	(단모음화 규칙)
[무더서]	[무러서]	

/묻-/(㉤)의 어간 모음은 단모음이기 때문에 'ㄷ → ㄹ 규칙'의 적용을 받지 않고 어간의 끝 모음 'ㄷ'이 그대로 남는다.[22]

어간 모음의 음장을 규칙 활용과 불규칙 활용을 가르는 음운론적 조건으로 보고 이에 따라 '불규칙'을 '규칙'으로 설명하는 방식은, 기저 유성 장애음 계열의 설정을 전제로 한 설명 방식보다는 구체적이고 자연스러운 것으로 보인다. 그러나 이 설명 방법 역시 적지 않은 문제점을 가지고 있는데, 가장 중요한 것은 어간 모음의 음장으로 설명하기 어려운 예외가 다수 존재한다는 사실이다. 예를 들어, /듣-/, /맵-/, /춥-/ 등은 어간 모음이 단모음인데도 불규칙 활용을 하고 있으며 /얻:-/이나 /웃:-/ 등은 어간 모음이 장모음인데도 규칙활용을 하고 있다. 아울러 어간 모음의 음장이 환경 조건이 된다면 그것이 왜 'ㄷ → ㄹ', 'ㅂ → w', 'ㅅ-탈락'을 일으키는가 하는 문제, 즉 이들 변동의 음운론적 동기를 제시할 수 없다는 점도 이 설명 방법이 해결하기 어려운 문제점이다.

추상적인 기저형이나 어간 모음의 음장을 가지고 'ㅂ, ㄷ, ㅅ- 불규칙 활용'을 음운론적으로 설명하려고 했던 방법들이 가지는 이런 문제점을 지적하면서 나온 새로운 설명 방법은, 이들 불규칙 활용 어간의 '불규칙성'을 어휘부상의 문제로 본다.[23] 즉 앞의 두 방법이 어떤 하나의 기저형으로부터 불규칙한 활용형이 도출되는 것으로 설명하려 했다면, 새로운 방법은 어휘부에 등재되는 방식의 차이로 불규칙 활용을 설명한다. 'ㅂ, ㄷ, ㅅ- 불규칙' 활용을 하는 어간들은 역사적으로 어간의 재구조화를 겪

---

22 물론 실제 발음에서는 유성음화되어 'd'로 발음된다.
23 최명옥(1985)이 대표적이다.

은 결과 자음으로 시작하는 어미 앞에서의 어간과 모음으로 시작하는 어미 앞에서의 어간이 다르게 되었고, 따라서 지금은 그 기저형이 다음과 같은 상태로 존재한다는 것이다.

ㅂ-불규칙 용언 : /X{ㅂ-w}-/
ㄷ-불규칙 용언 : /X{ㄷ-ㄹ}-/
ㅅ-불규칙 용언 : /X{ㅅ-∅}-/

'ㅂ, ㄷ, ㅅ-' 불규칙 활용 용언의 어간 끝 분절음은 위와 같이 복수의 형태로 되어 있다가 뒤따르는 어미의 종류에 따라 어느 한 쪽이 선택된다. 이 과정은 다음과 같은 규칙에 따르는 것으로 본다.

⬇ 'ㅂ, ㄷ, ㅅ- 불규칙' 활용 어간의 끝 분절음 선택 규칙
자음으로 시작하는 어미 앞에서는 각각 'ㅂ', 'ㄷ', 'ㅅ'이 선택되고 그 밖의 환경에서는 'w', 'ㄹ', '∅'이 선택된다.

역대 학교 문법에서는 위의 'ㅂ, ㄷ, ㅅ- 불규칙' 활용을 형태론적인 불규칙 현상으로 처리해 왔다. 예를 들어 제7차 고등학교 문법 교과서에서는 '(허리가) 굽다'와 '(불에) 굽다'의 활용형을 비교하면서 불규칙 활용의 개념을 설명하고 있다; 용언이 활용할 때 어간이나 어미의 기본 형태가 달라지는 경우를 불규칙 활용이라고 하며, 이러한 용언을 불규칙 용언이라고 한다.(102쪽)

'ㅂ, ㄷ, ㅅ- 불규칙' 활용에 대한 몇 가지 설명 방법의 검토를 통해, 우리는 생성 음운론의 기본적인 설명 방식을 이해하는 한편, 음운 변동 현상의 설명에 다양한 관점과 방법론이 이용되어 왔음을 알 수 있다. 이 방법론들은 끊임없이 단점을 보완하고 한계를 극복해 가면서 우리말의 음운론적 본질 해명에 다가가고 있는 것이다.

4. 음운 변동의 공시성 문제

앞에서도 말했듯이, 음운의 변동이란 공시적으로 어느 한 음소가 다른 음소로 바뀌는 현상, 즉 형태소의 공시적 결합 과정에서 나타나는 음운의 대치, 탈락, 첨가, 축약 현상 등을 말한다. 그런데 지금까지 국어 음운론에서 음운 변동으로 다루어 온 언어 자료 중에는 과연 현대 국어에서 공시적으로 일어나고 있는 현상으로 볼 수 있을지 의심스러운 것들도 포함되어 있다. 다음 ㄱ)과 ㄴ)을 비교해 보자.

ㄱ) /아비/>/애비/, /아지랑이/>/아지랭이/
ㄴ) /사:람이/→[사:래미]
　〈비교〉/사:람을/→[사:라믈], /사:람도/→[사:람도]

ㄱ)의 두 단어는 흔히 'ㅣ-역행 동화'의 보기로 제시되어 왔다. 그러나 이들에 적용된 'ㅣ-역행 동화'는 ㄴ)의 /사:람이/ → [사:래미]에 나타나는 그것과 상당히 다른 성격을 가지고 있다. '/사:람이/ → [사:래미]'가 공시적인 음운 변동 현상이라면 '/아비/>/애비/'류는 통시적인 음운 변화의 보기이다.

명사 /사:람+을/을 [사:라믈]로, /사:람+도/를 [사:람도]로 발음하는 사람이 유독 /사:람+이/를 [사:래미]로 발음한다면 이 사람의 머릿속 어휘 사전에는 '/사:람/'이 저장되어 있고 이 명사에 조사 '이'가 연결될 때 'ㅣ-역행 동화' 규칙이 작동하여 [사:래미]와 같은 표면형이 실현된다고 할 수 있다. 이때 'ㅣ-역행 동화'는 공시적인 체언의 곡용 과정에 적용되었으므로 분명 공시적인 음운 변동이라 할 수 있다.

이에 반해 '/아비/>/애비/'나 '/아지랑이/>/아지랭이/'는 과거 어느 시기에 적용된 'ㅣ-역행 동화'의 결과 만들어진 형태인, /애비/와 /아지랭이/가 그대로 단어로 굳어져서 화자의 머릿속 어휘 사전에 등록된 것이다. 즉 /애비/의 경우, 현대 국어에서의 기저형이 /아비/ 혹은 /압/ 정도인 것이 특별한 환경에서만 [애비]로 실현되었다고 볼 수는 없다는 것이다. 따라서 이 경우에 나타나는 'ㅣ-역행 동화'는 과거 어느 시기에 적용된 음운 변동일 뿐이다.

　이런 문제는 많은 파생어나 합성어에도 나타난다. 예를 들어 파생 부사인 '굳이[구지]'나 사·피동 파생 동사인 '붙이다[부치다]', '닫히다[다치다]' 등에 나타나는 구개음화나 '먹이다[메기다]', '속이다[쇠기다]' 등에 나타나는 'ㅣ-역행 동화' 역시 공시적인 변동으로 보기 어렵다는 주장도 있다. 사·피동 접사의 결합에 의해 형성된 어간의 경우, 음운론적으로나 형태론적으로나 원 어간과의 관계를 규칙적으로 기술하기 어렵기 때문에 공시적이라 보기 어렵고, 파생 부사 '굳이' 같은 것도 형용사 어간 '굳-'과 의미론적으로 이미 멀어졌을 뿐 아니라 부사 파생 접사 '-이'의 결합 역시 불규칙적이기 때문에 마찬가지로 공시적인 단어 형성 과정에 의한 것이 아닌 것으로 볼 수도 있다. '줄넘기[줄럼끼]' 같은 단어는 어원적으로는 합성과 파생에 의해 형성되었지만 지금은 하나의 단어로 굳어진 것으로 볼 수 있다. 따라서 이 단어의 발음 [줄럼끼]는 순행적 유음화(ㄴ → ㄹ)와 된소리되기라고 하는 공시적인 음운 변동에 의한 것이라기보다는 '/줄럼끼[줄럼끼]/' 자체가 머릿속 어휘 사전에 등재되어 있는 것으로 보는 것이 합리적이다.

　음운 변동의 공시성 문제[24]는 순수 학문의 관점에서 보면 매우 중요한 문제이므로 앞으로 형태론 분야의 연구 성과를 참고하면서 공시적인 변동과 통시적 변화의 산물을 엄밀하게 따져 가리는 작업이 계속 진행되어야 한다. 그러나 학교 문법이나 국어 교육까지 고려하는 처지가 되면, 이 문제에 대한 우리의 관점을 어느 정도는 보수적으로 유지해야 하겠다는 판단이 선다. 잘 알다시피, 학교 문법의 형태론에서는 여러 유형의 단어 형성 과정을 폭넓게 이해시키려는 목적을 가지고 있기 때문에 파생이나 합성의 공시성 문제를 엄밀히 따지기가 어렵다. 따라서 앞의 사·피동사를 포함한 여러 종류의 파생과 합성의 과정이 단어의 구조와 형성 원리에 대한 이해를 목표로 지도되고 있다. 그러므로 학교 문법의 음운론에서 이와 같은 과정에 나타나는 음운 변동을 다루는 것은 당연한 일이

---

24 이 문제에 대한 이론적 논의나 음운 변동 기술에의 적용에 대해서는 최명옥(1982), 김성규(1987), 강창석(1989), 이동석(2002), 배주채(1996, 2013), 이문규(2009) 등 참조.

다. 아울러 학교 문법의 음운론에서는 기저형과 표면형의 관계 못지않게 표기와 발음의 관계를 설명하는 일이 중요하다는 점도 고려되어야 한다. 학교 문법에서 다루는 우리말의 구조 및 사용과 관련된 모든 영역의 교육 내용은 당연히 각종 어문 규범과 부합하도록 구성되어야 할 터인데, 이를 위해서는 대부분의 경우 표준 표기법에 맞게 표기된 표준 어형을 설명의 출발점으로 삼을 수밖에 없다. 따라서 학교 문법의 음운론에서는, 학문 문법의 '기저형'보다는 한글 맞춤법에 따라 표기된 '표준 어형'을 실제 발음형과의 비교 대상으로 삼게 된다. 예를 들어 '굳이'나 '닫히-'의 경우, 언어 현실로는 이미 /구지/와 /다치-/로 굳어졌다고 하더라도 현재의 표기 법이 이들을 '굳이'와 '닫히-'로 적도록 정하고 있는 이상, 학교 문법의 실제 발음형에 관한 음운론적인 기술에는 이들 표기형과의 관계에 대한 설명이 포함될 수밖에 없다.

이와 같은 판단에 따라, 이 책의 다음 장에서는 음운 변동의 공시성 문제를 엄격히 따지는 태도를 취하지 않고 학교 문법의 형태론에서 제시 되고 있는, 여러 유형의 단어 형성 과정에서 나타나는 국어의 음운 변동 현상을 폭넓게 다루고자 한다.

제6장
국어 음운 변동의 탐구

1. 음운 변동 탐구의 단계와 대상

우리말의 실제 발음 과정에 나타나는 음운 변동 현상을 관찰하여 그 속에 들어 있는 규칙과 원리를 발견하고 그러한 변동이 일어나는 음운론적 동기를 밝힘으로써 말소리와 관련된 국어 화자의 언어 능력을 설명하는 것이 음운론의 가장 중요한 임무 중 하나라는 것을 앞에서 말한 바 있다. 따라서 음운론에서 이 음운 변동 현상을 '설명'하는 일에는, 각 음운 변동 과정에 대한 관찰과 기술, 음운론적 성격 및 동기의 규명, 규칙화하기 등과 같은 일련의 탐구 과정이 포함된다. 이 책에서는 이와 같은 탐구 과정과 함께, 음운 변동에 대한 탐구 결과를 언어생활 및 국어 교육에 활용할 수 있도록 하기 위해 각 음운 변동과 관련되는 어문 규범을 확인하는 한편, 이들에 대한 학교 문법의 지도 내용에 대해서도 살펴보고자 한다.

먼저, 이 장에서 이루어질 음운 변동 탐구의 각 단계에 대한 사항들을 밝혀 둔다.

음운 변동 탐구의 첫 단계에서는 변동 현상을 겪는 언어 자료를 수집하고 그것을 적당한 기준에 따라 분류한다. 그런데 자료의 수집과 분류는 그 변동 현상에 대한 어느 정도의 이해가 바탕이 될 때 가능한 것이어서, 사실 이 작업은 다음 단계인 변동 양상의 기술과 함께 이루어져야 한다. 어쨌든 음운 변동 탐구의 전 과정을 통해서 자료를 수집하고 분류하는 일은 매우 중요하다. 이 책에서는 편의상 미리 분류된 자료를 제시하고 있으므로 이 단계가 생략된다고 할 수 있지만 더 많은 자료를 폭넓게 수집하고 다양한 기준으로 분류해 보는 일도 음운 변동 현상을 더 깊이 이해하는 데 도움이 된다. 특히 신조어나 외래어, 통신 언어 등을 대상으로 자료를 수집해 보면 음운 변동의 살아 있는 모습을 확인하는 데 큰 도움이 된다.

두 번째로, 변동의 양상을 기술하는 단계에서는 각 음운 변동의 /기저형/과 [표면형] 그리고 음성 환경을 분석하는 일이 이루어진다. 즉 자료를 관찰하여 어떤 소리가 어떤 환경에서 어떤 식으로 바뀌었는지를 알아내고 그 양상을 일차적으로 기술해 보는 것이다. 이때 다른 음성 환경의 자료를 함께 관찰하면 변동의 양상을 더 정확하게 밝혀 낼 수 있는데, 아래 각 항목별 자료에 함께 제시되는 〈비교〉 자료가 그 보기이다.

세 번째는 '음운 변동의 설명' 단계이다. 이 단계에서는 해당 변동 현상이 일어나는 음운론적 동기와 성격을 규명하고 그 결과를 바탕으로 변동 규칙을 만들어보는 일, 나아가 다른 변동 현상과의 관계나 국어 음운론 안에서의 위상을 검토하는 일 등이 이루어진다.

네 번째로 '관련 어문 규범의 확인' 단계에서는 해당 음운 변동 현상과 관련되는 어문 규정을 확인하고 그 내용을 앞의 탐구 결과와 관련지어 검토한다. 주로 표준 발음법과 한글 맞춤법, 표준어 규정 등이 검토 대상이 되는데, 이 일은 어문 규범을 더욱 체계적으로 이해하도록 해 줄 뿐만 아니라, 말소리에 대한 학문적 탐구의 결과가 실제 언어생활의 규범으로 반영되는 과정을 파악할 수 있게 해 줄 것으로 생각된다.

'관련 어문 규범의 확인' 단계는 언어적 사실을 '탐구'하는 것이라기보다는 탐구를 통해 발견한 지식을 활용하는 활동에 가깝다. 어문 규범은 그 자체로 중요한 교수·학습의 대상이 될 수 있지만, 이 경우 개별 조항을 무작정 암기하는 것보다는 그 내용과 원리를 관련 문법 지식과 연계하여 이해하는 것이 중요하다. 따라서 음운 변동을 탐구하는 과정에 관련 어문 규범을 확인하는 활동을 포함시키면 문법 탐구의 교육적 가치를 높이면서 학습자의 언어 능력을 신장시키는 데 실질적으로 기여할 수 있다.

마지막 단계에서는, 해당 변동 현상에 대한 학교 문법의 지도 내용을 확인하고 검토하는 일을 해본다. 여기서 '학교 문법의 내용'이란 주로 제 7차 교육과정 및 이후의 교육과정에 따라 만들어진 중·고등학교 국어 및 문법 교과서의 음운의 변동 혹은 말소리의 변동 단원에 진술된 내용을 가리킨다.[1]

다음으로, 이 장에서 다룰 음운의 변동은 현대 국어에서 공시적으로 일어나는 음운 차원의 변동 현상, 즉 형태소의 공시적 결합 과정에서 나타나는 음운의 대치, 탈락, 첨가, 축약 현상 등에 국한된다는 점을 밝혀 둔다. 음소와 변이음의 관계에 대한 내용은 앞의 2, 3장에서 이미 다룬 바 있고, 통시적인 변화는 함께 다루기가 벅차기 때문이다.

음운 변동의 목록은 기존의 음운론 저서에서 공통적으로 다루고 있는 것들을 망라하되, 표준 발음법과 학교 문법의 음운 변동 단원을 참고하여 선정했다. 모든 음운 변동 현상을 크게 대치, 탈락, 첨가, 축약, 운소의 변화, 기타 등 여섯 범주로 나눈 다음 각 범주에 속하는 개별 음운 변동 현상들을 자음 관련 변동과 모음 관련 변동의 순서로 설명해 나갈 것이다. 이 장에서 탐구할 현대 국어 음운 변동의 목록을 위 기준에 따라 제시하면 아래와 같다.[2]

대치: 평파열음화, 비음 동화, 유음화, ㄹ-비음화, 구개음화, 된소리되기, 조음 위치 동화, 반모음화, ㅣ-역행 동화

탈락: ㄹ-탈락, ㅎ-탈락, 자음군 단순화, 어간 끝 모음 으-탈락, 어미 첫 모음 으-탈락, 어미 첫 모음 ㅏ, ㅓ-탈락, ㅣ-탈락, ㅐ-탈락

첨가: ㅣ-첨가, ㅅ-첨가, ㄴ-첨가

축약: 거센소리되기

운소의 변동: 단모음화, 장모음화

기타: 모음조화, 두음 법칙

---

[1] 제7차 교육과정에 의한 『고등학교 문법』은 이후의 교육과정에 따라 발간된 교과서들의 문법 내용 기술의 바탕이 되고 있다는 점에서 함께 살필 필요가 있다.

[2] 음운 변동의 이름은 어문 규범과 학교 문법의 용어를 따르는 것을 원칙으로 하되, 일부는 그 본질에 맞게 새로 만들어 쓰거나 다른 학자의 용어를 가져와서 쓰기로 한다.

전통적인 학교 문법의 음운 변동 분류 체계는 전반적으로 일관성이 부족하다는 지적을 면하기 어렵다. 예컨대 제7차 고등학교 문법 교과서의 '음운의 변동' 단원은 다음과 같은 네 개의 소절로 되어 있다.

1. 음절의 끝소리 규칙 2. 음운의 동화(자음 동화, 구개음화, 모음 동화, 모음조화)
3. 음운의 축약과 탈락(축약, 탈락) 4. 사잇소리 현상

여기서 음절의 끝소리 규칙이나 사잇소리 현상은 동화, 축약, 탈락 등과 대등한 층위로 분류할 성질이 아니며, 동화 역시 축약이나 탈락 등과는 층위가 다르다. 음절의 끝소리 규칙과 사잇소리 현상을 독립적으로 제시한 것도 균질적인 분류라고 하기는 어렵다.[3] 그러나 2007년 이후의 교육과정에 의해 발간된 교과서들에서는 음운 변동을 대부분 '교체, 탈락, 첨가, 축약'으로 분류함으로써 위와 같은 분류상의 문제를 상당 부분 해소한 것으로 볼 수 있다.

한편, 음운 변동의 유형을 분류하는 일은 그 자체로 훌륭한 탐구 과제가 될 수 있다. 음운 변동을 제대로 분류하려면 각 유형의 성격을 파악하고 일정한 기준을 세워 비교하는 과정이 이루어져야 하기 때문이다. 실제로 현재 나와 있는 교과서 중에는 음운 변동의 유형을 분류하는 활동을 교수·학습의 내용에 포함시킨 것도 있다.

음운 변동을 설명하는 규칙의 모습은 바탕 이론이나 관점에 따라서 달라질 수 있다. 아래에서 각 음운 변동에 대한 설명 과정에서 제시될 음운 규칙들도 여러 가지 방법론 중 하나를 바탕으로 한, 하나의 보기에 불과할 수도 있다는 점을 미리 밝혀둔다. 물론 음운 규칙의 모양보다 더 중요한 것은 음운 변동을 탐구하고 설명하는 과정을 경험해 보는 것, 그리고 그러한 경험을 통해 우리말의 참모습을 파악하고 인간이 가진 언어 능력의 본질에 접근해 보려는 시도의 가치를 인식하는 일이다.

2. 대치

'대치'는 어떤 음운이 다른 음운으로 바뀌는 것을 말한다. 우리말에서 대치 현상에 속하는 음운 변동으로는 평파열음화, 비음 동화, 유음화, ㄹ-

---

3 이런 문제에 대해서는 아래 각 해당 음운 변동에 대한 설명에서 다시 언급된다.

비음화, 구개음화, 된소리되기, 조음 위치 동화, 반모음화, ㅣ-역행 동화
등이 있다.

2.1. 평파열음화

가. 자료

ㄱ) /국/[국], /깎+고/[깍꼬]⁴, /낚시/[낙씨], /부엌/[부억], /부엌 안/[부어간],
/키읔+과/[키윽꽈]
〈비교〉/국+이/[구기], /깎+으면/[까끄면], /부엌+에/[부어케]

ㄴ) /꽃/[꼳], /낫/[낟], /나+았+고/[나안꼬], /낮/[낟], /낯#없:+다/[나덥따],
/맛#없:+고/[마덥꼬], /받+고/[받꼬], /밭/[받], /뱉+지/[밷찌], /웃:+고/
[욷:꼬], /젖/[젇], /젖#어미/[저더미], /겉#옷/[거돋], /팥#알/[파달],
/헛+웃음/[허두슴]
〈비교〉/받+으면/[바드면], /밭+에/[바테], /웃+으면/[우스면], /낫+이/
[나시], /낮+에/[나제], /낯+을/[나츨], /젖+을/[저즐], /웃:+으면/
[우스면], /뱉+을까/[배틀까]

ㄷ) /무릎+과/[무릅꽈], /밥#주걱/[밥쭈걱], /앞/[압], /앞#방/[압빵], /무릎 앞/
[무르밥], /앞#앞+이/[아바피]
〈비교〉/밥+이/[바비], /앞+에/[아페], /무릎+에/[무르페], /높이+어라/
[노펴라], /덮+으면/[더프면]

ㄹ) /낳+는/[난는], /놓+네/[논네]
〈비교〉/낳+고/[나코], /낳+소/[낟쏘]/[나쏘]⁵, /많:+소/[만:쏘]

음운 변동 자료의 제시와 관련하여 다음과 같은 사항을 밝혀 둔다.
① 말소리의 표기는 변이음을 정밀하게 전사해야 할 경우에는 국제음성부호를 사용하
겠지만 음운 층위 정도의 정보만으로 충분할 때에는 한글 자모를 전사 기호로 이용
한다.
② / /은 변동의 입력형이 되는 기저형을, [ ]은 출력형인 표면형을 나타낸다.

---

4 앞에서 말한 대로, '깎꼬'의 실제 발음은 [까꼬]로 보는 것이 더 자연스럽다. 'ㄱ'과 'ㄲ'은 같은
조음 위치의 장애음이므로 이들의 연속 발음을 위해 연구개를 두 번 폐쇄할 필요가 없다. 따라서
이 단어의 실제 발음은 두 자음 중 앞 자음이 탈락하는 것과 같은 결과가 된다.

5 표준 발음법에 따른 발음은 [나쏘]이다. /낳+소/의 올바른 발음을 [낟쏘]로 보느냐 [나쏘]로 보느
냐 하는 문제는 'ㅎ+ㅅ'에서 일어나는 된소리되기를 설명하는 방식과도 관련된다. 이 점에 대해
서는 아래 '된소리되기'를 참고하기 바란다.

③ 변동의 모습을 제대로 표현하기 위해서는 자료를 '/기저형/ → [표면형]' 식으로 제시하는 것이 좋겠으나, 편의상 화살표를 생략하고 '/기저형/[표면형]' 식으로 제시하기로 한다.

④ 형태소 경계 표시는 '+'로, 단어 경계 표시는 '#'로 한다. 한자어에는 경계 표시를 하지 않는다. '부엌 안'과 같이 띄어쓰기를 한 것은 '두 단어가 하나의 말토막으로 발음될 때'라는 뜻이다.

⑤ 장모음 표기는 ':'로 한다.

⑥ [*]은 잘못된 표면형이라는 표시이다.

나. 변동의 양상

자료 ㄱ)~ㄹ)을 관찰하고 그 변동의 양상을 기술해 보자. 먼저 ㄱ)에서는 단어의 끝소리 자리나 다른 자음 앞[6]에 놓인 'ㄲ', 'ㅋ'이 'ㄱ'으로 바뀌고 있다.

ㅋ, ㄲ → ㄱ / ____음절말

ㄴ)에서는 'ㅌ, ㅅ, ㅆ, ㅈ, ㅊ'이 음절말 위치에서 'ㄷ'으로, ㄷ)에서는 'ㅍ'이 'ㅂ'으로 바뀌고 있다. 'ㄸ', 'ㅃ', 'ㅉ'은 이 환경에 나타나지 않는다. '/겉#옷/[거돋]'으로 보아 뒤에 모음으로 시작하는 단어가 결합하여 합성어를 이룰 때에는, 모음 앞이라 하더라도 같은 변화가 일어남을 알 수 있다. 이 경우의 모음 앞은 음운론적으로 '단어의 끝소리 자리' 즉 어말(語末)과 같다. '/헛+웃음/[허두슴]'은 '접두사+명사'의 결합형이어서 'ㅅ'이 놓인 위치를 어말이라고 하기 어렵지만, 뒤에 오는 요소가 단어의 자격을 갖춘 것이기 때문에 '/젖#어미/'나 '/맛#없다/'와 같은 변동을 보이고 있다. 따라서 음운론적으로는 접두사와 명사 사이의 경계 표시를 형태소 경계가 아닌 단어 경계로 바꾸어 /헛#웃음/으로 보아도 된다.

---

6 이 자리는 음절의 구조로 보면 음절의 끝소리 자리, 즉 음절말에 해당한다. 한 단어의 끝소리라면 당연히 그 단어의 마지막 음절의 끝소리일 것이고, 단어 속에서 두 개의 자음이 연결될 때 음절의 경계는 그 사이가 되므로, '다른 자음 앞'도 역시 음절말이 된다. 아래에서는 이 음성 환경을 간편하게 '음절말'로 통일해서 부르고자 한다.

ㅌ, ㅅ, ㅆ, ㅈ, ㅊ → ㄷ / _____음절말

ㅍ → ㅂ / _____음절말

'ㅎ'의 경우는 특별하다. 음절말의 'ㅎ'은 용언의 어간말 자음으로만 나타나는데, 〈비교〉에서 보듯이, 뒤에 'ㄱ, ㄷ, ㅈ'으로 시작하는 어미가 오면 이 자음들과 축약하여 거센소리되기를 일으키고 뒤에 'ㅅ'으로 시작하는 어미가 오면 이 'ㅅ'을 된소리로 만들며, 뒤에 'ㄴ'으로 시작하는 어미가 오면 위 ㄹ)처럼 그 앞에서 'ㄴ'으로 바뀐다. 따라서 'ㅎ'이 'ㄷ'으로 실현되는 경우는 없다. 그러나 '낳소'는 'ㅅ' 앞의 'ㅎ'이 'ㄷ'으로 바뀌고 이 'ㄷ' 때문에 뒤의 'ㅅ'이 'ㅆ'으로 바뀐다고 설명하고, '낳는'도 뒤따르는 'ㄴ' 앞에서 'ㅎ'이 'ㄷ'로 바뀌었다가 비음 동화를 겪어 최종적으로 'ㄴ'으로 실현되는 것으로 설명할 수 있다는 점을 고려하면, 'ㄷ'으로 바뀌는 자음의 무리 속에 'ㅎ'을 포함시키는 것이 합리적인 처리라고 하겠다.

다. 변동의 설명

이 변동 현상의 성격은 음성 층위와 음운 층위로 나누어 살펴야 하고 음절 구조의 측면에서도 생각해 보아야 한다. 먼저 음성 층위에서 볼 때, 이 현상은 우리말의 자음이 음절말 위치에서 개방 단계를 잃는, '불파음화(不破音化 =닫힘소리되기, unreleasing)'이다. 예를 들어 'ㅍ'은 입술을 다물어 공기의 흐름을 막았다가 뒤에 오는 모음을 발음하기 위해 입술을 개방하면서 강한 기류를 불어 내는 자음인데, 뒤에 자음이 오거나 아무 것도 오지 않을 때에는 입술이 열리지 않는다. 다시 말해 음절말 위치의 'ㅍ'은 그 앞에 오는 모음을 발음하기 위해 입을 벌렸다가 바로 입술을 닫은 상태라고 보면 된다. 이런 상태에서의 'ㅍ'의 소릿값([p˺])은 같은 위치의 'ㅂ[p˺]'과 전혀 다르지 않으며 실제로 이 위치에 오는 예는 없지만 'ㅃ'도 마찬가지이다. 즉 음성 층위에서 볼 때 이 현상은 'ㅍ'이 'ㅂ'으로 바뀌는 것이 아니라 'ㅂ, (ㅃ), ㅍ'이 음절말에서 입술 위치의 불파음으로 발음되는 현상인 것이다. 치조 파열음인 'ㄷ, (ㄸ), ㅌ'이나 연구개 파열음인 'ㄱ, ㄲ, ㅋ'도 같은 상황이다.

치조 마찰음 'ㅅ, ㅆ'은 제 위치에서 공깃길을 닫게 되므로 당연히 'ㄷ'의 불파음과 같게 된다. 경구개 파찰음의 경우에는 제 위치에서 불파음화되면 경구개 파열음이 되어야겠지만, 이 소리는 우리말에 없기 때문에 가장 가까운 위치인 치조 위치의 불파음이 되어 결국 'ㄷ'의 불파음과 구분되지 않게 된다. 조음 위치가 뚜렷하지 않은 'ㅎ'은 음절말 위치에서 'ㄷ'의 불파음으로 바뀌는 것으로 처리된다.

따라서 위 자료 ㄱ)~ㄹ)에 나타나는 음운 변동의, 음성 층위에서의 본질은 '음절말 위치의 불파음화'라고 할 수 있으며 그 양상은 다음과 같이 요약된다.

ㄱ, ㅋ, ㄲ → [ㄱ̚] / ____ 음절말[7]

ㄷ, (ㄸ), ㅌ, ㅅ, ㅆ, ㅈ, (ㅉ), ㅊ, ㅎ → [ㄷ̚] / ____ 음절말

ㅂ, (ㅃ), ㅍ → [ㅂ̚] / ____ 음절말

그런데 위의 자료에 포함되지 않은 자음들, 즉 'ㄴ', 'ㄹ', 'ㅁ', 'ㅇ' 등 [+공명성] 자질을 가진 자음들도 음성학적으로는 같은 과정을 겪는다. 'ㄹ'의 경우 음절말 위치에서는 설측음인 [l](/달/[tal])로만 실현되는데, 이 소리는 혀끝이 윗잇몸 근처에 붙은 채 나는 소리이기 때문에, 후속 모음에 의해 개방 단계를 가지는 [r](다리[tari])과는 달리 불파음 [l̚]이다. 나머지 공명 자음도 같다. 예를 들어, '감[kam]'과 '가미[kami]'에 쓰인 두 'ㅁ'의 소릿값을 비교해 보면, 앞의 것은 불파음 [m̚]임을 알 수 있을 것이다. 다만 이 네 자음은 개방 단계를 거치지 않더라도 공기의 흐름이 완전히 차단되지 않는다는 점에서 여타 자음들과 다르다. 음절말의 'ㄹ[l̚]'은 혀끝이 공깃길의 중앙부를 막았지만 혀의 양 옆으로는 여전히 공기가 흘러 나가는 상태로 소리가 나며 나머지 세 자음은 입길은 막혀도 콧길로 공기가 흘러 나가게 된다. 따라서 우리말 음성 층위의 불파음화[8]에는 다음과

---

7 '음절말' 대신 '음절 경계'를 나타내는 기호인 '$'을 써서 표시하기도 하고 '단어 경계 앞(__#)'과 '자음 앞(__C)'을 중괄호로 묶어 __ $\begin{Bmatrix} C \\ \# \end{Bmatrix}$로 표시하기도 한다.

8 파열음이 아닌 비음이나 유음에 대해 불파음화라는 용어를 쓰는 것이 어색하긴 하지만 조음 과정의 공통성을 고려하여 이렇게 불러 두고자 한다.

같은 과정도 포함된다.

ㄴ → [ㄴ] / ____ 음절말   ㅁ → [ㅁ] / ____ 음절말

ㄹ → [ㄹ] / ____ 음절말   ㅇ → [ㅇ] / ____ 음절말

이상의 논의에 따라, 우리말 음성 층위의 불파음화는 다음과 같이 규칙화될 수 있다.

⬇ 불파음화 규칙

C → C˥ / ____ 음절말

(자음은 음절말에서 불파음으로 바뀐다.)[9]

음성 층위의 불파음화가 모두 음운 층위의 변화로 나타나지는 않는다. [+공명성] 자질을 가진 네 자음과 평파열음 'ㅂ, ㄷ, ㄱ'은 불파음화에도 불구하고 음운 층위에서는 자기의 모습을 유지한다. 이들을 제외한 나머지 자음들은 음성 층위의 불파음화가 일어난 결과 다른 음소로 바뀌게 되는데, 이 과정을 다시 정리해 보면 다음과 같다.

ㅋ, ㄲ → ㄱ / ____ 음절말

ㅌ, (ㄸ), ㅅ, ㅆ, ㅈ, (ㅉ), ㅊ, ㅎ → ㄷ / ____ 음절말

ㅍ, (ㅃ) → ㅂ / ____ 음절말

음성적 불파음화의 결과 음소 층위에서는 파열음의 된소리와 거센소리가 예사소리로 바뀌고, 치조 마찰음과 경구개 파찰음이 치조 평파열음으로 바뀌는 변동이 일어난 것이다. 이들 중 다른 자음 부류와 묶이기 어려운 'ㅎ'을 제외한 나머지 자음들의 평파열음화(平破裂音化) 현상을 묶어 하나의 규칙으로 나타내 보면 다음과 같다.

---

9 이 규칙은 '우리말 음절의 종성 자리에는 불파음만이 올 수 있다.'는 제약이 존재한다는 것을 의미하는데, 앞의 '현대 국어의 음절 구성 제약 2'의 ②는 이 제약을 음운론적 층위에서 표현한 것이다.

■ 평파열음화 규칙

$$\left[\begin{array}{c}-공명성\\ <+설정성>\end{array}\right] \rightarrow \left[\begin{array}{c}-긴장성\\ -유기성\\ -지속성\\ <+전방성>\end{array}\right] /\ \rule{2cm}{0.4pt}\ 음절말$$

(음절말의 장애음은 모두 제 조음 위치의 평파열음으로 바뀐다. 단, [+설정성] 자질을 가진 자음은 'ㄷ'으로 바뀐다.)

위 규칙에서 직각괄호 '< >'은 'ㅈ, ㅊ → ㄷ'를 위해서 사용되었다. 즉 다른 자음은 자신의 조음 위치를 유지하면서 조음 방법만 평파열음으로 바뀌는 데 반해 경구개 파찰음은 조음 위치까지도 바뀐다[10]는 점을 표시한 것이다.

평파열음화를 음절말 중화로 설명하는 경우도 있다. 중화(中和, neutralization)란 일반적인 환경에서 변별되는 둘 이상의 음소가 특별한 환경에서 변별력을 잃는 것을 말한다. 평파열음화의 경우, 음절말 위치에서 파열음은 예사소리와 된소리, 거센소리의 변별력이 없어지고, 마찰음 중 'ㅎ'이나 파찰음의 경우에는 조음 위치까지 변별되지 않는 쪽으로 바뀌는 현상이라는 점에서 중화로 본 것이다.

한편, 음절 층위와 관련지어 말하자면, 평파열음화는 '종성 자리에는 'ㄱ, ㄴ, ㄷ, ㄹ, ㅁ, ㅂ, ㅇ'의 일곱 자음만이 올 수 있다.'는 우리말 특유의 음절 구성상의 제약을 지키기 위해 나타나는 음운 변동이라고 할 수 있다. 이 제약을 지키기 위해 나머지 자음들은 이 일곱 개 중 하나로 바뀌는 변동이 일어나게 되는데 그것이 바로 '평파열음화'라는 것이다.

외래어도 당연히 이 제약의 지배를 받는다. 예를 들어 영어 단어 'captain'이 우리말에 들어오면 [캐ㅍ틴]이 아닌 [캡틴]이 되고 그 줄임말은 캡이([캐비]) 된다. 'play'[플레이]에서와 같이 단어 첫머리 자리에 있는 영어 음소 'p'가 'ㅍ'으로 발음되는 것과는 대조적이다.

---

10 배주채(2013: 91)의 자음 체계에서처럼, 치조음과 경구개음을 '전설음'으로 통합하면, 평파열음화를 조음 방법만 바뀌는 변동으로 기술할 수 있다.

국어 음운론에서 평파열음화는 중요한 지위를 차지한다. 이 변동은 자음과 관련된 다른 여러 음운 변동 현상에 영향을 미치기 때문이다. 평파열음화가 다른 자음 변동에 영향을 미치는 것은 주로 음성적 층위의 성격, 즉 불파음화 때문이다. 예를 들어, 비음 동화의 경우 비음 앞에 오는 자음의 조음 과정이 '폐쇄-지속'된 상태에서, 뒤의 비음을 발음하기 위해 콧길을 열기 때문에 앞의 구강 자음이 자연스럽게 비음으로 바뀔 수밖에 없다. 즉 먼저 불파음화가 되었기 때문에 비음 동화가 일어날 수 있는 것이다. 불파음화가 비음 동화의 음성적 조건을 마련해 준 셈이다.

/mulipʰ+man/(/무릎+만/) → mulip̚man → [murim̚man]([무름만])
　　　　　　　　　　　　↑　　　　　　↑
　　　　　　　평파열음화(불파음화)　비음 동화

조음 위치 동화 역시 앞 자음이 불파음으로 바뀌고 나서야 일어날 수 있는 변동이다. 뒤에서 상세히 살피게 되겠지만, 우리말의 조음 위치 동화는 불파음화한 앞 자음이 뒤 자음의 조음 위치에 동화되는 현상이다. 다음은 된소리되기와 조음 위치 동화가 함께 일어난 보기이다.

/k'otɕʰ+pota/(/꽃+보다/) → k'ot̚pota → [k'op̚p'oda]([꼽뽀다])
　　　　　　　　　　　　↑　　　　　↑
　　　　　　　평파열음화(불파음화)　된소리되기, 조음 위치 동화

따라서 둘 이상의 자음 관련 음운 변동이 일어나는 경우 대부분 평파열음화가 제일 먼저 적용되는 것으로 순서 지어진다. 평파열음화가 자음군 단순화를 뒤따른다는 견해도 있지만 다음 된소리되기 자료로 보아 자음군 단순화에도 앞서는 것으로 보는 것이 좋겠다.

/hultʰ+ko/(/훑+고/) → hulˠt̚ko → hulˠt̚k'o → [hulˠk'o]([훌꼬])
　　　　　　　　　↑　　　　　↑　　　　　↑
　　　　평파열음화(불파음화)　된소리되기　자음군 단순화

'/훑+고/[훌꼬]'에서 어미 첫 자음 'ㄱ'이 된소리로 바뀌는 것은 어간말 자음군 중 '트[ㄷ]' 때문으로 보아야 할 터인데, 이 자음이 먼저 탈락해 버리면 된소리되기가 일어날 수가 없게 된다.

$$/\text{hult}^{h}+\text{ko}/(/훑+고/) \rightarrow \text{hulko} \rightarrow \text{hul}\llcorner\text{ko} \rightarrow [\check{}\text{hul}\llcorner\text{go}]([\check{}훌고])$$

                      ↑   ↑   ↑

자음군 단순화   불파음화   유성음화

이 변동은 지금까지 음절 끝소리 되기, 혹은 음절 끝소리 규칙, 평폐쇄음화, (음절말 자음) 중화, 불파음화(닫힘소리되기, 미파음화) 등으로 불려 왔다.[11] 불파음화(닫힘소리 되기)는 이 변동의 본질적인 속성을 잘 반영하고 있고 다른 음운 변동과의 관계를 설명 하기에 적합한 면을 지니기는 하나 음성 층위의 용어여서 음소 층위의 변동 양상을 대변하지 못한다는 것이 단점이다. '음절 끝소리 되기'는 '우리말 음절 구조상 음절 끝소리 자리에 일곱 자음밖에 올 수 없기 때문에 다른 자음이 이 자리에 오면 이 일곱 자음 중의 하나로 바뀐다.'는 의미를 담고 있는 듯하나 이 역시 변동의 실상을 제대로 반영하는 이름으로 보기는 어렵다. '중화' 역시 같은 문제를 가지고 있다. 위의 여러 이름 중에서 이 현상의 음소 층위의 변동 양상을 가장 구체적으로 드러낸 이름은 '평폐 쇄음화'이다. '평폐쇄음화'는 이 변동 현상의 표면형이 가지는 음성적 특징이 불파음 즉 폐쇄된 상태의 소리라는 것을 나타내기에 적합하다는 장점이 있다. 그러나 이 이름 은 '폐쇄-지속-개방'의 단계를 거쳐 발음되는 자음을 폐쇄음으로 부른다는 것을 전제로 한 것인데, 이렇게 되면 '파열+마찰'의 성격을 반영하고 있는 파찰음이란 이름을 쓰기 가 어색해진다. 따라서 '폐쇄-지속-개방'의 단계로 나는 소리는 '개방'에 초점을 두어 파열음이라고 부르고, 불파음화에 의해 평파열음으로 바뀌는 변동 현상은 평파열음화 로 부르는 것이 좋겠다.

라. 관련 어문 규범

지금의 표준 발음법은 평파열음화에 의한 발음을 '표준'으로 인정하고 있다. 표준 발음법 규정 중 제4장 '받침의 발음'(제8항~16항)의 많은 부 분은 이 변동과 관련되는 내용으로 되어있다.

제8항 받침소리로는 'ㄱ, ㄴ, ㄷ, ㄹ, ㅁ, ㅂ, ㅇ'의 7개 자음만 발음한다.
제9항 받침 'ㄲ ㅋ', 'ㅅ, ㅆ ㅈ, ㅊ, ㅌ', 'ㅍ'은 어말 또는 자음 앞에서 각

---

[11] 이 중 '음절 끝소리 규칙'은 학교 문법에서 사용되고 있는 용어인데, 이 용어의 문제점은 아래에 서 밝히기로 한다.

각 대표음 [ㄱ, ㄷ, ㅂ]으로 발음한다.

제10항 겹받침 'ㄳ', 'ㄵ', 'ㄼ, ㄽ, ㄾ', 'ㅄ'은 어말 또는 자음 앞에서 각각 [ㄱ, ㄴ, ㄹ, ㅂ]으로 발음한다.

다만, '밟-'은 자음 앞에서 [밥]으로 발음하고 '넓-'은 '넓죽하다'나 '넓둥 글다'와 같은 경우에 각각 [넙쭈카다], [넙뚱글다]로 발음한다.

제11항 겹받침 'ㄺ, ㄻ, ㄿ'은 어말 또는 자음 앞에서 각각 [ㄱ, ㅁ, ㅂ]으 로 발음한다.

제12항 받침 'ㅎ'의 발음은 다음과 같다.

1. 'ㅎ(ㄶ, ㅀ)' 뒤에 'ㄱ, ㄷ, ㅈ'이 결합되는 경우에는, 뒤 음절 첫소리와 합쳐서 [ㅋ, ㅌ, ㅊ]으로 발음한다.

2. 'ㅎ(ㄶ, ㅀ)' 뒤에 'ㅅ'이 결합되는 경우에는, 'ㅅ'을 [ㅆ]으로 발음한다.

3. 'ㅎ(ㄶ, ㅀ)' 뒤에 'ㄴ'이 결합되는 경우에는, 'ㄴ'으로 발음한다.

4. 'ㅎ(ㄶ, ㅀ)' 뒤에 모음으로 시작된 어미나 접미사가 결합되는 경우에 는, 'ㅎ'을 발음하지 않는다.

제13항 홑받침이나 쌍받침이 모음으로 시작된 조사나 어미, 접미사와 결 합되는 경우에는, 제 음가대로 뒤 음절 첫소리로 옮겨 발음한다.

제14항 겹받침이 모음으로 시작된 조사나 어미, 접미사와 결합되는 경우 에는 뒤엣것만을 뒤 음절 첫소리로 옮겨 발음한다.(이 경우, 'ㅅ' 은 된소리로 발음함.)

제15항 받침 뒤에 모음 'ㅏ, ㅓ, ㅗ, ㅜ, ㅟ'들로 시작되는 실질 형태소가 연결되는 경우에는, 대표음으로 바꾸어서 뒤 음절 첫소리로 옮겨 발음한다.

제8항과 제9항은 'ㅎ'을 제외한 나머지 자음의 평파열음화가 표준 발 음으로 인정된다는 사실을 밝힌 것이다. 'ㅎ'의 경우, 앞서 'ㅅ'이나 'ㄴ' 앞에서 'ㅎ'이 일단 'ㄷ'으로 평파열음화하는 것으로 처리했던 것과는 달 리 표준 발음법의 제12-2항과 제12-3항에서는 이 중간 단계를 인정하지 않거나 명시하지 않고 있음을 알 수 있다. 제10항과 제11항은 음절말 자 음군(겹받침) 단순화와 관련된 규정이지만, 자음군 단순화의 결과 남은 자음의 발음 역시 평파열음화된 상태로 발음된다[12]는 점에서 평파열음화 와도 관계가 있다. 제13항과 제14항은 연음(連音) 규정이지만, 평파열음화

---

12 예를 들면, '읊고'는 평파열음화와 자음군 단순화를 겪어 [읍꼬]로 발음된다. 앞에서 말했듯이, 이 경우 평파열음화가 먼저 적용된다.

의 입장에서 보면 이 변동이 일어날 수 없는 환경, 즉 음절말 위치가 아닌 경우의 발음에 관한 규정이라고 할 수 있다. 제15항은 '모음으로 시작하는 실질 형태소의 앞'이라는 환경이 음운론적으로는 9, 10, 11항의 '어말'과 같은, 결국 '음절말'에 해당한다는 사실과 관련된 규정으로, 앞의 '/겉#옷/[거돋]'에 대한 설명과 그 내용이 같다.

마. 학교 문법의 내용

이 현상에 대한 역대 학교 문법의 설명은 다음과 같이 요약된다.

① 우리말에서 음절말 위치에 올 수 있는 자음은 'ㄱ, ㄴ, ㄷ, ㄹ, ㅁ, ㅂ, ㅇ'의 일곱 개뿐이다.
② 따라서 음절말 위치에 이 일곱 자음 이외의 자음이나 자음군이 오면 이 일곱 자음 중 하나로 바뀌어 발음된다.
③ 이러한 변동을 음절 끝소리 규칙이라고 한다.

위의 ①~③은 우리말의 음절말 자음의 발음과 관련되는 사실을 종합하고 있으나, 음운 변동의 차원에서 보면 다소 불합리한 점이 있다. 먼저, ①은 앞에서 살핀 우리말 특유의 음절 구성상의 제약에 해당하는 내용으로 그 자체가 음운 변동에 대한 진술은 아니다. ②는 이 현상이 일종의 음운 대치라는 사실을 밝힌 것인데, '탈락'에 해당하는 자음군 단순화까지 포함시켰다는 데에 문제가 있다.[13] 평파열음화와 자음군 단순화는 음절말 위치에 일곱 자음 중 하나가 오도록 하는 변동이라는 점에서 공통성을 가지지만, 앞쪽은 '대치'이고 뒤쪽은 '탈락'이라는 점에서 차이가 있다. ③의 음절 끝소리 규칙이라는 이름도 음운 변동을 가리키는 것으로는 적절하지 못한 면이 있다. 음운론에서 '규칙'이란 어떤 음운 변동을 지배하고 있는 일종의 변환 장치와 같은 역할을 하는 것으로 가정되는 개념이다. 이 변동 규칙의 작용으로 인해 변동 현상이 일어나는 것으로 설명하는 것이다. 예를 들어, 우리 머릿속 어느 부분에 비음이 아닌 소리를 비음

---

13 2007년 개정 이후의 교육과정에 따른 고등학교 『독서와 문법』 교과서들에서는 대체로 자음군 단순화를 '탈락'으로 다루고 있다.

으로 바꾸는 비음 동화 규칙이 있고 이 규칙의 작용으로 인해 비음 동화 현상이 나타난다는 것이다. 비음 동화나 유음화 등에서 보듯이, 음운 변동 현상의 이름은 보통, 변환의 결과 나타나는 양상 즉 변동 현상 자체에 초점을 두고 붙여진다. 따라서 규칙 차원의 이름인 음절 끝소리 규칙은 변동의 이름으로서는 적절하지 않다고 할 수 있다.

이상의 논의를 고려할 때, 학교 문법에서 음절 끝소리 규칙이라는 이름으로 다루어져 온 현상은 음운 변동 차원에서는 평파열음화와 자음군 단순화로 나누어 각각 '대치'와 '탈락'으로 기술하는 것이 합리적이다. 앞의 '음절' 부분에서 말했듯이, '음절말 위치에 올 수 있는 자음의 수는 하나 이하이다.'나 '음절말 위치에 올 수 있는 자음은 일곱 자음 중 하나이다.'는 사실은 음절 구성상의 제약으로 제시하는 것이 좋을 것이다. 평파열음화와 자음군 단순화는 이러한 음절 구성상의 제약을 지키기 위해 일어나는 음운 변동 차원의 현상인 것이다.

2.2. 비음 동화

가. 자료

ㄱ) /국+만/[궁만], /깎+는/[깡는], /긁+는/[긍는], /낚+는/[낭는], /넋+만/[넝만], /닭+만/[당만], /부엌#문/[부엉문], /쪽+문/[종문], /칡+만/[칭만], /키읔+만/[키응만], /회색 눈/[회생눈], /흙#냄새/[흥냄새]

ㄴ) /걷:+는/[건:는], /꽃+망울/[꼰망울], /낮+만/[난만], /넣+는/[넌는], /놓+는/[논는], /맏+며느리/[만며느리], /맞+는/[만는], /묻:+니/(묻느냐?)[문:니], /배#노래→뱃노래/[밴노래], /뱉+는/[밴는], /벚+나무/[번나무], /웃:+는/[운:는], /있+는/[인는], /짓:+는데/[진:는데], /쫓는/[쫀는], /코#노래→콧노래/[콘노래]

ㄷ) /값+만/[감만], /겹#말/[겸말], /덮+는/[덤는], /돕:+는/[돔:는], /밟:+는데/[밤:는데], /앞#날/[암날], /앞+만/[암만], /없:+는/[엄:는], /읊+는/[음는], /줍:+는/[줌:는]

ㄹ) 규칙 만들기[규칙만들기], 깜짝 놀라다[깜짱놀라다], 막 먹는다[망멍는다], 온갖 마음이[온:간마으미]

ㅁ) 닉네임[닝네임](nick name), 매직 넘버[매징넘버](magic number), 맥밀런[맹밀런](MacMillan), 북 마스터[붕마스터](book master), 북마크

[붕마크](bookmark), 백-미러[뺑미러](back mirror),
　　　블랙 먼데이[블랭먼데이](black Monday), 팝 뮤직[팜뮤직](pop music),
　　　핫 머니[한머니](hot money)

ㅂ) 나감니다(←나갑니다), 누가 나오겐냐(←나오겠냐), 중는줄(←죽는 줄)

나. 변동의 양상

　　자료 ㄱ)~ㄷ)에서 나타나는 변동의 양상을 음운 규칙의 형식으로 정리해 보면 다음과 같다.

　　ㄱ, ㄲ, ㅋ, ㄳ, ㄺ → [ㅇ] / ___ ㅁ, ㄴ
　　ㄷ, ㅌ, ㅅ, ㅆ, ㅈ, ㅊ, ㅎ → [ㄴ] / ___ ㅁ, ㄴ
　　ㅂ, ㅍ, ㄼ, ㄿ, ㅄ → [ㅁ] / ___ ㅁ, ㄴ

　　겉으로 봐서는 입력형이 되는 자음이 여럿이고 그 중에는 자음군도 있지만 이들은 음절말 위치에서 평파열음화와 자음군 단순화를 겪기 때문에 결국 'ㄱ', 'ㄷ', 'ㅂ'의 세 자음만이 비음 동화의 대상이 된다.

　　/앞만/ → 압만 → [암만]
　　/낚는/ → 낙는 → [낭는]
　　/넣는/ → 넏는 → [넌는]
　　/긁는/ → 극는 → [긍는]
　　/값만/ → 갑만 → [감만]
　　/밟:는다/ → 밥:는다 → [밤:는다]

　　따라서 이 변동의 입력형은 장애음 'ㄱ', 'ㄷ', 'ㅂ', 환경 조건은 '비음 앞', 출력형도 '비음'인 것으로 정리할 수 있다. 즉 이 변동은 비음 앞에서 비음 아닌 장애음이 비음으로 바뀌는, '장애음의 비음 동화' 현상이다. 아울러, 이 변동은 장애음이 그 조음 위치는 바뀌지 않고 조음 방법만 바뀌는 현상이다. 자료 ㄹ)과 ㅁ)은, 이 변동 현상이 '목적어+서술어', '부사어+서술어', '관형어+주어' 등과 같이 서로 다른 문장 성분이 되는 단어들을 하나의 말토막[14]으로 발음할 때에도 나타나고, 새로 들어오는 외래어에서도 예외 없이 나타날 정도로 보편적이고 광범위한 현상임을 보여주고 있다. ㅂ)은 인터넷 대화방의 언어 자료에서 뽑은 것인데, 비음 동화가 일어난 상태 그대로 표기한 예이다.[15]

다. 변동의 설명

이 변동은 불파음화된 자음이, 뒤따르는 비음 앞에서 같은 조음 위치의 비음으로 바뀌는 현상이다. 입 안의 어느 한 곳이 막힌 상태에서 뒤의 비음을 내기 위해 코로 통하는 공깃길을 열게 되므로, 공기가 코로 나가면서 파열이 일어날 수밖에 없고 그 결과 소릿값이 비음과 같아지는 것은 아주 자연스러운 일이다. 따라서 음성학적으로는 음절말 위치의 불파음화가 이 변동의 적용 조건을 만들어 주었다고 할 수 있다. 음운론적으로는 평파열음화와 자음군 단순화를 거쳐 나온 평파열음이 뒤따르는 비음 앞에서 같은 위치의 비음으로 바뀌는 현상으로 설명된다. 앞에서 관찰한 대로, 이 변동은 동화에 의한 음운 대치 현상으로 분류되며, 피동화주가 앞에 있고 동화주가 뒤에 있으므로 역행 동화이고, 구강 장애음이 뒤따르는 비음에 동화되므로 조음 방법 동화이다. 이상의 탐구 결과를 따르면, 이 동화 현상을 지배하는 음운 규칙은 다음과 같은 모양이 될 것이다.

■ 비음 동화 규칙
[−공명성] → [+비음성] /＿＿＿ + [+비음성]
(비음 앞의 구강 장애음은 비음으로 바뀐다.)

평파열음화와 자음군 단순화를 거쳐 나온 소리만이 이 규칙의 입력형이 되므로 그 음성 자질은 [−공명성]으로 충분하다. 그리고 이 변동 현상이 정도 자질에 의해서도 설명될 수 있다는 점은 앞의 5장에서 보기와 함께 제시된 바 있다.

---

14 '말토막'은 이호영(1996)의 용어를 빌려 쓴 것인데, 여기서는 기식군(氣息群, breath group), 즉 중간에 쉼이 없이 한 호흡에 발음되는 발화 단위를 말한다. 하나의 문장을 중립적인 의미로 읽으면 보통 한 어절이 하나의 말토막이 되지만, 특별한 의도를 가지고 읽으면 초점의 위치에 따라 실제 말토막의 크기는 다양하게 나타난다.
15 통신 언어 자료는 주로 문화관광부(2000)에서 가져왔다.

위에서 보았듯이 우리말에서는 비음 동화는 조건만 맞으면 무조건 일어나는 자동적인 현상이다. 영어의 경우, 같은 음성 환경에서도 비음 동화가 잘 일어나지 않는다. 오래전에 VICMAN(빅맨)이라는 속옷 상표의 광고에 우리나라의 유명한 탤런트와 영국의 10대 소년이 함께 등장한 적이 있다. 그 영국 꼬마가 [비ㅋ맨] 정도로 발음한 데 반해 우리나라의 탤런트는 자연스럽게 [빙맨]이라고 발음했다.

라. 관련 어문 규범

비음 동화에 의한 발음은 표준 발음으로 인정되고 있다. 현행 표준 발음법 제5장(소리의 동화)의 18항은 비음 동화와 관련된 조항이다.

제18항 받침 ㄱ(ㄲ, ㅋ, ㄳ, ㄺ), ㄷ(ㅅ, ㅆ, ㅈ, ㅊ, ㅌ, ㅎ), ㅂ(ㅍ, ㄼ, ㄿ, ㅄ)은 'ㄴ, ㅁ' 앞에서 [ㅇ, ㄴ, ㅁ]으로 발음한다.

위 규정에서, 'ㄱ, ㄷ, ㅂ' 이외의 자음이나 자음군들을 ( ) 안에 제시한 것은 이들이 평파열음화와 자음군 단순화를 겪은 뒤에 비음으로 바뀐다는 사실을 나타낸 것이다.

마. 학교 문법의 내용

학교 문법에서는 이 변동을 비음화나 비음 동화로 부르며 우리말 자음 동화의 하나로 설명하고 있다. 제7차 교육과정에 의한 고등학교 문법 교과서에서는 이 현상과, 뒤에서 살필, 'ㄹ-비음화'를 '비음화'로 묶고, 다시 이 비음화를 유음화와 묶어 자음 동화에 소속시켰다. 그러나 '남루→[남누]', '섭리→섭니→[섬니]'에 나타나는 'ㄹ-비음화'를 자음 동화로 분류하기 어려울 뿐 아니라 이 두 변동은 조건이나 동기가 다르기 때문에 하나의 현상으로 묶기는 어렵다.[16] 2007년 개정 이후의 교육과정에 따른 교과서들은 대부분 'ㄹ-비음화'를 빼고 비음 동화만을 따로 다루고 있다.

비음 동화는 학습자들이 비교적 쉽게 탐구할 수 있는, 우리말의 대표적인 자음 동화 현상 중 하나이다. 따라서 역대 학교 문법서의 음운 변동 단원에서 이 변동은 항상

---

16 이 점에 대해서는 'ㄹ-비음화' 부분에서 다시 언급된다.

중요하게 다루어졌다. 다만, 표면적인 현상을 가지고 규칙화하는 활동만 하게 하기보다는 학습자 스스로 자신의 발음 기관과 발음 양상을 관찰하여 변동의 방향을 확인하는 한편, 그 조건과 성격을 자음 체계표와 연계하여 탐구할 수 있도록 교육 내용을 선정할 필요가 있다.

2.3 유음화

가. 자료

1) ㄱ) /길#눈/[길룬], /달#나라/[달라라], /들:#나물/[들:라물], /물#난리/
   [물랄리], /땔#나무/[땔라무], /별납/(別納)[별랍], /설:#날/[설랄],
   /실내/(室內)[실래], /월남/(越南)[월람], /찰나/(刹那)[찰라], /칼#날/
   [칼랄], /하늘#나라/[하늘라라]

   ㄴ) 가죽을 남기고[가주글람기고], 겨울 나그네[겨울라그네], 고양이를
   내몰았고[고양이를래모랃꼬], 망할놈[망할롬], 발 냄새[발램새],
   별 넷[별렏], 사흘 내내[사흘래:내], 살 날[살:랄], 선물을 너한테
   [선:물을러한테], 소리를 내고[소리를래고], 잘 난다[잘란다],
   정말 놀라운걸[정말롤라운걸], 줄 내린다[줄래린다],
   펄펄 나는[펄펄라는], 한 달 남짓[한달람짇]

   ㄷ) 골-네트[골레트](goal net), 올누드[올루드](all nude),
   웬델네 집[웬델레집], 테이블 넘버[테이블럼버](table number)

   ㄹ) /닳+네/[달레], /뚫+는/[뚤른], /앓+는/[알른], /핥+네/[할레],
   /훑+는/[훌른]

   ㅁ) /살:+느냐/[사:느냐], /살:+니/[사:니](의문형), /살:+는/[사:는]

   ㅂ) 딸+님>따님, 바늘+질>바느질, 버들#나무>버드나무, 불#삽>부삽,
   불#젓가락>부젓가락, 솔#나무>소나무, 아들+님>아드님

   ㅅ)[17] /딸+님/[딸림], /버들#나무/[버들라무], /불#나비/[불라비],
   솔#나무/[솔라무], /아들+님/[아들림]

2) ㄱ) /관련/[괄련], /권력/[궐력], /난:로/[날:로], /만:리/[말:리], /분리/
   [불리], /산림/[살림], /선례/[설례], /신라/[실라], /연령/[열령],

---

[17] 『표준국어대사전』(국립국어원)에는 1)의 ㅅ) 중에서 '불나비'와 '솔나무'는 표제어로 등재되어 있고, '딸님', '버들나무', '아들님'은 등재되어 있지 않다. 여기서 이런 단어를 함께 제시한 것은 이들의 경우 'ㄹ-탈락'이 일어나지 않은 상태의 발음도 자연스럽다는 것을 보이기 위함이다.

/원래/[월래], /전라도/[절라도], /진ː로/[질ː로], /천리/[철리], /편리/
[펼리], /한ː류/[할ː류], /광ː한루/[광ː할루], /대ː관령/[대ː괄령],
/산ː란기/[살ː란기], /탄ː력성/[탈ː력썽]

ㄴ) /결단력/[결딴녁], /공신력/[공신녁], /보ː존료/[보ː존뇨], /신문로/
[신문노], /의ː견란/[의ː견난], /임ː진란/[임ː진난], /생산량/[생산냥],
/상견례/[상견녜], /이ː원론/[이ː원논], /입원료/[이뤈뇨]

ㄷ) /공권력/[공꿘녁]/[공꿜력], /동ː원령/[동ː원녕]/[동ː월령], /음운론/
[으문논]/[으물론]¹⁸

ㄹ) 무슨 라면[무슨나면], 빨간 리본[빨간니본], 좋은 라디오[조ː은나디오]

ㅁ) 온-라인[올라인][*온나인](on line), 온리[올리][*온니](only), 핀란드
[필란드][*핀난드](Finland), 인-라인 스케이트[일라인스케이트]
[인나인스케이트](in-line skate), 다운로드[다운노드][*다울로드]
(download), 원룸[원눔] [*월룸](one-room)

ㅂ) 열락처(←연락처), 절라도(←전라도)

나. 변동의 양상

위의 자료에 나타난 변동의 양상을 차례대로 살펴보자. 먼저 1)의 ㄱ)
은 고유어 파생어나 합성어, 한자어에서 'ㄹ' 뒤의 'ㄴ'이 'ㄹ'로 바뀌는
현상을 보여준다. 즉 'ㄹ+ㄴ'이 'ㄹㄹ'로 바뀌고 있다. ㄴ)은 두 단어를
이어서 하나의 말토막으로 발음할 때도 이 변동이 일어난다는 사실을 보여
주고, ㄷ)은 같은 현상이 일어난 외래어의 보기이다. ㄹ)에서는 자음군 'ㄾ'
과 'ㅀ' 뒤에서도 이 변동이 똑같이 일어난다는 사실을 확인할 수 있다.

그런데 1)의 ㅁ)에서는 어간의 끝 자음 'ㄹ'이 어미 첫 자음 'ㄴ' 앞에서
탈락하는 현상이 나타난다. 앞의 네 경우와는 달리 'ㄹ' 다음에서 'ㄴ'이
'ㄹ'로 바뀌는 것이 아니라 도리어 'ㄴ' 앞의 'ㄹ'이 탈락한 것이다. 그리
고 ㅂ)은 이러한 'ㄴ' 앞 'ㄹ-탈락'이 용언의 활용에서만 나타나는 것이
아니라 파생이나 합성 과정에서도 나타난다는 점을 보여주는 자료인 반
면, ㅅ)은 같은 단어를 'ㄹ-탈락'이 일어나지 않는 쪽으로 발음해도 어색
하지 않음을 보여준다.

자료 1)이 'ㄹ+ㄴ'의 연쇄에서 일어나는 변동을 보여 주는 반면에 2)는

---

18 표준 발음법에서는 [공꿘녁], [동ː원녕], [으문논]만을 표준 발음으로 인정하고 있다.

'ㄴ+ㄹ' 연쇄에서 일어나는 변동을 보여 주고 있다. 먼저, 2)의 ㄱ)에서는 'ㄹ' 앞의 'ㄴ'이 'ㄹ'로 바뀌어 발음(ㄴ+ㄹ→ㄹㄹ)되는 데 반해, ㄴ)에서는 'ㄴ' 뒤의 'ㄹ'이 'ㄴ'으로 바뀌고 있다.(ㄴ+ㄹ→ㄴㄴ) 그리고 ㄷ)은 현실적으로는 두 가지 발음(ㄴ+ㄹ→ㄴㄴ/ㄹㄹ)이 다 실현되는 단어들이다. ㄱ)~ㄷ)의 단어는 모두 한자어인데, 그 중에서 ㄴ)과 ㄷ)은 모두 3 음절어로, 대체로 앞의 두 음절이 한 단어를 이룸으로써 결과적으로 'ㄴ'과 'ㄹ' 사이에 단어 경계가 존재하는 것처럼 여겨진다는 공통점이 있다.

2)의 ㄹ)은 관형어의 역할을 하는 고유어의 끝 자음 'ㄴ' 뒤에서 외래어의 첫 자음 'ㄹ'이 'ㄴ'으로 바뀌어 발음되는 자료들인 반면, ㅁ)은 'ㄴ+ㄹ'의 연쇄를 가진 외래어들인데 고유어에서처럼 'ㄹㄹ'로만 발음되는 것, 'ㄴㄴ'으로만 발음되는 것, 양 쪽 발음이 다 가능한 것이 함께 나타난다.[19] ㅂ)은 통신언어에서 가져온 것인데 'ㄹ' 앞의 'ㄴ'이 'ㄹ'로 바뀐 상태로 표기된 예이다.

이렇게 정리할 때, 'ㄹ+ㄴ'을 기저형으로 하는 1)류와 'ㄴ+ㄹ'을 기저형으로 하는 2)류 모두에서 매우 혼란스러운 양상이 나타나고 있음을 알 수 있다. 전체적으로 뚜렷하게 드러나 보이는 경향은 'ㄴ'이 'ㄹ'의 앞이나 뒤에서 'ㄹ'로 바뀐다는 사실이지만, 반례들이 많이 있어서 한 번에 정리하기가 어렵다.

다. 변동의 설명

우선 1)과 2)를 나누어 살펴보자. 앞에서 관찰했듯이, 1)의 ㄱ), ㄴ), ㄷ)에서는 'ㄹ+ㄴ→ㄹㄹ'의 변동이 나타나고 있다. 치조 비음인 'ㄴ'이 같은 조음 위치의 유음인 'ㄹ' 뒤에서 'ㄹ'로 바뀌는 현상이므로 '순행적 유음화'로 부를 수 있겠는데, 다음 정도로 규칙화할 수 있다.

---

19 ㅁ)류에 대해서는, 대체적인 발음 경향을 따라 발음 표기를 하고 [*] 표시도 했지만, 사실은 개인에 따라 매우 다양한 모습을 보여서 어느 한 쪽 발음만을 현실 발음으로 선택하기가 쉽지 않다.

◪ 순행적 유음화 규칙(규칙 a)

$$\left[\begin{array}{c} +설정성 \\ +비음성 \end{array}\right] \rightarrow [+유음성] \ / \ [+유음성] + \underline{\hphantom{xxx}}$$

('ㄹ' 뒤의 'ㄴ'은 'ㄹ'로 바뀐다.)

위의 현상이 국어의 보편적인 음운 변동으로 인정되려면, 환경 조건이 조금 다른 ㄹ)류, 같은 음성 환경에서 ㄱ)~ㄷ)과 상반된 현상을 보이는 ㅁ), ㅂ)류, 그리고 다시 ㅂ)류와 상반된 현상을 보이는 ㅅ)류가 합리적으로 설명되어야 한다.

먼저 1)의 ㄹ)과 ㅁ)을 단순 비교하면, '어간 끝 자음 'ㄹ'과 어미 자음 'ㄴ'의 연결에서 이 두 자음 사이에 다른 자음이 하나 끼어 있으면 유음화가 일어나고 다른 자음의 개입이 없이 두 자음이 바로 만나면 'ㄹ'이 탈락한다.'는 가설이 세워질 수 있다. 즉 이 가설은 다음과 같은 변동 과정을 가정하고 있는 것이다.

/ㄹC+ㄴ/ → [ㄹCㄹ] → [ㄹㄹ](C는 임의의 자음)

그러나 이 가설은 같은 조건을 갖춘 '밟는'[밤는]이나 '삶는다'[삼는다], '읽는다[잉는다]' 등에서 유음화가 일어나지 않는다는 사실을 고려하면 성립될 수 없음을 알 수 있다. 1)의 ㄹ)류와 위의 '읽는다'류를 함께 설명하려면, 순행적 유음화가 개재 자음이 없는 상태, 즉 두 자음의 직접 연쇄에만 일어나는 것으로 보아야 하고 이를 위해서는 순행적 유음화가 자음군 단순화 이후에 일어나는 것으로 순서화해야 한다.

/달나라/	/훑는/	/읽는다/	
_____	훌는	익는다	(자음군 단순화)[20]
달라라	훌른	잉는다	(순행적 유음화, 비음 동화)
[달라라]	[훌른]	[잉는다]	(표면형)

---

[20] 물론 자음군 단순화 이전에 평파열음화가 먼저 적용된다. 이 책에서 '/기저형/ → [표면형]'의 도출과정을 제시할 때에는 특별한 경우가 아니면 직접 관련되는 변동만 제시하기로 한다.

이렇게 되면 일단 1)의 ㄱ)~ㄷ)과 ㄹ)에 대한 설명은 이루어진 것으로 볼 수 있다. 남은 것은 ㅁ)과 ㅂ), ㅅ)이다. ㅁ)을 위해서는 어간말 자음 '르'이 어미 첫 자음 'ㄴ' 앞에서 탈락하는 '특별한' 변동이 있음을 인정해야 하고 따라서 국어에 다음과 같은 '특별한' 규칙을 설정할 수밖에 없다.[21]

⬇ 르-탈락 규칙(규칙 b)
르 → Ø / ___]어간 + ㄴ
(어간 끝 자음 '르'은 어미 첫 자음 'ㄴ' 앞에서 탈락한다.)

1)의 ㅂ)은 ㄱ)과 다름없는 파생어나 합성어에서 'ㄴ'을 포함한 몇몇 자음 앞의 '르'이 탈락하는 보기들이다. 다시 말해 ㅂ)은 ㄱ)류에 대해서는 반례가 되고 ㅁ)류에 대해서는 'ㄴ' 앞 '르-탈락'의 범위가 더 넓을 수도 있음을 보이는 자료가 된다. 뒤의 '르-탈락' 항에서도 언급되겠지만, ㅂ), ㅅ)과 ㅁ)류는 다음과 같이 설명될 수 있다.

> 위의 규칙 b는 과거 어느 시기[22]에는 상당히 폭넓은 적용 환경을 가지고 있었으나 후대로 오면서 힘이 약화되어 오다가 현대에는 그 적용 영역이 '용언의 활용'으로 제한되고 그 음성 환경도 축소되는 쪽으로 변화된 것이다.

⬇ 과거 어느 시기의 '르-탈락' 규칙(규칙 c)
르 → Ø / ___ + ㄴ, ㄷ, ㅅ, ㅈ
('르'은 'ㄴ, ㄷ, ㅅ, ㅈ' 앞에서 탈락한다.)

ㅂ)의 [소나무]류는 '규칙 c'가 강력한 힘을 가졌던 시기에 만들어졌다가 그 상태로 굳어진 것이기 때문에 현대 국어의 공시적인 음운 변동에 의한 것으로 보기 어렵다. 만약 '규칙 c'가 지금도 살아 있다면 ㄱ)과 같은 순행적 유음화가 일어날 수가 없고 ㅅ)류와 같은 보기도 있을 수 없기

---

21 여기서 '특별한'이란 표현을 쓴 것은 이 변동이 '어간 끝 자음'이나 '어미 첫 자음'과 같은 조건을 필요로 하기 때문이다. 이 '르-탈락'은 뒤의 '탈락' 부분에서 더 상세하게 다룬다.
22 15세기 문헌에 이미 이 규칙의 적용을 받은 자료가 나타난다.

때문이다. ㅅ)에 나타나는 유음화는 ㄱ)의 '달나라'[달라라]류와 함께, '규칙 c'가 '규칙 b'로 바뀐 후 순행적 유음화 '규칙 a'에 의해 일어나는 것으로 설명된다. 이 과정을 정리해 보면 다음과 같다.

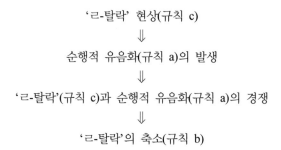

'르-탈락' 현상(규칙 c)
⇓
순행적 유음화(규칙 a)의 발생
⇓
'르-탈락'(규칙 c)과 순행적 유음화(규칙 a)의 경쟁
⇓
'르-탈락'의 축소(규칙 b)

'규칙 b'는 위와 같은 과정을 겪어, 지금은 매우 제한된 환경에만 적용되는 특별한 규칙이기 때문에 다른 규칙보다 우선적으로 적용된다. 이제 1)의 ㄱ)(ㄴ, ㄷ, ㅅ류 포함), ㄹ), ㅁ)의 도출 과정은 다음과 같이 정리된다.

/달+나라/	/훑+는/	/살:+는/	
──────	──────	사:는	(ㄹ-탈락 규칙〈규칙 b〉)
──────	훑는	──────	(자음군 단순화)
달라라	훑른	────	(순행적 유음화)
[달라라]	[훑른]	[사:는]	(표면형)

다음으로, 자료 2)에 대해 살펴보자. 위에서 보았듯이, 2)의 자료들에는 두 가지 상반된 변동이 일어나고 있다. 그 하나는 'ㄴ+ㄹ → ㄹㄹ'이고 다른 하나는 'ㄴ+ㄹ→ㄴㄴ'이다. 전자는 역행적 유음화이고 후자는 '르-비음화'이다. 따라서 이들을 지배하는 다음의 두 규칙이 따로 존재한다고 볼 수밖에 없다.

⬇ 역행적 유음화 규칙(규칙 d)
ㄴ → ㄹ / ____ + ㄹ
('ㄴ'은 'ㄹ' 앞에서 'ㄹ'로 바뀐다.)

⬇ ㄹ-비음화 규칙(규칙 e)

ㄹ → ㄴ / ㄴ + ＿＿＿

('ㄹ'은 'ㄴ' 뒤에서 'ㄴ'으로 바뀐다.)

2)에서 2음절어는 모두 규칙 d의 적용을 받는 것으로 볼 수 있으나, 3음절어의 경우에는 두 변동 중 어느 쪽이 일어나는지 규칙화하기가 어렵다. 그러나 대체적으로는 방언과 세대에 따라 어느 정도의 경향성을 보인다. '음운론'을 예로 들자면, 남부 지역 방언과 노년층일수록 규칙 d의 적용을 받은 [으물론] 쪽 발음이 강한 데 반해, 중부 방언과 젊은 세대일수록 '규칙 e'의 적용을 받은 [으문논]으로 발음하는 경향이 강해지고 있다. 이 경향성은 두 변동이 표기에 반영되어 나타나는 문헌 자료의 시기 차이와도 일치하는데, [으물론]류가 [으문논]류보다 앞선 시기의 문헌 자료에 나타나고 있다.[23] 여기에다 뒤에서 살필, '자음 뒤 'ㄹ'의 비음화'(ㄹ → ㄴ / 자음 ＿＿＿)와의 관계까지 고려하면[24] 다음과 같은 결론을 이끌어낼 수 있다.

'ㄴ+ㄹ'을 기저형으로 하는 이 두 변동은 서로 다른 시기에 시작되었고, 지금은 서로 경쟁 관계에 있으며, 앞으로는 'ㄴㄴ'형 발음, 즉 [으문논] 쪽이 우세해질 것으로 전망된다.

앞에서 말한 대로, '[으물론]~[으문논]'의 발음에는 단어의 구조에 대한 인식도 관여하는 것으로 보인다. 즉, 'ㄴ'이 앞 단어의 끝 자음이라는 인식이 강할수록 '[으문논]'으로 발음할 가능성이 높다. '광한루'나 '대관령'의 발음을 '의견란' 및 '생산량' 등의 발음과 비교해 보면 이러한 해석의 가능성을 확인할 수 있다. 그러므로 '[으물론]'식 발음과 '[으문논]'식 발음에는 개인의 발음 습관, 세대, 단어의 구조 등의 여러 변수가 개입하는 것으로 볼 수 있다.

---

[23] 역사적으로 역행적 유음화 현상이 반영된 표기는 16세기 자료에 이미 나타나고 'ㄴ' 뒤의 'ㄹ' 비음화 자료는 17세기쯤부터 나타난다.(이진호 1998 참조.)

[24] 'ㄹ'의 비음화는 원래 'ㄴ'을 제외한 자음 뒤에서 나타나는 변동이었으나 차츰 'ㄴ' 다음으로 그 영역을 확대해 가고 있는 것으로 볼 수 있는데 그 증거가 [으문논]류이다.

이상의 설명에 따라 자료 1), 2)와 관련된 변동 현상 중 'ㄹ-탈락'이나 'ㄹ-비음화'는 일단 제외해 두고, 여기서는 유음화에 대해서 더 살펴보도록 하자. 앞에서 1)의 ㄱ)~ㄹ), ㅅ)은 순행적 유음화로, 2)의 ㄱ)과 ㄴ), ㅁ)의 일부는 역행적 유음화로 규정했다. 이 두 유음화는 치조 비음인 'ㄴ'이 같은 위치에서 조음되는 'ㄹ'의 앞이나 뒤에서 'ㄹ'로 바뀌는 변동 현상이기 때문에 자음 동화의 일종으로 볼 수 있으며, 조음 위치는 바뀌지 않고 조음 방법만 비음에서 유음으로 바뀌는, 조음 방법 동화라 할 수 있다.[25] 즉 연속하는 같은 조음 위치의 두 공명음을 같은 조음 방법으로 발음하려는 동기에 의한 변동이다. 동화의 결과가 'ㄴㄴ'이 아니라 'ㄹㄹ'인 이유는 'ㄹ'이 'ㄴ'보다 열림도나 강도가 커서 청각적으로 더 큰 전달력을 가지기 때문인 것으로 보인다. 음성학적인 관점에서 보자면, 혀끝을 윗잇몸 근처에 댄 상태에서 공기를 코로 내보내는 동작과 혀의 양 옆으로 공기를 흘려보내는 동작을 연속적으로 하기가 어려워서 하나의 동작으로 통일하려는 동기가 발생하였고, 이를 충족시키기 위해 공깃길의 중앙부 폐쇄는 일어나되 공기의 흐름은 계속되는, 유음의 조음 방법이 선택된 것으로 보인다. 따라서 이 변동은 비음이 원래 가지고 있던 [+비음성]을 버리고 [+유음성]을 새로 가지는 현상이라고 할 수 있다.

유음화에 대해 더 생각해 보아야 할 문제는 이 두 종류의 유음화를 하나의 변동 현상으로 볼 수 있는가 하는 것이다. 즉 하나의 변동 현상이 'ㄹ'과 'ㄴ'의 위치에 따라 두 종류로 나타나는 것인가, 아니면 둘 다 유음화이지만 서로 다른 변동 과정으로 보아야 할 것인가 하는 문제가 남아 있다. 생성 음운론이 도입된 이후 처음에는 두 유음화를, 다음과 같은 규칙의 지배를 받는, 하나의 변동 현상으로 처리했다.

⬇ 유음화 규칙(규칙 f)

$$\begin{bmatrix} +설정성 \\ +비음성 \end{bmatrix} → [+유음성] \% [+유음성]$$

('ㄴ'은 'ㄹ'의 앞이나 뒤에서 'ㄹ'로 바뀐다.)

---

[25] 변동의 결과가 유음 중에서도 항상 설측음이기 때문에 이 변동을 '설측음화'로도 부른다.

순행적 유음화와 역행적 유음화는 변동의 대상과 결과가 완전히 같다는 점에서 하나의 현상으로 볼 여지도 있다. 그러나 이 둘을 하나의 현상으로 처리하기에는 어려움이 있다. 무엇보다도, 이 두 유음화는 현재 서로 다른 방향으로 변해가고 있는 것으로 보인다. 앞에서 보았듯이, 역행적 유음화는 'ㄹ-비음화'와 경쟁 관계에 있고 순행적 유음화는 'ㄹ-탈락' 현상과 경쟁 관계에 있다. 역행적 유음화와 'ㄹ'의 비음화의 관계에 있어서는, 지금까지 'ㄹ-비음화'가 세력을 확대하는 쪽으로 변해오고 있기 때문에 상대적으로 역행적 유음화는 갈수록 움츠러들 가능성이 높다. 이에 반해, 순행적 유음화와 'ㄹ-탈락'의 경우는, 'ㄹ-탈락'이 오히려 적용 영역을 좁히는 쪽으로 변화해 왔기 때문에 순행적 유음화에 대한 영향력이 더 커질 가능성은 없다. 요컨대, 이 두 유음화는 현재 각각 서로 다른 변동 현상과 경쟁하고 있으며 앞으로 서로 다른 방향으로 변해 갈 가능성이 크다. 이러한 차이는 이 두 유음화의 성격이 서로 다르다는 것을 의미한다. 이 점을 고려하면, 순행적 유음화와 역행적 유음화는 변동 결과의 동질성에도 불구하고, 별개의 현상으로 처리하는 것이 더 합리적이라 하겠다.

라. 관련 어문 규범

표준 발음법 제20항이 유음화와 관계되는 발음을 규정하고 있다.

제20항 'ㄴ'은 'ㄹ'의 앞이나 뒤에서 [ㄹ]로 발음한다.
  (1) 난로[날:로], 신라[실라], 천리[철리], 광한루[광:할루], 대관령[대:괄령]
  (2) 칼날[칼랄], 물난리[물랄리], 줄넘기[줄럼끼], 할는지[할른지]
  [붙임] 첫소리 'ㄴ'이 'ㄶ', 'ㄾ' 뒤에 연결되는 경우에도 이에 준한다.
        닳는[달른], 뚫는[뚤른], 핥네[할레]

다만, 다음과 같은 단어들은 'ㄹ'을 [ㄴ]으로 발음한다.
        의견란[의:견난], 임진란[임:진난], 생산량[생산냥], 결단력[결딴녁],
        공권력[공꿘녁], 동원령[동:원녕], 상견례[상견녜], 횡단로[횡단노],
        이원론[이:원논], 입원료[이붠뇨], 구근류[구근뉴]

제20항의 (1)과 (2)는 각각 역행적 유음화와 순행적 유음화에 의한 발음을 '표준'으로 인정하는 조항이다. 그러나 '다만'을 통해, 역행적 유음화에 대해서는 상당히 많은 수의 예외를 인정하고 있다. 위 자료 2)의 ㄴ)과 ㄷ)류에 대해 'ㄹ-비음화'를 겪은 쪽을 표준 발음으로 처리한 것인데, 이는 역행적 유음화와 'ㄹ-비음화'의 경쟁과 관련된 언어 현실을 제대로 반영한 처리로 판단된다. 다만, 현재와 같은 모습으로는 '광한루'류와 '의견란'류의 발음에 여전히 혼란을 줄 수 있으므로 3음절 단어에 대해서는 '의견란'류를 정상적인 발음으로 정하고 '광한루'류를 예외적인 존재로 처리하는 방법도 고려해 볼 필요가 있겠다.

마. 학교 문법의 내용

학교 문법에서는 자음 동화에 속하는 변동의 하나로 유음화를 다루고 있는데, 순행적 유음화와 역행적 유음화를 구별하지 않고 있다. 역행적 유음화에 대한 예외가 되는, 2) ㄴ)의 '결단력[결딴녁]', '의견란[의견난]'류나 순행적 유음화와 환경 조건이 같은 어간 끝 'ㄹ-탈락' 현상에 대해서도 언급하지 않고 있다. 이러한 내용은 제7차 교육과정에 의한 고등학교 문법 교과서나 이후 교육과정에 의한 『독서와 문법』 교과서에 거의 같은 양상으로 나타나며 중·고등학교 교과서의 내용 수준도 비슷하다. 요컨대, 유음화에 대한 학교 문법의 교육 내용은 'ㄹ'의 앞이나 뒤에서 'ㄴ'이 'ㄹ'로 발음되는 자음 동화 현상이 있음을 확인하는 정도라고 할 수 있다.

고등학교 문법 정도에서는 역행적 유음화와 'ㄹ-비음화'의 관계나 순행적 유음화와 'ㄹ-탈락'의 관계까지 교육 내용에 포함하는 것도 고려해 볼 만하다. 같은 환경에서 서로 다른 음운 변동이 일어날 수도 있다는 점이 흥미로운 탐구 자료가 될 수 있을 것이기 때문이다.

2.4. ㄹ-비음화

가. 자료

ㄱ) /감로/[감노], /공로/[공노], /담ː력/[담ː녁], /삼라/[삼나], /대ː통령/[대ː통녕], /종로/[종노], /중ː력/[중ː녁], /침략/[침냑], /궁리/[궁니], /늠름/[늠늠]

ㄴ) /독립/[동닙], /막론/[망논], /박람회/[방남회], /법리/[범니], /백로/[뱅노], /압력/[암녁], /확립/[황닙]

ㄷ) /결단력/[결딴녁], /공신력/[공신녁], /보ː존량/[보ː존냥], /신문로/[신문노], /의ː견란/[의ː견난], /임ː진란/[임ː진난], /생산량/[생산냥], /상견례/[상견네], /이ː원론/[이ː원논], /입ː원료/[이ː붠뇨]

〈비교 1〉 /공권력/[공꿘녁/공꿜력], /동ː원령/[동ː원녕/동ː월령], 음운론[으문논/으물론]

〈비교 2〉 /권력/[궐력], /난ː로/[날ː로], /분리/[불리], /산림/[살림], /전라도/[절라도], /광ː한루/[광ː할루], /대ː관령/[대ː괄령], /산ː란기/[살ː란기], /탄ː력성/[탈ː력성]

〈비교 3〉 강한 라이트 펀치[강한나이트펀치], 무슨 라면[무슨나면] [*무슬 라면], 빨간 리본[빨간니본][*빨갈 리본], 좋은 라디오[조ː은나디오] [*조ː을라디오]

〈비교 4〉 롱런[롱넌](long-run), 매킨리[매킨니](McKinley), 블랙리스트 [블랭니스트](black list), 앙리[앙니](Henry), 원룸[원눔](one room), 장르[장느] (genre), 핫라인[한나인](hot line), 홈런[홈넌](home run)

나. 변동의 양상

위의 자료는 전반적으로 유음 'ㄹ'이 자음 뒤에서 같은 조음 위치의 비음인 'ㄴ'으로 바뀌는 현상을 보여주고 있다. 따라서 이 변동을 'ㄹ-비음화'라고 부른다. 위에서 보듯이, 순수 고유어 자료는 없고, 모두 한자어와 외래어 자료이다. ㄱ)과 ㄴ)은 변동의 조건에 따라 나누어진 것인데 ㄱ)은 주로 'ㅁ', 'ㅇ' 등의 비음 뒤에서, ㄴ)은 장애음 뒤에서 'ㄹ'이 'ㄴ'으로 바뀜을 보여주는 자료들이다. ㄴ)의 단어들은 'ㄹ'이 비음화된 이후에 선행 장애음이 비음 동화되는 과정까지 겪는다.

/막론/ → 막논 → [망논]

ㄷ)은 'ㄹ'의 선행 자음이 'ㄴ'인 예들인데 앞의 유음화에서도 살폈듯이, 〈비교 1〉, 〈비교 2〉와 같은 자료가 공존한다. ㄱ)~ㄷ)류를 종합할 때, 'ㄹ-비음화'의 환경은 "'ㄹ'을 제외한 다른 모든 자음 뒤'라고 할 수 있다. 〈비교 3〉은 'ㄴ'으로 끝난 고유어 어절 뒤에 'ㄹ'로 시작하는 외래어가 연결되어 하나의 말토막으로 발음되는 경우에도 같은 현상이 나타난다는 점을 보여주고 〈비교 4〉는 같은 현상이 일어나고 있는 외래어의 보기이다.

다. 변동의 설명

이 변동의 핵심은 'ㄹ'을 제외한 자음 뒤에서 'ㄹ'이 'ㄴ'으로 바뀐다는데에 있다. 유음이 같은 위치의 비음으로 바뀐 것이다. 음성학적으로 볼때, 'ㄹ→ㄴ'은 공기의 흐름을 순간적으로 완전히 막았다가 내는 소리([-유음성] 자음)와 공깃길의 중앙부는 한 순간 가볍게 막히지만 공기의흐름은 지속되도록 해서 내는 소리([+유음성] 자음)를 연이어 내는 부담을 줄이기 위해, 유음인 'ㄹ'로부터 [유음성]을 제거하는 변동이다. 'ㄹ'이가지고 있는 다른 자질은 유지하면서 [유음성]만 제거한 결과는 당연히같은 위치의 공명음인 'ㄴ'이 될 수밖에 없는 것이다.[26] 그러므로 이 변동은 '자음+ㄹ'의 연쇄를 좀 더 쉽게 발음하기 위해 'ㄹ'이 [유음성] 대신[비음성]을 가지게 되는 현상이라고 할 수 있다.

정도 자질의 관점에서 보면, 이 변동은 연속하는 두 자음의 열림도 조건을 맞추는 과정으로 설명할 수 있다. 즉, 우리말에는 두 자음이 연속할때 '앞 자음의 열림도가 뒷자음의 열림도보다 높거나 같아야 한다.'(김차균 1998: 73)는 원칙이 있는데, 'ㄹ-비음화'도 바로 이 원칙을 지키기 위해일어나는 것으로 설명되는 것이다.[27]

---

[26] [+설정성, +공명성, +유음성]에서 [유음성]을 제거하면 비음인 'ㄴ'이 될 수밖에 없다.
[27] 김차균(1998)의 열림도 등급은 5장(115쪽)의 **｜표 17｜**을 참고할 수 있다.

/감로/ → [감노] : ㅁ(3도)+ㄹ(4도) → ㅁ(3도)+ㄴ(3도) (뒷소리의 열림도 낮추기)

/막론/ → 막논 → [망논] : ㄱ(1도)+ㄹ(4도) → ㄱ(1도)+ㄴ(3도) → ㅇ(3도)+ ㄴ(3도) (뒷소리의 열림도 낮추기, 앞소리의 열림도 높이기)

앞의 '유음화'에서 이미 언급되었듯이 이 'ㄹ-비음화'는 역행적 유음화와 경쟁 관계에 있다. 위의 자료 ㄷ)이 이 상황을 잘 보여 준다. 즉, 다음과 같은 변동이 함께 일어나고 있는 것이다.

ㄴㄹ → ㄹㄹ
ㄴㄹ → ㄴㄴ

이 두 변동은 각각 앞에서 설정되었던 역행적 유음화 규칙(규칙 d)과 'ㄹ-비음화' 규칙(규칙 e)의 적용을 받는다. 앞에서도 말했듯이, 국어사 문헌에 'ㄴ' 뒤에서의 'ㄹ-비음화'를 보이는 자료가 나타나는 것은 17세기쯤부터이다. 반면 위 ㄱ), ㄴ)과 같이 'ㄹ'이나 'ㄴ'을 제외한 다른 자음 뒤에서의 'ㄹ' 비음화는 15, 6세기 문헌에서도 이미 발견된다. 이 사실에다, 젊은 세대일수록 역행적 유음화보다는 'ㄹ-비음화'에 의한 발음을 선호한다는 점을 함께 고려하면 다음과 같은 추론이 가능하다.

'ㄹ-비음화'는 원래 'ㄹ'과 'ㄴ'을 제외한 다른 자음 뒤에서만 일어났는데, 차츰 'ㄴ' 뒤에서도 일어나는 쪽으로 적용 환경을 넓혀왔다.

즉, 통시적으로 볼 때 'ㄹ-비음화'는 다음 규칙 g로부터 규칙 h로 바뀌어 온 것으로 볼 수 있다.

ㄹ → ㄴ / 자음(ㄹ과 ㄴ 제외) _____ (규칙 g)
ㄹ → ㄴ / 자음(ㄹ 제외) _____ (규칙 h)

자료 ㄷ)과 〈비교 1〉~〈비교 4〉는 이와 같은 'ㄹ-비음화' 규칙의 변화 과정에서 나타나는 과도기적인 현상을 반영하고 있는 것으로 볼 수 있다.

그러나 '규칙 h'가 'ㄹ 제외'라는 조건을 없애는 쪽으로 변화할 가능성은 없어 보인다. 음성학적으로 볼 때, [ㄹㄹ]은 매우 자연스럽고 안정된 자음 연쇄이기 때문이다.

이제 'ㄹ-비음화'는 최종적으로 다음과 같이 규칙화된다.

⬇ 'ㄹ-비음화' 규칙

$$[+유음성] \rightarrow \begin{bmatrix} -유음성 \\ +비음성 \end{bmatrix} / \begin{bmatrix} +자음성 \\ -유음성 \end{bmatrix} \underline{\qquad}$$

('ㄹ'을 제외한 자음 다음에서 'ㄹ'은 'ㄴ'으로 바뀐다.)

라. 관련 어문 규범

표준 발음법에서는 원칙적으로 'ㄹ-비음화'의 환경을 'ㅁ, ㅇ' 및 'ㄱ, ㅂ'의 뒤'로 한정하고, 'ㄴ' 뒤의 경우는 예외적인 존재로 처리하고 있다. 'ㄹ-비음화'와 관련된 발음에 대한 규정은 다음 제19항에 나타나고 'ㄴ' 뒤에서 나타나는 '예외적인 비음화'는 앞의 유음화에서 소개했던 제20항의 '다만'에서 제시하고 있다.

제19항 받침 'ㅁ, ㅇ' 뒤에 연결되는 'ㄹ'은 [ㄴ]으로 발음한다.
담력[담:녁], 침략[침냑], 강릉[강능], 항로[항:노], 대통령[대:통녕]

[붙임] 받침 'ㄱ, ㅂ' 뒤에 연결되는 'ㄹ'도 [ㄴ]으로 발음한다.
막론[막논→망논], 백리[백니→뱅니], 협력[협녁→혐녁], 십리[십니→심니]

[붙임]에서 받침 'ㄷ'이 변동의 환경에 포함되지 않은 것은, 이 소리를 종성으로 가진 한자음이 없어서 자연스러운 예를 찾을 수 없기 때문이다. 그러나 '맏양반(/맏+량:반/)[만냥반]'이나 '핫라인[한나인]' 등을 보면 사실은 'ㄷ'도 이 변동의 선행 환경이 될 수 있음을 알 수 있다.

마. 학교 문법의 내용

제7차 교육과정기까지의 학교 문법에서는 'ㄹ-비음화'를 '장애음의 비음 동화'와 함께 '비음화'로 묶어 자음 동화의 하나로 다루었다. 그러나 위에서 살핀 이 변동의 음성적 동기를 고려할 때, '르-비음화'는 그 결과만 비음화일 뿐 장애음의 비음 동화와는 완전히 다른 현상이다. 장애음의 비음 동화가 '구강 불파음+비음'의 부자연스러운 연쇄가 '비음+비음'으로 바뀌는 역행적 동화 현상인 데 반해, '르-비음화'는 '르'을 제외한 다른 자음 뒤에서 '르'이 [유음성] 자질을 잃고 [비음성] 자질을 얻은 것이기 때문에 비음 동화와 같은 성격의 동화 현상으로 보기가 어렵다. '독립[동 닙]'과 같은 예를 보면 모음 사이의 두 자음이 서로 바뀌어 둘 다 비음이 되었기 때문에 '상호 동화'된 것처럼 보이기도 하지만, 사실은 '르-비음화'와 장애음의 비음 동화가 연속적으로 적용된 것이기 때문에 'ㄱ'과 '르'이 상호 동화된 것으로 보기도 어렵다. 요컨대, 장애음의 비음 동화와 '르-비음화'는 그 성격이 다른 현상이다. 그러므로 이 두 변동 현상을 함께 묶어 제시하는 것은 오히려 두 변동의 본질적인 모습을 이해하는 데 방해가 될 수도 있다.

2007년 이후의 교육과정에 의해 발간된 교과서들에서는 대체로 '르-비음화'를 음운 변동 단원에서 다루지 않고 있다.

'르-비음화'는 현대 국어에서 활발하게 일어나는 '대치' 변동 중 하나로 그 결과가 표준 발음으로 인정된다. 따라서 학교 문법의 음운 변동 단원에서는 이 변동을 포함시켜 다룰 필요가 있다고 본다. 앞에서 살폈듯이, 이 변동은 유음 '르'이 다른 자음 뒤에서 '유음성' 자질을 잃고 같은 조음 위치의 비음인 'ㄴ'으로 바뀌는 현상이다. 따라서 학교 문법에서 이 변동을 다룰 때도 이 변동의 환경 조건과 변동 결과에 초점을 두고 교육 내용을 구성하는 것이 좋을 것이다. 아울러, 이 변동이 '르'의 음성적 특징 때문에 나타난다는 점, 선행 자음이 'ㄴ'인 경우에는 '르-비음화' 대신 '역행적 유음화'가 일어나기도 한다는 점을 고려할 때, 이 변동은 '르' 관련 변동들과 함께 다루는 것이 합리적이다.

2.5. 구개음화

가. 자료

1) ㄱ) /굳+이/[구지], /땀#받+이/[땀바지], /맏+이/[마지],
   /미:#닫+이/[미:다지], /해#돋+이/[해도지]

ㄴ) /같+이/[가치], /밭+이/[바치], /밭+이랑/[바치랑], /벼#훑+이/[벼훌치],
　　/붙+이+고/[부치고], /샅샅+이/[삳싸치], /솥+이+다/[소치다],
　　/팥+이라서/[파치라서], /피#붙+이/[피부치], /해#볕+이→햇볕이/
　　[핻뼈치], /홑+이/ [호치]

ㄷ) /갇+히+고/[가치고], /굳+히+다/[구치다], /닫+히+다/[다치다],
　　/묻+히+다/[무치다], /받+히+다/[바치다]

ㄹ) /견디+다/[견디다], /느티#나무/[느티나무], /디디+다/[디디다],
　　/마디/[마디], /버티+다/[버티다], /어디/[어디], /잔디/[잔디],
　　/티끌/[티끌]

ㅁ) /밭#이랑(頃)/[반니랑][*바치랑], /밭#일/[반닐][*바칠], /홑#이불/
　　[혼니불][*호치불]

2) ㄱ) /격려/[경녀], /가+았+니/[간니], /공략/[공냑], /꽃#잎/[꼰닙], /냠냠/
　　[냠냠], /눈#요기/[눈뇨기], /담요/[담뇨], /당뇨/[당뇨], /도롱뇽/
　　[도롱뇽], /막+일/[망닐], /면:역/[며:녁], /바구니/[바구니], /범:례/
　　[범:녜], /상견례/[상견녜], /숭늉/[숭늉], /왕:림/[왕:님], /언니/[언니],
　　/역류/[영뉴], /저녁/[저녁], /침략/[침냑], /콩#엿/[콩녇], /협력/[혐녁],
　　/홑#이불/[혼니불]

ㄴ) /관리/[괄리], /권력/[궐력], /달력/[달력], /달리+다/[달리다], /물#엿/
　　[물렫], /불#여우/[불려우], /연령/[열령], /일류/[일류], /전:략/[절:략],
　　/헐+리+다/[헐리다]

ㄷ) /각시/[각씨], /갓+이/[가시], /짚#신/[집씬], /시사/[시사], /음:식/
　　[음:식], /씨름/[씨름]

3) ㄱ) /기:지개/>/지:지개/, /기름/>/지름/, /김:/>/짐:/, /길:다/>/질:다/,
　　/겨우/>/제우/, /계:집/>/지:집/, /기둥/>/지둥/, /키/>/치/, /끼:다/>
　　/찌다/

ㄴ) /혜다/>/세다/, /혜아리다/>/세아리다/, /혁/>/세/, /형/>/셩/,
　　/흉년/>/슝년/, /흉악하다/>/슝악하다/

나. 변동의 양상

　　자료 1)의 ㄱ)~ㄷ)은 치조음인 'ㄷ', 'ㅌ'이 모음 'ㅣ' 앞에서 각각 경구
개음인 'ㅈ'과 'ㅊ'으로 바뀌는 현상을 보여준다. ㄷ)의 단어들은 거센소
리되기를 함께 겪고 있다. ㄹ)과 ㅁ)은 ㄱ)~ㄷ)과 비슷한 환경을 가지고
있는데도 이 변동이 일어나지 않는 보기들이다. 2)의 자료들은 역시 치조
음인 'ㄴ', 'ㄹ', 'ㅅ', 'ㅆ' 등이 모음 'ㅣ'나 반모음 'ǐ' 앞에서 각각 경구

개 위치의 변이음인 [ɲ], [ʎ], [ɕ], [ʨ']으로 실현되는 현상을 보여준다. 그러나 1)에 나타난 말소리 바뀜이 음소 차원의 변동인 데 반해, 2)는 변이음이 실현되는 이음 변동이다. 다음으로 3)의 자료들에서 나타나는 현상은 주로 방언에서 나타난 통시적인 변화로, 'ㄱ', 'ㅋ', 'ㄲ'과 'ㅎ'이 '#___ㅣ(혹은 ǐ)'에서 각각 'ㅈ', 'ㅊ', 'ㅉ'과 'ㅅ'[28]으로 바뀌었다.[29] 이 경우의 구개음화는 단어의 기저형 자체를 바꾼 것이기 때문에[30] 현대 국어의 공시적인 음운 변동으로 보지 않는다.

다. 변동의 설명

여기서는 이음 변동인 2)류와 통시적인 현상인 3)류는 제외하고 음소 차원의 공시적 변동인 1)류[31]에 대해서만 살펴보기로 한다. 이 변동의 핵심은 치조음인 'ㄷ', 'ㅌ'이 뒤따르는 모음 'ㅣ'의 조음 위치에 이끌려 각각 경구개 자음인 'ㅈ', 'ㅊ'으로 바뀌는 데 있다.[32] 모음에 의한 자음의 동화인 셈이다. 이 변동의 이름은 정확하게 말하자면 경구개음화이지만 일반적으로 구개음화로 부른다.

음소 차원의 구개음화를 설명하는 데 있어서 가장 중요한 문제는 같은 음성 환경인데도 불구하고 구개음화가 일어나지 않는 ㄹ), ㅁ)을 어떻게

---

28 'ㅅ'이 경구개음이 아니라는 점에서, 'ㅎ>ㅅ'을 '구개음화'라고 부르는 것이 부적절해 보이기도 한다. 그러나 이 변화가 '형>셩>성'의 과정을 거친 것으로 보고 첫 단계에서 일어난 음성적 구개음화를 중시하여 그렇게 불러 왔다.(이명규 (1990: 42) 참조.) 또는 이 역사적 변화가 일어났던 시기에 'ㅅ'이 경구개음이었기 때문에 이 현상을 구개음화라고 부를 수 있는 것으로 보기도 한다.(이진호 (2014: 185) 참조.)

29 이 변화는 주로 방언에서 일어났고 그 결과도 표준발음으로 인정되지 않는 경우가 대부분이지만 '세다(<혜다)'와 같이 변화 결과인 어형이 표준어로 인정되는 경우도 있다.

30 따라서 '기지개'를 '[지:지개]'로 발음하는 방언 화자의 머릿속 어휘 사전에는 이미 /기:지개/가 아닌 /지:지개/가 등재되어 있는 것으로 보아야 한다.

31 앞에서 말했듯이, 1)류 중에도 형태론적 과정의 공시성에 대한 판단 여하에 따라 공시적인 변동이 아닌 것으로 분류될 것도 있다. 아울러, '밭'이나 '솥'과 같은 명사도 그 끝 자음이 'ㅊ'인 형태로 바뀐 것으로 보고, 현대 국어에는 공시적인 음운 변동으로서의 구개음화는 없다고 보는 관점도 있다.(배주채(2013: 145) 참조.)

32 이것은 치조음보다 경구개음 자음의 조음 위치가 모음 'ㅣ'를 발음할 때 혀의 위치에 더 가깝다는 것을 의미한다. '이자'와 '이다'를 발음하면서 혀가 움직이는 거리를 비교해 보면 'ㅣ-ㅈ'을 연속해서 발음할 때보다 'ㅣ-ㄷ'을 연속해서 발음할 때 혀가 움직이는 거리가 더 멀다는 것을 확인할 수 있다.

설명하느냐 하는 것이다. 먼저 구개음화가 일어나는 ㄱ)~ㄷ)을 관찰해 보면 모두 '어근+접사'와 '체언+조사'로서, 형태소 경계(+)를 사이에 두고 동화주인 'ㅣ'가 뒤에, 피동화주인 'ㄷ', 'ㅌ'가 앞에 놓여 있다. 이에 반해 ㄹ)은 한 형태소 안에서 'ㄷ', 'ㅌ'이 'ㅣ'와 직접 만나고 있고, ㅁ)은 형태소 경계가 아닌 단어 경계를 사이에 두고 'ㅌ'과 'ㅣ'가 만나고 있다.[33] 따라서 구개음화는 '어근+접사'나 '체언+조사'처럼 어휘 형태소와 문법 형태소가 만나는 경우에만 일어나고 한 단어 안이나 합성 과정에서는 일어나지 않는 것으로 정리할 수 있다. 2)에서 보듯, 이음 변동으로서의 구개음화는 한 형태소 안에서 일어나고 있고 3)의 'ㄱ' 구개음화와 'ㅎ' 구개음화는 단어의 첫머리 자리에서 일어난다는 점에서 음소 차원의 변동과는 다르다.

위의 사실을 고려하면 음소 차원의 구개음화는 다음과 같이 규칙화할 수 있다.

◢ 구개음화 규칙

('ㄷ'과 'ㅌ'이 형태소 경계를 사이에 두고 모음 'ㅣ' 앞에 오면 각각 'ㅈ' 과 'ㅊ'으로 바뀐다.)

우리말의 역사에서, 구개음화는 근대 국어 시기에 일어난 음운 변화 현상이었다. 이때에는 모음 'ㅣ'나 반모음 'ĵ' 앞의 모든 'ㄷ', 'ㅌ'이 각각 'ㅈ'과 'ㅊ'으로 바뀌었다. 이때의 구개음화는 지금의 구개음화처럼 '형태소 경계를 사이에 두고'뿐 아니라 형태소 내부에서도 일어났던 것이다. 이 구개음화의 결과 다음과 같은 현상이 나타났다.
① /둏다/와 같이 형태소 내부에서 'ㄷ, ㅌ +ㅣ(ĵ)' 연쇄를 가진 단어는 '좋다'로 바뀌게 되었다. 단어의 원형, 즉 기저형 자체가 바뀌게 된 것이다.
  둏다(好)>좋다, 디다(落)>지다, 티다(打)>치다
  텬디(天地)>천지, 부텨(佛)>부처

---

[33] /밭+이랑(조사)/[바치랑]과 /밭#이랑(頃)/[반니랑]에 둘의 차이가 잘 드러난다.

② /밭+이/, /밭+이다/, /굳+이/ 등과 같은 곡용이나 파생에서는 체언의 끝 자음이나 용언의 어간 끝 자음 'ㄷ', 'ㅌ'이 'ㅣ'로 시작하는 조사, 접사 앞에서 'ㅈ', 'ㅊ'으로 바뀌는 변동 현상이 나타나게 되었다. 이 경우에는 기저형이 바뀌는 것이 아니라 파생이나 곡용의 과정에서 적당한 환경이 만들어질 때에만 말소리 바뀜이 일어난다. 명사 '밭'을 예로 들면 '이'나 '이-'와 결합할 때만 '밫'으로 교체된다.

/밭은/[바튼], /밭에서/[바테서], /밭으로/[바트로], /밭이/[바치]

이 현상이 적용된 결과, 형태소 내부에서 구개음화가 일어날 수 있는 환경은 완전히 없어졌다. 그러나 ②와 같은 부류에서 나타나는 구개음화는 공시적인 음운 변동으로 남게 되었다. 현대 국어의 구개음화가 형태소 경계를 사이에 두고 피동화주와 동화주가 만나는 환경에서만 일어나게 된 것은 이런 이유 때문이다. 한편 '마디'나 '잔디'는 역사적 구개음화가 일어났던 시기에 그 형태가 /마듸/, /잔듸/여서 구개음화가 적용될 대상에서 제외되어 있었다. 이들이 오늘날과 같은 /마디/, /잔디/와 같은 형태를 갖게 된 것은 역사적 구개음화가 힘을 잃고 난 후에 'ㅢ > ㅣ'의 변화를 겪었기 때문이다.

라. 관련 어문 규범

표준 발음법 제17항에서는 구개음화에 의한 발음을 '표준'으로 규정하고 있다.

제17항 받침 'ㄷ, ㅌ(ㄾ)'이 조사나 접미사의 모음 'ㅣ'와 결합되는 경우에는, [ㅈ, ㅊ]으로 바꾸어서 뒤 음절 첫소리로 옮겨 발음한다.
곧이듣다[고지듣따], 굳이[구지], 미닫이[미다지], 땀받이[땀바지], 밭이[바치], 벼훑이[벼훌치]

구개음화와 관련된 규정은 한글 맞춤법에도 있는데, 제3장 '소리에 관한 것' 중 제2절 '구개음화'(제6항)가 그것이다.

제6항 'ㄷ, ㅌ' 받침 뒤에 종속적 관계를 가진 '-이(-)'나 '-히-'가 올 적에는 그 'ㄷ, ㅌ'이 'ㅈ, ㅊ'으로 소리 나더라도 'ㄷ, ㅌ'으로 적는다. (보기: 맏이, 해돋이, 굳이, 같이, 끝이, 핥이다, 걷히다, 닫히다, 묻히다)

구개음화에 대해, 발음상으로는 '표준'으로 인정하지만, 맞춤법에는 반영하지 않는다는 원칙을 밝힌 것이다. 만약 구개음화가 일어난 대로 적는다면 '/밭+은/[바튼]'은 '밭은'으로, '/밭+이/[바치]'는 '밭이' 정도로 적히게 된다. 만약 이런 식으로 적는 것을 허용한다면 하나의 단어나 형태가 놓이는 환경에 따라 서로 다른 모습으로 적히게 되어 국어 교육 및 언어 생활 전반에 큰 어려움을 초래하게 된다.

마. 학교 문법의 내용

구개음화는 역대 학교 문법서의 음운 변동 단원에서 빠지지 않고 다루어져 왔는데, 그 교육 내용은 위에서 살핀 내용에서 크게 벗어나지 않는다. 예를 들어, 제7차 교육과정에 의한 고등학교 문법 교과서에서는 "끝소리가 'ㄷ, ㅌ'인 형태소가 모음 'ㅣ'나 반모음 'ㅣ'로 시작하는 형식 형태소와 만나면 그 'ㄷ, ㅌ'이 센입천장소리 'ㅈ, ㅊ'으로 바뀐다."로 풀이하여 이 변동이 일어나는 음성적 환경 및 변동의 방향을 명확하게 설명하고 있다. 구개음화를 자음이 모음의 성질을 닮아 변동하는 동화 현상으로 설명하고 있으며, 구개음화에 의한 발음이 표준 발음으로 인정되고 있음을 밝히고 있다. 제6차 교육과정에 의한 문법 교과서에서는 이 변동의 공시적인 측면만을 다루고 있는 데 반해 제7차 교육과정에 의한 문법 교과서에서는 '텬디>천지' 및 '부텨>부처'와 같이 역사적 구개음화를 겪은 단어를 제시하고 공시적인 구개음화와 구별되는 점을 탐구하는 활동을 두기도 했다. 그러나 이후의 교육과정에 의해 발간된 교과서들에서는 이러한 역사적인 구개음화를 다루지 않고 있다.[34]

구개음화의 조건이나 환경은 문법 이론서나 어문 규범, 학교 문법서에서 매우 다양한 방식으로 기술되고 있다.

① /ㄷ, ㅌ/이 형태소 경계를 사이에 두고 모음 /ㅣ/ 앞에 오면('구개음화 규칙'의 설명에서)
② 받침 'ㄷ, ㅌ(ㄾ)'이 조사나 접미사의 모음 'ㅣ'와 결합되는 경우(표준 발음법 제17항)
③ 'ㄷ, ㅌ' 받침 뒤에 종속적 관계를 가진 '-이(-)'나 '-히-'가 올 적(한글 맞춤법 제6항)
④ 끝소리가 'ㄷ, ㅌ'인 형태소가 모음 'ㅣ'나 반모음 'ㅣ'로 시작하는 형식 형태소(문법

---

34 참고 자료나 심화학습을 위한 지식으로 공시적 구개음화와 통시적 구개음화의 차이를 제시한 교과서는 있다.

형태소)와 만나면(문법 교과서)

　이들은 모두 같은 내용을 다른 방식으로 표현한 것으로, 구개음화는 두 단어가 대등한 관계로 결합된 합성어나 한 형태소 내부에서는 일어나지 않고, 체언에 조사가 연결될 때나 어근에 접사가 결합할 때에만 일어난다는 내용을 담고 있다.

2.6. 된소리되기

가. 자료

1)　ㄱ) /가볍+다/[가볍따], /국#밥/[국빱], /독대/(獨對)[독때], /독서/[독써], /먹+도록/[먹또록], /먹+지/[먹찌], /목#덜미/[목떨미], /뻗+대다/ [뻗때다], /입구/(入口)[입꾸], /입#버릇/[입뻐릍], /작전/(作戰)[작쩐], /적법/(適法)[적뻡], /춥+고/[춥꼬], /책상/(冊床)[책쌍]

　　ㄴ) /가:+길→갓길/[가:낄/갇:낄], /깎+지/[깍찌], /꽃+고/[꼳꼬], /꽃#병/ [꼳뼝], /낯#설+다/[낟썰다]35, /덮+개/[덥깨], /부엌+도/[부억또], /옆#집/[엽찝], /옷#고름/[옫꼬름], /있+던/[읻떤], /찾+도록/[찯또록]

　　ㄷ) /값+도/[갑또], /닭#장/[닥짱], /몫+도/[목또], /밟:+고/[밥:꼬], /삯#돈/ [삭똔], /없:+고/[업:꼬], /읊+고/[읍꼬], /읽+지/[익찌], /흙+과/[흑꽈]

　　ㄹ) /앉+고/[안꼬], /얹+지/[언찌], /넓+게/[널께], /떫:+지/[떨:찌], /여덟#달/[여덜딸], /핥+다/[할따], /훑+소/[훌쏘]

　　ㅁ) /닿:+소/[다:쏘], /놓+습니다/[노씀니다], /않+습니다/[안씀니다], /앓+소/[알쏘]

2)　ㄱ) /담:+고/[담:꼬], /더듬+지/[더듬찌], /삼:+고/[삼:꼬], /삼:+기/[삼:끼], /신+고/[신:꼬], /신+기/[신:끼], /안:+도록/[안:또록], /안:+지만/ [안:찌만]

　　〈비교 1〉 /돌:+고/[돌:고], /멀:+다/[멀:다], /살:+지/[살:지]

　　〈비교 2〉 /돈:+도/[돈:도], /섬:+과/[섬:과]

---

35 표준발음인 [낟썰다]는 사실 이론적인 발음이며 실제로는 이대로 발음하기가 어렵다. 'ㅆ' 앞에서 같은 조음 위치에서의 폐쇄 동작이 일어나기 어렵기 때문이다. 사실 마찰음 앞에서 장애음을 완전한 불파음으로 발음하기란 불가능하다. [ㄱ]과 [ㅂ]의 경우에도 뒤에 마찰음이 올 때에는 미약한 파열이 일어난다. 이를 마찰음의 처지에서 보면 전파열음화(前破裂音化)라고 할 수 있는데, 예를 들어, '박사'는 [박ㄱ싸(pakₖs'a]로, '법사'는 [법ㅂ싸]로 발음된다.(김차균 1998: 24의 각주 7 참조) 'ㄷ+ㅆ'의 경우에는 이런 전파열음화가 일어나기 어렵기 때문에 현실적으로 [낟썰다]와 같은 발음은 잘 나타나지 않고 대부분 [나썰다] 정도로 발음된다.

〈비교 3〉 /감+기+다/[감기다], /굶+기+다/[굼기다], /안+기+다/[안기다],
/옮+기+다/[옴기다]

ㄴ) /닮+고/[담:꼬], /삶:+도록/[삼:또록], /젊:+지/[점:찌]

3) ㄱ) 할 것을[할꺼슬], 갈 데가[갈떼가], 할 듯하다[할뜨타다], 할 바를
[할빠를], 할 법하다[할뻐파다], 할 성싶다[할썽십따], 할 수는
[할쑤는], 할 적에[할쩌게], 갈 곳[갈꼳], 할 도리[할또리],
만날 사람[만날싸람]

ㄴ) /하+ㄹ걸/[할껄], /하+ㄹ게/[할께], /하+ㄹ밖에/[할빠께], /하+ㄹ세라/
[할쎄라], /하+ㄹ수록/[할쑤록], /하+ㄹ지라도/[할찌라도],
/하+ㄹ지언정/[할찌언정], /하+ㄹ진대/[할찐대]

4) /갈등/[갈뜽], /발달/[발딸], /절도/[절또], /말살/[말쌀], /불소/[불쏘],
/일시/[일씨], /갈증/[갈쯩], /물질/[물찔], /열정/[열쩡], /1#중대/[일쭝대],
/18#조/[십팔쪼]
〈비교 4〉 /결과/[결과], /물건/[물건], /발견/[발견], /불복/[불복],
/설계/[설계], /열기/[열기], /열변/[열변], /절기/[절기],
/출고/[출고], /출발/[출발], /팔경/[팔경], /활보/[활보]

나. 변동의 양상

자료 1)은 자음 'ㄱ, ㄷ, ㅂ' 뒤에서 평장애음 'ㄱ, ㄷ, ㅂ, ㅅ, ㅈ'이 된소
리로 바뀌는 현상을 보여주고 있는데, ㄱ)은 원래 'ㄱ, ㄷ, ㅂ'인 소리 뒤에
서, ㄴ)은 'ㄱ, ㄷ, ㅂ' 이외의 장애음 뒤에서, ㄷ)과 ㄹ)은 체언이나 어간의
끝 자음군 뒤에서 다른 체언이나 조사의 첫 자음, 어미의 첫 자음이 된소
리로 바뀌는 예들이다.[36] 그리고 ㅁ)은 어간 끝 자음 'ㅎ'과 어미 첫 자음
'ㅅ'이 만나면서 된소리가 나는 현상을 보여주고 있다. 'ㅎ' 뒤에서 된소

---

36 ㄹ)은 환경을 '어간의 끝 자음군 뒤'로 제한해야 할 것으로 보이기도 한다. '여덟'을 빼고 나면
모두 용언인데다 '여덟되[여덜되]'나 '여덟과[여덜과]', '여덟보다[여덜보다]' 등에서는 된소리되
기가 일어나지 않기 때문이다. 그러나 '여덟'을 제외한 나머지 예들이 모두 용언 어간인 것은
이 자음군들이 체언 끝소리 자리에 쓰인 예가 없기 때문일 뿐이다. 그러므로 체언 끝 자음군으로
쓰였을 때에 된소리되기에 참여하지 않았을 것이라고 판단하기는 어렵다. 그리고 위의 '여덟도'
류는 평소 자주 쓰이지 않는 말이어서 적극적인 근거가 될 수 있을지도 의문이다. 여기서는
'/여덟#달/[여덜딸]', '/여덟#개/[여덜깨]' 등에서 된소리되기가 일어난다는 점과, 다른 자음군과
같은 방식으로 처리할 수 있다는 이점을 고려하여 ㄹ)을 따로 하위 분류하지 않는다.

리로 바뀌는 평장애음은 'ㅅ'뿐이다.

2)의 ㄱ)은 어간의 끝 자음이 'ㄴ, ㅁ'일 때 뒤따르는 어미의 자음이 된소리로 바뀌는 현상을 보여주고 있다. 〈비교 1〉을 통해, 'ㄴ, ㅁ'과 함께 [+공명성] 자질을 가지는 'ㄹ' 뒤에서는 이 현상이 나타나지 않는다는 것을 확인할 수 있다. 따라서 2)에 나타나는 된소리되기의 환경은 [+공명성] 뒤가 아닌 [+비음성] 뒤로 보는 것이 옳다. 같은 비음인 'ㅇ'은 어간의 끝 자음으로 쓰이는 예가 없다. 〈비교 2〉를 보면 체언의 끝 자음 'ㄴ, ㅁ' 뒤에 오는 조사의 첫 자음은 이 변동에 참여하지 않음을 알 수 있고, 〈비교 3〉을 통해서는, 피·사동 접사 '-기-'의 첫 자음 역시 같은 환경에서 된소리되기를 겪지 않는다는 사실을 알 수 있다. 2)의 ㄴ)은 어간의 끝 자음군 'ㄿ' 다음에서 된소리되기를 보이는 예이다.

3)의 ㄱ)은 관형사형 어미 '-(으)ㄹ' 뒤에 연결되는 평장애음 'ㄱ, ㄷ, ㅂ, ㅅ, ㅈ' 등이 된소리로 바뀌는 현상을 보여 주고 있는데, 관형사형 어미 다음에 오는 명사가 의존명사일 때에는 어김없이 된소리되기가 일어나고, 자립 명사일 때에는 '용언의 관형사형+명사'를 하나의 말토막으로 발음할 때, 즉 관형사형 어미 뒤에 휴지(休止)가 오지 않을 때에만 된소리되기가 일어난다.[37]

만날 사람[만날 사ː람/만날싸람]
줄 돈과 음식[줄 돈과음식/줄똔과 음식]
살 집과 자동차[살 집꽈자동차/살찝꽈 자동차]

3)의 ㄴ)은 관형사형 어미 '-(으)ㄹ+후속 요소'가 발음상으로는 된소리되기를 겪은 상태로 하나의 어미로 굳어진 것들인데, 아예 된소리되기가 일어난 대로 적는 사람도 있다.

4)는 한자어의 음절말 자음 'ㄹ' 뒤에서 평장애음 중 'ㄷ, ㅅ, ㅈ'만이 된소리로 바뀜을 보여주고 있다. 1)의 ㄱ)에서 보듯이, 한자어의 된소리되기는 일반적으로 고유어와 다르지 않다. 따라서 [+공명성] 자음인 'ㄹ' 종성 뒤에서는 된소리되기가 일어나지 않는 것이 원칙이다. 그런데 우리

---

[37] 아래 자료는 이호영(1996: 159~160)에서 가져온 것이다.

한자음에서는 'ㄹ' 종성 아래에서도 된소리되기가 일어나고 있는데 유독 'ㄷ, ㅅ, ㅈ'만이 그 대상이 된다는 사실을 〈비교 4〉와의 비교를 통해 알 수 있다.[38]

다. 변동의 설명

위 자료에 공통적으로 나타나고 있는 음운 변동은 평장애음이 된소리로 바뀌는 현상이다. 이 현상을 된소리되기 혹은 경음화로 부른다. 겉으로 보아, 자료 1)에 나타나는 된소리되기의 선행 환경은 장애음이거나 장애음이 포함된 자음군이다. 그러나 실제로 이들 자료에서 된소리되기의 선행 환경이 되는 것은 ㄱ)류와 같은 'ㄱ, ㄷ, ㅂ'뿐이다. ㄴ)류의 경우 같은 위치에 이 세 자음 이외의 장애음들도 올 수 있지만, 이들은 음절말에서 평파열음화를 거쳐 이 세 자음 중 하나가 된다. ㅁ)의 'ㅎ'도 평파열음화를 겪으면 'ㄷ'이 되므로 그 범위에서 벗어나지 않는다. ㄷ)과 ㄹ)의 자음군들 역시 평파열음화를 겪으면 마지막 자음이 'ㄱ, ㄷ, ㅂ' 중 하나가 된다.

결국 자료 1)에 나타나는 된소리되기는 'ㄱ, ㄷ, ㅂ' 아래에서 평장애음들이 각각 같은 조음 위치의 된소리로 바뀌는 현상이라고 할 수 있다. 그런데 음절말의 'ㄱ, ㄷ, ㅂ'은 음성학적으로는 불파음이다. 불파음은 공깃길의 어느 부위가 닫힌 상태 그 자체인데 이 상태에서는 입안의 공기압이 높아지게 되고 아울러 그 닫힌 부위와 성문에 힘이 주어지게 된다. 이렇게 높아진 공기압과 힘 때문에 뒤에 이어 파열되는 장애음이 된소리로 실현되는 것이다. 따라서 1)의 된소리되기는 불파화된 음절말 장애음 뒤에서 일어나는 것으로 정리할 수 있다. 그리고 예사소리를 여린소리 (lenis)라 하고 거센소리나 된소리는 센소리(fortis)라 부르는 것을 고려하면, 된소리되기는 '강화'로 볼 수 있다.

생성 음운론에서는 된소리가 예사소리나 거센소리와 구별되는 것은

---

[38] '몰지각', '열전도', '쟁탈전', '골다공증'[골다공쯩] 등과 같은 3음절 이상 한자어 중에는 같은 환경인데도 된소리되기가 일어나지 않는 것도 있다. 한자어에서 'ㄹ' 뒤의 된소리되기에 대한 상세한 설명과 많은 보기가 배주채(2013: 314~319)에 제시되어 있다.

[긴장성] 자질을 가지기 때문이라고 기술한다. 따라서 된소리되기는 다음과 같이 규칙화할 수 있다.

⬇ 된소리되기 규칙
[-공명성] → [+긴장성] / [-공명성] _____
(평장애음은 장애음 뒤에서 된소리로 바뀐다.)

1)의 ㄷ)류는 자음군 단순화 이후에 된소리되기가 일어나는지, 된소리되기가 먼저 일어나고 자음군 단순화가 일어나는지 금방 판단하기 어렵다. 어느 쪽 순서를 따르더라도 올바른 표면형이 도출되기 때문이다.

/값+도/		/값+도/	
갑ㄷ도	(평파열음화)	갑ㄷ도	(평파열음화)
갑ㄷ또	(된소리되기)	갑도	(자음군 단순화)
갑또	(자음군 단순화)	갑또	(된소리되기)
[갑또]	(표면형)	[갑또]	(표면형)

그러나 ㄹ)류는 사정이 다르다. ㄹ)류는 자음군이 먼저 단순화되면 된소리되기가 일어날 환경이 사라지기 때문에 잘못된 표면형이 도출된다. 따라서 ㄹ)류에 대해서는 '된소리되기 ⇒ 자음군 단순화'의 순서가 적용되는 것으로 설명해야 한다.

/훑+지/		/훑+지/	
훑ㄷ지	(평파열음화)	훑ㄷ지	(평파열음화)
훌지	(자음군 단순화)	훑ㄷ찌	(된소리되기)
___	(된소리되기)	훑찌	(자음군 단순화)
[*훌지]	(표면형)	[훌찌]	(표면형)

/닭+도/, /밟:+고/, /읊+고/는 표준 발음 규정에 따라 각각 [닥또], [밥:꼬], [읍꼬]로 발음되는 경우에는 규칙순이 문제가 되지 않지만 [달또], [발:꼬], [을꼬]로 발음되는 방언의 경우에는 역시 규칙순이 문제가 된다. 후자의 경우 같은 이유로 '된소리되기 ⇒ 자음군 단순화'의 순으로 적용되어야 한다. 한편 ㄹ)에서 어간의 끝 자음군이 'ㄵ'인 '앉고', '얹지' 류도

두 가지 설명 방법이 가능한 것처럼 보인다. 하나는 ㄹ)의 다른 부류와 같이 '된소리되기⇒자음군 단순화'로 설명하는 것이고 다른 하나는 2)류와 함께 '어간 끝 비음 아래에서의 된소리되기'로 다루는 것이다.

/앉+고/		/앉+고/	
안ㄷ고	(평파열음화)	안ㄷ고	(평파열음화)
안ㄷ꼬	(된소리되기)	안고	(자음군 단순화)
안꼬	(자음군 단순화)	____	(된소리되기)
[안꼬]	(표면형)	안꼬	(어간 끝 비음 뒤에서의 된소리되기)
		[안꼬]	(표면형)

그러나 위에서 보듯, 도출 과정이 더 간결할 뿐 아니라 ㄹ)의 다른 부류와 동형적인 설명이 가능하다는 점에서 앞 쪽의 방식, 즉 '된소리되기⇒자음군 단순화'로 설명하는 것이 경제적이다.[39]

아울러 두 가지 규칙순이 다 가능했던, 앞의 ㄷ)류도 ㄹ)류와 같은 순서로 적용된다고 보는 것이 일관성 있고 간편한 설명 방법이다. 요컨대 1)의 ㄷ)류와 ㄹ)류는 모두 '평파열음화⇒된소리되기⇒자음군 단순화'의 순서로 변동이 일어나는 것으로 본다.

1)의 ㅁ)도 같은 방식으로, 어간의 끝 자음 'ㅎ'이 후속하는 어미 첫 자음 'ㅅ' 앞에서 'ㄷ'으로 평파열음화한 후 이 'ㄷ' 때문에 뒤의 'ㅅ'이 된소리로 바뀐다고 설명할 수 있는데, 이는 위 1) ㄴ) 및 ㄹ)류와 같다. 다만, 이 경우에는 된소리되기 이후 'ㄷ'이 탈락한다는 점이 다르다.

/닿+소/ → 닫소 → 닫쏘 → [다쏘]
/앓+소/ → 알ㄷ소 → 알ㄷ쏘 → [알쏘]

여기서 '닫쏘'의 'ㄷ'이 탈락하는 것은, 치조 부위가 막힌 상태에서 같

---

39 이진호(2014: 179)에 의하면 경상도 동해안 방언들에서는 위 2)류, 즉 어간의 끝 자음이 /ㄴ/, /ㅁ/ 뒤에서의 된소리되기는 일어나지 않는 반면, '앉, 얹'과 같은 어간 끝 자음군 'ㄵ' 뒤에서는 된소리되기가 일어난다고 한다. 이는 '앉, 얹'류에서 일어나는 어미 자음 된소리되기가 어간 끝 'ㄴ' 때문이 아니라 'ㄵ' 때문이라는 것을 말해 주며, 아울러 이 부류를 1)의 ㄹ)류에 소속시키는 것이 옳다는 것을 말해 준다.

은 위치의 마찰음을 연이어 발음하기가 어렵기 때문에 생기는 현상이다. 이 현상은 사실 'ㅅ' 앞에서 'ㄷ'으로 평파열음화하는 자음들, 즉 '[+설정성]'인 모든 자음에 공통적으로 나타난다.

/낫+소/ → 낟:소 → 낟:쏘 → [나:쏘]
/낮+소/ → 낟소 → 낟쏘 → [나쏘]
/닫+소/   → 닫쏘 → [다쏘]

그런데 위와 같은 처리 방식은 표준 발음법의 규정과는 차이가 있다. 지금의 표준 발음법에서는 '놓소'와 같이 어중의 'ㅎ+ㅅ'을 위의 '낫소, 낮소, 닫소'류와 달리 규정하고 있다. 즉, '놓소'류에 대해서는 'ㅎ+ㅅ→ ㅆ'과 같은 일종의 '축약'이 일어나는 것으로 보아 [노쏘]를 표준 발음으로 인정한 반면[40], '낫소, 낮소, 닫소'류에 대해서는 'ㅅ' 앞 '[+설정성]' 자음의 평파열음화와 'ㅅ'의 된소리되기를 거친 '[낟쏘](낫소, 낮소)'와 '[닫쏘]'를 표준 발음으로 인정하고 있는 것이다.

그러나 위에서 말했듯이, [낟쏘]나 [닫쏘]와 같이 불파화된 [ㄷ]을 같은 조음 위치의 마찰음인 'ㅆ' 앞에서 발음하는 것은 매우 부자연스럽다[41]는 점에서, 이러한 처리는 현실 발음보다는 다소 이론적인 발음에 치우친 것이라고 할 수 있다.

한편 '넣고[너:코]'나 '넣지[너:치]'처럼 'ㅎ' 뒤에 'ㅅ'이 아닌 다른 장애음이 오면 된소리되기가 일어나지 않는데, 이는 거센소리되기가 평파열음화 및 된소리되기에 앞서 일어나는 것으로 설명할 수 있다.

2)에 나타나는 변동은 어간의 끝 자음 'ㄴ, ㅁ'과 자음군 'ㄿ' 뒤에서 일어나는 된소리되기이다. 그런데 음성학적으로 볼 때, 이런 조건은 된소리되기가 일어날 적절한 환경이 아니라는 점, 그리고 같은 음성 환경에서도 〈비교 1, 2〉와 같은 경우에는 원칙적으로 된소리되기가 일어나지 않는다는 점을 고려하면 이 2) ㄱ), ㄴ)의 된소리되기가 오히려 특이하다고

---

40 'ㅎ(ㄶ, ㅀ)' 뒤에 'ㅅ'이 결합되는 경우에는, 'ㅅ'을 [ㅆ]으로 발음한다.(닿소[다쏘], 많소[만:쏘], 싫소[실쏘])(표준 발음법 12.2항)

41 이 경우 'ㅆ' 앞에서 'ㄷ'을 위한 폐쇄 자체가 이루어지지 않는다.

할 수 있다. 그러므로 이 현상은 음성적인 환경 혹은 음운론적인 동기에 의한 음운 변동으로 설명하기는 어렵고 다른 어떤 요인에 의한 특별한 된소리되기로 볼 수밖에 없다. 따라서 이 현상을 지배하는 규칙에는 음운론적 조건 외에 형태론적인 정보가 주어져야 한다.

⬇ 용언 어간 끝 비음 뒤 된소리되기 규칙
[-공명성] → [+긴장성] / [+비음성]]어간 + 어미[___
(어간의 끝 자음인 비음 뒤에서 어미 첫 자음인 평장애음이 된소리로 바뀐다.)

위 규칙에서 아래첨자로 쓴 '어간'과 '어미'는 이 규칙이 [+비음성]을 가진 어간의 끝 자음 뒤에 바로 연결되는 어미 첫 자음에만 적용된다는 사실을 표시하는 형태론적인 정보이다. '체언+조사'나 '어근+접사'에서는 이 변동이 일어나지 않는다는 사실을 반영한 것이다. 이 정보가 있어야 /안+기+다/가 [*안끼다]로, '알다(知)'의 활용형인 '안다'가 [*안:따]로 바뀌는 것을 막을 수 있다.

3)은 관형사형 어미 '-(으)ㄹ+후속 요소'가 하나의 말토막으로 발음될 때, 후속 요소의 첫 자음이 된소리로 발음되는 현상이다. 따라서 이 현상은 다음과 같은 모양으로 규칙화될 수 있다.

⬇ 관형사형 어미 '-(으)ㄹ' 뒤 된소리되기 규칙
[-공명성] → [+긴장성] / [+유음성]]관형사형 어미 ____
(관형사형 어미 '-(으)ㄹ' 뒤에서 평장애음이 된소리로 바뀐다.)

4)류와 같이, 한자어에서 'ㄹ' 뒤의 'ㄷ, ㅅ, ㅈ'만 된소리되기를 겪는 이유를 설명하기는 어렵다. 어떤 음운론적인 동기도 찾을 수 없기 때문이다. 그래서 이 현상도 다음과 같이 비음운론적인 특별한 조건이 규칙에 명시되어야 한다.

⬇ 한자어 음절말 'ㄹ' 뒤 된소리되기 규칙

$$\begin{bmatrix} -공명성 \\ +설정성 \end{bmatrix} → [+긴장성] / [+유음성] \_\_\_\_]_{한자어}$$

(한자어에서 'ㄹ' 뒤의 설정성 장애음이 된소리로 바뀐다.)

라. 관련 어문 규범

된소리되기는 다양한 환경에서 자주 나타나기 때문에 발음 생활에서 큰 비중을 차지한다. 표준 발음법에서도 이 점을 중시하여 앞에서 살핀 다양한 된소리되기를 빠짐없이 다루고 있는데, 모두 표준 발음으로 인정하고 있다. 표준 발음법 제6장(23항~28항) 전체가 된소리되기[42]에 관한 항목으로 되어 있다. 이 중 사잇소리에 의한 된소리되기 관련 규정인 28항을 빼고 난 나머지 모두가 앞에서 살핀 된소리되기에 관한 조항들이다.

> 제23항 받침 'ㄱ(ㄲ, ㅋ, ㄳ, ㄺ), ㄷ(ㅅ, ㅆ, ㅈ, ㅊ, ㅌ), ㅂ(ㅍ, ㄼ, ㄿ, ㅄ)' 뒤에 연결되는 'ㄱ, ㄷ, ㅂ, ㅅ, ㅈ'은 된소리로 발음한다.
>
> 제24항 어간 받침 'ㄴ(ㄵ), ㅁ(ㄻ)' 뒤에 결합되는 어미의 첫 소리 'ㄱ, ㄷ, ㅅ, ㅈ'은 된소리로 발음한다.
>
> 다만, 피동, 사동 접미사 '-기-'는 된소리로 발음하지 않는다.
>
> 제25항 어간 받침 'ㄼ, ㄾ' 뒤에 결합되는 어미의 첫 소리 'ㄱ, ㄷ, ㅅ, ㅈ' 은 된소리로 발음한다.
>
> 제26항 한자어에서, 'ㄹ' 받침 뒤에 연결되는 'ㄷ, ㅅ, ㅈ'은 된소리로 발음한다.
>
> 제27항 관형사형 '-(으)ㄹ' 뒤에 연결되는 'ㄱ, ㄷ, ㅂ, ㅅ, ㅈ'은 된소리로 발음한다.

앞의 1), 2) 중에서, 'ㄵ' 뒤의 된소리되기를 따로 떼어 2)류와 묶어 제시한 점(제24항)이 앞에서 했던 설명과 차이가 있다. 한편, 한글 맞춤법의 제3장 제1절도 된소리와 관련된 조항이다. 그러나 이 조항은 우리가 살핀 음운 변동으로서의 된소리되기와는 관계가 없는, 다른 사정을 가진 된소리를 어떻게 적을 것인가에 대한 것이어서 여기서 다룰 필요가 없다.

---

[42] 표준 발음법에서는 '경음화'로 부르고 있다.

마. 학교 문법의 내용

된소리되기가 현대 국어에 광범위하게 나타나는 음운 변동임에도 불구하고 최근의 학교 문법에서는 이 현상이 비중 있게 다루어지지 않고 있다. 제7차 교육과정에 의한 고등학교 문법 교과서에서는 이 현상을 음운 변동 단원에서 언급하지 않았고, 이후의 교육과정에 의해 만들어진 교과서들 중에서도 이 현상을 다루지 않은 것이 여럿 있다. 이러한 현상은 제5차와 제6차 교육과정기까지의 문법 교과서에서 이 변동을 따로 다룬 것과는 다른 태도이다.

제6차 교육과정에 의한 문법 교과서나 국어 교과서에서는 위의 자료 1), 2)류를 간단하게 설명하고 있다. 문법 교과서의 경우, 된소리되기라는 항목을 자음 동화나 사잇소리 현상 등과 따로 두고, 자료 1)류에 대해서는 "안울림소리 뒤에 안울림 예사소리가 오면 그 예사소리가 된소리로 발음된다."로, 2)류에 대해서는 "끝소리가 'ㄴ, ㅁ'인 용언 어간에 예사소리로 시작되는 활용 어미가 이어지면 그 소리는 된소리로 발음된다."로 설명하고 있다. 제5차 교육과정기의 문법 교과서에서도, 1)류만을 대상으로 하긴 했지만 된소리되기를 다루었다. 그런데 제7차 교육과정에 의한 문법 교과서에서는 이 현상을 다루지 않고 있는데 그 이유는 알기 어렵다. 이 변동 현상이 우리말 음운 체계의 큰 특징 중 하나인 된소리와 관련된다는 점, 우리말의 여러 환경에서 광범위하게 나타나는 음운 변동이라는 점, 표준 발음법에서도 상세하게 다루고 있다는 점 등을 생각할 때, 현재의 문법 교과서의 음운 변동 단원에서 된소리되기가 다루어지지 않는 것은 이해하기 어렵다. 2007년 이후에 개정된 교육과정에 의해 만들어진 고등학교 『독서와 문법』 교과서들 중에는 일부가 이 현상을 음운의 '대치'로 분류하여 다루고 있는데, 주로 장애음 뒤의 된소리되기와 용언 어간의 끝소리 비음 뒤의 된소리되기를 중심으로 내용을 선정하고 있다.

된소리되기는 현대 국어에서 광범위하게 나타나는, 그리고 위에서 보았듯이, 매우 다양한 환경에서 나타나는 음운 변동이다. 따라서 이 변동이 우리의 발음 생활에서 차지하는 비중도 크다고 할 수 있다. 표준 발음법에서 이 변동을 상세히 다루고 있는 것도 그러한 비중을 인식한 결과로 보인다. 이러한 상황을 고려하면, 학교 문법에서도 이 변동을 그 비중에 걸맞게 다루어 주는 것이 옳을 것이다. 된소리되기의 교육 내용은, 앞에서 살핀 다양한 된소리되기들을 그 환경 조건의 다름에 따라 나누어 그 성격의 다름을 확인한 뒤, 관련되는 표준 발음법 규정을 확인하는 활동으로 구성할 수 있을 것이다. 한편, 막연히 된소리 발음은 비표준적이거나 교양적이지 못한 발음이라는 생각을 가지고, 당연히 된소리로 발음해야 할 자음을 의식적으로 예사소리로 발음하려고 노력하는 경우를 흔히 발견할 수 있다. 그러나 된소리되기가 비표준적인 발음이 되는 대표적인 경우는 '중국[쭝국]', '골목[꼴목]', '공짜[꽁짜]', '닭다[딱따]', '좁다[쫍따]' 등의 단어에서 어두 자음을 이유 없이 된소리로 발음하는 경우이다. 평소의 발음 생활에서 우리가 된소리의 발음을 조심스러워 하게 된 것은 이런 부류의 어두 자음이 예사소리인지 된소리인지 확실하게 모르기 때문이기도 하지만, 된소리되기라는 음운 변동에 대한 이해가 부족하기 때문이기도 하다. 이런 점에서도 된소리되기는 학교 문법을 통해 그 규칙성과 표준성을 이해시키는 것이 필요하다고 본다.

2.7. 조음 위치 동화

가. 자료

ㄱ) /곤봉/[곤봉/곰봉], /꽃+보다/[꼳뽀다/꼽뽀다], /낯+부터/[낟뿌터/납뿌터], /듣#보+다/[듣뽀다/듭뽀다], /신발/[신발/심발], /신문/[신문/심문], /밭+만/[반만/밤만], /준:비/[준:비/줌:비]

〈비교 1〉/갈비/[갈비]/[*갑삐/*감비], /돌+보다/[돌보다][*돕뽀다/ *돔보다], /돌:+만/[돌:만][*돔:만]

ㄴ) /걷:+기/[걷:끼/걱:끼], /곶감/[곧깜/곡깜], /낯+까지/[낟까지/낙까지], /믿+고/[믿꼬/믹꼬], /반갑+다/[반갑따/방갑따], /받+고/[받꼬/박꼬], /손#가락/[손까락/송까락], /안+고/[안:꼬/앙:꼬], /준:공/[준:공/중:공], /많:+고/[만:코/망:코], /앉+고/[안꼬/앙꼬]

〈비교 2〉/줄기/[줄기][*중기/*죽기], /줄+까지/[줄까지][*중까지/ *죽까지], /줄+보다/[줄보다][*중보다/*죽뽀다]

ㄷ) /감:기/[감:기/강:기], /밥#그릇/[밥끄륻/박끄륻], /숨:+고/[숨:꼬/숭:꼬], /임:금/[임:금/잉:금], /잡곡/[잡꼭/작꼭], /삶:+고/[삼:꼬/상:꼬]

ㄹ) 가는 길[가는길/가능길], 난 간다[난간다/낭간다], 먼 곳[먼:곧/멍:곧], 몇 개[멷깨/멱깨], 못 먹고[몯:먹꼬/몸:먹꼬], 탄 말[탄말/탐말], 상 차리는 걸[차리는걸/차리능걸], 어떤 것[어떤걷/어떵걷], 이십 켤레 [이십켤레/이:식켤레], 돈 가진 분[돈:가진분/동:가짐분], 꽃 만지고

[꼰만지고/꼼만지고], 찬 공기[찬공기/창공기], 큰 길[큰길/쿵길],
한 가지[한가지/항가지], 한 번[한번/함번]

ㅁ) 이스탄불[이스탄불/이스탐불](Istanbul), 본프레레[본프레레/봄프레레]
(Johannes Franciscus Bonfrere), 펜팔[펜팔/펨팔](pen pal)

ㅂ) 방가워(←반가워), 벙개(←번개), 칭구(←친구)

ㅅ) /감내/[감내][*간내][*감매], /국법/[국뻡][*굽뻡][*국껍], /밉+다/[밉따]
[*민따][*밉빠], /악법/[악뻡][*압뻡][*악껍], /박+다/[박따][*받따]
[*박까], /밥+도/[밥또][*받또][*밥뽀], /심:+는/[심:는][*신:는][*심믄]

〈비교 3〉 /공부/[공부/곰부], /양말/[양말/얌말],
창밖을 보라[창바끌 보라/참바끌 보라]

나. 변동의 양상

위 ㄱ)~ㄹ)에서 든 우리말 자료는 [ ] 안의 두 가지로 발음된다. 표준
발음법에서는 둘 중 왼쪽 발음만 '표준'으로 인정하고 있지만, 일상의 자
연스러운 말하기에서는 오른쪽 모양으로 발음되는 경향이 강하다. 여기
서 우리의 고찰 대상이 되는 것은 오른쪽의 발음이다.

먼저 ㄱ)은 'ㄴ, ㄷ, ㅌ' 등 치조 자음들이 양순음 앞에서 'ㅁ'이나 'ㅂ'
으로 바뀌어 발음되는 현상을 보여준다.

/치조음+양순음/ → [양순음+양순음]

'꽃보다[꼽뽀다]'나 '낮부터[납뿌터]'에서 보듯이, 'ㅈ'이나 'ㅊ'은 자음
앞에서 평파열음화에 의해 'ㄷ'으로 바뀐 뒤에 이 과정에 참여하고 있다.

/꽃+보다/ → 꼳보다 → [꼽뽀다]

ㄴ)에서는 치조 자음들이 연구개음 앞에서 연구개음인 'ㅇ'과 'ㄱ'으로
바뀌고 있다.

/치조음+연구개음/ → [연구개음+연구개음]

'/많+고/'와 '/앉+고/' 같은 부류는 앞 음절의 끝 자음군이 각각 거센소
리되기와 자음군 단순화를 겪은 후 남은 자음 'ㄴ'이 뒤의 연구개 자음

앞에서 연구개음 'ㅇ'으로 바뀌어 발음된다.

/많:+고/ → 만:코 → [망:코]
/앉+고/ → 안ㄷ꼬 → 안꼬 → [앙꼬]

〈비교 1〉과 〈비교 2〉에서 치조음 중 'ㄹ'은 ㄱ), ㄴ)의 변동에 참여하지 않음을 알 수 있다.

ㄷ)은 양순음이 연구개음 앞에서 연구개음으로 바뀌어 발음되는 현상을 보여준다. 이 변동은 ㄱ), ㄴ)만큼 폭넓고 자연스럽게 나타나는 것은 아니지만 이런 경향이 있음은 분명하다.

/양순음+연구개음/ → [연구개음+연구개음]

ㄹ)은 위의 변동이 단어 안이나 형태소 경계를 넘어 단어와 단어, 어절과 어절을 하나의 말토막으로 발음할 때에도 나타나는 광범위한 현상임을 보여준다. 그리고 ㅁ)은 같은 현상이 나타난 외래어의 발음 보기이고 ㅂ)은 통신 언어에서 나타난 보기이다.

ㅅ)은 어중 자음의 배열 순서가 ㄱ)~ㅁ)과는 달리 '연구개음+치조음', '양순음+치조음', '연구개음+양순음'일 때에는 위와 같은 변동이 일어나지 않는다는 사실을 보여준다. 다만 〈비교 3〉에서 보듯이, 어린이 말에서 '[곰부](←공부)', '[얌말](←양말)', '[참밖](←창밖)'과 같은 예가 발견되는데, 이는 발달 과정상의 특성에 의한 것이기 때문에 성인의 발음에서 나타나는 ㄱ)~ㄹ)류에 대한 심각한 예외로 보이지는 않는다.

다. 변동의 설명

위의 자료에서 나타나는 음운의 변동은 '두 자음이 이어날 때, 'ㄹ'을 제외한 치조음[43]은 양순음이나 연구개음 앞에서 각각 양순음과 연구개음으로 바뀌고, 양순음은 연구개음 앞에서 연구개음으로 바뀐다.'로 요약된다. 이때 변동 과정의 입력형이 되는 치조음이나 양순음은 본래 가지고

---

[43] 경구개음으로부터 평파열음화된 치조음도 포함된다.

제6장 국어 음운 변동의 탐구 175

있던 다른 자질은 그대로 유지하면서 조음 위치에 관한 자질만 바뀌어 뒤따르는 자음의 조음 위치와 같아지게 된다. 이 변동을 조음 위치 동화라고 부르는 것은 이런 이유 때문이다. 예컨대 '신발[심발]'의 첫음절 끝 자음 'ㄴ'은 양순 자음 'ㅂ' 앞에서 'ㅂ'과 같은 조음 위치의 비음인 'ㅁ'으로 바뀌고, '반갑다[방갑따]'의 첫음절 끝 자음 'ㄴ'은 연구개 자음 'ㄱ' 앞에서 같은 위치의 비음인 'ㅇ'으로 바뀌며, '돋보기[돕뽀기]'의 첫음절 끝 자음 'ㄷ'은 양순음 'ㅂ' 앞에서 같은 위치의 구강음인 'ㅂ'으로 바뀌어 발음된다. 즉 비음이 구강음으로 바뀌는 'ㄴ → ㅂ'이나 구강음이 비음으로 바뀌는 'ㄷ → ㅇ'과 같은 변동은 일어나지 않는다는 것이다. 이 변동에 'ㄹ'이 참여하지 않는 이유는 치조를 제외한 어느 조음 위치에도 이 자음과 같은 조음 방법으로 발음되는 자음이 존재하지 않기 때문이다.

조음 위치 동화로부터 우리는 한 가지 중요한 정보를 얻을 수 있다. 그것은 변동의 방향성과 관련된 사실인데, 치조음이 양순음이나 연구개음으로 바뀌고 양순음이 연구개음으로 바뀔 뿐, 반대 방향으로의 변동은 불가능하다는 점이다. 자료 ㅅ)에서 '/국법/[국뻡]'이 '[*굽뻡]'으로 발음되거나 '/밉+다/[밉따]'가 '[*믿따]'로 발음되는 일은 없다는 점에서 이를 확인할 수 있다. 국어 음운론에서는, 조음 위치 동화의 이러한 방향성을 바탕으로 우리말 자음의 강도 서열을 매기기도 한다.

⬇ 조음 위치에 따른 우리말 자음의 강도 서열
치조음, 경구개음 < 양순음 < 연구개음

조음 위치 동화는 그 변동의 결과에 따라 '순음화'(위 ㄱ류)와 '연구개음화'(ㄴ, ㄷ류)로 나눌 수 있는데 이들은 각각 다음과 같이 규칙화된다.

⬇ 치조음의 순음화 규칙

$$\left[\begin{array}{c} +\text{설정성} \\ -\text{유음성} \end{array}\right] \rightarrow \left[\begin{array}{c} -\text{설정성} \\ +\text{전방성} \end{array}\right] / \underline{\quad} \left[\begin{array}{c} -\text{설정성} \\ +\text{전방성} \end{array}\right]$$

('ㄹ'을 제외한 치조음은 양순음 앞에서 양순음으로 바뀐다.)

⬇ 치조음의 연구개음화 규칙

$$\begin{bmatrix} +설정성 \\ -유음성 \end{bmatrix} \rightarrow \begin{bmatrix} -설정성 \\ -전방성 \end{bmatrix} / \underline{\quad} \begin{bmatrix} -설정성 \\ -전방성 \end{bmatrix}$$

(치조음은 연구개음 앞에서 연구개음으로 바뀐다.)

⬇ 양순음의 연구개음화 규칙

$$\begin{bmatrix} -설정성 \\ +전방성 \end{bmatrix} \rightarrow [-전방성] / \underline{\quad} \begin{bmatrix} -설정성 \\ -전방성 \end{bmatrix}$$

(양순음은 연구개음 앞에서 연구개음으로 바뀐다.)

위에서 연구개음화를, 대상 자음에 따라 치조음의 연구개음화와 양순음의 연구개음화로 구분하였지만, 둘을 통합하면 결국 우리말에서 연구개음 앞에 놓이는 자음은 연구개음으로 바뀐다는 것을 말한다. 따라서 이 두 종류의 연구개음화는 다음과 같이 하나의 규칙으로 묶일 수 있다.

⬇ 연구개음화 규칙

$$\begin{bmatrix} +자음성 \\ -유음성 \end{bmatrix} \rightarrow \begin{bmatrix} -설정성 \\ -전방성 \end{bmatrix} / \underline{\quad} \begin{bmatrix} -설정성 \\ -전방성 \end{bmatrix}$$

('ㄹ'을 제외한 자음은 연구개음 앞에서 연구개음으로 바뀐다.)

순음화와 연구개음화는 이어 나는 두 자음의 조음 위치가 뒤쪽 자음 쪽으로 통일되는 현상이라는 점에서, 그 음운론적 성격과 동기가 같으므로 다시 다음과 같은 하나의 규칙으로 통합될 수 있다.

⬇ 조음 위치 동화 규칙

$$\begin{bmatrix} +자음성 \\ +전방성 \\ -유음성 \end{bmatrix} \rightarrow \begin{bmatrix} -설정성 \\ \alpha\,전방성 \end{bmatrix} / \underline{\quad} \begin{bmatrix} -설정성 \\ \alpha\,전방성 \end{bmatrix}$$

('ㄹ'을 제외한 자음은 후속하는 연구개음이나 양순음의 조음 위치에 동화된다.)

위 규칙에서 'α'는 '+'나 '−'의 값을 가지는데 'α=+'이면 [−설정성, +전방성]이 되므로 양순음을 가리키고 'α=−'이면 [−설정성, −전방성] 즉 연구개음이 된다.

한편, 순음화와 연구개음화는 주로 조음 기관, 즉 입안의 중앙부에서 조음되는 자음들(치조음과 경구개음)이 주변부(앞쪽은 입술, 뒤쪽은 연구개)에서 조음되는 자음으로 바뀌는 현상이라는 점에서 변자음화(邊子音化)로 불리기도 한다.

조음 위치 동화는 평파열음화 및 자음군 단순화, 된소리되기에 이어 일어난다.

/꽃+보다/	/앉+고/	/낮 +만/
꼳+보다 (평파열음화)	안ㄷ고 (평파열음화)	낟만 (평파열음화)
꼳뽀다 (된소리되기)	안ㄷ꼬 (된소리되기)	난만 (비음 동화)
꼽뽀다 (조음위치동화)	안꼬 (자음군단순화)	남만 (조음위치동화)
[꼽뽀다] (표면형)	앙꼬 (조음위치동화)	[남만] (표면형)
	[앙꼬] (표면형)	

앞에서도 말했듯이, 이 변동은 수의적이다. 즉 '/꽃+보다/'는 원형을 의식한 발화에서는 [꼳뽀다]로 발음되는 경향이 강하지만, 자연스럽고 편한 발화 상황에서는 조음 위치 동화를 겪어 [꼽뽀다]로 발음될 수도 있다.[44]

이 변농도 정도 자질에 의한 설명이 가능하다. 예를 들어 김차균(1998: 80~83)에서는 이 현상을 '강도 동화'로 설명하고 있다. 우리말 자음은 그 조음 위치에 따라 다음 표[45]와 같은 강도 등급을 가진다.

▌표 18 ▌ 자음의 강도 등급

강도	I	II	III	IV	V
조음 위치	목구멍	잇몸	센입천장	입술	여린입천장

그리고 음절 경계에서 연결되는 두 자음의 강도 관계는 다음과 같아야 한다는 제약이 있다.

---

44 앞에서도 말했듯이, 음성학적으로는 [꼽뽀다]보다는 '[꼬뽀다]'가 더 자연스럽다.
45 ▌표 18 ▌은 김차균(1998: 30)의 정도 자질표 중 자음의 강도만을 뽑아내어 정리한 것이다.

⬇ 음절 경계에서 두 자음의 강도 연결의 방향

앞강≧뒤강

(음절 경계에서 두 자음이 연결되는 경우 앞 자음의 강도는 뒷 자음의 강도 이상이어야 한다.)

모음 사이에 놓인 두 자음의 강도 동화 규칙은 다음과 같다.

⬇ 강도 동화 규칙(수의적)

XVCCVC의 구조에서 C'의 강도가 C의 강도보다 낮을 때, C'의 강도를 높여서 C의 강도에 완전히 동화시켜라.

'꽃보다'의 발음형인 [꼳뽀다]에서 [ㄷ(II)+ㅃ(IV)]의 강도는 위 강도 연결의 방향에 어긋난다. 따라서 'ㄷ(II)→ㅂ(IV)'의 변동은 위의 강도 연결 방향에 맞추려는 노력의 결과로 볼 수 있다.

라. 관련 어문 규범

표준 발음법에서는 이 조음 위치 동화에 의한 발음을 '표준'으로 인정하지 않고 있다. 표준 발음법 제5장에는 음운 동화에 대한 규정이 모여 있는데 제17항에서부터 20항까지 구개음화, 비음 동화, 유음화에 의한 발음을 표준 발음으로 규정한 다음, 제21항에서 "위에서 지적한 이외의 자음 동화는 (표준 발음으로) 인정하지 않는다."고 하면서 그 보기로 조음 위치 동화를 들고 있다. 자연스러운 발화에서는 이 발음이 더 일상적이라는 점을 고려하면 표준 발음법의 이러한 처리는 다소 비현실적이라 할 수도 있지만, 교육적 차원에서 가능한 한 수의적인 변동은 '표준'으로 인정하지 않으려는 의도로 이해가 된다. 만약, '돋보기'의 표준 발음으로 [돋뽀기] 외에 [돕뽀기]까지 인정한다면 다음 단계로 일어날 수 있는 '동일 조음 위치 자음 탈락'에 의한 발음인 [도뽀기] 역시 인정하지 않을 이유가 없고 이렇게 되면 사이시옷 관련 합성어의 발음 문제와도 관련이 된다.[46]

---

46 이 문제는 아래 'ㅅ-첨가'에서도 언급된다.

마. 학교 문법의 내용

제6차 교육과정에 의한 『고등학교 국어(상)』를 제외하고는, 교과서의 음운 변동 단원에서 이 조음 위치 동화를 다루지 않고 있다.[47] 이는 표준 발음으로 인정되지 않는 동화 현상을 교과서에서 다룰 필요가 없다고 판단한 결과인 듯하다. 그러나 문법 교육의 목표가 우리말의 음운 변동에 대한 탐구와 이해에도 있다는 점을 고려한다면 아주 일반적인 음운 변동 중 하나인 이 현상도 지도 내용에 포함시킬 필요가 있을 것으로 보인다. 특히 조음 위치 동화인 이 변동을 지도함으로써 음운의 동화가 조음 방법과 위치의 두 방향으로 이루어진다는 점을 보여 주는 것도 의미 있는 일이라고 생각된다. 제6차 교육과정에 의한 『고등학교 국어(상)』에서는 연구개음화와 양순음화를 수의적인 동화 현상으로 소개하고 표준 발음으로 인정되지 않는다는 점을 강조하였다.

2.8. 반모음화

가. 자료

ㄱ) /보+아라/[보아라/**봐:라**], /쏘+았+고/[쏘앋꼬/**쐈:꼬**], /오+아서/[*오아서] [**와서**], /주+어라/[주어라/**줘:라**], /가꾸+어라/[가꾸어라/**가꿔라**], /깨+우+어/[깨우어][**깨워**], /미루+어/[미루어/**미뤄**], /채우+어라/ (<차+이+우+어라)[채우어라][**채워라**]

〈비교 1〉/놓+아/[노아/**놔:**], /좋:+아/[조:아][*좌:]

ㄴ) /기+어라/[기어라/기여라/**겨:라**], /뜨+이+어/[뜨이어/뜨이여/**뜨여**], /싸+이+어/[싸이어/싸이여/**싸여**], /이(戴)+어서/[이어서/**여:서**], /지+었+고/ [지얻꼬/지엳꼬/**젇꼬**], /피+었+고/[피얻꼬/피엳꼬/**편:꼬**], /남+기+어/ [남기어/남기여/**남겨**], /덤비+어라/[덤비어라/덤비여라/**덤벼라**], /잡+히+었+다/[자피 얻따/자피엳따/**자편따**]

ㄷ) /차+이+어서/[차이어서/차이여서/**차여서**], /나무+이+어야/[나무이어야/ 나무이여야/**나무여야**]

〈비교 2〉/밥+이+어서/[바비어서/바비여서][*바벼서], /책+이+어서/

---

47 제7차 교육과정에 의한 고등학교 문법 교과서(76쪽)의 음운 변동 단원의 '가꾸기'에서 이 변동을 다루고 있을 뿐이다.

[채기어서/채기여서][*채겨서]

> ㄹ) /뀌+어/[뀌어/뀌여/꿔:], /뉘+어/[뉘어/뉘여/눠:], /뛰+어라/[뛰어라/뛰여라/
> 뚸:라], /쉬+어/[쉬어/쉬여/쉈:], /바뀌+어/[바뀌어/바뀌여/바꿔]
>
> ㅁ) 드뎌(←드디어), 라됴(←라디오), 먄(←미안), 비됴(비디오), 셤(←시험)

나. 변동의 양상

ㄱ)에서는 어간 끝 모음인 'ㅗ, ㅜ'가 어미 첫 모음인 'ㅏ, ㅓ' 앞에서
반모음 'w'로 바뀌면서 이중 모음을 형성함으로써 두 음절이 한 음절로
축약되었다.

> ㅗ+ㅏ → ㅘ:(wa:), ㅜ+ㅓ → ㅝ:(wʌ:)

이때 반모음화형과 원형이 다 쓰일 수 있지만 대개는 반모음화형이
더 자연스럽다. 그리고 [*오아서], [깨우어], [채우어라]처럼, 반모음화의
입력이 되는 음절이 초성 자음을 가지지 않는 경우에는, 원형은 아예 쓰
이지 않거나 매우 부자연스럽다.[48] 이때 축약 음절이 단어의 첫머리 위치
이면 축약의 보상으로 장모음화가 일어나는 것이 일반적이다. 다만 '/오+
아/[와]'의 경우에는 장모음화가 일어나지 않는다.[49] 〈비교 1〉에서 보듯이,
어간 끝 모음 'ㅎ'이 모음으로 시작하는 어미 앞에서 탈락하여 그 앞의
모음과 어미 모음 'ㅏ, ㅓ'가 직접 만나게 될 때에는 '/좋+아/[조:아][*좌:]'
처럼 반모음화가 적용되지 않는 경우도 있고 '/놓+아/[노아/놔:]'와 같이
적용되는 경우도 있다.

ㄴ)은 어간 끝 모음 'ㅣ' 뒤에 'ㅓ'로 시작되는 어미가 결합될 때 반모음

---

[48] /끼우+어/[끼워], /비우+어/[비워], /싸우+어/[싸워] 등도 그러하다. 어쨌든 반모음화형은 표준 발
음으로 인정될 뿐 아니라 표준 어형으로도 인정받아 '본말'에 대해 '준말'의 자격을 지니며, 반모
음화된 형태대로 표기된다.(한글 맞춤법 제35항) 예를 들어, '보아'의 준말로 '봐'가 인정되며
적기도 '보아'와 '봐'로 한다는 것이다.

[49] ㄴ)의 '이+어서'에 반모음화가 적용된 발음이 [여서]라면, '/오+아/[와]'와 함께, 축약 음절이 초
성 자음을 가지지 않을 때는 보상적 장모음화가 일어나지 않는다고 정리할 수 있다. 그러나 현재
의 표준 발음법에서는 [여:서]를 표준 발음으로 정해 놓았다. 경상방언이나 강원방언 조사 자료
를 보면 이 경우에 보상적 장모음화에 상응하는 현상이 나타나지 않는다. 예를 들어, 김차균
(2006: 538)에는 경북의 울진방언과 강원 삼척방언에서 '이+어라'가 [여라]로 발음되는 것으로
보고하였다.

'ㅣ'가 첨가되거나, 'ㅣ'가 반모음화 하면서 'ㅓ'와 합하여 이중 모음을 형성할 수 있음을 보여주는데 여기서 우리의 관심사는 반모음화에 의해 이중 모음이 형성되는 경우이다.

ㅣ+ㅓ → ㅕ(jʌ)

이 경우에도, 축약된 음절이 어두 위치이면 보상적인 장모음화가 일어나는 것이 일반적이지만, '/지+어/[저]'에서 보듯이 어두 자음이 'ㅈ, ㅉ, ㅊ'일 경우에는 장모음화가 일어나지 않는다. ㄷ)은 서술격 조사 어간 '이-'뒤에 'ㅓ'가 결합하는 경우인데, 선행 체언이 끝 자음을 가지느냐 가지지 않느냐에 따라 반모음화 여부가 결정된다는 사실을 알 수 있다.

ㄹ)은 어간 끝 모음 'ㅟ(y/wi)'에 어미 첫 모음 'ㅓ'가 결합되는 경우인데 [꿔어(k'yʌ, k'wiʌ)]류와, 'ㅣ'가 첨가된 [꿔여(k'yjʌ, k'wijʌ)]류가 모두 가능하다. 그런데 이들은 다시 한 단계의 변동을 더 겪어서 [꿔(k'wjʌ)]로 발음될 수도 있다. 삼중 모음 [wjʌ]가 형성된 것이다. 그러나 이 '꿔'형은 어간 모음과 어미 모음의 축약에서만 나타나는 형태여서 표준 어형으로 인정받지 못하고 있고 따라서 이를 위한 자모도 마련되어 있지 않다.[50]

ㅁ)은 인터넷 통신 언어에서 'ㅣ' 모음이 반모음화된 형태가 그대로 표기되고 있는 보기이다.

다. 변동의 설명

이 음운 변동은 어간 끝 모음 'ㅗ, ㅜ, ㅣ'와 어미 첫 모음 'ㅏ, ㅓ'가 이어 날 때 나타나는 현상으로 모음 충돌을 피하고자 하는 동기에 의한 것이라 할 수 있다. 그런데 이 변동은 음운론적 단위에 따라 '축약'으로도 볼 수 있고 '대치'로 볼 수도 있다. 두 음절이 하나로 줄었다고 보면 축약

---

[50] 중모음 /ㅝ/는 삼중 모음 /wjʌ/으로 처리할 수도 있고 이중 모음 /ㅝ/으로 처리할 수도 있다. /ㅝ/가 /ㅜ+ㅣ+ㅓ/로 분석될 수 있다는 점에 중점을 두면 전자로 처리하는 것이 좋겠지만 실제 발음은 [ㅝ]에 더 가까운 것으로 보인다. /ㅝ/는 모음 /ㅣ/의 위치에서 둥근 모양을 하고 있던 입술을 순간적으로 /ㅣ/를 낼 때와 같은 모양으로 바꾸는 반모음이므로 /ㅝ/의 소릿값은 [ㅝ]에 더 가깝다고 할 수 있다.

이 되고, 단순 모음이 반모음으로 바뀐 것을 중시하면 반모음화라는 대치 현상이 되는 것이다. 즉, 'ㅗ(ㅜ) + ㅏ(ㅓ) → ㅘ(ㅝ)'(음절 축약)는 'ㅗ(ㅜ) → w / ___ ㅏ(ㅓ)'(반모음화)와 같고, 'ㅣ+ㅓ → ㅕ'는 'ㅣ → ǐ/___ㅓ' 와 같은 것이다. 여기서는 음운 차원의 변동을 다룬다는 점에서 '축약'이 아닌 '대치'로 분류한다.

반모음화는 그 범위가 형태론적으로 제한되는 음운변동이다. '철수+아 [철수야][*철쇠]'나 '철기+아[철기야][*철겨]'와 같이 체언의 끝 모음과 조사의 첫 모음 사이에서는 이 변동이 일어나지 않는다. 따라서 이 현상은 어간 끝 모음과 어미 첫 모음 사이에서만 적용되는 다음과 같은 규칙에 의한 것으로 볼 수 있다.

⬇ ㅗ, ㅜ-반모음화 규칙

$$\begin{bmatrix} +성절성 \\ +후설성 \\ +원순성 \end{bmatrix} \rightarrow [-성절성] / \underline{\quad}]_{어간} + \begin{bmatrix} +후설성 \\ -고설성 \\ -원순성 \end{bmatrix}$$

(어간 끝 모음 'ㅗ, ㅜ'는 어미 첫 모음 'ㅏ, ㅓ' 앞에서 반모음 [w]로 바뀐다.)

⬇ ㅣ-반모음화 규칙

$$\begin{bmatrix} +성절성 \\ -후설성 \\ +고설성 \\ -원순성 \end{bmatrix} \rightarrow [-성절성] / \underline{\quad}]_{어간} + \begin{bmatrix} +후설성 \\ -고설성 \\ -원순성 \end{bmatrix}$$

(어간 끝 모음 'ㅣ'는 어미 첫 모음 'ㅏ, ㅓ' 앞에서 반모음 'ǐ(j)'로 바뀐다.)

라. 관련 어문 규범

위의 ㄱ)~ㄷ)에 나타나는 어간 모음 'ㅗ, ㅜ, ㅣ'와 어미 첫 모음 'ㅏ, ㅓ'의 축약은 한글 맞춤법에서 표준으로 인정하고 있다. 반모음화에 의해 도출된 형태가 표준 어형으로 인정된 셈이다. 따라서 발음에 대한 규정은 따로 둘 필요가 없다.

제35항 모음 'ㅗ, ㅜ'로 끝난 어간에 '-아/-어, -았-/-었-'이 어울려 'ㅘ/ㅝ, 왔/웠'으로 될 적에는 준 대로 적는다.

제36항 'ㅣ' 뒤에 '-어'가 와서 'ㅕ'로 줄 적에는 준 대로 적는다.

마. 학교 문법의 내용

역대 학교 문법서에서는 반모음화를 '대치'가 아닌 '축약'으로 분류해 왔는데, 이것은 이 현상에 의해 음절수가 줄어든다는 점을 중시한 것이다. 제7차 교육과정에 따른 고등학교 문법 교과서에서 이 현상을 "두 형태소가 서로 만날 때에 앞뒤 형태소의 두 음절이 한 음절로 줄어드는 일"로 풀이한 것이 그 보기이다. 그러나 음운 변동이 음운 차원의 소리 바뀜 현상을 가리킨다는 점을 고려하면 반모음화는 '대치'로 분류하는 것이 옳다. 아울러, 학교 문법에서는 반모음화와는 성격이 다른 '되+어 > 돼-'류를 위의 반모음화 자료와 함께 '축약'으로 다루기도 했다. 다음은 제7차 교육과정에 따른 고등학교 문법 교과서에서 '모음 축약'의 보기로 제시한 자료이다.[51]

오+아서→와서, 두+었다→뒀다, 뜨+이다→띄다, 되+어→돼,
가지+어→가져, 쓰+이어→쓰여, 씌어

2007년 이후의 교육과정에 의한 교과서들 중에도 일부는 반모음화를 '축약'으로 다루었다. 그러나 교과서에 따라서는 이 현상을 '음운의 축약'의 하위 현상으로 다루면서도 음절 축약이라고 불러 그 성격을 구별하거나, '축약'으로 처리하는 것이 옳은지 더 생각해 보는 활동을 제시한 것도 있다.

---

51 아래 자료에서 '뜨이→띄-', '쓰이→씌-'는 어근 모음 'ㅡ'가 반모음화하여 이중 모음 'ㅢ'를 형성하는 과정처럼 보이지만 '띄', '씌'가 각각 [띠], [씨]로만 발음된다는 점에서 일반적인 반모음화와는 다르다. 그리고 '되+어'가 [돼:]로 발음되는 현상은 공시적인 반모음화에 의한 것으로 보기 어렵다. '괴+어[괘:]', '쇠+어[쇄:]', '쐬+어[쐒:]' 등도 같은 부류이다.

2.9. ㅣ-역행 동화

가. 자료

ㄱ) /몸+이라도/[뫼미라도], /바람(風)+이/[바래미], /밥(食)+이고/[배비고],
/법(法)+이+고/[베비고], /사ː람+이/[사ː래미]

ㄴ) /듣+기/[딕끼][52], /잡+기/[잽끼], /찾+기/[책끼]

ㄷ) /끓+이+다/[끼리다], /녹+이+다/[뇌기다], /막+히+다/[매키다], /맡+기+다/
[맫끼다/맥끼다], /먹+이+다/[메기다/미기다], /벗+기+다/[벡끼다/빅끼다],
/안+기+다/[앵기다], /옮+기+다/[욍기다], /웃+기+다/[윅끼다],
/잡+히+다/[재피다], /죽+이+다/[쥐기다/지기다], /쫓+기+다/[쬑끼다]

ㄹ) /가랑이/[가랭이], /고기/[괴기/기기], /곰ː팡이/[곰ː팽이], /구ː경/[귀ː경/
기ː겅], /두루마기/[두루매기], /멋장이/[먿쨍이], /아비/[애비], /아지랑이/
[아시랭이], /어미/[에미], /오라비/[오래비], /지팡이/[지팽이]

ㅁ) /가지/[가지][*개지], /같+이/[가치][*개치], /곧+이/[고지][*괴지], /까ː치/
[*깨ː치], /꽂+이/[꼬치][*꾀치], /날+리+다/[날리다][*낼리다], /다시/
[다시][*대시], /부리/[부리][*뷔리/*비리], /밭+이/[바치][*배치],
/어디/[어디][*에디], /웃+이/[오시][*외시]

나. 변동의 양상

위 자료에서 나타나는 공통적인 변동 현상은 앞 음절의 후설 모음 'ㅏ,
ㅓ, ㅡ, ㅗ, ㅜ'가 뒤 음절의 전설 모음 'ㅣ' 앞에서 각각 전설 모음 'ㅐ,
ㅔ, ㅣ, ㅚ, ㅟ'로 바뀐다는 것이다. '/먹+이+다/ → 메기다 → [미기다]'처
럼 'ㅔ → ㅣ'와 같은 고모음화까지 겪는 것도 있다. ㄱ)은 '체언+조사',
ㄴ)은 '용언 어간+명사형 전성 어미', ㄷ)은 사·피동사, ㄹ)은 단어 내부
나 파생 명사에서의 보기이다.

ㄹ)류는 사실 현대 국어의 공시적인 변동 현상으로 보기 어렵다. 이 단어들은 현대
국어의 단어 형성 과정을 통해 만들어진다기보다는 이미 하나의 어휘로 굳어진 상태이
기 때문이다. 즉 '압+이'가 '아비'가 되고 그 과정에서 'ㅏ→ㅐ'의 변동이 일어나는 것이

---

[52] [딕끼]는 '듣기→딛기' 외에 '딛기→딕끼'의 조음 위치 동화와 된소리되기까지 겪은 발음형인데,
아래 다른 예 중에도 이런 것들이 여럿 있다.

아니라, 이렇게 발음하는 사람의 머릿속 어휘 사전에 이미 /애비/의 상태로 등재되어 있는 것으로 보는 것이 옳다. 그러나 여기서는, 이들이 우리에게 매우 익숙한 'ㅣ-역행 동화'의 보기라는 점과 이 부류를 공시적인 자료들과 구분하지 않은 학교 문법의 현실을 고려하여 함께 제시해 두었다.

ㅁ)은 비슷한 환경인데도 앞 음절의 모음이 전설 모음으로 바뀌지 않는 예들인데, 공통적으로 뒤 음절 초성 자리에 'ㄷ, ㅌ, ㅅ, ㅈ, ㅊ' 등과 같은 자음을 가지고 있다.

다. 변동의 설명

이 변동은 앞 음절의 후설 모음이 뒤 음절 모음 'ㅣ'의 전설성에 동화되는 과정으로서 지금까지 전설 모음화 혹은 'ㅣ-역행 동화', 움라우트 (umlaut) 등으로 불러 왔는데, 여기서는 학교 문법의 전통에 따라 'ㅣ-역행 동화'로 부른다. 우리말에서 흔치 않은 모음 동화의 보기이다.

이 동화 과정에서 변동을 입는 것은 각 모음이 가진 '후설성' 자질이며 나머지 자질은 일반적으로 유지된다. 즉 이 변동은 '후설성' 자질에 대해 '+' 값을 가지는 모음들이 '고저'나 '원순성'에 대한 자질값은 변하지 않은 채, [-후설성]의 값을 가지는 쪽으로 바뀌는 현상인 것이다.[53] 다만, '먹이다'[메기다/미기다]와 같이, 'ㅓ'에서 바뀐 'ㅔ'가 '고모음화'(모음 상승)을 통해 'ㅣ'로 바뀌기도 한다.

ㅣ
↑ (고모음화)
ㅔ ← ㅓ
('ㅣ-역행 동화')

이 변동은 방언과 세대에 따라 상당한 차이를 보이는데, 주로 경상방언이나 호남방언을 쓰는 노년층 화자의 발음에서 나타나고 현대의 젊은 세

---

[53] 이런 성격으로 인해, 이 변동은 국어의 모음 체계를 '전설-후설, 고모음-중모음-저모음'의 체계로 설정하는 근거가 되기도 한다. 3장 2절을 참고하기 바란다.

대의 발음에서는 잘 나타나지 않는다. 위 자료 ㅁ)에서 보듯이, 피동화주
인 후설 모음과 동화주인 'ㅣ' 모음 사이에 치조음이나 경구개음 즉 [+설
정성] 자질을 가진 자음이 끼어 있으면 이 변동이 일어나지 않는 경향이
있다. 즉 '가지'가 [*개지]로 바뀌거나 '같이'가 [*개치]로 바뀌지는 않는
다는 것이다.[54] 아울러 후설 모음과 'ㅣ' 모음이 직접 만날 때에도 이 변동
은 일어나지 않는다. 예를 들어 '/차(車)+이다/'는 [*채이다]로 바뀌지 않
는다. 따라서 'ㅣ-역행 동화'는 동화주와 피동화주 사이에 [−설정성] 자음
이 끼어 있을 때에만 일어난다는 제약을 따르는 것으로 볼 수 있다. 이런
제약을 고려하여 이 변동 현상을 규칙화하면 다음과 같다.

⬇ 'ㅣ-역행 동화' 규칙

$$[+성절성] \rightarrow [-후설성] / \underline{\quad\quad} \begin{bmatrix} +자음성 \\ -설정성 \end{bmatrix} \begin{bmatrix} +고설성 \\ -후설성 \\ -원순성 \end{bmatrix}$$

(앞 음절의 후설 모음이 뒤 음절의 모음 'ㅣ' 앞에서 전설 모음으로 바뀐
다. 단, 두 모음의 사이에는 [−설정성] 자음이 끼어 있어야 한다.)

라. 관련 어문 규범

이 변동은 방언과 세대에 따른 발음의 편중 현상을 보이기 때문에 표준
발음으로 인정되지 않는다. 따라서 표준 발음법에는 이 변동에 대한 조항
이 따로 마련되어 있지 않다. 오히려 표준어 규정에 이 변동과 관련된
조항이 있다.

제9항 'ㅣ' 역행 동화 현상에 의한 발음은 원칙적으로 표준 발음으로 인
　　　정하지 아니하되, 다만, 다음 단어들은 그러한 동화가 적용된 형태
　　　를 표준어로 삼는다.

　　　서울내기, 시골내기, 신출내기, 풋내기, 냄비, 동댕이치다, 멋쟁이, 소
　　　금쟁이, 담쟁이덩굴, 골목쟁이, 발목쟁이

---

[54] 이 제약은 모든 방언에 적용될 정도로 엄격한 것은 아니어서, '다리미[대리미]', '느티나무[니티
나무]' 같은 보기가 나타나는 방언도 있다.

위의 단어들은 'ㅣ-역행 동화'를 겪은 형태가 전국적으로 광범위하게 사용되는 것으로 파악되어 표준어로 인정을 받았다. 이것을 보면 이 변동이 과거 어느 시기에는 방언이나 세대에 관계없이 매우 일반적인 현상이었을 것으로 추정할 수 있다.

마. 학교 문법의 내용

제7차 교육과정기까지는 'ㅣ-역행 동화'를 음운 변동 단원에서 다루긴 했으나 주로 고등학교 단계에서만 다루었다. 지도 내용은 단어 내부나 사·피동사의 예를 몇 개 정도 들고 이 변동이 'ㅣ'의 전설성에 이끌린 모음 동화라는 점을 설명한 다음, 이 현상과 관련된 어문 규범을 제시하는 순서로 되어 있다. 'ㅣ'와 후설 모음 사이에 놓이는 자음의 종류(양순음, 연구개음)에 대한 설명도 제시하였다. 2011년 개정 교육과정을 포함한 최근의 교육과정에 의한 교과서들에서는 'ㅣ-역행 동화'를 거의 다루지 않고 있다. 이는 학습자들이 자신의 발음으로 확인하기 어려울 뿐 아니라 표준 발음으로 인정되지 않는 음운 변동을 지도하는 것은 의미가 없다는 판단에 따른 것으로 보인다.

지금의 학교 문법에서 'ㅣ-역행 동화'를 다루지 않는 이유는 충분히 이해할 수 있다. 이 현상은 일부 방언, 일부 세대의 언어에 국한하여 나타나기 때문에 다른 변동에 비해 문법 교육의 내용에 포함되기에는 그 중요도가 낮기 때문이다. 그러나 모음 체계를 학습하면서 '전설 모음'과 '후설 모음'이 각각 별개의 무리로 행동하는 모습을 탐구하거나 국어사와 연계된 탐구 활동이 필요한 경우에는 이 변동이 좋은 자료가 될 수 있다. 특히, '언어와 사회' 등의 주제를 다루는 단원에서 세대나 지역에 따라 언어가 분화되는 모습을 보여 주는 데는 이 변동이 좋은 보기가 될 수 있다.

3. 탈락

'탈락'은 음운 변동의 결과로 원래 있던 한 음소가 없어지는 것을 말하는데 '삭제'라고도 한다. 우리말에서 탈락 현상에 속하는 음운 변동으로

는, '르-탈락', 'ㅎ-탈락', 자음군 단순화, 어간 끝 모음 으-탈락', '어미 첫
모음 으-탈락', '어미 첫 모음 ㅏ, ㅓ-탈락', 'ㅣ-탈락', 'ㅣ-탈락' 등이 있다.

3.1. ㄹ-탈락

가. 자료

ㄱ) /놀:+는구나/[노:는구나], /놀:+는데/[노:는데], /멀:+은데/[먼:데],
/놀:+으나/[노:나], /멀:+으나/[머:나], /놀:+니/[노:니](의문), /멀:+니/
[머:니](의문), /놀:+는/[노:는], /멀:+은/[먼:], /놀:+으니/[노:니], /멀:+으니/
[머:니], /놀:+으세/[노:세], /놀:+으소서/[노:소서], /놀:+으시고/[노:시고],
/놀:+은/[논:], /놀:+을/[놀:], /멀:+을/[멀:], /놀:+을까/[놀:까],
/멀:+을까/[멀:까], /놀:+을수록/[놀:쑤록], /멀:+을수록/[멀:쑤록],
/놀:+읍니다/[놈:니다], /멀:+읍니다/[멈:니다], /놀:+읍시다/[놉:씨다],
/만들+음직하다/[만듬지카다]

ㄴ) /놀:+으오/[노:오], /멀:+으오/[머:오], /놀:+으오니/[노:오니], /멀:+으오니/
[머:오니]

ㄷ) /놀:+으되/[놀:되], /멀:+으되/[멀:되], /놀:+으려고/[놀려고], /놀:+으리라/
[놀:리라], /놀:+으며/[놀:며], /멀:+으며/[멀:며], /놀:+으면/[놀:면],
/멀:+으면/[멀:면]

ㄹ) /놀:+고/[놀:고], /놀:+거나/[놀:거나], /멀:+거나/[멀:거나], /멀:+구나/
[멀:구나], /놀:+더니/[놀:더니], /멀:+더니/[멀:더니], /놀:+지/[놀:지],
/멀:+지/[멀:지], /놀:+아도/[노라도], /멀:+어도/[머러도], /놀:+았+고/
[노랃꼬], /멀:+었+고/[머럳꼬]

ㅁ) /달(月)+은/[다른], /물(水)+을/[무를] // /듣(聽)+으니/[드르니],
/묻:(問)+으면/[무르면]

ㅂ) 달#달+이>다달이, 딸+님>따님, 바늘+질>바느질, 버들#나무>버드나무,
불#나비>부나비, 불#삽>부삽, 불#젓가락>부젓가락,
솔#나무>소나무, 쌀#전>싸전, 열#닫+이>여닫이, 활#살>화살

ㅅ) /달+님/[달림], /불#나비/[불라비], /불#놀:+이/[불로리], /솔#나무/
[솔라무], /물#새/[물쌔], /물#소리/[물쏘리]

위에서 '놀+으나', '놀+으니', '놀+으면'과 같이 어미 모음 '으'가 있는 형태를 기본형
으로 잡았다. '먹으나', '먹으니'와 같은 보기를 근거로 '으'가 들어 있는 형을 기본형으
로 하고 활용 과정, 즉 어간 끝 자음 'ㄹ' 다음에서 이 '으'가 탈락하는 것으로 본 것이

다. 물론, 이들 어미가 원래부터 '으'를 가지지 않은 것으로 처리하는 방식도 있을 수 있다. 즉, '가면'은 '가+면'의 결합으로 볼 수도 있고 '가+으면'의 결합으로 처리할 수도 있다는 것이다. 전자의 방식을 택할 경우 '먹+면'과 같은 경우에는 '으'가 첨가되는 것으로 설명하면 되고, 후자의 방식을 취하는 관점에서는 '가+으면'에서 '으'가 탈락하는 것으로 설명한다. 두 방식 중 어느 쪽이 더 높은 설명력을 가지느냐 하는 점이 문제인데, '으-탈락'쪽이 유리한 것으로 보인다. '으-첨가'로 보려면 첨가의 동기나 조건이 명확하게 밝혀져야 하는데, 그렇게 하기가 쉽지 않기 때문이다. 예를 들어, '으-첨가'로 보는 관점에서는 '먹으니'(연결형)에는 '으'가 첨가되는데 같은 조건인 '먹니'(종결형)에는 '으'가 첨가되지 않는 이유를 설명하기가 어렵다. 학교 문법에서는 전통적으로 이들 어미의 기본형을 '으'가 없는 형으로 잡아왔다.

나. 변동의 양상

자료 ㄱ), ㄴ)에서는, 동사나 형용사의 어간 끝 자음 'ㄹ'이 '-느냐, -는, -는구나, -는데/-은데, -니, -으나, -으니, -으세, -으소서, -으시고, -은, -을, -을까, -을수록, -음직하다, -읍니다, -읍시다, -으오' 등의 어미 앞에서 탈락하는 현상이 나타난다.

ㄷ), ㄹ)은 'ㄴ'을 제외한 다른 자음으로 시작하는 어미나, '으'가 아닌 다른 모음으로 시작하는 어미, '으'로 시작하는 어미 중 '-으되', '-으려고', '-으리라', '-으며', '-으면' 등의 앞에서는 어간 끝 자음 'ㄹ'이 탈락하지 않는다는 사실을 보여준다. ㅁ)에서는, 체언의 끝 자음 'ㄹ'은 같은 환경에서도 탈락하지 않는다는 사실과 소위 'ㄷ-불규칙 활용'의 경우에도 같은 환경에서 'ㄹ-탈락'이 일어나지 않음을 알 수 있다.

ㅂ)은 일부 복합어에서 자음 'ㄹ'이 'ㄴ, ㄷ, ㅅ, ㅈ' 앞에서 탈락함을 보여주는 예들이다. 그러나 앞의 '유음화'에서 말했듯이, 이들의 경우는 과거 어느 시기에 있었던 'ㄹ-탈락'의 결과 만들어진 형태가 하나의 단어로 굳어진 것이기 때문에 공시적인 'ㄹ-탈락'으로 볼 수 없다. 만약 ㅂ)류에 나타나는 'ㄹ-탈락'이 공시적인 변동에 의한 것이라면 ㅅ)과 같이, 같은 환경에서 'ㄹ-탈락'이 일어나지 않는 예들이 존재할 수 없다.

다. 변동의 설명

ㄱ), ㄴ)에 나타나는 '르-탈락' 현상은 용언의 활용에서만 나타나는, 어간의 끝 자음 '르-탈락' 현상이다.

먼저, ㄱ)류는 후속 환경의 겉모습에 따라 다시 세 부류로 나뉜다.

① ㄱ-1)류 : 'ㄴ'으로 시작하는 어미('놀+느냐'류)
② ㄱ-2)류 : 종성을 가지지 않은 '으'(개음절)로 시작하는 어미('놀+으나'류)
③ ㄱ-3)류 : 종성을 가진 '으'(폐음절)로 시작하는 어미('놀+은'류)

ㄱ-1)류는 어간의 끝 자음 'ㄹ'이 어미 자음 'ㄴ' 앞에서 탈락하는 것으로 볼 수 있겠다. 이는 같은 조음 위치의 [유음+비음]의 연쇄를 피하려는 동기에 의한 것이다. 앞의 '유음화'에서 말했듯이, 'ㄹ'과 'ㄴ'을 이어 내기는 쉽지 않다. 즉, 혀끝을 윗잇몸 중앙부에 댄 채 공기를 혀 옆으로 흘려보내면서 내는 소리와, 혀끝을 같은 부위에 붙여 순간적으로 공기의 흐름을 완전히 차단시켰다가 코로 공기를 내보내면서 내는 소리를 이어 내는 조음 동작은 음성학적으로 매우 어렵다는 것이다. 따라서 'ㄹㄴ'은 'ㄹㄹ'로 바꾸거나 아예 앞의 'ㄹ'을 탈락시키는 쪽으로 변동이 일어나게 되는 것이다. 이 변동 현상을 규칙으로 나타내 보면 다음과 같다.

ㄹ → ∅ / ____]어간 + ㄴ
(어간 끝 자음 'ㄹ'은 어미 자음 'ㄴ' 앞에서 탈락한다.)

ㄱ-2)류는, 겉으로는 어간 끝 자음 'ㄹ'이 어미 '-으나, -으니, -으세, -으소서, -으시고' 앞에서 탈락하는 것처럼 보이지만 사실은 'ㄹ' 뒤에서 어미 모음 '으'가 먼저 탈락[55]하고 난 뒤, 자음 'ㄴ, ㅅ' 앞에서 'ㄹ'이 탈락하는 것으로 보는 것이 합리적이다.

---

[55] '어미 첫 모음 으-탈락'에 대해서는 뒤에서 설명된다.

/놀:+으나/ /놀:+으세/

놀:나   놀:세   (으-탈락)

노:나   노:세   ('ㄴ, ㅅ' 앞 어간 끝 'ㄹ-탈락')

[노:나]   [노:세]   (표면형)

따라서 위의 'ㄹ-탈락' 규칙은 다음과 같이 다듬어지는데, 이 규칙은
'어미 첫 모음 으-탈락' 규칙 다음에 적용된다.

⬇ 'ㄹ-탈락' 규칙

[+유음성] → Ø / ＿＿＿]어간 + ㄴ, ㅅ[56]

(어간 끝 자음 'ㄹ'은 어미 자음 'ㄴ, ㅅ' 앞에서 탈락한다.)

ㄱ-3)류는, 어미 '-은, -을, -을까, -을수록, -음직하다, -읍니다, -읍시다'
앞에서 어간 끝 자음 'ㄹ'이 탈락하는 것처럼 보인다. 그러나 이 현상도
'ㄹ' 뒤에서 어미 모음 'ㅡ'가 먼저 탈락하고 그 결과 만들어지는 자음군
중 앞 자음 'ㄹ'이 탈락하는 것으로 설명된다.

/놀:+은/ /놀:+을까/ /놀:+읍시다/

놀:ㄴ   놀:ㄹ까   놀:ㅂ시다   (어미 첫 모음 으-탈락)

논: 놀:까   놉:씨다   (자음군 단순화, 된소리되기)

[논:]   [놀:까]   [놉:씨다]   (표면형)

여기서의 자음군 단순화는 도출 과정에서만 나타나는 것으로 뒤에서
다룰 일반적인 자음군 단순화와는 다르다. 예를 들어, '놀+은'에서 'ㅡ'
탈락이 일어난 결과 만들어진 음절말 자음군 'ㄹㄴ'은 우리말에 존재하는
일반적인 자음군, 즉 '값', '읽-' 등의 체언 및 어간 끝 자음군 'ㅄ', 'ㄹㄱ'과
는 성격이 다르다는 것이다. 일반적인 음절말 자음군은 그 자체로 체언이
나 용언 어간의 일부로서 뒤에 모음으로 시작하는 조사나 어미가 결합하

---

[56] 'ㄴ'과 'ㅅ'을 묶어 변별 자질로 표시하기는 어렵다. 이 두 자음은 어떤 식으로도 자연 부류(natural class)를 형성하지 않기 때문이다. '치조'([+설정성, +전방성])라는 조음 위치를 가지고 묶는다면 같은 조음 위치의 'ㄷ'이 포함되어야 하고, [+설정성]을 가지고 묶으면 'ㅈ'이 포함되어야 한다. 이처럼 한 음운 변동의 환경이 되는 두 소리가 자연 부류로 묶이지 않는다는 것은 이 변동의 적용 환경이 일반적이지 않다는 말과 같다.

면 두 자음이 모두 발음되는 데 반해, '놀ㄴ'의 'ㄹㄴ'은 각각 어간과 어미의 일부였던 두 자음이 'ㅡ' 탈락으로 인해 일시적으로 자음군이 된 상태로서 실제 발음상으로는 두 자음이 모두 실현되는 경우는 없다. 또 일반적인 자음군 단순화에서는 'ㄹ'이 포함된 자음군 중에서 'ㄹ'이 탈락하는 경우도 있고 다른 자음이 탈락하는 경우도 있지만 위 ㄱ-3)류에서는 뒤에 어떤 자음이 오든 항상 어간 끝 자음 'ㄹ'이 탈락한다. 따라서 이 경우의 자음군 단순화는 어간 끝 'ㄹ-탈락'과 함께 다루는 것이 낫다.

다음으로 ㄴ)류는 상대 높임을 나타내는 어미 '-으오'나 화자의 공손함을 표시하는 어미 '-으오-(/-으옵-)' 앞에서 어간 끝의 'ㄹ'이 탈락하는 경우이다. 이 예들에서는, 어미 첫 모음 'ㅡ'가 탈락한 후 '오' 앞에서 'ㄹ'이 탈락하는 것처럼 보이지만, 이 경우의 'ㄹ-탈락'은 과거에 이 형태소의 첫 자음이었던 'ㅿ' 앞에서 일어난 것이다. 따라서 이 경우의 'ㄹ-탈락'은 공시적으로는 특정 형태소 앞에서 일어나는 현상으로, 음운론적인 조건에 의해서 일어나는 다른 'ㄹ-탈락'과는 구별된다.

앞에서 ㄱ-1)류와 ㄱ-2)류에서 일어나는 'ㄹ-탈락'의 환경이 되는 두 자음 'ㄴ'과 'ㅅ'은 하나의 자연 부류로 묶이지 않기 때문에 이들을 변별 자질로 표시하기 어렵다고 했다. 음성학적으로 'ㄴ'과 'ㅅ'의 어떤 공통 성질이 이 규칙의 조건이 되는지 알 수 없다는 뜻이다. 일반적인 음운 변동이 그 적용 환경을 음성학적으로 명확하게 범주화할 수 있다는 점에 비추어 볼 때, 이것은 어간 끝 'ㄹ-탈락' 현상이 가지는 특이한 모습이라고 할 수 있다.

현대 국어의 'ㄹ-탈락' 규칙이 이렇게 특이한 적용 환경을 가지게 된 것은 역사적으로 이 규칙의 힘이 약화되어 온 결과로 설명된다. 즉, 앞의 '유음화'에서 설명되었듯이, 예전에는 'ㄹ-탈락' 규칙이 'ㄴ, ㄷ, ㅅ, ㅿ, ㅈ' 등 모든 치조음[57] 앞의 'ㄹ'에 적용되었으나, 현대 국어로 오면서 순행적 유음화 현상과의 경쟁 속에서 '어간 끝 자음 'ㄹ'이 어미 자음 'ㄴ, ㅅ' 앞에서만 탈락'하는 것으로 변하였다. 이것은 'ㄹ-탈락' 규칙의 힘이 역사적으로 약화되는 쪽으로 변화해 왔음을 의미한다.

---

[57] 15세기 국어에서는 'ㅈ'류도 치조음이었다.

라. 관련 어문 규범

표준 발음법에는 '르-탈락'에 대한 규정이 없다. 한글 맞춤법에서 '르'이 탈락한 형태를 '표준 어형'으로 인정하고 그대로 적기로 정했기 때문에 발음과 관련해서는 따로 규정할 내용이 없기 때문이다.

제18항 다음과 같은 용언들은 어미가 바뀔 경우, 그 어간이나 어미가 원칙에 벗어나면 벗어나는 대로 적는다.
1. 어간의 끝 '르'이 줄어질 적
갈다 : 가니, 간, 갑니다, 가시다, 가오
놀다 : 노니, 논, 놉니다, 노시다, 노오
불다 : 부니, 분, 붑니다, 부시다, 부오
둥글다 : 둥그니, 둥근, 둥급니다, 둥그시다, 둥그오
어질다 : 어지니, 어진, 어집니다, 어지시다, 어지오

마. 학교 문법의 내용

학교 문법에서도 이 '르-탈락'을 음운 탈락의 한 보기로 다루어 왔다. 자료로는 주로 위 ㄱ-1)류나 ㄱ-2)류[58]와 ㅂ)류를 함께 제시하고 있는 것으로 보아, 공시적인 '르-탈락'과 통시적인 변화의 결과를 구분하지 않고 있음을 알 수 있다. 예를 들어, 제7차 교육과정에 의한 문법 교과서에서는 '음운의 변동' 단원의 '탈락' 부분에서 '울+는', '살+시다', '살+니' 등을, 뒤에 나올 모음 탈락 자료와 함께 제시하였으나 탐구 문제에서는 '따님', '부삽', '여닫이', '우짖다' 등을 보기로 들었다. 2011년 개정 교육과정에 의해 만들어진 『독서와 문법』 교과서들의 음운 변동 단원에서도 ㄱ)류의 어간 끝 '르-탈락' 자료와 ㅂ)류의 '바느질, 소나무' 등을 함께 예로 들면서 이 현상을 탈락의 한 부류로 다루었다.

우리말에서 '르'은 여러 음운 변동에 참여하는, 특별한 자음이다. '르'과 관련된 음운 현상을 모아보면 다음과 같다.
① 로인>노인[노ː인]
② 대통령[대ː통녕], 백로[뱅노], 공신력[공신녁]

---

[58] '둥글-+은→둥근'과 같은 ㄱ-3)류를 예로 든 교과서도 있다.

③ 신라[실라]

④ 물난리[물랄리]

⑤ 놀:+는[노:는], 놀:+은[논:]

우선 단어의 첫머리 자리에서 표면형으로 실현되지 않는다는 특징(두음 법칙)이 있고(①), 어중에서도 'ㄹ'을 제외한 자음 다음에서는 'ㄴ'으로 비음화 한다.(②) 이때, 선행 자음이 'ㄴ'인 경우에는 이 'ㄴ'이 'ㄹ'로 바뀌어 'ㄹㄹ'로 실현되기도 한다.(③) 어중의 'ㄹㄴ'은 체언의 경우에는 'ㄹㄹ'로 실현되지만④) 용언의 활용에서는 'ㄴ, ㅅ' 앞에서 탈락한다.(⑤) '자음+ㄹ'은 전반적으로 [자음+ㄴ]으로 실현되는 경향을 보여서 우리말에 'ㄹ+ㄹ'을 제외한 '자음+ㄹ'의 연쇄를 금지하는 제약이 형성되어 가고 있음을 알 수 있다. 같은 조음 위치의 비음인 'ㄴ'과의 관계를 중심으로 살펴보면, 어중 'ㄴ+ㄹ'은 'ㄹㄹ' 혹은 'ㄴㄴ'으로 실현되고, 'ㄹ+ㄴ'은 'ㄹㄹ' 혹은 'Øㄴ'으로 발음되기 때문에, 어중에서의 'ㄹ'과 'ㄴ'의 연쇄 역시 위 제약의 지배를 받고 있음을 알 수 있다.

3.2. ㅎ-탈락

가. 자료

1) ㄱ) /놓+아서/[노아서], /놓+을[노을], /놓+으면[노으면], /놓+으니까/[노으니까], /놓+이+고/[노이고]

ㄴ) /끊+어서/[끄너서], /끊+을[끄늘], /끊+으면[끄느면], /끊+으니까/[끄느니까]

ㄷ) /끓+어서/[끄러서], /끓+을[끄를], /끓+으면[끄르면], /끓+으니까/[끄르니까], /끓+이+고/[끄리고]

ㄹ) 마니(←많이) 왔군, 부지러니(←부지런히), 조아(←좋아), 나가면 되자나(←되잖아), 가기 시러(←싫어)

2) ㄱ) /경제학/[경제학/경제악], /구휼/[구휼/구율], /보:호/[보:호/보:오], /지혜/[지혜/지예]

ㄴ) /겸+하고/[겸하고/겨마고], /방:학/[방:학/방:악], /전:화/[전:화/저:놔]

ㄷ) /실학/[실학/시락59], /올+해/[올해/오래], /철학/[철학/처락], /팔#힘/[팔힘/파림]

---

59 2)의 ㄷ)류에서 '/'의 오른쪽 발음은 1)의 ㄷ)류와는 차이가 있다. 2) ㄷ)류에서는, 'ㄹ'이 제2음절 첫소리로 연음되면서 'ㅎ'의 기가 섞여 나는 [ㄹʰ] 정도의 발음이 더 자연스럽다. 표준 발음법 해설(제12.4항)에서도 '실학'류에 대해서는 "'ㄹ'을 연음시키면서 'ㅎ'이 섞인 소리로 발음한다."고 설명하고 있다.

나. 변동의 양상

　　자료 1)은 어간의 끝 자음 'ㅎ'이 모음으로 시작하는 어미나 접사 앞에서 탈락한다는 것을 보여준다. 어간 끝 자음군 'ㄶ, ㅀ'도 같다. ㄹ)은 통신 언어에서 'ㅎ'이 탈락된 대로 적힌 단어의 보기이다.

　　2)는 그 밖의 경우, 즉 한자어나 합성어 등에서 모음과 모음 사이, 'ㄴ, ㄹ, ㅁ, ㅇ' 등 유성 자음과 모음 사이에 놓이는 'ㅎ'이 수의적으로 탈락한다는 것을 보여준다. 이 때의 'ㅎ'은 의식적이고 또렷한 발음에서는 탈락하지 않으나 발화 속도가 빨라질수록 탈락할 가능성이 높다.

다. 변동의 설명

　　'ㅎ'은 조음 위치가 뚜렷하지 않아서 그 소릿값이 후속 모음의 무성음에 가깝다. 따라서 모음 사이나 유성 자음과 모음 사이에서 유성음화되면 자신의 소릿값대로 실현되기 어렵다. 유성음 사이의 'ㅎ'이 쉽게 탈락하는 것도 이 때문이다. 어간 끝 자음 'ㅎ-탈락'과 유성음 사이 'ㅎ-탈락' 현상을 규칙화하면 다음과 같다.

　　⬇ 어간 끝 ㅎ-탈락 규칙

$$\begin{bmatrix} +\text{유기성} \\ +\text{지속성} \end{bmatrix} \rightarrow \varnothing \ / \ \underline{\quad} \ ]_{\text{어간}} + \ [+\text{성절성}]$$

（어간 끝 자음 'ㅎ'은 모음으로 시작하는 어미 앞에서 탈락한다.)

　　⬇ 유성음 사이 ㅎ-탈락 규칙(수의적)

$$\begin{bmatrix} +\text{유기성} \\ +\text{지속성} \end{bmatrix} \rightarrow \varnothing \ / \ [+\text{공명성}] \ \underline{\quad} \ [+\text{공명성}]$$

（자음 'ㅎ'은 유성음과 유성음 사이에서 수의적으로 탈락한다.)

라. 관련 어문 규범

　　표준 발음법에서는 자료 1)과 같은, 어간 끝의 'ㅎ-탈락'만 표준발음으로 인정하고 있다.

제12-4항 'ㅎ(ㄶ, ㅀ)' 뒤에 모음으로 시작된 어미나 접미사가 결합되는 경우에는, 'ㅎ'을 발음하지 않는다.

낳은[나은], 놓아[노아], 쌓이다[싸이다], 많아[마:나], 않은[아는], 닳아[다라], 싫어도[시러도]

마. 학교 문법의 내용

'ㅎ-탈락'은 제7차 교육과정에 의한 문법 교과서에서부터 '탈락' 현상의 하나로 다루어지고 있다. 이 교과서에서는 '탈락' 항에서 위의 어간 끝 'ㅎ- 탈락'을 모음 탈락, 'ㄹ-탈락' 등과 함께 다루었는데, 자료로는 '좋은, 넣어, 쌓이다, 끓이다'를 제시하였다. 2007년에 개정된 교육과정과 그 이후에 개정된 교육과정에 의한 교과서 중에는 이와 같은 공시적인 'ㅎ-탈락'과 함께 '막다히>막대', '가히>개' 등과 같은 통시적인 현상을 함께 제시한 것도 있다.

3.3. 자음군 단순화

가. 자료

ㄱ) /넋/[넉], /넋+과/[넉꽈], /몫+도/[목또], /삯+만/[상만]

ㄴ) /앉+고/[안꼬], /앉+는데/[안는데], /앉+다가/[안따가], /얹+지/[언찌], /얹+습니다/[언씀니다]

ㄷ) /많:+네/[만:네], /끓+는/[끈는], /끓+습니다/[끈씀니다], /많:+소/[만:쏘]
  〈비교 1〉 /많:+다/[만:타], /않+고/[안코], /끓+지/[끈치]

ㄹ) /닭+도/[닥또], /기슭+과/[기슥꽈], /칡/[칙], /흙+만/[흥만], /늙+지/[늑찌], /맑+습니다/[막씀니다], /읽+다가/[익따가], /읽+는데/[잉는데]
  〈비교 2〉 /맑+게/[말께], /굵:+고/[굴:꼬], /붉+거나/[불꺼나], /늙+고/[늘꼬]

ㅁ) /삶:+도/[삼:도], /앎:/[암:], /굶:+다가/[굼:따가], /곪:+고/[곰:꼬], /닮:+는/[담:는], /옮:+고/[옴:꼬], /삶:+지/[삼:찌], /젊:+습니다/[점:씀니다]

ㅂ) /여덟/[여덜], /여덟+만/[여덜만], /넓+고/[널꼬], /떫+겠다/[떨껟따], /섧:+지/[설:찌], /얇:+습니다/[얄:씀니다], /짧+더라도/[짤떠라도]
  〈비교 3〉 밟다[밥:따], 밟지[밥:찌], 밟는[밤:는]
  〈비교 4〉 넓적하다[넙쩌카다], 넓죽하다[넙쭈카다], 넓둥글다[넙뚱글다]

ㅅ) /물곬/[물꼴], /옰만/[올만]

ㅇ) /핥+고[할꼬], /핥+는[할른], /핥+습니다[할씀니다], /핥+더라도/
　　[할떠라도], /핥+지/[할찌]

ㅈ) /읊+고/[읍꼬], /읊+는데/[음는데], /읊+지/[읍찌]

ㅊ) /뚫+네/[뚤:레], /앓+는[알른], /싫+소/[실쏘], /옳+습니다/[올씀니다]
　　〈비교 5〉/곯+고/[골코], /끓+더라도/[끌터라도], /잃+지/[일치]

ㅋ) /값/[갑], /값+도/[갑또], /없:+고/[업:꼬], /없:+네/[엄:네], /없:+습니다/
　　[업:씀니다], /가:없+더라도/[가:엽떠라도]

> 음절말 자음군의 발음은 방언에 따라 차이가 많이 난다. 그리고 현실 발음이 표준 발음법의 규정과 다른 경우도 있다. 특히 체언의 끝 자음군은 대부분의 방언에서 어느 한 쪽이 탈락한 형으로 굳어진 경우가 많아서 자음군으로 보기가 어려운 것이 사실이다. 예컨대 '넋, 닭, 값' 등은 모든 환경에서 '[넉], [닥], [갑]'으로 실현되기 때문에 그 기저형이 이렇게 재구조화된 것으로 보는 것이 오히려 합리적이다. 그리고 'ᆳ'을 자음으로 가진 체언들은 거의 쓰이지 않기 때문에, 현실적으로는 체언의 끝 자음군은 거의 존재하지 않는다고 해도 과언이 아니다. 여기서는 표준 발음법의 규정을 따라 설명한다.

나. 변동의 양상

위 자료 ㄱ)~ㅋ)은 음절말 자음군의 실현 양상을 표준 발음법 규정에 따라 정리한 것인데, 기저 자음군[60]이 음절말 위치에 오면 어느 한 자음은 탈락하고 나머지 한 자음만이 발음된다는 사실을 보여준다. 이와 같은 기저 자음군에는 'ᆪ, ᆬ, ᆭ, ᆰ, ᆱ, ᆲ, ᆳ, ᆴ, ᆵ, ᆶ, ᆹ' 등 11가지가 있는데 위에서 보다시피 'ᆪ, ᆳ'은 체언의 끝소리 자리에만 나타나고, 'ᆬ, ᆭ, ᆴ, ᆵ'은 어간의 끝에만 나타나며 나머지는 체언과 용언에 함께 나타난다. ㄱ)~ㅋ)에 나타난 탈락의 양상을 정리해 보면 다음과 같다.

ᆪ → ㄱ, ᆬ → ㄴ, ᆭ → ㄴ, ᆰ → ㄱ/ㄹ,
ᆱ → ㅁ, ᆲ → ㄹ/ㅂ, ᆳ → ㄹ, ᆴ → ㄹ,
ᆵ → ㅍ, ᆶ → ㄹ, ᆹ → ㅂ

---

60 기저 자음군이라고 한 것은 이들이 자음군의 상태로 실현되는 경우가 없기 때문이다. 기저 자음군은 음절말에 오면 단순화되어 하나의 자음만 발음되고 모음 사이에 오면 뒤 자음은 다음 음절의 초성으로 연음된다.

'ㄳ'과 'ㄵ'은 각각 둘째 자음인 'ㅅ'과 'ㅈ'이 탈락한다. '넋도[넉또]', '앉고[안꼬]'와 '넋이[넉씨]', '앉으면[안즈면]'을 비교해 보면 모음으로 시작하는 조사나 어미가 연결된, 뒤쪽의 둘은 두 자음이 모두 발음되는 데 반해 자음으로 시작하는 조사나 어미가 연결된, 앞의 둘에서는 자음 탈락이 일어나고 있음을 알 수 있다.

/앉+으면/ → [안즈면](연음/음절 경계 조정)
/앉+고/ → [안꼬](된소리되기, 자음군 단순화)

'ㄶ'과 'ㅀ'은 어간 끝 자음군으로만 쓰이는데 〈비교 1〉과 〈비교 5〉에서 보듯이, 뒤에 'ㄱ, ㄷ, ㅈ' 등 거센소리로 바뀔 수 있는 자음이 연결되면 거센소리되기가 먼저 일어나서 어느 한 자음이 탈락할 필요가 없지만[61] '많네[만ː네]'나 '싫소[실쏘]'에서 보듯 다른 자음이 연결되면 'ㅎ'이 탈락한다.

'ㄺ'의 경우는, 'ㄹ'이 탈락하고 'ㄱ'이 남는 것이 일반적이지만 어간 끝의 'ㄺ'은 'ㄱ'으로 시작하는 어미 앞에서는 'ㄹ'로 발음된다.[62] 'ㄻ'은 'ㅁ'으로만 발음되며 'ㄼ'은 'ㄹ'로 발음되는 것이 원칙이지만, 〈비교 3〉에서 보듯이, 동사 '밟[밥ː]-'은 예외여서 '밟고[밥ː꼬], 밟는데[밤ː는데], 밟지[밥ː지]' 등으로 발음되며, 〈비교 4〉와 같이 '넓적하다[넙쩌카다], 넓죽하다[넙쭈카다], 넓둥글다[넙뚱글다]' 등도 예외이다. 'ㄽ'과 'ㄾ'은 둘 다 'ㄹ'이 남고, 'ㄿ'과 'ㅄ'은 각각 'ㅍ'과 'ㅂ'이 남지만 평파열음화를 거치기 때문에 둘 다 'ㅂ'으로 발음된다.

---

61 이때 거센소리되기의 결과 우리말 음절 구성상의 제약을 준수하게 된 것은 사실이지만, 이 거센소리되기를 음절 구조상의 제약을 따르기 위해 일어난 것으로 보고 자음군 단순화와 함께 묶어 다룰 필요는 없다. 거센소리되기는 '놓고[노코], 놓지[노치]'와 같이 자음군이 아닌 경우에도 나타나기 때문이다. 즉, 이 경우의 거센소리되기는 음절 구성상의 제약과는 관계없이 나타난 것이라 할 수 있다.

62 이는 표준 발음법 규정에 따른 기술이다. 방언이나 개인에 따라서 'ㄺ'을 항상 'ㄹ'로 발음하는 경우도 있고 항상 'ㄱ'으로만 발음하는 사람도 있다.

다. 변동의 설명

이 변동은 '음절말 위치에 놓이는 자음이 하나를 넘을 수 없다.'는 음절 구조상의 제약을 따르기 위해 두 자음 중 하나가 탈락하는 현상으로, '자음군 단순화' 혹은 '겹받침 줄이기'라고 한다. 이 변동을 설명하는 일의 핵심은, 기저 자음군 중 어느 쪽이 탈락하는가 하는 것을 예측하는 데 있다. 그러나 이 일은 매우 어렵다. 대략적인 경향성을 정리할 수 있을 뿐 11가지 자음군의 경우를 모두 설명할 수 있는 규칙을 찾기 어려울 뿐 아니라 한 자음군 안에서도 세부적인 음운 조건에 따라 두 가지 이상의 발음이 가능한 경우도 있기 때문이다. 두 자음 중 어느 쪽이 탈락하는가 하는 것을 중심으로 자음군 단순화의 방향을 정리해 보면 다음과 같다. 편의상 자음군을 C_1C_2로 표시한다.

① C_1C_2 중에서 모음에 인접하지 않는 C_2가 탈락한다.
　⇒ 'ㄿ', 'ㄾ'의 전부, 'ㄺ', 'ㄼ'의 일부가 예외로 남는다.
② C_2가 [+설정성]일 때(넋, 앉다, 외곬, 핥다, 값)에는 C_2가 탈락하고 C_2가 [−설정성]일 때(닭, 삶, 읊다, 밟다)에는 C_1이 탈락한다.
　⇒ '밟다' 및 '넓죽하다'류를 제외한 나머지 'ㄼ', 'ㄱ'으로 시작하는 어미 앞의 'ㄺ'(읽고[일꼬])이 예외로 남는다.
③ C_1과 C_2 중 [+설정성]인 것이 탈락(넋, 값, 닭, 삶, 읊다, 밟다)하고 둘 다 [+설정성]일 때는 C_2가 탈락(앉다, 외곬, 핥다)한다.
　⇒ 예외는 ②와 같다.
④ 두 자음 중 어느 한 쪽이 비음이면 비음이 아닌 쪽이 탈락하며, 어느 한 쪽이 'ㅎ'일 때 뒤 자음이 거센소리로 바뀔 수 없는 자음이면 'ㅎ'이 탈락한다.

위에서 볼 때 음절말 자음군 단순화를 규칙으로 예측하기는 불가능하다는 사실을 확인할 수 있다. 다만, [설정성] 자질을 가진 자음이 탈락하는 경향이 현저하게 나타난다는 점은 지적할 수 있겠는데, 이는 앞의 '조음 위치 동화'에서 보았듯이, 우리말 자음 체계에서 [+설정성] 자질을 공유하고 있는 자음들은 다른 자음들에 비해 비교적 약성이기 때문이다.

자음군 단순화는 평파열음화나 된소리되기, 거센소리되기보다 뒤에

일어나며 비음 동화나 조음 위치 동화보다는 앞서 일어난다. 먼저, 평파
열음화 및 된소리되기와의 관계는, 된소리되기에서 들었던 다음과 같은
도출 과정을 통해서 다시 확인할 수 있다.

/훑+지/   /훑+지/
훑ㄷ지 (평파열음화)   훑ㄷ지 (평파열음화)
훑지   (자음군 단순화)   훑ㄷ찌 (된소리되기)
____   (된소리되기)   훑찌   (자음군 단순화)
[*훑지] (표면형)   [훑찌] (표면형)

　　자음군 단순화가 된소리되기보다 뒤에 적용되어야 올바른 표면형이
도출된다는 점을 확인할 수 있다. '/앉+거나/[앙꺼나]'의 도출 과정을 보
면 자음군 단순화와 관련된 여러 변동 현상들 사이의 순서 관계가 잘
드러난다.

/앉+거나/
안ㄷ거나 (평파열음화)
안ㄷ꺼나 (된소리되기)
안꺼나   (자음군 단순화)
앙꺼나   (조음 위치 동화)
[앙꺼나] (표면형)

　　자음군 단순화와 거센소리되기의 관계는 'ㄶ' 및 'ㅀ'의 경우에만 문제
가 되는데, 다음과 같은 도출 과정에서 그 순서를 확인할 수 있다.

/많+고/   /많+네/
만ː코   ____   (거센소리되기)
____   만ː네   (자음군 단순화)
[만ː코]   [만ː네]   (표면형)

라. 관련 어문 규범

　　표준 발음법 제10항과 11항에서 자음군 단순화와 관련된 발음을 규정
하고 있다. 다만, 'ㅎ'이 끼인 자음군의 발음에 대해서는 제12항에서 거센

소리되기, 'ㅎ' 뒤 'ㅅ'의 된소리되기, 'ㅎ'의 비음 동화, 'ㅎ-탈락' 등을 함께 규정하고 있다.

마. 학교 문법의 내용

학교 문법에서는 자음군 단순화를 탈락의 일종으로 다루지 않고, 평파열음화와 함께 '음절의 끝소리 규칙'으로 다루어 왔으나[63] 2007년에 개정된 교육과정과 그 이후의 교육과정에 의한 고등학교 『독서와 문법』 교과서들에서는 이 변동을 대체로 '음절의 끝소리 규칙'에서 분리하여 탈락으로 다루고 있다. 이 현상을 '음절의 끝소리 규칙'으로 다룬 것은 이 현상이 국어의 음절 구조상의 제약에 의한 것이라는 점을 중시한 결과인 듯하지만, 표면적으로 나타나는 음소 층위의 변동 양상이 '탈락'이라는 점을 고려하면 음운 탈락의 하나로 가르치는 것이 더 효과적일 것으로 생각된다. 물론, 자음군 단순화의 결과 남은 자음이 평파열음화의 결과와 같이, 일곱 자음 중 하나인 것이 사실이고 또 우리말 음절 구조상의 제약에 따른 것이라는 점도 사실이다. 그러나 음소 층위의 변동 양상으로 볼 때, 자음군 단순화는 음절말 위치에서 두 자음 중 하나가 탈락하는 현상이어서 대치 현상인 평파열음화와는 명백한 차이가 있다. 다시 말해 평파열음화의 핵심은 음절말 위치에서 모든 자음이 7개 자음 중 하나로 바뀌는 것인 반면, 자음군 단순화의 핵심은 같은 위치에서 두 자음 중 하나가 탈락하는 데 있다. 이렇게 성격이 다른 두 변동을 하나의 현상처럼 묶어 설명하는 것은 학습자로 하여금 자칫 본질을 놓치게 하는 결과를 초래할 수도 있다.

3.4 어간 끝 모음 으-탈락

가. 자료

/끄+어서/[꺼서](꺼서)[64], /쓰+었+고/[썬꼬](썼고), /트+어도/[터도](터도),

---

[63] 제7차 교육과정기까지의 국어 및 문법 교과서가 그러했고 '2007년 개정 이후'의 교육과정에 의한 중학교 국어 교과서(공통 과정 '국어' 과목의 교과서)들도 그러하다.

/담그+았+고/[담갇꼬](담갔고), /모으+아라/[모아라](모아라), /슬프+어도/
[슬퍼도](슬퍼도), /아프+아서/[아파서](아파서), /예:쁘+어서/[예:뻐서](예뻐서)
⟨비교 1⟩ /긋+어/[그어][*거]
⟨비교 2⟩ /그+의/[그의][*긔], /카드+이다/[카드이다/카드다][*카디다],
　　　　　/크리스마스+에/[크리스마스에][*크리스마세]

나. 변동의 양상

　　어간 끝 모음 '─'는 어미 모음 'ㅏ, ㅓ' 앞에서 필수적으로 탈락한다.[65]
예를 들어 /끄+어/는 반드시 '─' 탈락을 거쳐 [꺼]로만 발음되고 [끄어]와
같은 발음은 나타나지 않는다. 한글 맞춤법에서도 이 활용형을 '─'가 탈
락한 상태 즉 '꺼'로 적기로 정해 놓았다.(한글 맞춤법 제18항의 4) ⟨비교
1⟩에서 소위 'ㅅ-불규칙' 용언의 활용형은 이 탈락에 참여하지 않음을 알
수 있다. 그리고 ⟨비교 2⟩를 통해 체언의 끝 모음 '─'는 모음으로 시작하
는 조사 앞에서 탈락하지 않음을 알 수 있다.

다. 변동의 설명

　　두 모음을 이어 내는 것은 '자음-모음-자음-모음-자음…'식의 발음보다
껄끄럽고 부자연스럽다. 두 모음을 이어 내면서 각각 독립된 음절로 발음
하려면 그 사이에 의도적으로 음절 경계를 두어야 하기 때문에 힘이 들
수밖에 없다. 그래서 형태소가 결합하는 과정에서 두 모음이 이어지게
되면 어떤 변동을 통해 모음의 연쇄를 막으려고 노력하게 되는데, 우리말
의 모음 관련 음운 변동 중 많은 수가 이와 같은 두 모음의 연속적인
발음을 막기 위해 일어난다. '어간 끝 으-탈락'도 그 중 하나이다.
　　일반적으로 모음으로 끝난 어간과 모음으로 시작하는 어미가 만나 어
느 한 쪽 모음이 탈락할 때에는 어미의 모음이 탈락하는 경향이 강하다.
그러나 위와 같이 어간 끝 모음이 '─'일 때에는 어간 모음이 탈락하는데,
이는 우리말 모음 중에서 '─'가 가장 약한 모음이기 때문이다. ⟨비교 2⟩

---

[64] ( ) 안은 한글 맞춤법에 따른 표기이다.
[65] 어간 모음이 어미 첫 모음 'ㅏ, ㅓ' 앞에서 탈락하는 것에는 '으- 탈락' 외에도 '우-탈락'이 있다.
　　예) /푸+어/[퍼]

에서 보듯이, 체언 끝 모음 '—'는 모음으로 시작하는 조사 앞에서도 탈락하지 않으므로, '어간 끝 모음 으-탈락'은 용언의 활용에 국한하여 나타나는 현상이라고 할 수 있다. 이런 사실을 고려하면 이 현상을 관장하는 음운 규칙은 다음과 같은 모양으로 만들어질 수 있다.

⬇ 어간 끝 모음 으-탈락 규칙

$$\begin{bmatrix} +후설성 \\ +고설성 \\ -원순성 \end{bmatrix} \to \emptyset \ / \ \underline{\qquad} \ ]_{어간} + [+성절성]$$

(어간 끝 모음 '으'는 모음으로 시작하는 어미 앞에서 탈락한다.)

라. 관련 어문 규범

'어간 끝 모음 으-탈락'도 앞의 '르-탈락'과 같은 이유로 표준 발음법에서는 다루지 않는다. 이 경우에도 한글 맞춤법에서 이 변동을 겪은 형태를 그대로 적기로 규정하고 있다.

> 제18항 다음과 같은 용언들은 어미가 바뀔 경우, 그 어간이나 어미가 원칙에 벗어나면 벗어나는 대로 적는다.
> 4. 어간의 끝 'ㅜ, ㅡ'가 줄어질 적
> 예) 푸다 : 퍼, 펐다, 끄다 : 꺼, 껐다

다른 음운 변동의 경우 대개 기저형과 맞춤법에 따른 표기형이 일치할 때가 많은데, 모음 탈락이나 축약은 / / 안의 기저형과 ( ) 안의 표기형이 일치하지 않는 경우도 있다. 모음 탈락은, 현행 한글 맞춤법에서 기저형과 모음 탈락형 둘 다를 인정하거나 경우에 따라서는 모음 탈락형만을 '표준'으로 인정하기도 한다. 위에서 보듯, /ㄲ+어서/는 [꺼서]로만 발음되고 '꺼서'로만 표기된다. 이는 '꺼서'가 표준 어형으로 인정받았음을 의미한다. 뒤에서 다룰, /가+아서/[가서] 역시 [가서]만 표준 발음으로 인정되고 '가서'로만 표기된다.

마. 학교 문법의 내용

학교 문법에서는 어간 끝 모음 '으-탈락'을 다른 모음 탈락과 함께 '음운 탈락'의 한 보기로 제시하고 있다. 예를 들어, 제7차 문법 교과서에서는 이 변동을 어미 첫 모음 'ㅏ, ㅓ- 탈락', 'ㄹ-탈락', 'ㅎ-탈락' 등을 묶어 '탈락'으로 설명하고 있다. 이후에 개정된 교육과정에 의한 중학교 국어 교과서나 고등학교 문법 교과서들에서도 비슷한 모습을 보이고 있다.

3.5. 어미와 조사 첫 모음 으-탈락

가. 자료

1) ㄱ) /가+은[간], /끄+으면[끄면], /내:+으니[내:니], /되+으면[되면],
    /보+으니[보니], /세:+으니[세:니], /켜+으려고[켜려고], /피+으니/
    [피니], /하+으마[하마], /건너+으면[건너면], /따르+으리라/
    [따르리라], /모으+을수록[모을쑤록]
  ㄴ) /들+으니[드니], /물+으면[물면], /살:+으리라[살:리라], /가물+으면/
    [가물면], /만들+을수록[만들쑤록], /흔들+으니[흔드니]
  〈비교 1〉 /듣+으니[드르니], /묻:+으면[무르면]
2) ㄱ) /나무+으로[나무로], /바다+으로[바다로], /차+으로[차로],
    /코+으로[코로]
  ㄴ) /물+으로[물로], /그물+으로써[그물로써]
  〈비교 2〉 /달+은[다른][*단], /그물+은[그무른][*그문], /허물+을/
    [허무를][*허물]

나. 변동의 양상

  자료 1)은 모음이나 'ㄹ'로 끝난 어간 뒤에서 어미의 첫 모음 'ㅡ'가 필수적으로 탈락함을 보여준다. 〈비교 1〉에서 보듯이, 표면상 같은 조건임에도 불구하고 'ㄷ-불규칙' 용언의 활용형에서는 탈락이 일어나지 않는다. 자료 2)는 모음이나 'ㄹ'로 끝난 체언 뒤에서 조사의 첫 모음 'ㅡ'가 탈락함을 보여 준다. 다만, 〈비교 2〉에서 보듯이, 체언 끝 자음 'ㄹ' 다음에 연결되는 조사 '은, 을'의 'ㅡ'는 탈락하지 않는다.[66]

---

66 조사 '은'과 '을'이 모음으로 끝난 체언 뒤에 오는 경우에 대해서는 명확한 결론을 내리기가 어렵다. '공부는', '공부를'처럼 이 환경에는 각각 '는'과 '를'이 결합하기 때문이다. 다만, '공분(공부는)'과 '공불(공부를)'을 각각 '공부+은→공분'과 '공부+을→공불'의 결과로 해석하는 관점도 있는데, 이를 인정한다면 조사 첫 모음 으-탈락과 어미 모음 첫 모음 으-탈락은 'ㄹ' 뒤에서의 탈락 여부만 다른 것으로 정리할 수 있다.

다. 변동의 설명

어미와 조사의 첫 모음인 '—'가 어간 모음이나 자음 '르' 다음에서 탈락하는 현상도 [모음+모음]의 부자연스러운 연결을 피해 보려는 노력에 따른 것이라 할 수 있다. 여기서 자음 '르'이 모음과 한 무리로 행동하고 있다는 점이 흥미롭다. '르'은 자음이면서도 모음과 같은 행동을 하는 경우가 있어서 모음에 가장 가까운 자음으로 분류되곤 하는데, 어미와 조사 첫 모음 '—' 탈락 현상에서 바로 그러한 모습을 보여주고 있다. 여기서, 종류와 환경에 따라 다른 모습을 보이는 조사의 경우는 제외하고 어미 첫 모음의 경우만을 규칙화해 보면 다음과 같다.

> ⬛ 어미 첫 모음 으-탈락 규칙
>
> $$\begin{bmatrix} +후설성 \\ +고설성 \\ -원순성 \end{bmatrix} \rightarrow \varnothing\ /\ [+성절성]([+유음성])]_{어간} +\ \underline{\quad\quad}$$
>
> (어미 첫 모음 '—'는 모음이나 '르'로 끝난 어간 뒤에서 탈락한다.)

위 규칙에서, 5장의 표기 규약에 대한 설명에서 소개했던 소괄호 표기( )가 사용되었다. 이는 '모음]어간 +___'과 '모음+르]어간 +___'라는 두 환경을 하나로 통합하기 위한 장치이다. 학자에 따라서는 변별 자질 [모음성]을 따로 두어 위 규칙을 다음과 같이 나타내기도 한다.[67]

$$\begin{bmatrix} +후설성 \\ +고설성 \\ -원순성 \end{bmatrix} \rightarrow \varnothing\ /\ [+모음성]]_{어간} +\ \underline{\quad\quad}$$

라. 관련 어문 규범과 학교 문법의 내용

전통적으로 어문 규범과 학교 문법은, 위에서 우리가 "'으'로 시작하는 어미'로 처리한 어미들의 기저형(기본형)을 첫 모음 '으'가 없는 상태, 즉

---

67 [모음성]은 모음과 '르'이 공유하고 있는 속성을 위해 만들어진 자질로서 자음 중에는 이 '르'만이 [+모음성] 자질을 가진다.

'-니, -면, -려고' 등으로 보는 입장을 가지고 있기 때문에 애초에 어미 첫 모음 'ㅡ' 탈락이라는 변동이 있을 수가 없다.

3.6. 어미 첫 모음 ㅏ, ㅓ-탈락

가. 자료

ㄱ) /가+아서/[가서], /서+었+고/[섣꼬], /켜+어서/[켜서], /타+아라/[타라],
/건너+어서/[건너서], /만나+았+고/[만낟꼬], /자라+아라/[자라라]

ㄴ) /개:+어/[개어/개여/개:], /깨:(覺)+어/[깨어/깨여/깨:], /깨(破)+어/[깨어
/깨여/깨:], /내:+었+고/[내얻꼬/내엳꼬/낻:꼬], /매:+어라/[매어라/매여라/
매:라], /베:+어/[베어/베여/베:], /새(漏)+어/[새어/새여/새:], /지:내+어라/
[지:내어라/지:내여라/자:내라], /건:네+었고/[건:네얻꼬/건:네엳꼬/건:넫꼬],
/꿰:+어/[꿰어/꿰여/꿰:]

〈비교〉 /보+아서/[보아서/봐:서], /주+어서/[주어서/줘:서], /기+어서/[기어서
/기여서/겨:서], /뜨이+어서/[뜨이어서/뜨이여서/뜨여서/띠어서/
띠여서]

나. 변동의 양상

위의 자료에서는 어미 첫 모음 'ㅏ, ㅓ'가, 모음으로 끝난 어간 뒤에서 탈락하는 현상이 나타나고 있다. ㄱ)은 어간 모음의 끝 모음이 'ㅏ'나 'ㅓ' 인 경우인데, 이때에는 어미 모음 'ㅏ, ㅓ'가 필수적으로 탈락한다. 한글 맞춤법도 어미 모음 탈락형 즉, '가서'류로만 적기로 하고 있다. ㄴ)은 어간의 끝 모음이 'ㅐ, ㅔ'인 경우인데, 이때에는 어미 첫 모음의 탈락이 수의적이어서 세 가지 발음, 즉 어미 첫 모음이 탈락하지 않은 [개어]류, 반모음 'ㅣ'가 첨가된 [개여]류[68], 어미 첫 모음이 탈락하는 대신 어간 모음이 길어진 [개:]류[69]가 모두 가능하다. '꿰:+어'는 어간 모음이 이중 모

---

68 [개여]류는 표준 발음으로 인정되지 않는다.

69 /개:+어/는 어간 모음이 원래 장모음이었던 것인데 모음으로 시작하는 어미 앞에서 단모음화
했다가([개어/개여]), 어미 모음이 탈락하면서 다시 장모음화([개:])한 것이다. 그리고 [지:내라]나
[건:넫꼬]와 같은 다음절 어간은 어간 끝 모음이 둘째 이하 음절에 있기 때문에 이런 장모음화가
일어나지 않는다.

음이지만 어간 끝 모음이 'ㅔ'인 '베:+어'와 같은 과정을 겪는다.[70]

이상의 관찰 내용을 〈비교〉 자료를 참고하여 정리하면, 어미 첫 모음 'ㅏ, ㅓ'는 어간 끝의 단순 모음 'ㅏ, ㅓ, ㅔ, ㅐ'와 이중 모음 'ㅞ' 뒤에서 탈락하는데, 'ㅏ, ㅓ' 뒤에서는 필수적인 탈락을 겪는 대신 장모음화는 수반되지 않으며, 나머지 모음 다음에서는 탈락 현상이 수의적인 대신 탈락할 경우 장모음화가 수반된다는 점이 다르다.

다. 변동의 설명

이 변동은 어미 첫 모음 'ㅏ, ㅓ'가 모음으로 끝난 어간 뒤에서 탈락하는 현상인데, 어미 모음 앞에서 자신이 탈락하는 'ㅡ'나, 어간 끝 모음이 어미 첫 모음 'ㅏ, ㅓ'와 축약이 될 수 있는 'ㅗ, ㅜ, ㅣ'인 경우는 제외된다. 이 역시 용언의 활용에서만 나타나는 모음 탈락 현상이다.

그런데 이와 같은 설명에 대해서는 다른 관점이 존재한다. 먼저, ㄱ)에 대해서는 어미 모음이 아닌 어간 끝 모음 'ㅏ, ㅓ'가 탈락하는 것으로 보는 관점이 있다. 이들은 어미 모음이 탈락하는 것으로 볼 경우, 어미 형태 자체가 완전히 없어지는 것으로 설명해야 하는데 이것은 매우 부자연스럽다는 점을 근거로 든다.[71] 예를 들어, '(빨리 집으로) 가!'가 '가+아'에서 어미가 탈락한 형태라면, 명령의 의미를 가진 어미가 탈락하고 없는 데 명령형으로 실현된 것으로 봐야 하는 부자연스러운 상황이 초래된다는 것이다. ㄴ)류에 대해서는 어미 첫 모음 'ㅏ, ㅓ'가 어간 모음에 완전 순행 동화되는 과정으로 설명하는 방법도 있다.

/깨+어/ → 깨애 → [깨:]

즉, [깨:]는 어미 모음이 탈락한 상태가 아니라 두 'ㅐ'가 연속된 상태라는 것이다. 이러한 설명 방식은 성조를 운소로 가진 방언에 대해서는 더

---

[70] '되-'나 '괴-'의 어간 모음이 이중 모음 'ㅞ'로 실현되는 경우에도 같은 과정을 겪는다고 볼 수 있다. 예를 들어, '되+어'는 [뒈어/뒈여/뒈:]로 실현되며, 이 중에서 [뒈:]는 어간 끝 모음 'ㅔ' 뒤에서 어미 모음 'ㅓ'가 탈락한 형태이다.

[71] 이진호(2014: 201)에서는 이를 '형태소의 형태 보존 원리'라는 개념으로 설명하고 있다.

큰 설득력을 가진다. 예를 들어, 함경방언에서는 '베(枕, H)+어서(HL)'가 '베에서[LHL]'[72]로 발음되고, 경상방언에서는 '비(篦, R)+어서(LL)'가 '비이서[HLL]'로 발음되는데, 어미의 첫 모음이 어간 모음에 동화된 상태에서 탈락하지 않는다는 점이 성조에 의해 명확하게 드러난다.

이와 같은 다른 방식의 설명이 충분한 설득력이 있다는 점을 인정하면서, 여기서는 설명의 통일성을 중시하여 두 경우 모두 어미 모음이 탈락하는 것으로 처리해 둔다. 그런데 어간 모음이 'ㅏ, ㅓ'인 경우에는 탈락이 필수적인 반면 'ㅔ, ㅐ, ㅖ'인 경우에는 수의적이라는 점을 고려하면, ㄱ)류와 ㄴ)류를 위한 규칙을 다음과 같이 따로 설정하는 것이 좋겠다.

> ⬇ 어미 첫 모음 ㅏ, ㅓ-탈락 규칙 1

$$\begin{bmatrix} +후설성 \\ -고설성 \\ -원순성 \end{bmatrix} \rightarrow \varnothing\ /\ \begin{bmatrix} +후설성 \\ -고설성 \\ -원순성 \end{bmatrix}_{어간} +\underline{\quad}$$

(어미 첫 모음 'ㅏ, ㅓ'는 어간 모음 'ㅏ, ㅓ' 뒤에서 탈락한다.)

> ⬇ 어미 첫 모음 'ㅏ, ㅓ' 탈락 규칙 2(수의적)

$$\begin{bmatrix} +후설성 \\ -고설성 \\ -원순성 \end{bmatrix} \rightarrow \varnothing\ /\ \begin{bmatrix} -후설성 \\ -고설성 \end{bmatrix}_{어간} +\underline{\quad}$$

(어미 첫 모음 'ㅏ, ㅓ'는 어간 모음 'ㅔ, ㅐ' 뒤에서 수의적으로 탈락한다.)

라. 관련 어문 규범

표준 발음법에는 위의 어미 첫 모음 탈락 현상에 대한 규정이 없다. 한글 맞춤법에서 어미 첫 모음 'ㅏ, ㅓ'가 탈락된 형태를 표준 어형으로 인정하고 또 그대로 적기로 하고 있으므로, 발음에 관한 규정은 따로 필요하지 않기 때문이다. 즉, 한글 맞춤법에서는 어간 끝 모음이 'ㅏ, ㅓ'일

---

[72] '베에서[LHL]'는 최명옥 외(2002: 42)에서 함북 북부 지역 방언의 '어미초 '아'의 완전 순행 동화' 자료에서 가져온 것이다. 이 책에서는 그 밖에도 '쎄에서[LHL](強)', '빼애서[LHL](拔)', '쇄애서[LHL](老)', '돼애서[LHL](升)' 등을 함께 들었다.

때 나타나는 어미 모음 탈락에 대해서는 탈락한 대로만 적는 것으로 규정하고 있다.

> 제34항 모음 'ㅏ, ㅓ'로 끝난 어간에 '-아/-어, -았-/-었-'이 어울릴 적에는 준 대로 적는다.
> 예) 가아→가, 가았다→갔다 등

이 규정은, 어미 모음이 탈락한 형태, 즉 '가'나 '갔다'만을 표준 어형으로 인정한다는 뜻이다. 이와는 달리 어간 모음 'ㅐ, ㅔ' 뒤에서 어미 첫 모음 'ㅓ'가 탈락하는 현상에 대해서는, 탈락하지 않은 형과 탈락한 형을 모두 적을 수 있도록 규정했다.

> 제34항의 [붙임 1] 'ㅐ, ㅔ' 뒤에 '-어, -었-'이 어울려 줄 적에는 준 대로 적는다.
> 예) 개어→개, 개었다→갰다 등

마. 학교 문법의 내용

주로 고등학교 문법 교과서에서 이 현상을 다루고 있으나 위 ㄱ)류 즉 어간 모음 'ㅏ, ㅓ' 뒤의 어미 모음 'ㅏ, ㅓ' 탈락만을 자료로 제시하고 있다. 제7차 교육과정에 의한 문법 교과서에서는 이 변동을, 'ㄹ-탈락', 'ㅎ-탈락' 등과 함께 음운 탈락의 한 종류로 다루고 있는데, 필수적인 탈락 현상인 ㄱ)류만 예로 들고 있다.('가+아서→가서', '서+었+다→섰다') 이후에 개정된 교육과정에 의한 중학교 『국어』나 고등학교 『독서와 문법』 교과서의 내용도 거의 같다.

3.7. ㅣ-탈락

가. 자료

ㄱ) /그+이+다/[그이다/그다], /차+이+고/[차이고/차고], /고모+이+으면/
[고모이면/고모면], /사과+이+라면/[사과이라면/사과라면], /친구+이+으면/
/[친구이면/친구면], /나무+이+라도/[나무이라도/나무라도]

ㄴ) /나무+이+을 경우/[나무일 경우][*나물 경우], /개:+이+은 것을/
[개:인 것을/갠:거슬], /개:+이+은 사실/[개:인 사실][*갠사실], /차+이+을
것+이+고/[차일꺼시고/찰꺼시고], /차+이+은 점을/[차인 저믈][찬저믈]
〈비교〉 /차+이+어서/[차이어서/차이여서/차여서], /나무+이+어야/
[나무이어야/나무이여야/나무여야]

ㄷ) /너+이나/[너나], /차+이야말로/[차야말로], /친구+이랑/[친구랑]

나. 변동의 양상

위의 자료는, 모음으로 끝난 체언 다음에서 조사의 첫 모음 'ㅣ'가 탈락
하는 현상을 보여 준다. 이 탈락 현상이 필수적인 것은 아니지만 입말에
서는 탈락이 일어난 상태의 발음이 더 자연스럽게 느껴지는 경우가 많다.
ㄱ)과 ㄴ)에서는 체언의 끝 모음 뒤에서 서술격 조사 모음 'ㅣ'가 탈락하
고 있다. ㄴ)은 서술격 조사에 관형사형 어미 '-은'이나 '-을'이 연결되는
경우인데, 이때에는 서술격 조사 모음 'ㅣ' 뒤에서 어미 첫 모음 'ㅡ'가
탈락한 후 다시 'ㅣ-탈락'이 일어날 환경이 만들어지지만, ㄱ)류와 같이
자연스러운 'ㅣ-탈락'은 일어나지 않는다. ㄴ)의 자료들을 관찰해 보면
뒤따르는 말의 자립성 정도에 따라 'ㅣ-탈락' 여부가 결정되는 것으로 보
인다. 즉, 뒤따르는 말이 의존 명사일 때에는 'ㅣ'가 탈락할 수도 있지만,
자립성이 강한 일반 체언('사실', '경우')일 때는 잘 탈락하지 않는다. 〈비
교〉에서 보듯, 서술격 조사 다음에 'ㅓ'로 시작하는 어미가 연결될 때에
는 서술격 조사 모음 'ㅣ'는 탈락하지 않는다. 이때에는 'ㅓ' 앞에 반모음
'ㅣ'가 첨가되거나([차이여서]) 서술격 조사 모음 'ㅣ'가 반모음 'ㅣ'로 바
뀌어 'ㅓ'와 축약되는 현상([차여서])이 일어난다. ㄷ)은 체언의 끝 모음
뒤에서 'ㅣ'로 시작하는 조사의 첫 모음 'ㅣ'가 탈락한 형태가 쓰이고 있
음을 보여주는 자료이다.

다. 변동의 설명

'ㅣ-탈락'도 모음이 이어 나는 것을 피하려는 노력에 의한 것이다. 앞에
서 /어간 끝 모음+어미 첫 모음/의 연쇄에서 주로 어미 모음이 탈락되었
듯이, 체언 끝 모음 다음의 조사 모음 /ㅣ/는 마치 어미 첫 모음과 같은

처지에 놓이게 된다. ㄴ)과 같이 /ㅣ+ㅡ/ 연쇄에서 어미 모음 /ㅡ/가 탈락한 후 다시 'ㅣ-탈락'이 잘 일어나지 않는 것은 연속적인 모음 탈락이 의미 전달에 지장을 초래할 가능성이 있기 때문인 것으로 보인다.

어쨌든 위의 자료에 나타나는 'ㅣ-탈락'의 양상을 정리하면, 모음으로 끝난 체언에 연결되는 조사의 첫 모음 'ㅣ'는 뒤에 자음으로 시작하는 어미가 연결될 때에는 수의적으로 탈락하고, 모음 'ㅡ'로 시작하는 어미가 연결될 때에는 의존성이 강한 말이 뒤따를 때만 수의적으로 탈락하며, 다른 모음으로 시작하는 어미 앞에서는 탈락하지 않는다. 이러한 사실을 종합하여 모음 'ㅣ-탈락' 현상을 규칙화하면 다음과 같다.

⬇ 'ㅣ-탈락' 규칙(수의적)

$$
\begin{bmatrix} -후설성 \\ +고설성 \\ -원순성 \end{bmatrix} \rightarrow \varnothing \ / \ [+성절성]]_{체언} +\underline{\quad} \ [+자음성]
$$

(모음으로 끝나는 체언 뒤에 'ㅣ'로 시작하는 조사가 연결되고 다시 뒤에 자음이 뒤따를 때, 모음 'ㅣ'는 수의적으로 탈락한다.)

라. 관련 어문 규범과 학교 문법의 내용

한글 맞춤법과 표준 발음법 등 어문 규범과 학교 문법에서는 이 현상을 다루고 있지 않다. 이러한 처리는 'ㅣ-탈락'을, 입말에서만 일어나는 현상으로 본 데 기인하는 듯하다. 그러나 이 현상이 앞의 어미 첫 모음 'ㅏ, ㅓ' 탈락 못지않게 자연스럽게 일어난다는 점을 고려하면, 한글 맞춤법에서 'ㅣ-탈락'형도 '표준'으로 인정해 주는 것이 언어 현실을 제대로 반영하고 다른 탈락 현상과의 형평성을 갖추는 기술 태도라고 생각된다. 아울러 학교 문법의 음운 변동 단원에서도 이 현상을 다른 탈락 현상과 함께 다루어주는 것이 국어의 음운 탈락을 폭넓게 이해시키는 데 효과적일 것으로 판단된다. 한편, 제7차 교육과정에 의한 문법 교과서(97쪽)의 3.2단원에서 서술격 조사 '이다'의 특이성에 대한 탐구 문제를 제시하고 있는데, 이 부분과 관련된 교사용 지도서(130~131쪽)에 '이다'의 모음 'ㅣ'가 수의적으로 탈락한다는 사실이 언급되어 있다.

3.8. ǐ-탈락

가. 자료

ㄱ) /가져(←가지+어)/[가저], /다쳤다(←다치+었+다)/[다천따], /묻혔으니
(←묻+히+었+으니)/[무처쓰니], /쪘으니(←찌+었+으니)/[쩌쓰니],
/쳐라(←치+어라)/[처라]

ㄴ) /그렇잖은(←그렇+지 않+은)/[그러차는], /만만찮다(←만만+하+지 않+다)
/[만만찬타], /적잖은(←적+지 않+은)/[적짜는]

ㄷ) /먹죠(←먹+지+요/)[먹쪼], /가죠(←가+지+요/)[가조], /책이죠
(←책+이+지+요/)[채기조]

나. 변동의 양상

ㄱ)은 어간의 끝 모음 'ㅣ'가 어미 첫 모음 'ㅓ' 앞에서 반모음 'ǐ'로
바뀐 후 경구개 자음 'ㅈ, ㅉ, ㅊ' 다음에서 필수적으로 탈락함을 보여준
다. ㄴ)류는 어미 '-지'에 '않-'이 연결될 때 만들어진 반모음 'ǐ'가 경구
개 자음 'ㅈ, ㅉ, ㅊ' 다음에서 탈락함을 보여준다. 한글 맞춤법(제39항)에
서는 이 경우에 반모음이 없는 형태, 즉 '그렇잖은', '만만찮다', '적잖다'
로 적기로 정해 놓았다. ㄷ)은 종결 어미 '-지'와 보조사 '요'가 연결된
'-지요'의 축약형인 '-죠'도 이 변동의 대상이 된다는 것을 보여 준다.

다. 변동의 설명

이 변동은 경구개 자음 뒤에서 같은 위치의 반모음인 'ǐ'가 탈락하는
현상이다.[73] 이 변동은 우리말의 발음에서 경구개 자음과 'ǐ'의 연결을
꺼리는 제약에 의한 것으로 필수적인 변동이다. 일반적으로 이 현상은
다음과 같은 과정으로 설명한다.

---

[73] 이 현상에 대해, 경구개 자음을 초성으로 가진 어간 끝 모음 'ㅣ'가 어미 모음 'ㅓ' 앞에서 반모음
화하지 않고 바로 탈락하는 것으로 설명할 수도 있다. 즉, '/가지+어/'가 '가져'를 거치지 않고
바로 '[가저]'가 되는 것으로 보는 것이다.

/가지+어/

가져 (반모음화)

가저 (ㅣ-탈락)

[가저] (표면형)

아울러, 이 현상은 다음과 같은 모양으로 규칙화될 수 있다.

⬇ ㅣ-탈락 규칙

$$\begin{bmatrix} -성절성 \\ -자음성 \\ -후설성 \end{bmatrix} \rightarrow \varnothing \ / \begin{bmatrix} +설정성 \\ -전방성 \end{bmatrix} ————$$

(반모음 'ㅣ'는 경구개 자음 뒤에서 탈락한다.)

라. 관련 어문 규범

표준 발음법에서는 이 변동이 일어난 상태의 발음을 '표준'으로 인정하고 있다.

제5항의 〈다만 1〉 용언의 활용형에 나타나는 '져, 쪄, 쳐'는 [저, 쩌, 처]로 발음한다.

맞춤법에서는 ㄱ), ㄷ)류에 대해서는 이 변동이 일어나지 않은 형태를 적기로 해놓았으나 ㄴ)류에 대해서는 원래의 형태를 밝히지 않고 소리나는 대로 적기로 규정해 두었다.

제36항 'ㅣ' 뒤에 '-어'가 와서 'ㅕ'로 줄 적에는 준 대로 적는다.
　　가지어→가져, 가지었다→가졌다
제39항 어미 '-지' 뒤에 '않-'이 어울려 '-잖-'이 될 적과 '-하지' 뒤에 '않-'
　　이 어울려 '찮-'이 될 적에는 준대로 적는다.
　　그렇지 않은→그렇잖은, 만만하지 않다→만만찮다

이 변동은 외래어 표기법에도 영향을 미치고 있다. 즉, 지금의 외래어 표기법에서는 영어의 파찰음 'tʃ, dʒ' 등의 뒤에 연결되는 모음은 위의 'ㅣ' 탈락에 따라 단순 모음으로 발음하고, 표기도 단순 모음으로 한다.

벤처(venture), 비전(vision), 주스(juice), 찬스(chance)

마. 학교 문법의 내용

최근의 학교 문법에서는 이 변동을 다루지 않고 있다.

4. 첨가

'첨가'는 원래 없던 소리가 덧나는 현상을 말하는데, '삽입'이라고도
부른다. 우리말에서 첨가에 속하는 음운 변동으로는 'ㅣ-첨가'가 있고, 불
규칙적인 첨가 현상으로 'ㅅ-첨가'와 'ㄴ-첨가'가 있다.

4.1. ㅣ-첨가

가. 자료

ㄱ) /개:+어[개어/개여/개:], /깨(破)+어[깨어/깨여/깨:], /내:+었고[내얻꼬/
내엳꼬/낻:꼬], /매:+어라[매어라/매여라/매:라], /베:+어[베어/베여/베:],
/세:+어[세어/세여/세:]

ㄴ) /괴+어[괴어/괴여/괘:/궤어/궤여/궤:], /꿰:+어[꿰어/꿰여/꿰:], /되+어서/
[되어서/되여서/돼:서/뒈어/뒈여서/뒈:서]

ㄷ) /뉘+어[뉘어/뉘여/눼], /뛰+었+고[뛰언꼬/뛰엳꼬/뛷:꼬], /쉬+어라[쉬어라/
쉬여라/쉴라], /쥐+어[쥐어/쥐여/줴]

ㄹ) /긁+히+어서/[글키어서/글키여서/글켜서], /기+어서/[기어서/기여서/겨:서],
/꾸미+어/[꾸미어/꾸미여/꾸며], /물+리+어서/[물리어서/물리여서/물려서],
/뜨+이+어서/[뜨이어서/뜨이여서/뜨여서], /비:+어/[비어/비여/벼:], /살피+
어서/[살피어서/살피여서/살펴서], /적+히+어서/[적히어서/적히여서/적혀서]

ㅁ) /차+이+어서/[차이어서/차이여서/차여서], /나무+이+어야/[나무이어야/
나무이여야/나무여야]

ㅂ) /가+시+오/[가시오/가시요], /사:람+이+오/[사:라미오/사:라미요], /아니+오/
[아니오/아니요]

나. 변동의 양상

위의 자료 ㄱ)~ㅁ)이 보여주는 음운 변동은, 전설 모음 'ㅔ, ㅐ, ㅚ, ㅔ, ㅟ, ㅣ'로 끝나는 어간이나 선어말 어미에 'ㅓ'로 시작하는 어미가 연결될 때, 어미 첫 모음 앞에 반모음 'ㅣ'가 수의적으로 첨가되는 현상이다.

ㄱ)은 어간 모음이 'ㅔ', 'ㅐ'인 경우로, 이때에는 기저형(표기형)과 같은 발음, 반모음이 첨가된 발음, 어미 첫 모음이 탈락한 발음이 모두 나타날 수 있다. 다음으로, ㄴ)에서 /괴+어/나 /되+어서/와 같이, 어간의 모음이 'ㅚ'일 때에는 이론적으로 여섯 가지의 발음이 가능한데, 여기서 대상이 되는 발음형은 [ㅚㅕ]와 [ㅔㅕ]의 둘이다. 이 중에서 [ㅔㅕ]는 어간 모음이 'ㅔ'인 경우와 같은데, 이는 '꿰어[꿰여]'도 마찬가지이다. ㄷ)은 어간 모음이 'ㅟ'인 경우인데 'ㅟ' 역시 단순 모음과 이중 모음으로 발음될 수 있으므로, 사실은 다섯 가지 발음형이 가능한 셈이다. 예를 들어, /뉘+어/는 이론적으로는 [nyʌ], [nyjʌ], [nwiʌ], [nwijʌ], [nwjʌ] 등의 발음이 다 가능하다. ㄹ)과 같이 어간 끝 모음이 'ㅣ'일 때에는 기저형과 같은 발음, 반모음 'ㅣ'가 첨가된 상태의 발음, 어간 끝 모음 'ㅣ'가 반모음 'ㅣ'로 바뀌어 어미 모음과 축약된 발음의 세 가지 발음형이 가능하다. ㅁ)은 서술격 조사 모음 'ㅣ' 뒤에 'ㅓ'로 시작하는 어미가 결합할 때, ㅂ)은 선어말 어미 '시'의 끝 모음 'ㅣ'나 서술격 조사 모음 'ㅣ' 뒤에 종결 어미 '-오'가 결합할 때 'ㅣ'가 첨가되는 현상을 보여준다.[74]

다. 변동의 설명

반모음 'ㅣ'가 첨가되는 것도 음성학적으로 껄끄러운 두 모음의 연속을 피하기 위해서이다. 즉 두 모음 사이에 반모음을 하나 끼움으로써 [모음-자음-모음]에 버금가는 자연스러운 소리 연쇄를 확보하려는 것이다. 앞에서 살폈듯이, 어간 모음이 'ㅏ, ㅓ'일 때에는 어미 모음 'ㅏ, ㅓ'가 탈락하고(/가+아서/[가서]), 어간 모음이 'ㅡ'일 때에는 이 어간 모음이 탈락한다.(/뜨+어서/[떠서]) 그리고 어간 끝 모음이 'ㅗ, ㅜ'일 때에는 이 모음들

---

[74] 그 밖에, 모음으로 끝난 사람 이름에 주로 붙는 호격 조사 '야'(철수야, 윤하야)도 '아'에 반모음 /ㅣ/가 첨가된 것인데, 이 경우에 대해서는 첨가된 형태 자체를 표준 어형으로 인정하고 있다.

이 반모음 'w'로 바뀌면서 어미 모음과 축약이 일어난다.(/보+아서/[봐서]) 따라서 이 모음들을 제외한 나머지 모음들 중 하나로 끝난 어간이 모음 'ㅏ, ㅓ'로 시작하는 어미와 만날 때 'ㅣ-첨가'가 수의적으로 일어나는 것으로 정리할 수 있다. 위 자료에서 어간 모음이 이중 모음인 경우는 'wi'와 'we'인데, 이들의 끝 모음은 단순 모음 'ㅣ, ㅔ'와 같다. 따라서 반모음 첨가에 참여하는 어간의 모음은 'ㅔ, ㅐ, ㅣ, ㅚ, ㅟ'로 요약된다. 결국 이 현상은 어간의 전설 모음과 어미 모음 'ㅏ, ㅓ'가 만날 때, 그리고 서술격 조사 '이'나 선어말 어미 '시'가 종결어미 '-오'를 만날 때 일어나는 변동이라는 것을 알 수 있다. 이런 사정을 고려하면 'ㅣ-첨가' 현상은 다음과 같은 규칙에 의한 것으로 볼 수 있다.

⬛ ㅣ-첨가 규칙(수의적)

$$\varnothing \rightarrow \left[\begin{array}{c} -성절성 \\ -자음성 \\ -후설성 \end{array} \right] / \text{[−후설성]} + \underline{\quad} \text{어미} \left[\begin{array}{c} +성절성 \\ +후설성 \end{array} \right]$$

(어간의 끝, 혹은 선어말 어미의 전설 모음과 어미 모음 'ㅓ, ㅗ'가 연속할 때에는 반모음 'ㅣ'가 수의적으로 첨가된다.)

라. 관련 어문 규범

'ㅚ, ㅟ, ㅣ' 뒤의 'ㅣ-첨가'는 표준 발음법에서도 허용하고 있으나 'ㅔ, ㅐ' 뒤의 반모음 첨가는 '표준'으로 인정되지 않는다.

> 제22항 '되어[되어/되여], 피어[피어/피여]'와 같은 경우의 용언의 어미는 [어]로 발음하는 것을 원칙으로 하되, [여]로 발음함도 허용한다.
> [붙임] '이오, 아니오'도 이에 준하여 [이요, 아니요]로 발음함을 허용한다.

따라서 '되어[되여]', '피어[피여]', '뉘+어[뉘여]' 등은 올바른 발음형 중 하나로 허용되지만, '개+어[개여]', '베+어[베여]', '꿰+어[꿰여]' 등은 허용되지 않고 있다.

마. 학교 문법의 내용

'ㅣ-첨가'는 이전의 학교 문법에서는 다루어지지 않다가 제7차 교육과정에 와서 고등학교 문법 교과서의 음운 변동 단원에 실리게 되었다. 그런데 이 교과서에서는 'ㅣ-첨가'를, 'ㅣ-역행 동화'와 함께 모음 동화로 설명하고 있다. 이 단원의 본문에서는 이 현상을 위해 '기어[기여]', '먹이었다[머기엳따]', '미시오[미시요]', '당기시오[당기시요]' 등을 보기로 들었다.[75] 그리고 탐구 문제에서 '[ㅓ, ㅗ] → [   ] / ㅣ 소리의 뒤에서'라는 규칙을 만드는 활동을 제시하고 있는 것으로 보아 이 변동의 환경을 "ㅣ' 모음 뒤'로 제한한 듯하다. 아울러, 'ㅣ-역행 동화'는 모음 'ㅣ' 앞에서 후설 모음이 전설 모음으로 바뀌는 현상이고 'ㅣ-첨가'는 모음 'ㅣ'의 뒤에서 후설 모음이 'ㅣ'계 이중 모음으로 바뀐다는 점을 고려하여 함께 모음의 동화로 다룬 것으로 보인다. 그러나 위에서 살폈듯이, 이 현상의 선행 환경은 모음 'ㅣ'뿐 아니라 전설 모음 전체이며, 그 동기 또한 모음 동화라기보다는 두 모음의 연속을 피하기 위한 반모음의 첨가로 보는 것이 합리적이다. 최근 교육과정에 의한 『독서와 문법』 교과서들에서도 이 현상을 다루고 있는데, 위에서 다루지 않은 '좋아도[조와도]'나 '바다에서[바다예서]'와 같은 자료를 함께 드는 경우도 있다.

4.2. ㅅ-첨가

가. 자료

ㄱ) /내#가/[내:까/낻:까](냇가)[76], /기#발/[기빨/긷빨](깃발), /빨래#돌:/[빨래똘/빨랟똘](빨랫돌), /재#더미/[재떠미/잳떠미](잿더미), /차#집/[차찝/찯찝](찻집), /초#불/[초뿔/촏뿔](촛불), /코#등/[코뜽/콛뜽](콧등), /해#살/[해쌀/핻쌀](햇살), /해#발/[해빨/핻빨]

---

[75] 이 교과서에서는 이러한 반모음 첨가에 의한 발음이 표준 발음으로 인정되지 않는 것으로 기술하고 있는데 이는 위 표준 발음법 규정 22항을 '되어, 피어, 이오, 아니오'의 경우에만 해당하는 것으로 해석한 결과로 보인다. 이러한 경향은 최근의 교육과정에 의해 발간된 『독서와 문법』 교과서들에서도 나타난다.

[76] ( ) 안은 한글 맞춤법에 따른 표기이다.

ㄴ) /그믐#달/[그믐딸](그믐달), /기름+기(氣)/[기름끼](기름기), /눈#동:자/
[눈똥자](눈동자), /말:+발/[말:빨], /문#고리/[문꼬리](문고리), /물#기운/
[물끼운](물기운), /물#동이/[물똥이](물동이), /바람#결/[바람껼](바람결),
/밤#새/(夜禽)[밤쌔](밤새), /산#새/[산쌔](산새), /손#금/[손끔](손금),
/손#재주/[손째주](손재주), /술#잔/[술짠](술잔), /신#바람/[신빠람]
(신바람), /심술+보/[심술뽀](심술보), /외양+간/[외양깐](외양간),
/잠#자리/[잠짜리](잠자리), /촌:#사람/[촌:싸람](촌사람)

ㄷ) /계:#날/[겐:날/겐:날](곗날), /내:#물/[낸:물](냇물), /배#놀이/[밴노리]
(뱃놀이), /이#몸/[인몸](잇몸), /수도#물/[수돋물](수돗물), /제:사#날/
[제:산날](제삿날), /재#물/[잰물](잿물), /코#날/[콘날](콧날), /퇴:#마루/
[퇸:마루/퉨:마루](툇마루)

ㄹ) /개+완두/[개돤두](갯완두), /개#일/[갠닐](갯일), /나라#일/[나란닐]
(나랏일), /아래#알/[아래달](아랫알), /위#옷/[위돋](윗옷), 윗입술
[윈닙쑬](윗입술), /의부#아버지/[의:부다버지](의붓아버지)

ㅁ) /개:#구멍/[개:구멍](개구멍), /금#비녀/[금비녀](금비녀), /나무#줄기/
나무줄기, /논#밭/[논밭](논밭), /돼지#고기/[돼지고기]
(돼지고기), /반:#달/[반:달](반달), /보리#밭/[보리밭](보리밭), /봄#가을/
[봄가을](봄가을), /비#바람/[비바람](비바람), /소#가죽/[소가죽](소가죽),
/실:#비/[실:비](실비), /쌀#밥/[쌀밥](쌀밥), /원#둘레/[원둘레](원둘레),
/은#가락지/[은가락찌](은가락지), /장:#조림/[장:조림](장조림),
/처#자식/[처자식](처자식), /콩#밥/[콩밥](콩밥), /포도#밭/[포도밭]
(포도밭), /피#눈물/[피눈물](피눈물)

ㅂ) /고간(庫間)/[고간/곧깐](곳간), /기술자(技術者)/[기술짜](기술자), /내:과
(內科)/[내:꽈]77(내과), /세:방(貰房)/[세:빵/셋:빵](셋방), /수:자(數字)/[수:짜
/숟:짜](숫자), /전염병(傳染病)/[저념뼝], /차간(車間)/[차깐/찯깐](찻간),
/초점(焦點)/[초쪔](초점), /치과(齒科)/[치꽈](치과), /퇴:간(退間)/[퇴:깐/
퉫:깐](툇간), /헌법(憲法)/[헌:뻡](헌법), /회수(回數)/[회쑤/휃쑤](횟수)

나. 변동의 양상

ㄱ)의 자료를 관찰해 보면 주로 합성명사가 형성되는 과정에서 앞말78

---

77 『표준국어대사전』에서는 한자어의 경우 사이시옷 표기를 하는 합성어는 받침 'ㄷ'이 종성으로
발음되는 형도 표준 발음으로 제시하고 있으나, 사이시옷 표기를 하지 않는 단어는 종성 자리의
'ㄷ' 발음형을 제시하지 않고 있다. 예를 들어, '곳간'에 대해서는 [고깐]과 [곧깐]을 함께
표준 발음으로 제시하고 있으나, '내과'나 '초점'에 대해서는 각각 [내:꽈], [초쪔]만을 표준발
음으로 인정하고 있다.

이 모음으로 끝남에도 불구하고 뒷말의 첫 자음이 된소리로 바뀌고, ㄴ)에서는 앞말이 유성 자음으로 끝남에도 불구하고 뒷말의 첫 자음이 된소리로 바뀐다. ㄷ)에서는 모음으로 끝난 앞말과 비음으로 시작하는 뒷말 사이에 원래는 없던 'ㄴ'이 덧나고 있으며, ㄹ)에서는 모음으로 끝난 앞말과 모음으로 시작하는 뒷말 사이에 각각 'ㄷ'과 'ㄴㄴ'이 덧나고 있다. 한편, ㅁ)은 ㄱ)~ㄹ)과 비슷한 조건을 갖추었는데도 뒷말의 첫소리가 된소리로 바뀌거나 없던 소리가 덧나는 현상이 나타나지 않는 자료들이다. ㅂ)은 같은 환경에서 된소리되기가 일어나는 한자어들로, 이 경우의 한자어들은 마치 우리말 합성 명사와 같은 모습을 보이고 있다.

다. 변동의 설명

겉으로 볼 때는, ㄱ), ㄴ)의 된소리되기와 ㄷ)의 'ㄴ-첨가'는 성격이 전혀 다른 것처럼 보인다. 그러나 이들은 하나의 현상을 고리로 묶일 수 있는데, 그것은 '어떤 자음이 첨가되는 것'이다. 여기서 첨가되는 자음은 대체로 'ㄷ'이나 'ㅅ'으로 여겨져 왔는데 그 근거는 아래와 같이 설명될 수 있다.

먼저, 자료 ㄱ), ㄴ)에서 주로 합성명사[79]의 앞말 끝소리인 모음과 유성 자음은 음성학적으로 뒤에 오는 자음을 된소리로 바꿀 음성 환경이 되기 어려운 소리들이다. 그런데도 이 소리들 뒤에서 뒷말의 첫 자음이 된소리로 바뀌고 있다. 이 된소리되기는, 뒤따르는 자음을 된소리로 바꿀 수 있는 어떤 자음이 첨가된 결과로 설명할 수 있을 텐데, ㄴ)의 경우는 첨가된 자음이 된소리되기를 일으키고 난 뒤에 다시 자음군 단순화에 의해

---

[78] 합성명사의 두 구성 성분을 각각 '앞말'과 '뒷말'로 부르기로 한다. 학문 문법에서는 이들을 보통 '선행 요소'와 '후행 요소'로 부른다.

[79] ㄴ)의 '기름기'와 '말발', '심술보'는 파생어이다. '-기(氣)', '-발', '-보' 등은 접미사로 여겨지기 때문이다. 이러한 사실을 엄격히 따르자면 위의 '합성명사의 앞말'은 '합성명사와 파생명사의 앞말'로 바뀌어야 한다. 그러나 이 현상은 일반적으로 합성명사 형성 과정에서 일어나는 것으로 기술되어 왔으며, 학교 문법이나 어문 규범에서도 이 관점을 따르고 있다는 점을 중시하여 이 현상의 형태론적 환경을 '합성명사의 두 요소 사이'로 제한해 두고자 한다. 다만, 위의 접미사들도 원래는 어휘 형태소였다가 문법화의 과정을 거친 결과로 본다면, 앞으로 파생어에서 이 현상이 일어나는 예가 더 늘어날 것으로 예상할 수 있다.

탈락하는 것으로 보면 되겠다. 우리말에서 된소리되기의 선행 환경이 될 수 있는 자음은, 음절말에서 불파음 [ㄱ], [ㄷ], [ㅂ]으로 바뀔 수 있는 자음이다. 다음으로, ㄷ)에서는 합성 명사가 되는 과정에서 원래 없던 'ㄴ'이 첨가되고 있다. 이 경우, 겉으로 나타나는 소리가 'ㄴ'이므로 그냥 'ㄴ-첨가'로 처리할 수도 있겠으나, 후속 환경이 비음이라는 점을 고려하면, 비음 앞에서 'ㄴ'으로 바뀔 수 있는 어떤 구강 자음이 첨가된 것으로 볼 여지도 충분하다. 그런데 ㄱ), ㄴ)과 ㄷ)을 비교해 보면, ㄷ)의 경우 뒷말이 비음으로 시작한다는 점을 제외하고는 두 현상이 나타나는 조건이 같다는 사실을 확인할 수 있다. 그러므로 같은 자음이 ㄷ)류에 첨가되면 'ㄴ'으로 실현되고, ㄱ), ㄴ)류에 첨가되면 된소리되기의 선행 환경이 되는 것으로 볼 수 있다. 이렇게 설명하면 ㄱ), ㄴ), ㄷ)은 하나의 현상으로 묶일 수 있다. 즉, 명사 합성의 과정에서, 뒤의 자음을 된소리로 바꿀 수 있고 또 뒤에 오는 비음에 동화되어 'ㄴ'으로 바뀔 수 있는, 어떤 자음 하나가 첨가되는 것으로 설명하는 것이다.

ㄹ)의 자료는 이와 같은 설명을 더욱 강하게 지지한다. '/개#완두/[개똰두]', '/아래#알/[아래딸]', '/위#옷/[위똗]', '/의부#아버지/[의:부다버지]'에서는 'ㄷ'이 덧나고, '/개#일:/[갠닐]', '/나라#일:/[나란닐]', '/위#입술/[윈닙쑬]'에서는 'ㄴㄴ'이 덧나고 있다. 'ㄷ' 덧남은 어말에서 'ㄷ'으로 실현되는 어떤 자음이 첨가된 것으로, 'ㄴㄴ' 덧남은 '어떤 자음'이 첨가된 후, 뒤에서 다룰 'ㄴ-첨가' 현상이 이어 일어났고 다시 그 'ㄴ' 때문에 앞의 '어떤 자음'이 비음 동화를 겪어 'ㄴ'이 된 것으로 설명할 수 있다. 이렇게 보면 ㄹ)까지도 앞의 ㄱ)~ㄷ)과 함께 묶일 수가 있음을 알 수 있다.

이상의 검토를 종합할 때, ㄱ)~ㄹ)의 자료의 발음에 첨가되는 자음은 'ㄷ'이라고 보는 것이 가장 합리적이다. 'ㄷ'은 그 자체로 '윗옷'류에 덧나는 [ㄷ]이 될 수 있고, 뒤의 자음을 된소리로 바꿀 수 있으며 비음 동화에 의해서 'ㄴ'으로 바뀔 수 있는 자음이기 때문이다. 그 밖에 치조음이나 경구개 자음들도 후보가 될 수 있는데 이들은 첨가된 후 음절말 위치에서 평파열음화를 겪는다고 가정해야 한다.

이 책에서는 위와 같은 음운론적 사항과 함께 문법 교육이나 어문 규범 등과의 관계를 고려하여 ㄱ)~ㄹ)에 첨가되는 자음을 'ㅅ'으로 설정해 두고자 한다. 즉, 이 'ㅅ'이 중세 국어에 존재했던 관형격 조사 'ㅅ'의 흔적이라는 점, 그동안 우리말 표기사에서 ㄱ)~ㄹ)류의 첨가된 자음 자리에 글자 'ㅅ'을 적어 왔다는 점, 따라서 이 경우 글자 'ㅅ'으로 적히는 소리를 자음 'ㅅ'으로 인식하고 있는 사람들이 많다는 점 등을 고려하자는 것이다. 이 'ㅅ'은 자음 앞에서 'ㄷ'으로 평파열음화한 뒤 모음으로 시작하는 뒷말의 첫음절로 연음되거나 뒷말의 첫 장애음을 된소리로 바꾸며, 비음 앞에서는 스스로 비음 동화의 대상이 되는 것으로 설명될 수 있다.

이제 위의 자료 ㄱ)~ㄹ)의 발음은 다음과 같은 과정에 의해 실현되는 것으로 기술된다.

/위#옷/	/코#등/	/코+날/	/봄#비/	
위ㅅ옷	코ㅅ등	코ㅅ날	봄ㅅ비	(ㅅ-첨가)
위ㄷ옫	코ㄷ등	코ㄷ날	봄ㄷ비	(평파열음화)
	코ㄷ뜽		봄ㄷ삐	(된소리되기)
		코ㄴ날	봄삐	(비음 동화, 자음군 단순화)
[위돋]	[콛뜽]	[콘날]	[봄삐]	(표면형)

위에서 [콛뜽]의 경우 앞말의 종성 'ㄷ'이 탈락하면 [코뜽]이 되는데, 지금의 표준 발음법은 [콛뜽]과 [코뜽] 둘 다를 '표준'으로 인정하고 있다. 그러나 앞에서도 말했듯이, [콛뜽]은 이론적인 발음이고 실제로는 [코뜽]으로만 발음된다.

한편, ㅁ)은 ㄱ)~ㄹ)과 다를 바 없는 조건을 가진 합성어인데도 'ㅅ-첨가'가 일어나지 않는 경우가 있음을 보여주고 있다. 이들의 존재는 이 현상이 음운론적 동기에 의해 자동적으로 일어나는 규칙적인 음운 변동이 아니라는 것을 말해 준다. 이처럼, 같은 조건을 가지고도 'ㅅ-첨가'를 겪는 부류와 그렇지 않은 부류가 공존하는 이유는 이 'ㅅ'이 처음부터 자음 음소 'ㅅ'이었던 것이 아니라 형태소 'ㅅ'이었기 때문이다. 중세 국어 당시에 존재했던 관형격 조사 'ㅅ'이 통시적 변천의 결과 형태소로서의 기능을 잃고 음운론적 실체로만 남게 되었지만, 여전히 중세 국어 당시에 관형격 조사 'ㅅ'이 결합할 수 있었던 조건[80]을 어느 정도 유지하고 있는 것이다.

　이러한 해석을 바탕으로 생각해 보면, 'ㅅ-첨가'가 일어나는 부류와 그렇지 않은 부류 사이에는 형태론적 차이가 남아 있을 가능성이 있다. 이런 가능성을 염두에 두고, 두 부류의 합성명사들을 구성하는 앞말과 뒷말 사이의 문법적 관계 차이를 찾아 규칙화해 보려는 시도가 많이 있었다. 먼저, 앞 말이 유정물(有情物)인 경우('개구멍', '돼지고기', '소가죽' 등)에는 'ㅅ-첨가'가 잘 일어나지 않는 경향이 있다. 그리고 의미상 앞말이 뒷말을 꾸며 주는 관계로 이루어진 '종속 합성어'에서는 'ㅅ-첨가'가 일어나고, 앞말과 뒷말이 대등한 관계를 맺고 있는 '대등 합성어'에서는 'ㅅ-첨가'가 일어나지 않는 경향이 있다. ㅁ)류 중 '논밭'이나 '봄가을', '처자식' 등은 앞말과 뒷말이 대등한 의미 관계로 맺어진 합성어이다. 그러나 ㅁ)의 다른 자료를 보면, 앞말이 무정물인 종속 합성어라고 해서 모두 'ㅅ' 첨가의 대상이 되지는 않는다는 점을 알 수 있다. 예를 들어, 앞말이 뒷말의 재료나 도구, 방법을 나타내는 관계로 이루어진 종속 합성어('금비녀', '쌀밥', '은가락지', '장조림', '콩밥' 등)에도 'ㅅ-첨가'가 일어나지 않는다.

　그러나 이와 같은 경향성에도 불구하고, 앞말과 뒷말 사이의 의미 관계가 'ㅅ-첨가' 여부의 절대적인 기준이 되는 것으로 보기는 어렵다. 예외가 상당수 존재하기 때문이다. 예를 들어 앞말(A)과 뒷말(B)이 'A를 하기 위한 B'의 관계로 이루어지는 경우, 즉 '고깃배', '빨랫돌', '잠자리(잠을 자는 자리)', '찻집' 등에는 'ㅅ'이 첨가된다고 하지만 같은 관계로 형성된 '노래방'이나 '빨래방' 같은 합성어에는 'ㅅ'이 첨가되지 않는다. 아울러, '반달', '이슬비', '원둘레', '새우잠' 등에 'ㅅ-첨가'가 일어나지 않는 이유도 정확하게 말하기 어렵다. 또한 상당수 합성어들은 개인에 따라 'ㅅ'이 첨가된 형으로 발음되기도 하고 그렇지 않기도 한다. 예를 들어, '머리말'이나 '해님'은 표준국어대사전에서는 각각 '머리말[머리말]', '해님[해

---

[80] 중세 국어에서 관형격 조사 'ㅅ'은 무정물 체언과 높임의 자질을 가진 유정물 체언에 결합하였다.

님]'을 표준형으로 인정하고 있으나 상당수 사람들은 '[머린말]'과 '[핸님]'으로 발음하고 있다. 특히, '김밥'은 많은 사람들이 '[김:빱]'으로 발음함에도 '[김:밥]'을 표준 발음으로 인정해 왔지만, 지금은 두 발음 모두를 표준 발음으로 인정하지 않을 수 없는 상황에 이르렀다. 이와 같은 예들은 ㄱ)~ㄹ)류와 ㅁ)류를 문법 차원에서 구분하기가 어렵다는 것을 보여 준다.[81]

ㄱ)~ㄹ)류와 ㅁ)류를 음운 차원에서든 문법 차원에서든 구분할 수 없다는 것은 'ㅅ-첨가'가 불규칙적인 현상이라는 것을 말해 준다. 이러한 성격을 중시하면 이 현상은 음운 변동으로 보기가 어렵다고 할 수 있다. 따라서 'ㅅ-첨가'는 음운 변동의 범위에서 제외시키는 것이 합리적이다. 그러나 여기서는 역대 학교 문법에서 이 현상을 넓은 의미의 음운 변동으로 다루어 온 전통을 가지고 있다는 점, 이 현상이 언어생활에서 차지하는 비중이 매우 크다는 점, 한글 맞춤법이나 표준 발음법 등 현재의 어문 규범에서 이 현상을 비중 있게 다루고 있다는 점 등을 고려하여 'ㅅ-첨가'를 불규칙적인 음운 첨가로 처리해 둔다.

라. 관련 어문 규범

표준 발음법에서는 'ㅅ-첨가'를 제7장 '소리의 첨가'에서 다루고 있는데 이 현상이 일어난 경우 그 발음을 모두 '표준'으로 인정하고 있다.

제28항 표기상으로는 사이시옷이 없더라도, 관형적 기능을 지니는 사이시옷이 있어야 할(휴지가 성립되는) 합성어의 경우에는, 뒤 단어의 첫소리 'ㄱ, ㄷ, ㅂ, ㅅ, ㅈ'을 된소리로 발음한다.
(자료는 위 ㄴ)류와 같음.)

제30항 사이시옷이 붙은 단어는 다음과 같이 발음한다.
1. 'ㄱ, ㄷ, ㅂ, ㅅ, ㅈ'으로 시작하는 단어 앞에 사이시옷이 올 때에는 이들 자음만을 된소리로 발음하는 것을 원칙으로 하되, 사이시옷을 [ㄷ]

---

[81] 그렇지만 이 'ㅅ'이 여전히 형태론적 지위('관형격 조사', '합성어 표지' 등)를 가지는 것으로 보는 관점도 있다.

으로 발음하는 것도 허용한다.
　　(자료는 위 ㄱ)류와 같음.)
2. 사이시옷 뒤에 'ㄴ, ㅁ'이 결합되는 경우에는 [ㄴ]으로 발음한다.
　　(자료는 위 ㄷ)과 같음.)
3. 사이시옷 뒤에 '이' 소리가 결합되는 경우에는 [ㄴㄴ]으로 발음한다.
　　베갯잇[베갣닏→베갠닏], 깻잎[깯닙→깬닙], 나뭇잎[나묻닙→나문닙],
　　도리깻열[도리깯녈→도리깬녈], 뒷윷[뒫ː늍→뒨ː늍]

　　제28항은 발음상으로는 'ㅅ-첨가'가 일어나지만, 앞말이 이미 받침을 가지고 있기 때문에 표기상 'ㅅ'을 적어주지 않는 경우에 대한 규정으로서, 결국 위 자료 ㄴ)류의 된소리 발음을 '표준'으로 인정한 것이다. 30의 1항은 ㄱ)과 같이 'ㅅ-첨가' 후 나타나는 된소리되기에 관한 규정이고 2는 뒷말 첫 자음이 비음인 경우 나타나는 비음 동화에 대한 규정이다. 3은 'ㅅ-첨가'와, 뒤에서 다룰 'ㄴ-첨가'가 한꺼번에 일어난 경우의 발음을 규정한 것인데 모두 표준 발음으로 인정하고 있다.

　　'ㅅ-첨가'와 관련된 표준 발음법의 규정 중에서 눈길을 끄는 것은 30의 1항이다. 이 규정은 '냇가'류에 대해 [내ː까]와 [낻ː까]를 모두 허용하고 있다. [내ː까]는 '/내ː+가/ → [내ː사가] → [내ː ㄷ까] → [내ː ㄱ까] → [내ː까]'의 과정을 거쳐 도출되는 것으로 볼 수 있는데, /ㅅ/ 첨가와 된소리되기 이후 /ㄷ/이 [ㄲ] 앞에서 [ㄱ]으로 조음 위치 동화되는 과정과 다시 이 /ㄱ/이 탈락하는 과정을 더 거친 셈이다. 그런데 위 조항은 조음 위치 동화의 결과인 [낵ː까]를 제외하고 그 이전의 [낻ː까]와 이후의 [내ː까]를 표준 발음으로 인정하고 있는 것이다. 여기서 [낵ː까]를 표준 발음으로 인정하지 않는 것은, 앞에서 보았던 조음 위치 동화에 의한 발음을 '표준'으로 인정하지 않기 때문이다. 그런데 다시 이 과정에 이어 일어나는 변동의 결과물인 [내ː까]를 '표준'으로 인정한 것은 '실제 발음'을 고려한 것이라고 '해설'에서 밝히고 있다. 그런데 표준 발음법에서 이러한 처리 방식이 모든 경우에 일관되게 적용되는 것은 아니다. 예를 들어, '뻗고'나 '젖고' 등에 대해서는 각각 [뻗꼬]와 [전꼬]만을 표준 발음으로 인정하고 [내ː까]와 같은 과정을 거쳐 실현되는 [뻐꼬]나 [저꼬]는 '표준'으로 인정하지 않고 있다.

　　'ㅅ-첨가'는 표기법에도 반영이 된다. 한글 맞춤법에서는 합성어(고유어+고유어, 고유어+한자어, 한자어+고유어)의 앞말이 모음인데도 뒷말의 첫 자음이 된소리로 나는 ㄱ)류와 'ㄴ, ㅁ' 앞에서 'ㄴ'이 덧나는 ㄷ)류에 'ㅅ'을 적기로 규정하고 있다. 반면, ㄹ)의 '윗옷'이나 '의붓아버지'와 같은 부류에 대해서는 별도의 언급을 하지 않고 있는데[82], 이는 이 현상을 '된소리되기'와 'ㄴ-덧남'을 중심으로 이해한 결과로 보인다. 그리고 두 음절로 된 한자어의 경우에는 똑 같은 조건이라 하더라도 사이시옷을 적지 않는 것을 원칙으로 하되, '곳간(庫間), 셋방(貰房), 숫자(數字), 찻간(車間), 툇간(退間), 횟수(回數)'의 6개 단어에는 'ㅅ'을 적도록 하였다.(한글 맞춤법 제30항) 물론, 앞말이 종성을 가지고 있는 ㄴ)류는 'ㅅ'을 적지 않는다.

마. 학교 문법의 내용

학교 문법에서는 'ㅅ-첨가'와 뒤에서 다룰 'ㄴ-첨가'를 함께 '사잇소리 현상'으로 설명해 왔는데, 제시되고 있는 내용으로 보아 이 현상의 핵심을 'ㅅ-첨가'가 아닌, 된소리되기와 'ㄴ' 덧나기를 포괄하는 '사잇소리 현상'으로 파악하고 있는 것으로 보인다. 예를 들어, 제7차 교육과정에 의한 고등학교 문법 교과서에서는, 사잇소리 현상을 "두 개의 형태소나 단어가 합쳐져서 합성어가 될 때, 뒤의 예사소리가 된소리로 변하는 일"과 "합성어를 이룰 때, 앞말이 모음으로 끝나고 뒷말이 'ㄴ, ㅁ'으로 시작되면 'ㄴ' 소리가 첨가되고, 앞말의 음운과 상관없이 뒷말이 모음 'ㅣ'나 반모음 'ㅣ'로 시작될 때에는 'ㄴ'이 하나 혹은 둘이 첨가되는 일"로 풀이하였다.

위의 정의는 'ㅅ-첨가'를, 합성어 뒷말 첫 자음의 된소리되기, 앞말과 뒷말 사이에 'ㄴ'이나 'ㄴㄴ'이 덧나는 현상으로 본 것인데 이는 한글 맞춤법 등 어문 규범의 관련 규정과 일치한다. 이와 같은 정의에 의하면 위의 자료 중 ㄹ)류의 '윗옷' 같은 예는 이 현상의 범위에 들지 못한다. 아울러, '집일[짐닐]', '솜이불[솜니불]'류의 'ㄴ-첨가'를 '잇몸[인몸]'이나 '콧날[콘날]'류와 한 무리로 묶어 같은 현상으로 다룬 것도 이 정의에 따른 것이다. 그러나 '콧날[콘날]'류의 'ㄴ'은 첨가된 'ㅅ'이 평파열음화와

---

[82] 이처럼 한글 맞춤법의 '사이시옷 규정'에서 '두 성분 사이에 'ㄷ'이 덧나는 경우가 제외'된 점에 대해서는 임석규(2008)에서 지적한 바 있다.

비음 동화를 거친 것인 반면, '집일[짐닐]'류의 'ㄴ'은 'ㅅ-첨가'와는 다른 환경에서 자음 'ㄴ'이 첨가된 것이기 때문에 다른 현상으로 구별하는 것이 옳다. 이러한 문제는 된소리되기와 'ㄴ-덧나기'를 'ㅅ-첨가'로 설명하고 'ㄴ-첨가'와는 구별함으로써 해결할 수 있다. 2007년 이후에 개정된 교육과정에 의한 『독서와 문법』 교과서 중에는 이 현상을 음운의 첨가에 포함시킨 것들이 있으나 여전히 'ㄴ-첨가'와 함께 '사잇소리 현상'으로 다루고 있다.

음운 변동 단원에서 '사잇소리 현상'을 제시하는 방식도 교육과정 및 교과서에 따라 조금씩 다르다. 예를 들어, 제5차 교육과정에 의한 문법 교과서에서는 음운 변동 단원과 대등한 독립 단원으로 '사잇소리 현상' 단원을 제시하였고, 제6차 교육과정에 의한 문법 교과서에서는 '음운의 변동'이라는 대단원 안에 '(1) 음운의 변동 현상'이라는 소단원과 대등하게 '(2) 사잇소리 현상'이라는 소단원을 따로 제시하였다. 제7차 교육과정에 의한 문법 교과서에서는 이 현상을 '음운의 변동' 단원의 하위 절로 제시하였고, 이후의 교육 과정에 의해 간행된 『독서와 문법』 교과서에서도 '음운의 변동' 단원에서 '첨가'의 하나로 다루고 있다.

4.3. ㄴ-첨가

가. 자료

ㄱ) /가락#엿/[가랑녇], /꽃#잎/[꼰닙], /늦+여름/[는녀름], /늦+익다[느닉따], /땅#임:자/[땅님자], /막+일:/[망닐], /맨+입/[맨닙], /밤#이슬/[밤니슬], /봄#여름/[봄녀름], /삯#일/[상닐], /서른#여섯/[서른녀섣], /솜:#이불/ [솜:니불], /야옹#야옹/[야옹냐옹], /윗잇몸/[윈닌몸], /짓+이기다/ [진니기다], /콩#엿/[콩녇], /한+여름/[한녀름], /호:박#엿/[호:방녇]

ㄴ) /들:#일/[들:릴], /물#약/[물략], /물#엿/[물렫], /버들#잎/[버들립], /불#여우/ [불려우], /서울#역/[서울력], /설:+익다/[설:릭따], /솔#잎/[솔립], /알+이마/ [알리마](알이마), #/열#여덟/[열려덜](열여덟), /풀#이름/[풀리름]

ㄷ) 나쁜 일[나쁜닐], 놀라운 약[놀라운냑], 먹은 엿[머근녇], 못 잊어[몬:니저], 문 열어라[문녀러라], 별 여덟[별:려덜], 부엌 옆에[부엉녀페], 옷 입다 [온닙따], 잘 입고[잘립꼬], 지난 여름[지난녀름], 할 일[할:릴]

ㄹ) /종이/[종이], /굳+이/[구지], /높+이/[노피], /먹+이/[머기], /먹+이+다/

[머기다], /법+이/[버비], 가는 이[가느니] 오는 이[오느니]

ㅁ) /국민윤리/[궁민뉼리], 극영화[긍녕화], 불이익[불리익], 불이행[불리행],
/색#연필/[생년필], /소독약/[소동냑], /식용유/[시굥뉴], /신혼여행/[신혼
녀행], /영업용/[영엄뇽], /우편요금/[우편뇨금], /직업여성/[지거녀성],
/직행열차/[지캥녈차], /핵융합/[행늉합], /휘발유/[휘발류]

ㅂ) /가정(家庭)일/[가정닐], /공(空)일/[공닐], /눈요기(療飢)/[눈뇨기],
/만능(萬能)열쇠/[만ː능녈쐬], /알림예(禮)/[알림녜]

ㅅ) /격일(隔日)/[겨길], /구십일/[구시빌], /국경일/[국꼉일], /기념일/[기녀밀],
/김유신/[기뮤신], /김천일/[김처닐], /삼일절/[사밀쩔](3·1절), /석유/
[서규], /송ː별+연/[송ː벼련], /육이오/[유기오](6·25), /절약/[저략],
/팔일오/[파리로], /홍익#인간/[홍이긴간], /활약/[화략]

ㅇ) /검열/[검ː녈/거ː멸], /금융/[금늉/그뮹], /야금#야금/[야금냐금/야그먀금],
/이글#이글/[이글리글/이그리글], /이죽#이죽/[이중니죽/이주기죽]

나. 변동의 양상

ㄱ)은 고유어로 된 합성어나 파생어[83]에서, 앞말이 자음으로 끝나고 뒷
말의 첫음절이 'ㅣ'나 반모음 'ㅣ'로 시작하는 경우 뒷말의 초성 자리에
'ㄴ'이 첨가됨을 보여준다. '꽃잎', '늦여름', '막일' 등에서는 첨가된 'ㄴ'
이 다시 비음 동화의 환경이 된다.

/막+일ː/ → 막닐 → [망닐]
    ↑   ↑
/ㄴ/ 첨가 비음 동화

ㄴ)에서는, 첨가된 'ㄴ'이 앞 음절 종성 'ㄹ' 다음에서 다시 유음화까지
겪고 있다.

/들ː+일/ → 들ː닐 → [들ː릴]
    ↑   ↑
/ㄴ/ 첨가 유음화

---

[83] '야옹야옹'과 같은 상징어에도 이 현상이 나타난다.

ㄷ)은 두 단어로 이루어진 구(句)가 하나의 말토막으로 발음될 때에도 이 현상이 나타남을 보여주고 있는데 주로 '관형어+체언'이나 '부사어+용언', '목적어+서술어' 등이다.

ㄹ)은 같은 음운적 조건을 갖추었는데도 이 현상이 일어나지 않는 예들이다. '종이'와 같은 단일어, 그리고 뒷말이 실질 형태소가 아닌 경우에는 'ㄴ-첨가'가 일어나지 않는 경향이 있음을 알 수 있다.

ㅁ)은 한자어끼리, ㅂ)은 한자어와 고유어가 결합한 합성어나 파생어의 경우에도 이 현상이 일어나고 있음을 보여준다.

ㅅ)은 ㅁ)과 같은 조건을 갖춘 한자어인데도 'ㄴ-첨가'가 일어나지 않는 예들이다. 특히 사람의 성과 이름 사이, 2음절 한자어 등에서는 이 현상이 잘 일어나지 않는다. ㅇ)은 표준 발음법(제29항)에서 'ㄴ-첨가'가 일어난 형과 일어나지 않은 형 두 가지 발음이 모두 가능한 예로 제시한 것들이다.

다. 변동의 설명

이 현상은 합성어나 파생어의 앞말이 자음으로 끝나고 뒷말의 첫음절이 'ㅣ'나 반모음 'ㅣ'로 시작하는 경우[84] 뒷말의 초성 자리에 'ㄴ'이 첨가되는 현상으로, 'ㄴ-첨가'라고 부른다. 그런데 위의 자료에서 보았듯이, 이 현상은 같은 환경에서도 일어나지 않는 예가 있으며 단어의 구조나 종류, 방언, 발음 습관 등과 같은 변수에 따라 그 실현 양상이 다르게 나타나는 경향이 있다. 어종별로 보면 고유어로 이루어진 합성어와 파생어는 예외가 적은 반면 한자어 중에서 2음절어는 'ㄴ-첨가'가 일어나지 않는 경우가 많다. 순수 고유어로 이루어진 합성어나 파생어도 사전의 표준발음 인정 여부와는 별개로, 현실 발음을 관찰해 보면 음절수나 단어의 내부 구조, 친숙도 등에 따라서 그 실현율이 다양하게 나타나고 한자어도 현실 발음에서의 실현율은 어휘에 따라 차이가 있다. 예를 들어, ㄱ)의 자료 중에서 '땅임자', '밤이슬', '윗잇몸', ㅁ)의 자료 중에서 '극영화', '불이익', '불이행' 등은 현실적으로는 'ㄴ-첨가'가 일어나지 않은 발

---

[84] 이 환경은 근대 국어 시기에 있었던 어두 'ㄴ-탈락'의 환경과 같다.

음이 더 우세해 보인다.

이상과 같은 사실은 'ㄴ-첨가'가 수의적이고 불규칙적인 현상이라는 점을 말해 준다. 따라서 엄격히 말하자면, 이 현상도 앞의 'ㅅ-첨가'와 같이 음운 변동에 포함시키기기 어려운 면을 가지고 있다고 할 수 있다. 그러나 이 책에서는 이 변동 역시 학교 문법이나 어문 규범 등에서 음운 변동의 하나로 다루어 왔다는 점을 고려하여 음운의 첨가에 포함시켜 둔다.

라. 관련 어문 규범

표준 발음법 제29항에서는 위의 자료 ㄱ), ㅁ)을 예로 들면서 'ㄴ-첨가'에 의한 발음을 '표준'으로 인정하고 있다.

제29항 합성어 및 파생어에서, 앞 단어나 접두사의 끝이 자음이고 뒤 단어나 접미사의 첫음절이 '이, 야, 여, 요, 유'인 경우에는, 'ㄴ' 소리를 첨가하여 [니, 냐, 녀, 뇨, 뉴]로 발음한다.

그런데 '/알림예/[알림녜], /일반예금/[일반녜금], /종합예술/[종합녜술]' 등을 고려하면, 위의 제29항에 진술된 'ㄴ-첨가'의 음운론적 환경 조건에는 '예'가 추가되어야 할 것으로 보인다. 이들 중에서 '일반예금'이나 '종합예술'은 『표준국어대사전』(국립국어원)에서는 'ㄴ-첨가'가 일어나지 않은 발음을 표준발음으로 인정하고 있으나 현실적으로는 'ㄴ-첨가'가 일어난 발음이 더 우세한 것으로 보인다.

한편, 위의 표준 발음법 제29항에는 자료 ㅇ)과 같이 'ㄴ-첨가'가 일어난 발음과 그렇지 않은 발음 둘 다가 가능한 경우 , 그리고 ㅅ)과 같이 'ㄴ-첨가'가 일어나지 않는 경우가 있음을 인정하는 '다만' 조항과 ㄴ)과 같이 첨가된 'ㄴ'이 유음화를 겪는 예들, ㄷ)과 같이 '두 단어를 한 마디로 발음하는 경우'에 해당하는 예들을 인정하는 '붙임' 조항이 붙어 있다.

마. 학교 문법의 내용

앞의 'ㅅ-첨가'에 대한 설명에서 말했듯이, 학교 문법에서는 'ㄴ-첨가'

현상을 'ㅅ-첨가'와 함께 사잇소리 현상으로 다루고 있다. 그러나 'ㅅ-첨가'와 'ㄴ-첨가'는 서로 비슷한 점이 있지만 분명히 다른 현상이다. 무엇보다도, 'ㄴ-첨가'는 '자음으로 끝난 앞말과 'ㅣ' 혹은 'ㅣ'로 시작하는 뒷말 사이'라는 음운론적 조건이 충족될 때 적용된다는 점, 그리고 첨가되는 위치도 앞말의 종성이 아니라 뒷말의 초성 자리라는 점, 파생어와 합성어를 가리지 않으며 ㄷ)과 같이 한 단어가 아닌 구 안에서도 일어난다는 점 등에서 'ㅅ-첨가'와는 다른 성격을 가진, 별개의 현상으로 보는 것이 좋다.

5. 축약

'축약'은 변동의 결과 음소의 수가 줄어드는 현상을 말하는데, 우리말의 음운 변동 현상 중에는 '거센소리되기'가 대표적인 보기이다. 모음의 경우에는 공시적인 음운 변동으로서 축약 현상을 보이는 예를 찾기 어렵다. 반모음화에 의해 두 음절이 한 음절로 축약되는 현상이 있으나, 이 현상은 음운 차원에서는 단순 모음이 반모음으로 바뀌는 '대치'에 해당한다.

5.1. 거센소리되기

가. 자료

1) ㄱ) /놓+고[노코], /빨갛+고/[빨가코], /좋:+던/[조:턴], /쌓+지/[싸치]
   ㄴ) /많:+고/[만:코], /앓+턴/[안턴], /닳+지/[달치], /싫+다/[실타]
   〈비교〉 /놓+는/[논는], /놓+소/[노쏘], /닳+는/[달른], /많:+소/[만:쏘],
   /싫+소/[실쏘]

2) ㄱ) /각하/[가카], /국학/[구칵], /법학/[버팍]
   ㄴ) /먹+히+고/[머키고], /굳+히+고/[구치고], /맞+히+고/[마치고],
   /좁+히+고/[조피고]
   ㄷ) /앉+히+고/[안치고], /밝+히+고/[발키고], /읽+히+고/[일키고],
   /넓+히+고/[널피고]

ㄹ) /늫호박/[느토박], /맏+형/[마텽]

ㅁ) /가족+한테/[가조칸테], /낫+하고/[나타고], /옷+하고/[오타고],
/꽃+한테/[꼬탄테]

ㅂ) /옷 한 벌/[오탄벌], /낫 한 때/[나탄때], /꽃 한 송이/[꼬탄송이],
/밭 한 뙈기/[바탄뙈기]

ㅅ) /값 하다/[가파다], /값 흥정/[가풍정], /닭+하고/[다카고],
/흙 한 덩이/[흐칸덩이]

ㅇ) 각 홈페이지[가콤페이지], 빅 히트[비키트], 컵 하나[커파나],
첫 홀[처톨], 힙합[히팝]

나. 변동의 양상

자료 1)의 ㄱ)에서, 용언의 어간 끝 자음 'ㅎ' 뒤에 자음 'ㄱ, ㄷ, ㅈ'으로
시작하는 어미가 이어지면, 이 세 자음이 각각 같은 조음 위치의 거센소
리인 'ㅋ, ㅌ, ㅊ'으로 바뀌는 현상이 일어남을 알 수 있다. 변동의 결과,
거센소리가 아닌 자음이 거센소리로 바뀌었으므로 이를 거센소리되기 혹
은 유기음화라고 하는데, 일종의 동화주 역할을 하는 'ㅎ'이 앞에 오고
변동을 입는 자음이 뒤에 오기 때문에 순행적 거센소리되기(=순행적 유기음화)
라고 부른다. ㄴ)은 어간 끝의 자음군 'ㄶ, ㅀ' 뒤에서도 같은 변동이 일어
남을 보여준다. 〈비교〉의 자료는, 'ㅎ' 뒤에 거센소리로 바뀔 수 없는 자음
이 올 때에는 거센소리되기 대신 다른 음운 변동이 일어남을 보여준다.

자료 2)의 ㄱ)~ㄹ)은, 'ㄱ, ㄷ, ㅂ, ㅈ' 등의 자음이 먼저 오고 'ㅎ'이
뒤따를 때 역시 거센소리되기 현상이 일어난다는 것을 보여준다. 이 경우
동화를 입는 자음이 앞에 오고 'ㅎ'이 뒤에 오기 때문에 역행적 거센소리
되기로 부른다. ㄱ)은 한자어에서 일어나는 역행적 거센소리되기의 보기
이고 ㄴ), ㄷ), ㄹ)은 고유어에서 나타나는 역행적 거센소리되기의 보기이
다. ㅁ)은 체언의 끝 자음과 조사의 첫 자음 'ㅎ'이, ㅂ)은 두 개 이상의
단어가 하나의 말토막으로 발음될 때, 앞 단어의 끝 자음과 뒤 단어의
첫 자음 'ㅎ'이 만나면서 역시 거센소리되기가 일어난다는 사실을 보여준
다. ㅇ)은 외래어가 포함된 표현에서 나타나는 역행적 거센소리되기의
보기이다. ㄹ)~ㅇ)에서는 평파열음화가 먼저 일어난 후, 거센소리되기가
일어난다.

다. 변동의 설명

거센소리되기는 'ㅅ'을 제외한 평장애음과 'ㅎ'이 만나 거센소리로 축약되는 현상이다. 자음 'ㅎ(h)'은 성문 마찰음으로 분류되긴 하지만 사실은 그 조음 위치가 뚜렷하지 않아서 다른 자음에 비해 자음성이 약하다고 할 수 있다.[85] 자음성이 약하다는 것은 그만큼 쉽게 탈락하거나 다른 소리로 바뀌기 쉬움을 의미한다. 'ㅎ'은 단어의 첫소리 자리가 아닌 곳에서는 탈락하거나 다른 소리로 바뀌거나 혹은 다른 자음과 축약된다. 겉으로 보아, 거센소리되기는 'ㅎ'이 앞뒤의 평장애음에 자신의 유기성 자질을 주어 거센소리로 바꾼 다음 자신은 탈락하는 현상이지만, 'ㅎ'의 [+유기성] 자질이 앞이나 뒤의 평장애음의 한 자질로 편입되는 현상이라고도 할 수 있다. 다시 말해, 'ㅎ'이 음소의 지위를 버리고 [+유기성]이라는 자질의 자격으로 주변의 평장애음의 한 자질로 합쳐지는 것이다. 어쨌든, 변동의 결과 두 개의 음소가 하나로 줄게 되므로, 이 변동은 음운의 '축약'으로 분류된다.

순행적 거센소리되기의 대상은 'ㄱ, ㄷ, ㅈ'이고 역행적 거센소리되기의 대상은 'ㄱ, ㄷ, ㅂ, ㅈ'이어서 서로 다른 것처럼 보이지만 사실은 같다. 순행적 거센소리되기의 경우 'ㅂ'으로 시작하는 어미가 존재하지 않기 때문일 뿐 음운론적으로 특별한 이유가 있는 것은 아니다. 따라서 거센소리되기의 대상이 되는 자음의 무리는 마찰음 'ㅅ'을 제외한 평장애음, 즉 'ㄱ, ㄷ, ㅂ, ㅈ'이라고 할 수 있다.

다음으로, 순행적 거센소리되기는 어간 끝 자음 'ㅎ' 뒤에서 어미 첫 자음 'ㄱ, ㄷ, ㅈ'이 거센소리로 바뀌고 'ㅎ'은 탈락하는 현상이지만, 그 적용 환경에 '용언의 활용'이라는 조건이 명시될 필요는 없다. 우리말에서 용언의 활용을 제외한 다른 곳에서 'ㅎ'과 이 자음들이 이런 순서로 연속하는 경우는 없기 때문이다.[86] 이렇게 볼 때, 거센소리되기는 다음과

---

[85] 자음은 조음 기관의 '어느 한 곳'(조음 위치)에서 '특정한 방식'(조음 방법)으로 공기의 흐름이 방해를 받아 나는 소리인데, 그 '어느 한 곳'이 뚜렷하지 않다는 것은 그만큼 자음으로서의 성격이 약함을 의미한다.

[86] 'ㅎ'을 끝 자음으로 가진 체언은 없기 때문에 '체언+조사'에서는 'ㅎ+평장애음'과 같은 조건이 만들어지지 않는다. 다만, 자음 글자 'ㅎ'의 이름인 '히읗'이 있긴 하지만 이 경우의 받침 'ㅎ'은

같은 모양으로 규칙화될 수 있겠다.

■ 거센소리되기 규칙

('ㅎ'은 앞뒤의 평장애음 'ㄱ, ㄷ, ㅂ, ㅈ'에 [+유기성]을 넘겨주고 자신은 탈락한다.)

라. 관련 어문 규범

거센소리되기에 의한 발음은 표준 발음으로 인정된다. 표준 발음법 제 12항은 '받침 ㅎ'과 관련된 발음을 모두 모아 규정하고 있는 조항인데, 여기에 두 종류의 거센소리되기에 대한 것이 포함되어 있다.

제12항 받침 'ㅎ'의 발음은 다음과 같다.
1. 'ㅎ(ㄶ, ㅀ)' 뒤에 'ㄱ, ㄷ, ㅈ'이 결합되는 경우에는, 뒤 음절 첫소리와 합쳐서 [ㅋ, ㅌ, ㅊ]으로 발음한다.
   [붙임 1] 받침 'ㄱ(ㄺ), ㄷ, ㅂ(ㄼ), ㅈ(ㄵ)'이 뒤 음절 첫소리 'ㅎ'과 결 합되는 경우에도, 역시 두 소리를 합쳐서 [ㅋ, ㅌ, ㅍ, ㅊ]으 로 발음한다.
   [붙임 2] 규정에 따라 'ㄷ'으로 발음되는 'ㅅ, ㅈ, ㅊ, ㅌ'의 경우에도 이에 준한다.

위 12-1항은 순행적 거센소리되기, [붙임 1]은 역행적 거센소리되기와 관계되는 규정이고, [붙임 2]는 주로 2)의 ㅂ)류에 대한 규정이다.

'ㅎ'이 아닌 'ㅅ'처럼 행동한다.(히읗이[히으시], 히읗만[히은만], 히읗도[히은또])

마. 학교 문법의 내용

학교 문법에서도 거센소리되기를 음운의 축약으로 다루어 왔는데, 순행적 거센소리되기와 역행적 거센소리되기를 구분하지는 않고 있다. 대체로 "'ㅂ, ㄷ, ㅈ, ㄱ'과 'ㅎ'이 서로 만나면 'ㅍ, ㅌ, ㅊ, ㅋ'이 된다."(제7차 교육과정에 의한 『고등학교 문법』(71쪽)) 식으로 설명하고 있다.

6. 운소의 변동

우리말에서 운소의 변동은 기저형에서는 단모음이었던 것이 장모음으로 바뀌거나 반대로 장모음이 단모음으로 바뀌는 현상을 말한다.

6.1 단모음화

가. 자료

1) /눈:#사:람/[눈:사람], /봄#눈:/[봄눈], /새벽#까:치/[새벽까치], /집#구:경/ [집꾸경], /짓#밟:고/[짇빱꼬]

2) ㄱ) /감:+아서/[가마서], /남+으 면/[나므면], /담:+아라/[디미리], /멸.+이시/ [머러서], /밟:+으면/[발브면], /살:+아서/[사라서], /신:+으면/[시느면], /웃:+으니/[우스니], /줄:+었+고/[주런꼬]
   〈비교〉 /곱:+아서/[고:와서], /떫:+으면/[떨:브면], /많:+아서/[마:나서],
        /얻:+으니/[어:드니], /없:+어서/[업:써서], /작:+아서/[자:가서]
   ㄴ) /남:+기+다/[남기다], /밟:+히+다/[발피다], /울:+리+다/[울리다],
        /줄:+이+다/[주리다]

나. 변동의 양상

1)은 체언이나 용언이 복합어의 뒷말이 되면서 원래 가지고 있던 [장음성]을 잃어버린다는 사실을 보여 준다. 다시 말해 단어의 첫음절 모음이 가지고 있던 음장을 둘째 음절 이하에서 잃는 것이다.

2)의 ㄱ)은 기저 장모음이, 모음으로 시작하는 어미 앞에서 단모음화하

는 모습을 보여준다. 이들의 기저 모음이 장음이었다는 것은 자음으로 시작하는 어미 앞에서의 음장 실현 양상을 비교해 보면 알 수 있다.

/감:+고[감:꼬], /남:+지[남:찌], /웃+더+라[욷:떠라], /줄:+지[줄:지]

그런데 〈비교〉의 용언들은 같은 환경에서도 단모음화에 참여하지 않는다. 2)의 ㄴ)은 용언의 어간 모음이 가지고 있던 음장이 사·피동 접사와의 결합 과정에서 단모음화함을 보여준다.

다. 변동의 설명

3장의 운소 체계에 대한 설명에서도 언급되었듯이, 우리말에서 모음의 음장은 단어의 첫음절에서만 실현될 수 있다. 이것은 우리말에서 운소로서의 음장이 가진 중요한 특성이자 제약이라고 할 수 있다. 위 1)과 같은 예는 이 제약을 따른 것이기 때문에, 2)류와 같이 어두 음절에서 일어나는 단모음화와는 성격이 다르다. 어쨌든 1)류는 기저 장모음이 한 말토막 안의 둘째 음절 이하에서 단모음화하는 것이므로 다음과 같이 규칙화될 수 있다.

> ◘ 둘째 음절 이하 단모음화 규칙
> [+성절성] → [−장음성] / X]음절 _____
> (둘째 음절 이하에서 장모음은 단모음으로 바뀐다.)

〈비교〉에서 보듯이, 같은 환경에서도 단모음화를 겪지 않는 용언들이 있다는 점에서 (2)의 ㄱ)류가 보여주는 단모음화는 개별 용언의 특성에 따라 다르게 나타나는 불규칙적인 현상임을 알 수 있다. 아울러 체언의 모음이 가지는 음장은, 모음으로 시작하는 조사 앞에서도 탈락하지 않는 것으로 보아 이 단모음화 현상은 용언의 활용에 국한된 현상이라 할 수 있다.

/감:(柿)+이[가:미], /눈:(雪)+은[누:는], /밤:(栗)+을[바:믈]

라. 관련 어문 규범

표준 발음법에서는 '소리의 길이'라는 장을 따로 두어 모음의 길이와 관련된 발음 사항을 상세하게 규정하고 있다. 먼저 단어의 첫음절에서만 장모음이 실현될 수 있다는 점을 명백히 규정하였다.

> 제6항 모음의 장단을 구별하여 발음하되, 단어의 첫음절에서만 긴소리가 나타나는 것을 원칙으로 한다.
> 다만, 합성어의 경우 둘째 이하 음절에서도 긴소리를 인정한다.
> 반신반의[반:신 바:니], 재삼재사[재:삼 재:사]

합성어 '반신반의'류에서 둘째 음절 이하의 음장이 실현되는 것처럼 보인다. 그러나 이것은 이 단어들이 음운론적으로는 하나의 단어로 결합되지 않은 상태, 즉 /반:신/#/반:의/[반:신]#[바:니]로 보는 것이 좋다. 이렇게 보면, 이들의 경우도 '긴소리는 단어의 첫음절에서만 실현된다.'는 제약을 어기지 않은 것으로 처리할 수 있다.

> 제7항 긴소리를 가진 음절이라도, 다음과 같은 경우에는 짧게 발음한다.
> 1. 단음절인 용언 어간에 모음으로 시작된 어미가 결합되는 경우
> 2. 용언 어간에 피동, 사동 접미사가 결합되는 경우

제7항은 자료 2)에서 나타나는 단모음화에 의한 발음을 '표준'으로 규정한 것이다. 7-1항에는 자료 2)의 〈비교〉와 같이, 같은 환경에서도 단모음화하지 않는 용언들의 음장에 대해서도 '표준'으로 인정하는 '다만' 조항을 덧붙이고 있다.

마. 학교 문법의 내용

학교 문법에서 음장은 음운 체계에 관한 설명의 일부로 제시된다. 제7차 교육과정에 의한 문법 교과서에서는 '국어의 음운 체계'에서, 우리말에서 '소리의 길이'가 운소의 자격을 가진다는 점을 밝힌 뒤, 단어의 둘째 음절 이하에 오면 '짧은 소리'로 발음되는 경향이 있다는 점을 다음의 자료와 함께 설명하고 있다.

한국+말:→한국말, 함박+눈:→함박눈, 구두+솔:→구두솔

학교 문법에서는 위에서 살핀 음운 변동으로서의 단모음화나 아래의 장모음화에 대해서는 설명하지 않고 있다. 단모음화나 장모음화가 분절음의 변동처럼 쉽게 인식되지 않는 경향이 있고 예외가 많아서 일반화하기가 어렵다는 점 등이 고려된 듯하지만, 음장을 포함한 운소도 환경에 따라 변동할 수 있다는 사실을 이해시키고 그 과정을 탐구하도록 할 필요가 있다고 생각된다.

6.2 장모음화

가. 자료

1) /기+어서/[기어서/기여서/겨:서], /꾸:+어서/[꾸어서/꿔:서], /두+어라/
   [두어라/둬:라], /보+아서/[보아서/봐:서], /비:+어서/[비어서/벼:서],
   /쏘:+았+고/[쏘았꼬/쐈:꼬], /주+어서/[주어서/줘:서], /피+었+고/[피얻꼬/
   피엳꼬/펻:꼬]
   〈비교 1〉 /지+어서/[저서], /치+어서/[처서], /덤비+어라/[덤벼라]
2) /개:+어/[개어/개여/개:], /깨(破)+어/[깨어/깨여/깨:], /내:+었+고/[내얻꼬/
   내엳꼬/낻:꼬], /매:+어라/[매어라/매여라/매:라], /베:+어/[베어/베여/베:],
   /새(漏)+어/[새어/새여/새:]
   〈비교 2〉 가+아서[가서], 사+았+다[삳따], 서+어라[서라]
   〈비교 3〉 /꾸:+으면/[꾸:면], /내:+으니/[내:니], /되+으면/[되면],
   /보+으니/[보니], /세:+으니/[세:니], /피+으니/[피니],
   /켜+으려고/[켜려고]

나. 변동의 양상

1)에서는 반모음화에 의해 음절수가 줄면서 그 대신 모음의 길이가 길어지는 현상이 나타나고 있다. [ ] 안에 제시된 둘 이상의 발음형 중 마지막의 것이 반모음화와 장모음화를 겪은 발음이다.[87] 〈비교 1〉에서 보듯이, 경구개 자음 뒤에서는 장모음화가 일어나지 않으며, 축약된 음절이 단어의 첫음절이 아닐 때에도 당연히 장모음화가 실현되지 않는다. 앞의 '단

---

[87] 이 부류에 속하는 것 중 '와서'(←/오+아서/)는 예외이다.

모음화'에서 살핀 내용을 고려하면, 1)의 자료 중 [꿔:서], [벼:서], [쏴:꼬]
는 어간의 장모음이 모음으로 시작하는 어미 앞에서 단모음화했다가 축
약되면서 다시 장모음화한 것으로 봐야 한다.

/꾸:+어서/
꾸어서   (단모음화)
꿔:서   (반모음화, 장모음화)
[꿔:서]   (표면형)

2)는 어간 끝 모음 'ㅔ, ㅐ' 뒤에서 어미 첫 모음 'ㅓ'가 탈락하여 음절
수가 주는 대신 장모음화가 일어나고 있음을 보여준다. '개:-'처럼 원래
장모음을 가지고 있었던 어간은 1)의 '꾸:어서'류처럼, 모음으로 시작하
는 어미 앞에서 단모음화했다가 모음 탈락 이후 다시 장모음화 한다. ⟨비
교 2⟩와 ⟨비교 3⟩에서 보듯이, 어간 끝 모음 'ㅏ, ㅓ' 뒤에서 일어나는
'어미 첫 모음 ㅏ, ㅓ-탈락'과 '어미 첫 모음 으-탈락'의 경우에는 장모음
화를 수반하지 않는다.

다. 변동의 설명

일반적으로 장모음화는 음운의 탈락이나 축약에 의해 음절수가 줄어
든 것에 대한 보상 작용으로 일어난다. 음절수는 줄었지만 전체 말토막의
길이는 원래대로 유지하려는 심리가 반영된 것이라 할 수 있다. 그래서
이와 같은 동기에 의해 일어나는 장모음화를 보상적 장모음화(compensatory
lengthening)라고도 한다. 1), 2)의 경우, 각각 어간 끝 모음과 어미 첫 모음
사이의 축약 및 어미 모음의 탈락에 대한 보상 작용으로 일어난 장모음화
이다.

우리말에서 모음의 탈락은 일반적으로 장모음화를 수반하지 않는다.
즉 '어간 끝 모음 으-탈락'이나 '어미 첫 모음 으-탈락'은 장모음화를 수
반하는 예가 없고 '어미 첫 모음 ㅏ, ㅓ-탈락'의 경우에도 위 2)류 외에는
장모음화가 일어나지 않는다.

/끄+어서/[꺼서], /주+으면/[주면], /가+아서/[가서]

아울러 '/그+이다/[그다]'나 '/차+이면/[차면]'에서 보듯, 서술격 조사 어간 모음 'ㅣ-탈락' 역시 장모음화를 수반하지 않는다. 이런 사실을 고려하면 2)의 장모음화는 특이한 현상이라 할 수 있다. 따라서 2)류에 대해서는 앞의 '어미 첫 모음 ㅏ, ㅓ-탈락'에서 제시했던 다른 하나의 설명 방식처럼, 어미 첫 모음 'ㅏ, ㅓ'가 탈락하는 것이 아니라 이 어미 모음이 어간 모음에 완전 순행 동화되는 과정으로 설명하는 편이 더 나을 수도 있다.

/깨+어/ → 깨애 → [깨:]

이렇게 설명하면 2)에 나타나는 장모음화는 어미 모음 탈락에 수반하는 현상이 아니라 모음 순행 동화에 이은, 동일 모음 축약에 수반되는 현상으로 처리할 수가 있다.

한편 1)류에 나타나는 장모음화는 결국 반모음화에 의한 음절 축약에 수반되는 변동이므로 이를 관장하는 규칙도 반모음화 규칙과 통합된 모습으로 존재한다고 보아야 한다. 앞의 '모음 축약'에서 제시했던 규칙을 장모음화가 반영되도록 변형시켜 보면 다음과 같다.

⬇ 'ㅗ, ㅜ-반모음화'와 장모음화

$$\begin{bmatrix} +후설성 \\ +원순성 \end{bmatrix} + \begin{bmatrix} +후설성 \\ -고설성 \\ -원순성 \end{bmatrix} \rightarrow \begin{matrix} 1 \\ [-성절성] \end{matrix} \quad \begin{matrix} 3 \\ [+장음성] \end{matrix}$$
$$\begin{matrix} 1 \quad 2 \quad 3 \end{matrix}$$

(어간 끝 모음 'ㅗ, ㅜ'와 어미 첫 모음 'ㅏ, ㅓ'가 한 음절로 축약되면 장모음화된다.)

⬇ 'ㅣ' 반모음화와 장모음화

$$\begin{bmatrix} -후설성 \\ +고설성 \\ -원순성 \end{bmatrix} + \begin{bmatrix} +후설성 \\ -고설성 \\ -원순성 \end{bmatrix} \rightarrow \begin{matrix} 1 \\ [-성절성] \end{matrix} \quad \begin{matrix} 3 \\ [+장음성] \end{matrix}$$
$$\begin{matrix} 1 \quad 2 \quad 3 \end{matrix}$$

(어간 끝 모음 'ㅣ'와 어미 첫 모음 'ㅏ, ㅓ'가 한 음절로 축약되면 장모음화된다.)

라. 관련 어문 규범

표준 발음법에서는 위 자료 1), 2)의 장모음화에 의한 발음을 표준 발음
으로 인정하고 있다.

> 제6항 [붙임] 용언의 단음절 어간에 어미 '-아/-어'가 결합되어 한 음절로
> 축약되는 경우에도 긴소리로 발음한다.
>
> 보아→봐[봐:], 기어→겨[겨:], 되어→돼[돼:], 두어→둬[둬:],
> 하여→해[해:]
> 다만, '오아→와, 지어→져, 찌어→쪄, 치어→쳐' 등은 긴소리로 발음하지
> 않는다.

보기 자료 중 '되어→돼'나 '하여→해'와 같은 것은 공시적인 변동으로
볼 수 없기 때문에, 앞의 반모음화나 장모음화에서 설명이 안 된 것이지
만, 표준 발음법에서는 일반적인 장모음화 자료와 함께 제시하고 있다.

마. 학교 문법의 내용

학교 문법에서 장모음화에 대한 설명은 찾기 어렵다. 앞에서 말했듯이,
학교 문법에서 음장은 음운 체계의 일부분으로 다루어지는데 여기서도
둘째 음절 이하의 단모음화에 대해서만 설명하고 있을 뿐 음운 변동으로
서의 단모음화나 장모음화에 대해서는 언급하지 않고 있다.

7. 기타

이상에서 다루어지지 않은 우리말의 음운 현상 중 모음조화와 두음법
칙에 대해서 따로 살펴보고자 한다. 이 둘은 우리말의 대표적인 음운 현
상으로 알려져 있지만, 음운의 대치, 탈락, 첨가, 축약 중 하나에 소속시키
기 어려운 성격을 가지고 있기 때문이다.

7.1. 모음조화

가. 자료

1) ㄱ) 막아 막아서 막아도 막아라 막았다
　　얇아 얇아서 얇아도 얇았다
　　보아 보아서 보아도 보아라(/봐라) 보았다(/봤다)
　　먹어 먹어서 먹어도 먹어라 먹었다
　　붙어 붙어서 붙어도 붙어라 붙었다
　　비어 비어서 비어도 비어라 비었다
　　그어 그어서 그어도 그어라 그었다
　　세어 세어서 세어도 세어라 세었다
　　깨어 깨어서 깨어도 깨어라 깨었다
　　되어 되어서 되어도 되어라 되었다
　　꿰어 꿰어서 꿰어도 꿰어라 꿰었다

　　ㄴ) 고와 고와서 고와도 고왔다
　　도와 도와서 도와도 도왔다
　　더워 더워서 더워도 더웠다
　　매워 매워서 매워도 매웠다
　　〈비교 1〉
　　가까워/가까와 가까워서/가까와서 가까워도/가까와도 가까웠다/가까왔다
　　괴로워/괴로와 괴로워서/괴로와서 괴로워도/괴로와도 괴로웠다/괴로왔다
　　아름다워/아름다와 아름다워서/아름다와서 아름다워도/아름다와도
　　뜨거워 뜨거워서 뜨거워도 뜨거웠다
　　무거워 무거워서 무거워도 무거웠다
　　어두워 어두워서 어두워도 어두웠다

2) ㄱ) 삐걱‖빼각, 끼적‖깨작, 히룽‖해롱
　　데걱‖대각, 뎅겅‖댕강, 쟁겅‖쟁강
　　뒤뚱‖되뚱, 뒤적‖되작, 휘청‖회창
　　끄떡‖까딱, 끌쩍‖깔짝, 뜰먹‖딸막
　　번쩍‖반짝, 철썩‖찰싹, 펄럭‖팔락
　　꿈적‖꼼작, 무럭‖모락, 울룩불룩‖올록볼록
　　〈비교 2〉 개골‖개굴, 깡총‖깡충, 오물‖우물
　　ㄴ) 그렁‖가랑, 끼적‖깨작, 늘씬‖날씬, 삐쭉‖빼쪽, 슬쩍‖살짝
　　꾸깃‖꼬깃, 뻔질‖빤질, 슬금‖살금, 시큰‖새큰, 미끈‖매끈
　　꿈지럭‖꼼지락, 실기죽‖샐기죽, 거드럭‖가드락, 철그렁‖찰그랑

나. 자료의 관찰

1)의 ㄱ)에서, 어간의 마지막 음절 모음과 어미의 첫음절 모음이 결합하는 데에 일정한 경향이 나타남을 알 수 있는데, 그것은 어간 모음이 'ㅏ, ㅗ'일 때에는 어미 모음 'ㅏ'가 결합되고 어간 모음이 그 밖의 모음일 때에는 어미 모음 'ㅓ'가 결합된다는 것이다.[88] ㄴ)은 소위 'ㅂ-불규칙 용언'에 'ㅏ, ㅓ'로 시작하는 어미가 연결되는 양상을 보여주는데, 〈비교 1〉을 고려하면, 단음절(單音節) 어간의 경우에만 ㄱ)류와 같은 경향성이 지켜지고 다음절 어간일 경우에는 이 경향성이 무너지고 있음을 알 수 있다. 즉 어간 마지막 음절의 모음이 'ㅓ'나 'ㅜ'일 때에는 항상 'ㅓ'로 시작하는 어미만 결합되는 데 반해, 어간의 마지막 음절 모음이 'ㅏ'일 때에는 두 유형의 어미가 다 결합할 수 있거나 오히려 'ㅓ' 쪽이 더 자연스러워 보인다.[89]

2)에서 든 자료는 상징어 혹은 의성어·의태어로 불리는 어휘군으로서, 소위 '큰∥작은'의 의미 대립에 모음의 대립이 관여하고 있음을 보여준다. 2)의 ㄱ)류가 보여주는 모음 대립의 쌍은 다음과 같다.

ㅣ: ㅐ, ㅔ:ㅐ, ㅟ:ㅚ, ㅡ:ㅏ, ㅓ:ㅏ, ㅜ:ㅗ

흔히 '큰말'에 쓰이는 모음인 'ㅣ, ㅔ, ㅟ, ㅡ, ㅓ, ㅜ'를 '음성 모음'이라 하고 '작은 말'을 이루는 모음인 'ㅐ, ㅚ, ㅏ, ㅗ'를 '양성 모음'이라고 부른다. 〈비교 2〉의 자료는 이와 같은 모음 대립에 대한 예외적인 존재이다. 2)의 ㄴ)류는 모음 대립에 나타나는, 'ㅣ, ㅡ' 두 모음의 특이성을 보여주기 위한 자료이다. 즉 'ㅣ, ㅡ'는 단어의 첫음절에서는 음성 모음과 같이 행동하다가 둘째 음절 이하에서는 양성도 음성도 아닌 '중성 모음'처럼 행동한다.

---

[88] 이 현상에 참여하는 어미는 명령형 어미 '-아라/-어라', 연결 어미 '-아∥-어', '-아도∥-어도', '-아서∥-어서', 과거 시제 선어말 어미 '-았-∥-었-' 등이다.
[89] 한글 맞춤법 제18.6항에서도 이 경우에 대해 각각 '가까워', '괴로워', '아름다워'로 적도록 규정하고 있다.

다. 검토와 설명

위의 자료에 나타난 모음 연결의 경향, 즉 음성 모음은 음성 모음끼리, 양성 모음은 양성 모음끼리 어울리는 성질을 모음조화(vowel harmony)라고 하는데, 우리말의 음운상의 중요한 특징 중 하나로 알려져 있다. 그러나 일반 어휘가 모음조화에 참여하는 것은 1)과 같은 부류로 제한되어 있고, 상징어의 경우에도 〈비교 2〉에 제시된 것들을 비롯한 예외가 많아서 현대 국어에서 규칙적인 현상으로 보기 어려운 면을 가지고 있다.

아울러, 현대 국어의 모음조화는 일반적인 음운 변동과는 다른 성격을 가지고 있는데, 그것은 양성 모음 무리와 음성 모음 무리를 하나의 자연 부류(natural class)로 묶기가 어렵다는 것이다. 다시 말해 양성 모음 {ㅐ, ㅚ, ㅏ, ㅗ}와 음성 모음 {ㅣ, ㅔ, ㅟ, ㅡ, ㅓ, ㅜ}를 구분짓는 자질을 찾기 어렵다는 것이다. 모음조화에 참여하는 양성 모음과 음성 모음을 현대 국어의 모음 체계에 표시해 보면 이 어려움이 잘 드러난다.

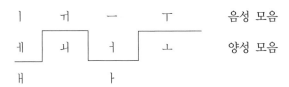

┃그림 9┃ 모음 체계도 위의 양성 모음과 음성 모음

위 그림에서 양성 모음과 음성 모음을 가르는 선이 직선이 되지 않는다는 사실이 바로 이 두 모음 무리를 구분하는 음성적 특성을 찾기 어렵다는 점과 관련된다. [고설성]이나 [저설성] 등 모음에 대한 어떤 자질을 사용해도 두 부류의 모음을 구분해 내지는 못한다. 모음조화에서 대립하는 양성 모음과 음성 모음의 이러한 특성은 국어 음운 체계의 변천 과정과 관련짓지 않으면 설명하기가 어렵거니와, 굳이 현대 국어의 공시적인 모음 체계로 설명하자면 음성 모음과 양성 모음은, '전후 위치와 원순성이 같은 모음들 안에서의 상대적인 고저의 차'에 의해 구분된다는 정도로 기술할 수밖에 없다.

구 분	전 설			중 설		후 설
음성모음	ㅣ	ㅔ	ㅟ	ㅡ	ㅓ	ㅜ
양성모음	ㅐ	ㅐ	ㅚ	ㅏ	ㅏ	ㅗ

이 현상을 일반적인 음운의 변동과 같이 다루기 어려운 또 다른 이유
는, 양성 모음을 가진 쪽과 음성 모음을 가진 쪽 중 어느 한 쪽을 기저형
으로 삼기가 어렵다는 점이다. 모음조화 현상을 음운 변동의 하나로 다룬
많은 연구들이 음성 모음을 가진 쪽을 기저형으로 삼고 그것으로부터 양
성형이 도출된다는 식으로 설명해 왔지만, 음운론적으로 타당한 이유가
제시되지는 않았다. 이렇게 양성형과 음성형 중 어느 쪽이 기저형인지
판단할 수 있는 음운론적 근거가 충분하지 않다면, 이 현상을 음운 변동
으로 보지 않고 어휘부에 두 형이 모두 존재하는 것으로 설명하는 방법이
있다. 1)류의 경우, 어휘부에 양성형 어미와 음성형 어미가 모두 존재한
다고 보고 어간 모음의 특성에 따라 둘 중 하나가 선택되는 것으로 설명
하는 것이다. 그리고 2)의 상징어도 두 형이 모두 사전에 등재되어 있는
것으로 설명하는 것이 합리적일 수도 있다. 이러한 설명 방식은 모음조화
를 더 이상 음운 변동으로 보지 않는다는 관점을 전제로 한 것이다.[90]

라. 관련 어문 규범

모음조화와 관련된 규정은 표준 발음법에는 없고, 한글 맞춤법 규정에
나타난다. 맞춤법에서는 주로 자료 1)에 나타나는 모음조화 현상에 따른
표기법을 정해 놓았는데 제16항은 ㄱ)류, 제18-6항은 ㄴ)류에 대한 규정
이다.

제16항 어간의 끝 음절 모음이 'ㅏ, ㅗ'일 때에는 어미를 '-아'로 적고, 그
밖의 모음일 때에는 '-어'로 적는다.
제18항 다음과 같은 용언들은 어미가 바뀔 경우, 그 어간이나 어미가 원

---

90 상징어의 모음조화를, '고-큰 ‖ 저-작은'으로 이루어진 음운·형태 자질의 연관과 확산으로 설명
한 연구도 있다.(이문규 1996 참조.)

칙에 벗어나면 벗어나는 대로 적는다.
　　6. 어간의 끝 'ㅂ'이 'ㅜ'로 바뀔 적

　　18-6항은 자료 1) ㄴ)의 'ㅂ-불규칙 활용'의 경우에 대한 표기 규정인데 모음이 'ㅗ'인 단음절 어간[91] 뒤에 결합하는 '-아'만 '와'로 적고 그 밖의 경우에는 모두 '워'로 적기로 정하고 있다. 〈비교 1〉의 '가까워', '아름다워'류만 '표준'으로 인정한 것인데, 결국 'ㅂ-불규칙 활용'의 경우 모음조화는 단음절 어간의 활용에서만 인정되는 셈이다.

마. 학교 문법의 내용

　　모음조화는 제7차 교육과정기까지의 학교 문법에서 빠트리지 않고 다루어온 음운 현상 중 하나이다. 이 시기까지 모음조화는 대개 '음운의 동화'에 속하면서도 '모음 동화'와는 별개의 항목으로 제시되었는데, 이것은 일반적인 음운 변동과는 구분되는, 모음조화의 특성이 고려된 결과로 볼 수 있다. 이 현상의 개념은 주로 "같은 종류의 모음들끼리 어울리려는 경향" 정도로 풀이되었고, 용언 활용의 경우와 상징어가 보기 자료로 제시되었다. 아울러 현대로 오면서 잘 지켜지지 않는 쪽으로 변해오고 있다는 사실도 보기와 함께 설명되고 있다.

　　이후의 교육과정에 따른 교과서들에서는 이 현상을 모음 동화의 일종으로 다룬 것도 있고, 이전의 교과서처럼 별개의 변동 유형으로 다룬 경우도 있다. 그러나 최근의 『독서와 문법』 교과서들은 대부분 이 현상을 음운 변동 단원에서 다루지 않고 있다. 이는 모음조화가 일반적인 음운 변동과는 달리, 하나의 '음운 규칙'으로 설명하기 어렵다는 판단에 따른 것으로 보인다.

　　이처럼 모음조화를 현대 국어의 음운 변동으로 다루기는 거북한 면이 있다. 그럼에도 불구하고 이 현상은 말소리의 자질이 어감 분화에 관여하는 모습을 보여주는 우리말의 특징적인 음운 현상이라는 점, 특히 우리말에는 이러한 음성 상징에 의해 분화된

---

[91] 'ㅂ-불규칙 활용'을 하는 단음절 용언 중 어간 모음이 'ㅏ'인 것은 없다.

의성·의태어 중심의 상징어군이 존재한다는 점을 고려하면 이 현상은 어떤 방식으로든 교육 내용에 포함시켜 가르칠 필요가 있다. 따라서 이 현상은 일반적인 변동과는 다른 유형의 음운 현상으로 다루되, 여기에 관여하는 모음의 무리와 어감 분화의 관계를 탐구하는 것을 주된 교육 내용으로 삼을 수 있다.

7.2. 두음 법칙

가. 자료

1) ㄱ) /락원/[나권](樂園), /로:인/[노:인](老人), /록음/[노금](綠陰),
   /래일/ [내일](來日)
   〈비교 1〉 /쾌락/[쾌락](快樂), /촌:로/[촐:로](村老), /상록수/[상녹쑤](常綠樹),
   본래[볼래](本來)
   ㄴ) /리을/[리을]
   ㄷ) 라디오[라디오], 라이온스[라이온스], 레이저[레이저], 롱런[롱:넌],
   리그[리그], 릴리프[릴리프]

2) ㄱ) /녀자/[여자](女子), /년세/[연세](年歲), /뉴대/[유대](紐帶),
   /닉명/[잉명](匿名)
   〈비교 2〉 /남녀/[남녀](男女), /금년/[금년](今年), /결뉴/[결류](結紐),
   /은닉/[은닉](隱匿)
   ㄴ) /니은/[니은], /녀석/[녀석], /년/[년], /님/[님], /널리리/[널리리]
   ㄷ) 뉴스[뉴스](news), 뉴질랜드[뉴질랜드](New Zealand),
   니켈[니켈] (nickel), 니코틴[니코틴](nicotine)

3) /력사/[역싸](歷史), /류수/[유수](流水), /리:론/[이:론](理論)

나. 자료의 관찰

1)의 ㄱ)과 〈비교 1〉을 통해, 한자어의 초성 'ㄹ'은 단어의 첫머리 자리에서 'ㄴ'으로 실현된다는 사실을 알 수 있다. 고유어에서 어두 위치에 'ㄹ'을 가진 단어는 자음 'ㄹ'의 이름인 '리을' 정도에 불과하지만, ㄷ)에서 보듯이, 외래어의 경우에는 어두 'ㄹ'이 그대로 발음된다.
2)의 ㄱ)과 〈비교 2〉를 통해, 한자의 초성 'ㄴ'은 단어의 첫머리 자리에

서 모음 'ㅣ'나 'ㅣ'-계 이중 모음이 뒤따를 때 탈락함을 보여준다. ㄴ)은 같은 환경에서도 'ㄴ' 탈락을 겪지 않는 소수의 고유어이고, ㄷ)은 외래어의 경우에는 같은 자리에서도 'ㄴ'이 탈락하지 않음을 보여준다.

3)은 한자의 초성 'ㄹ'이 단어 첫머리 자리에서 모음 'ㅣ'나 'ㅣ'-계 이중 모음이 뒤따를 때 탈락함을 보여준다.

다. 검토와 설명

단어 첫머리 자리에서 일어나는 'ㄹ → ㄴ'이나 'ㄴ → ∅'은, 현대 국어에서는 한자어만을 대상으로 나타나는 현상이다. 고유어의 경우에는 위에서 제시한 소수의 예외를 제외하고는 같은 환경에 'ㄹ'이나 'ㄴ'이 실현되는 예가 없는데, 이는 역사적으로 같은 변화를 입은 형태가 그대로 기저형으로 정착되었기 때문이다.[92] 그리고 위에서 보다시피, 현대에 들어온 외래어는 이런 변동을 겪지 않는다. 우리가 '두음 법칙' 혹은 '두음 제약'[93]으로 부르고 있는 이 현상에 대해서는 5장에서 간단하게 언급했던, 음운 변동의 '공시성' 문제에 대한 논의가 더 필요하다.

한자는 글자 하나하나가 형태소의 자격을 가진다. 따라서 둘 이상의 한자가 모여 이루어진 한자어는 일종의 합성어라고 할 수 있다. 그러나 대부분의 한자어 형태소는 자립성이 없어서 다른 형태소와 결합해야 하나의 단어 구실을 할 수 있다. 2음절 이상의 한자어가 마치 고유어의 단일어 같이 하나의 단어로 굳어진 느낌을 주는 것도 이런 사정 때문이다. 따라서 지금 우리가 알고 쓰는 대부분의 한자어는 현대 국어의 공시적인 단어 형성 과정에 의해 만들어지는 것이라기보다는, 이미 한 단어로 굳어진 상태로 머릿속 어휘 사전에 등재되어 있는 것으로 보는 것이 옳겠다. 즉 '낙원'(樂園)은 '락+원'(/락+원/→[낙원])이라는 공시적인 과정에 의해 만들어지는 것이 아니라, 이미 '낙원'(/낙원[낙원])으로 굳어진 하나의 단

---

92 'ㄹ'은 15세기에 이미 어두 위치에 나타나는 일이 드물었지만, 'ㄴ-탈락'은 근대 국어 시기에 나타난 어두 'ㄴ'의 구개음화와 관련이 있다.

93 우리말의 단어 첫머리 자리와 관련된 제약이 더 있다는 점에서, '두음 법칙'이나 '두음 제약'이란 이름이 위의 현상을 가리키는 말로 적당한 것은 아니지만 여기서는 익숙한 대로 사용하기로 한다.

어라는 것이다.

그렇다면 이 한자어의 단어 첫머리에서 일어나고 있는 것처럼 보이는 '러 → ㄴ'은 우리가 앞에서 살펴온 다른 음운 변동과 같은 현상으로 보기는 어렵다. 앞의 음운 변동 현상의 대부분이, 현대 국어에서 형태소와 형태소, 형태소와 단어, 단어와 단어가 만나는 과정에서 일어나는 현대 국어의 공시적인 언어 현상인 데 반해, '락원→낙원'에서의 'ㄹ>ㄴ'은 과거 어느 시기에 일어났던 음운 변화라고 할 수 있다. 이 현상을 현대 국어에 살아 있는 음운 변동으로 보기 어려운 다른 이유는 위 1) ㄷ)과 2) ㄷ)의 외래어 자료이다. 앞의 여러 음운 변동이 우리말뿐 아니라 외래어에도 나타났듯이, 단어 첫머리 자리의 'ㄹ → ㄴ'이나 'ㄴ → ∅'이 공시적인 음운 변동이라면 위의 외래어에도 적용 되었을 것으로 본다. 우리가 이 현상을 단어 첫머리 자리의 'ㄹ-탈락' 및 'ㄴ-탈락' 등의 이름을 붙여 다른 음운 탈락과 함께 다루지 않고 여기에 따로 제시하는 것은 이런 사정을 고려한 것이다.

두음 법칙에 대해 적용한 잣대를 엄격하게 적용할 때 그 공시성을 의심받을 수 있는 음운 변동이 더 있다. 특히 '역행적 유음화'나 'ㄹ-비음화' 같은 현상도 한자어만을 대상으로 하기 때문에 과연 공시적인 변동으로 볼 수 있을지 의문이 제기될 수 있다. 그러나 이들의 경우, 적지 않은 외래어 자료가 있다는 점에서 두음법칙과는 차이가 있다. 예를 들어, 'ㄹ-비음화'를 공시적인 음운 변동으로 보지 않고는 '원룸[원눔]'(one room)이나 '핫라인'[한나인](hot line) 같은 외래어의 발음을 설명하기가 어렵다는 것이다. 이들의 경우 구조적인 이유로 고유어에 적용될 기회가 없을 뿐 만약 같은 조건을 갖춘 고유어가 있다면 외래어와 마찬가지로 이 변동을 겪을 수밖에 없을 것으로 보인다. 아울러 앞에서 들었던 3음절 한자어의 경우에는 공시적인 합성 과정과 같은 모습을 보이는 것이 있다. 예를 들어 '음운론', '공권력' 같은 단어는 각각 '/음운/+/론/'과 '/공권/+/력/' 같은 공시적인 합성 과정으로 볼 여지가 충분히 있다. 그렇다면 이 경우에 나타나는 'ㄹ-비음화'는 공시적인 변동으로 볼 수 있을 것이다. 요컨대 두음 법칙을 제외한 다른 음운 현상들은 일단 공시적인 음운 변동으로 인정될 수 있다.

라. 관련 어문 규범

두음 법칙의 적용을 받은 형태는 표준 어형으로 인정받고 그대로 적힌다. 따라서 표준 발음법에서는 두음 법칙과 관련된 규정을 둘 필요가 없다. 한글 맞춤법에서는 두음 법칙과 관련된 표기 규정을 따로 두고 있다.

> 제10항 한자음 '녀, 뇨, 뉴, 니'가 단어 첫머리에 올 적에는 두음 법칙에 따라 '여, 요, 유, 이'로 적는다.
> 제11항 한자음 '랴, 려, 례, 료, 류, 리'가 단어의 첫머리에 올 적에는 두음 법칙에 따라 '야, 여, 예, 요, 유, 이'로 적는다.

마. 학교 문법의 내용

일반적으로 학교 문법에서는 두음 법칙이 음운 변동으로 다루어 지지 않는다. 제6차 교육과정 및 제7차 교육과정에 의한 고등학교 문법 교과서에서는 이 현상이 '국어의 특질'이란 단원에서 우리말의 음운상의 특질 중 하나로 소개되었다.[94]

---

[94] 2007년 이후에 개정된 교육과정에 의해 간행된 『독서와 문법』 교과서 중에는 이 현상을 '음운의 교체 현상' 중 하나로 다룬 것도 있다.

제7장
음운 교육론

1. 음운 교육의 목표

국어과 교육에서는 우리말의 음운에 대한 지식을 문법 영역 및 문법 과목을 통해 가르치고 있다. 따라서 음운 교육에 대한 논의는 먼저 언어에 대한 지식[1]을 왜, 무엇을 위해 가르치느냐 하는 문제에 대한 일정한 관점을 확보하는 일로부터 시작되어야 한다. 언어 지식의 교육적 가치나 성격에 대해서는 다음과 같은 서로 다른 두 가지 생각을 가져볼 수 있다.

ㄱ) 언어 지식의 교육적 가치는, 이 영역을 가르치는 일이 국어 사용 능력의 신장에 도움을 줄 수 있다는 데 있으며, 따라서 그 교육의 목표와 방향은 이러한 가치를 효과적으로 실현시킬 수 있는 쪽이 되어야 한다.

ㄴ) 언어 지식에 대한 이해가 국어 사용 능력 신장의 바탕이 된다는 사실과는 별개로, 이 분야의 지식은 그것에 대한 이해 자체만으로도 교육적 가치가 충분하다.

이 두 생각은 국어 교육에 대한 철학이나 이념 같은, 보다 근본적인

---

1 현행 국어과 교육과정에서 언어와 국어에 대한 이해를 주된 내용으로 하는 교육은 공통 과정 『국어』와 선택 과정 『국어 I』, 『국어 II』의 '문법' 영역, 선택 과정 『독서와 문법』의 '문법' 부분을 통해 이루어지도록 되어 있다. 그런데 '문법'을 통해 교수·학습되는 내용은 '문법 지식'으로는 모두 표상해 낼 수 없을 정도로 광범위하다. 따라서 여기서는 현행 교육과정의 영역 및 과목명을 직접 언급할 때를 제외하고는 '언어 지식' 혹은 '언어에 대한 지식'을 사용하기로 한다.

문제에 대한 관점의 차이를 바탕으로 하고 있어서 단선적인 비교를 통해 어느 한 쪽이 전적으로 옳다는 판단을 내리기는 어렵다. 그러나 언어 지식을 ㄱ)과 같은 생각대로만 가르칠 때에는 이 영역의 지식 체계가 가지고 있는 다양한 가치를 충분히 받아들이지 못함으로써 국어과 교육의 폭을 부당하게 좁히는 결과를 초래할 수 있다는 지적이 있었다. 문법 교육의 목표를 국어 사용에 도움이 되는 쪽으로만 두는 것은, 우리말에 대한 지식 중 실제 언어생활에 도움이 되는 내용만을 가려서 가르치거나 아니면 대상 지식의 범위는 넓게 잡되 그 지도의 초점을 지식의 활용 능력 향상 쪽으로 가져가는 것을 의미한다. 그런데 전자의 경우에는 사용적인 측면과 직접적인 관계가 없는, 많은 언어 지식이 교육 대상에서 제외될 우려가 있고, 후자의 방법으로도 언어 지식에 내재된 교육적 가치를 온전하게 구현해 내기는 어렵다.[2]

따라서 이 영역의 교육이, 국어 사용 능력 신장이라고 하는 국어 교육의 상위 목표를 추구하는 일에 유기적으로 참여하면서도 언어 지식의 교육적 가치를 최대화할 수 있도록 하는, 포괄적 관점이 모색되었다. 예를 들어, 언어 지식이 지닌 교육적 가치를 폭넓게 인정하되, 개별 지식의 성격에 따라서 지도의 초점과 방향을 달리하도록 하자는 제안이 있었다. 즉 국어 사용의 기초가 될 수 있는 언어 지식은 국어 사용 기능과 관련시켜 지도하고, 그렇지 않은 것들이 있다면 그 나름의 가치를 살려 가르치자는 것이다.(이성영 1995 참조.) 또 언어 지식의 위상을 국어 사용 기능 영역과 대등하게 인정하되, 학습자의 발달 단계에 따라 그 비중을 달리함으로써 위 ㄱ) ㄴ)과 같은 대립 국면을 해소하자는 제안도 있었다. 즉 국어과 교육의 영역을 크게 기능 요소(국어 사용 기능)와 문화 요소(언어 지식, 문학, 국어 문화)로 나누어 놓고 볼 때, 지금처럼 항상 이 둘을 같은 비중으로 가르칠 것이 아니라 학습자의 발달 단계에 따라 학습의 초기에는 기능 요소의 비중을 높게 하고 성장 단계에 따라 차츰 문화 요소의 비중을 높여가도록 하자는 것이다. 이렇게 하면 국어과 교육 안에서 기능 요소와 문화 요소를 동등하게 인정할 수 있을 뿐 아니라, 언어 지식의 교육적 가치에 대한

---

2 아래 음운 변동의 내용 기술 방향에 대한 논의를 참조하기 바란다.

위와 같은 대립 국면도 해소할 수 있다고 보는 것이다.(김광해 1997: 5~8 참조.)

　언어와 국어에 대한 이해는 국어과 교육을 통해 키워 주어야 할 기본 소양에 속한다. 그렇게 이해된 지식을 국어 사용 능력을 신장시키는 데 활용하는 것은 문법 교육이 추구하는 목표에 당연히 포함된다. 위에서 말한 대로, 만약 언어 지식을 국어 사용에 대한 활용만을 염두에 두고 가르치게 되면 언어와 국어에 대한 일부의 지식만을, 그것도 국어 사용에 대한 활용을 위해서만 가르치게 되면 많은 가치 있는 지식이 국어과 교육에서 제외될 뿐 아니라 살아남은 지식도 언어 지식이 지닌 본질적인 가치를 제대로 추구하는 쪽으로 교수·학습되기 어렵다.

　이러한 점을 고려하면, 문법 교육은 '언어와 국어에 대한 이해' 자체를 핵심 목표로 삼고, 그 과정에서 파생되는 다양한 가치를 폭넓게 추구하는 쪽으로 이루어져야 한다. 이러한 관점에 따를 때, 문법 교육의 목표는 다음과 같이 설정할 수 있다.

> ⬇ 문법 교육의 목표
> ㉠ 우리말에 대한 체계적인 지식을 이해함으로써 교양인으로서의 소양을 갖추게 한다.
> ㉡ 국어 생활을 바르고 효과적으로 영위하는 데 필요한 바탕 지식을 깃추게 한다.
> ㉢ 국어 문화를 창조하고 국어를 발전시키는 데 필요한 자질과 태도를 갖추게 한다.
> ㉣ 우리말의 구조를 탐구하는 과정을 경험하게 함으로써 사고력을 신장시킨다.

　㉠은 언어와 국어에 대한 이해 그 자체를 교육 내용으로 하는, 이 영역의 본질적인 목표이고, 나머지는 ㉠을 추구하는 과정에 자연스럽게 수반되는 파생적 목표이다. 이 중에서 ㉡은 국어에 대한 이해가 국어 사용 능력 신장이라는 상위 목표 달성에 기여할 수 있어야 한다는 관점을 반영한 목표이고, ㉢은 국어과의 전 영역이 함께 추구해야 할 공동의 목표이며 ㉣은 범교과적인 교육의 목표라 할 수 있는데, 각각에 대해서 문법

교육이 일정한 몫을 담당할 수 있어야 하며 또 그렇게 할 수 있다는 믿음에서 설정된 목표이다. 물론 이 목표는 문법 교육 전반의 목표로서, 학습자의 발달 단계에 따라 네 가지 하위 목표의 비중을 다르게 적용하는 등의 유연한 적용 방법이 마련될 수도 있을 것으로 본다.

이와 같은 문법 교육의 목표를 그 하위 분야인 '음운'에 적용하여 기술하면 다음과 같다.

> ⬇ 음운 교육의 목표
> ㉠ 국어 음운에 대한 체계적인 지식을 갖추게 한다.
> ㉡ 국어 생활을 바르고 효과적으로 영위하는 데 필요한 음운론적 바탕 지식을 갖추게 한다.
> ㉢ 음운과 관련된 국어 문화를 창조하고 국어를 발전시키는 데 필요한 자질과 태도를 갖추게 한다.
> ㉣ 국어 음운을 탐구하는 과정을 경험하게 함으로써 사고력을 신장시킨다.

위의 네 가지 목표는 학교 급에 따라 적절하게 다른 비중으로 추구되어야 한다. 초등학교 단계에서는 주로 ㉡에 초점을 두어 올바른 발음 능력을 기르는 데 도움을 주는 쪽으로 가르치고, 중학교, 고등학교로 올라가면서 차츰 ㉠의 비중을 높여가서 마지막으로 고등학교 문법 과목에 이르면 국어 음운에 대한 전반적이고 체계적인 지식 자체를 과학적인 방법으로 탐구할 수 있도록 하는 것이 좋다. ㉢과 ㉣은 발달 단계에 관계없이 지속적으로 추구하되, 자료나 대상의 수준을 차츰 높여가는 방법을 취하는 것이 좋을 것이다.

2. 음운 교육의 내용과 방법, 평가

2.1. 교육 내용과 제시 방식

다음으로 논의되어야 할 것은 음운 교육의 대상이 되는 내용은 무엇이며 그 내용들이 어떤 방식으로 기술되어 교수·학습의 현장에 제시되는 것이 좋겠는가 하는 문제이다.

먼저, 2011년에 개정된 교육과정의 경우, 음운 교육의 내용은 공통 과정 및 선택 과정의 「국어」 과목 '문법' 영역의 '성취 기준', 그리고 선택 과정 「문법」 과목의 '세부 내용'을 통해 일차적으로 확인할 수 있다. 이들을 종합적으로 살펴보면 음운과 관련된 교육 내용은 대강 다음과 같이 정리될 수 있다.

> ⬇ 음운 교육의 내용 요소
> ㄱ) 낱소리(낱자)의 소릿값과 올바른 발음
> ㄴ) 음성, 음운의 개념
> ㄷ) 음운 체계
> ㄹ) 음절의 개념과 구조
> ㅁ) 음운의 변동
> ㅂ) 국어 음운의 역사
> ㅅ) 국어의 음운상의 특질

대체로 보아 음운론의 중요 내용들이 망라된 것으로 보이지만 역시 가장 중점적으로 다루어지고 있는 것은 발음과 음운 체계, 음운 변동이다. 우리말 낱소리의 소릿값 및 몇몇 음운 변동에 따른 발음을 알고 수련하는 데 필요한 내용이 초등학교 전 학년을 통하여 제시되고 있고, 음운 체계와 음운 변동에 대한 내용은 초·중·고교에서 반복적으로 제시되고 있다. 물론 초등학교 과정에서 '음운 체계'나 '음운 변동'이라는 용어가 사용되고 있는 것은 아니지만, 소리글자인 한글 낱자의 모양과 이름을 익히는 과정이나 '글자와 발음이 다른 경우'를 찾아보는 활동 등은 이미 음운의 체계 및 변동에 대한 기초적인 이해 과정이라고 할 수 있다. 특히 음운 변동에 따른 표기와 발음의 불일치는 '국어에 대한' 공부를 시작하는 초등학교 학생들을 매우 당혹스럽게 할 뿐 아니라 맞춤법과 관련되어 복잡한 문제를 일으킨다. 따라서 글자와 발음의 관계에 대해 일찍부터 깨우쳐 가르치는 것은 말소리의 성격과 우리말 음운 변동에 대한 기본 개념을 형성시켜 줌은 물론이고 국어 사용의 기초 능력을 기르는 일에 중요하게 기여할 수 있다고 본다.

중·고등학교 단계에서 국어의 음운 체계와 변동을 공부하는 것은 다른 차원의 의미를 가진다. 음성학과 음운론의 기본 개념 체계를 이용하여 우리말 낱소리의 소릿값을 확인하고 그들 간의 관계를 파악하는 일은 우리말을 과학적 탐구의 대상으로 바라보도록 해 준다. 음운의 변동에는 우리말 낱소리들의 역동적인 상호 작용 양상이 정연한 모습으로 나타날 뿐 아니라 우리 한국인의 말소리에 대한 인식과 발음 습관, 우리말의 변천 과정 등이 녹아들어 있다. 따라서 음운의 변동을 탐구하는 일은 복잡해 보이는 언어 현상으로부터 규칙과 원리를 찾아내는, 과학적 사고 훈련의 과정이 될 수 있으며 나아가 우리말과 우리의 삶, 우리 역사의 관계를 능동적으로 이해하는 과정이 될 수 있다. 따라서 국어의 음운 체계와 음운 변동이 초등학교에서부터 고등학교에 이르기까지 국어과 음운 교육의 주요 내용으로 자리 잡고 있는 것은 매우 자연스러운 일이라 하겠다.

그 밖에 음성과 음운, 음절 등 음운론의 기본 개념은 중학교 단계에서부터 나타나고 국어의 음운상의 특질은 고등학교에서만 제시된다. 국어의 말소리를 학문적인 관점으로 이해하기 시작하는 단계에서 그와 관련된 기본 개념을 정확하게 이해하는 과정이 수반되는 것은 당연한 일이고, 음운상의 특질은 우리말에 대한 전반적인 이해 및 다른 언어와 비교할 수 있는 바탕이 마련된 뒤라야 가능한 일이기 때문인 것으로 이해된다.

다음으로 이와 같은 교육 내용들이 교과서에서 어떤 방식으로 기술되는 것이 이상적인가 하는 문제에 대해 생각해 보자. 음운과 관련된 하나의 내용 요소를 제재로 해서 단원을 꾸민다고 할 때, 그 세부 내용을 구체적으로 어떻게 구성하고 제시할 것인가 하는 문제이다. 얼핏 사소한 것처럼 보일 수도 있겠지만, 당연히 이 문제는 앞에서 살폈던 언어 지식의 교육적 가치에 대한 관점과 관련되는 중요한 문제이다. 다시 말해 음운 단원의 제재 진술 방식은, 앞에서 제시했던 이 분야 교육의 여러 목표 중 어디에 비중을 두느냐에 따라 상당히 다른 모습을 가질 수 있다는 것이다.

먼저, 문법 교육이 국어 사용 능력 신장에 도움이 되는 쪽으로만 이루어져야 한다는 관점을 취하게 되면, 내용 기술의 주된 방향은 국어의 올바른 용법과 이와 관련된 규범에 대한 정보를 최대한 효과적으로 전달하는 쪽을 추구하게 될 것이다. 물론 용법이나 규범이란 것이 언어 체계로서의 국어가 지니는 본질적 속성을 바탕으로 할 수밖에 없는 것이어서 이들을 가르치기 위해서는 자연스럽게 국어의 구조와 국어 현상을 지배하는 원리나 규칙에 대한 지도가 수반될 수도 있다. 그러나 그것도 어디까지나 최종 목표를 국어 사용 능력의 향상에 둔 것이기 때문에 내용 기술의 방향은, 지식 자체의 탐구와 이해에 목표를 두는 경우와 차이가 날 수밖에 없다. 음운 변동을 제재로 하는 단원을 가지고 말하자면, 주로 각 음운 변동 항목마다 변동의 과정을 정리하여 제시한 다음, 변동된 발음이 표준 발음으로 인정되는지 여부에 대한 정보를 제공하고 표준 발음의 중요성을 강조하는 내용으로 구성될 것이다. 이에 반해, 지식 자체의 가치와 탐구 과정을 중시하는 관점에서는, 학습자가 언어 탐구자의 처지에 서서 우리말을 바라보고 과학적 방법론으로 그 구조와 체계를 탐구하여 원리와 규칙을 찾아내는 활동을 효과적으로 수행할 수 있도록 하는 쪽으로 내용을 기술하게 된다. 음운 변동을 제재로 하는 경우, 그 변동과 표준 발음의 관계보다는 변동에 참여하는 말소리와 조건, 음운론적인 동기, 성격 등을 이해하는 데 유리하도록 내용을 구성하게 된다.

자음 동화에 대한, 다음과 같은 두 유형의 교과서 내용은 언어 지식 교육의 관점 차이에 따른, 내용 구성 방식의 차이를 잘 보여준다. ㄱ)은 내용 기술의 방향을 국어 사용 능력과의 관계를 중시하는 쪽으로 잡은 경우의 보기이고 ㄴ)은 지식 자체를 탐구하도록 하는 데 무게를 둔 경우의 보기이다.

> ㄱ) 자음 동화 현상(子音同化現像)에는 결정적 변화와 수의적 변화의 두 가지가 있다. 비음화(鼻音化)와 설측음화(舌側音化)는 결정적 변화에 속하는 것이다. 이러한 자음 동화의 조건은 다음과 같다.
>
> /ㄱ, ㅋ/ 소리가 /ㄴ, ㄹ, ㅁ/ 위에서 /ㅇ/ 소리로 변하는 경우:
> 먹는다 → [멍는다]…
> /ㅂ, ㅍ/ 소리가 /ㄴ, ㄹ, ㅁ/ 위에서 /ㅁ/ 소리로 변하는 경우:
> 십 리 → [심니]…
> /ㄷ, ㅅ, ㅈ, ㅊ, ㅌ, ㅎ, ㅆ/ 소리가 /ㄴ, ㅁ/ 위에서 /ㄴ/ 소리로 변하는 경우: 빗면 → [빈면]…

/ㄹ/ 소리가 /ㄱ, ㅁ, ㅂ, ㅇ/ 아래에서 /ㄴ/ 소리로 변하는 경우:

압력 → [암녁]…

/ㄴ/ 소리가 /ㄹ/ 위나 아래에서 /ㄹ/ 소리로 변하는 경우:

원리 → [월리]…

이러한 변화들은 표준 발음으로 인정된다. 이와는 달리, 다음과 같은 연구개음화(軟口蓋音化)와 양순음화(兩脣音化)는 수의적인 변화에 속한다. 연구개음화는 연구개음이 아닌 소리가 연구개음에 동화되어 연구개음으로 되는 것이다. 이러한 수의적 변화의 예를 들어 보면 다음과 같다.

/ㄷ→ㄱ/ : 숟가락 → [숙까락], 뒷공론 → [뒥꽁논], 맡기다 → [막끼다]
/ㅂ→ㄱ/ : 밥그릇 → [박끄릇], 접견 → [적껸], 갑갑하다 → [각까파다]
/ㄴ→ㅇ/ : 건강 → [겅강], 둔갑 → [둥갑], 반기다 → [방기다]
/ㅁ→ㅇ/ : 감기 → [강기], 담그다 → [당그다], 꼼꼼하다 → [꽁꼼하다]

양순음화는 양순음이 아닌 소리가 양순음에 동화되어 양순음이 되는 것이다. 이들의 예를 들어 보면 다음과 같다.(예는 생략)

이러한 변화는 비록 자주 일어나는 것이라고는 하더라도 표준 발음으로 인정되지 않는다. 이들 변화는 글을 읽을 때에는 잘 드러나지 않으나, 대화에서는 본인도 잘 의식하지 못하는 사이에 흔히 나타나는 현상이다. 그러므로 자신의 발음을 점검해 보고 주의를 기울여 바르게 발음하도록 노력해야 하겠다.(제6차 『고등학교 국어 상』(262~263쪽))

ㄴ) 다음 단어들이 실제로 소리 나는 모습을 알아보고, 규칙을 정리하여 보자.

ㅇ 밥물 → [   ]   잡는다 → [   ]
  맏며느리 → [   ]   받는다 → [   ]
  국물 → [   ]   속는다 → [   ]
⇒ 규칙 : ㅂ, ㄷ, ㄱ → [   ] / ㅁ, ㄴ 앞에서
ㅇ 남루 → [   ]   종로 → [   ]
⇒ 규칙 : [   ] → ㄴ / ㅁ, ㅇ 뒤에서
ㅇ 신라 → [   ]   난로 → [   ]
  칼날 → [   ]
⇒ 규칙 : ㄴ → [   ] / ㄹ의 앞이나 뒤에서
  (제7차 『고등학교 문법』(68쪽))

ㄱ)에서는 음운 변동의 내용을 자세히 설명한 다음, 그 변동에 의한 발음이 표준 발음으로 인정되는지의 여부에 대해 언급하는 방식으로 내용을 구성하고 있다. 특히 마지막 단락에서는 표준 발음의 중요성을 요약적으로 강조함으로써 이 단원의 학습이 음운 변동에 대한 이해와 표준 발음에 대한 태도 형성을 목표로 하고 있음을 알 수 있다. 이와는 달리, ㄴ)에서는 학습자 스스로 우리말 단어의 발음과 표기의 차이를 관찰하여, 우리말의 발음에 나타나는 음운 변동의 양상을 관찰하고 그것에 내재하는 규칙을 스스로 세워 보는 과정을 경험하도록 내용을 구성하고 있다.

극단적인 예이긴 하지만, 위의 ㄱ)과 ㄴ)은 동일한 학습 제재가 그 기술 방향에 따라 완전히 다른 방식으로 구성될 수 있음을 잘 보여준다. ㄱ)과 같은 방식으로는 학습자의 능동적인 탐구 경험을 기대하기가 어렵고 ㄴ)과 같은 방식으로는 음운 변동의 규칙성에 대한 이해를 국어 사용과 연계시키기가 쉽지 않다.

앞에서도 말했듯이, 문법 교육의 내용을 어떤 방식으로 제시하느냐 하는 것은 이 분야의 교육적 가치에 대한 교육과정과 교과서 편찬자의 관점에 달려있다. 그러나 최소한, 어느 한쪽의 가치와 방향을 완전히 무시하는 태도는 배제되어야 한다고 생각한다. 국어 사용 능력 신장에 대한 기여만을 추구할 경우에는 언어 지식이 가지고 있는 다른 중요한 교육적 가치를 놓치기 쉽고[3] 지식 자체의 가치만을 추구할 때에는 다른 영역과의 유기적인 관계를 손상시킬 우려가 있다. 따라서 국어과 교육의 테두리 안에서, 언어와 국어에 내재한 지식 체계가 지닌 교육적 가치가 최대한 실현될 수 있는 쪽으로 내용이 기술되는 것이 이상적이다. 위의 음운 변동에 대한 단원의 경우 ㄴ)과 같은 탐구 과정의 마지막 단계에서, 관련되는 어문 규범을 직접 확인하는 활동 정도만 추가해도 훨씬 큰 효과를

---

[3] 사실 모국어 화자를 대상으로 한 문법 교육이 규범적 가치만을 추구할 때 그 교육적 효용성이 얼마나 클지도 의문이다. 학교 문법이 바탕으로 삼고 있는, 학문 문법이란 것이 언어학자의 연구 성과에 기대고 있는 반면 모국어 화자는 이 방면에 대한 학습의 여부와는 관계없이 거의 완벽한 모국어 구사 능력을 갖추고 있다. 따라서 모국어 화자에 대해서 학교 문법이 가지는 규범성이란 것은, 이미 갖추고 있는 언어 사용 능력을 다듬거나 각종 언어 규범에 대한 정보 제공 정도 이상의 의미를 가지기 어려운 경우가 많다.

얻을 수 있을 것으로 보인다.

2.2. 교수·학습 방법

문법은 국어 교육의 여러 하위 영역 중에서 가장 과학적인 접근 방법론을 요구하는 분야이다. 언어 현상을 하나의 탐구 대상으로 바라보고 그 속에 든 원리나 규칙성을 찾아내는 활동을 통해 우리말의 참모습을 알아내도록 하는 영역이 문법이기 때문이다. 따라서 학습자에게 정답을 가장 효과적으로 알려 주는 교수 방법이 아니라 학습자 스스로 정답을 찾아가는 과정을 경험하도록 하는 방법이 필요하다. 이에, 정선된 지식 체계를 일방적으로 주입하는 방법을 지양하고, 지식을 직접 발견해 내도록 하기 위해 고안된 '탐구 학습'이 이 분야의 이상적인 교수·학습 방법으로 강조되어 왔다. 다음은 언어 지식 교육을 위해 제안된 탐구 학습 과정으로서 지금의 국어 교육계에 가장 널리 알려진 것 중 하나이다.[4]

> ⬇ 탐구 학습의 과정
> ① 문제의 정의 - 문제, 의문 사항의 인식, 문제에 의미 부여, 문제의 처리 방법 모색
> ② 가설 설정 - 유용한 자료 조사, 추리, 관계 파악, 가설 세우기
> ③ 가설의 검증 - 증거 수집, 증거 정리, 증거 분석
> ④ 결론 도출 - 증거와 가설 사이의 관계 검토, 결론 추출
> ⑤ 결론의 적용 및 일반화 - 새로운 자료에 결론 적용, 결과의 일반화 시도

언어 지식 중에서도 특히 음운 분야는 탐구 학습을 적용하기에 적합한 제재를 가장 많이 가지고 있다. 음운 변동 현상은 말할 것도 없고 음운 체계나 음운의 역사적 변화 과정 등도 탐구 학습 방법이 효과적으로 적용될 수 있는 제재이다. 음운 체계란 말소리들 사이의 관계를 가리키는데 이러한 말소리 사이의 관계는 기본적으로 신체 기관의 작용이라는 요인에 따라 형성되는 것이기 때문에 그만큼 물리적이고 객관적이라 할 수

---

4 언어 지식 교육을 위한 탐구 학습에 대해서는 김광해(1997)의 제6장 참조.

있다. 따라서 낱낱의 말소리들이 생겨나는 신체 기관의 부위나 그 조음 방법 등을 관찰하고 그들 사이의 공통점과 차이점을 확인하며, 그러한 공통점과 차이점이 우리말에서 어떻게 이용되는지 알아보는 일은 탐구 학습법에 의해 효과적으로 수행될 수 있다. 음운의 역사적 변화 역시 언어 변화의 보편적인 원리를 바탕으로, 일정한 방향과 규칙을 따라 일어난다. 따라서 어떤 낱소리가 어떤 과정을 통해 어떻게 변했으며 그 결과, 소리들 사이의 관계가 어떻게 바뀌었나 하는 점들을 알아내는 활동은 탐구 학습의 훌륭한 제재가 된다. 특히 음운 변동 현상은 일반적으로 말소리 사이의 긴밀한 관계를 기반으로 하여 음성적으로 보편타당한 동기와 조건을 바탕으로 해서 일어난다. 따라서 이러한 변동의 방향이나 동기, 조건 등을 알아내는 일이 바로 음운론의 중요한 임무 중 하나이다. 바로 이 일을 음운을 제재로 하는 교수·학습의 장에서도 할 수 있을 텐데 그것은 학습자 스스로 음운 연구자의 처지가 되어서 문제 해결의 과정을 경험해 보는 방법을 통해 충분히 이루어질 수 있다.

여기서는 음운 변동 현상을 제재로 하는 탐구 학습의 과정을 제안하고자 하는데, 그 세부 내용은 6장의 음운 변동 설명을 통해 이미 제시된 바 있다. 이 과정은 자료를 수집하고 관찰하는 일로부터 시작하여 음운 변동을 지배하는 규칙을 세우고 이를 활용하는 데까지 나아가도록 되어 있다.

⬇ 음운 변동을 제재로 하는 탐구 학습의 과정
① 자료 관찰 및 변동 양상 기술하기
  : 기본 자료에 대한 일차적인 관찰, 변동의 대체적인 양상 기술
② 규칙화하기 I (가설 세우기)
  : 변동 내용(방향, 조건, 동기)에 대한 가설 세우기
③ 가설 검증하기
  : 더 많은 자료 찾아 검토하기, 비교 자료나 예외 자료 찾아 가설
    적용해 보기
④ 규칙화하기 II (일반화하기)
  : 음운론적 동기와 성격 규명하기, 다른 음운 변동과의 관계 알아보기,
    분류하기, 이름 붙이기

⑤ 관련 어문 규범 확인하기
: 표준 발음법, 한글 맞춤법, 표준어 규정 등 확인하기, 규정의 내용을
변동 규칙과 관련지어 설명하기

물론 이 과정은 고정적인 것이 아니다. 중요한 것은 언어 지식에 대한
학습자의 능동적인 탐구 경험에 있으므로 절차 자체는 상황에 따라 얼마
든지 바꾸어 적용할 수가 있는 것이다. 학습자가 언어 자료에 대한 관찰
을 통해 문제를 인식하고 그것을 해결해 가는 과정을 경험하는 기회를
제공할 수 있다면 그것이 바로 탐구 학습이라고 할 수 있다.

2.3. 평가

음운 교육의 평가는 문법 교육 전체의 평가 관점에 따라 이루어지고
또 문법 교육의 평가는 국어과 교육의 평가관에 따라 이루어진다. 문법
지식의 평가 문제를 논의함에 있어 가장 우선적으로 강조되어야 할 사항
은, 너무나 당연하게도, 문법 지식에 대한 평가가 국어과 교육 평가의
한 부분으로 당당하게 인정되어야 할 뿐 아니라 이 분야의 본질적인 성격
에 맞도록 이루어져야 한다는 점이다. 문법 지식에 대한 평가는 지금까지
여러 가지로 제약을 받아온 것이 사실이다. 다음에서 보듯이, 국어과 교
육과정에서는 문법 영역의 평가 중점을 주로 지식에 대한 탐구의 과정과
활용적 측면, 특히 활용 쪽에 둘 것을 강조해 왔다.

▣ 문법 영역의 평가에 대한 교육과정의 진술
ㄱ) '언어' 영역의 평가 목표는 단편적인 언어 지식 그 자체보다는 언어
지식을 도출해 내는 과정과 언어 지식의 활용에 중점을 두어 선정하
도록 한다.('국어' 과목의 '평가' 중 '다'항, 「제6차 교육과정」 40쪽)
ㄴ) '문법' 과목의 평가에서는 국어에 대한 단편적 지식보다는 언어와 국
어에 관한 일반적 개념이나 국어의 주요 현상에 관한 지식에 중점을
두며, 실제 언어생활에 이 지식을 활용하여 문법에 어긋나는 것을 판
별하는 능력을 평가하도록 한다.('문법' 과목의 '평가' 중 '가'항, 「제6
차 교육과정」 67쪽)
ㄷ) 국어 지식 영역의 평가 목표는 단편적인 언어 지식 그 자체보다는 언

어 지식을 도출하는 탐구 과정과 언어 지식의 활용에 중점을 두어 설정한다.(「제7차 국어과 교육 과정」(115쪽)의 '평가 목표와 내용' 중에서)

ㄹ) '문법' 영역의 평가 목표는 문법 지식의 이해와 탐구 및 적용 중심으로 설정하되, 문법 지식의 단순한 암기가 아닌 국어의 구조와 문법의 작동 원리를 파악하고 생활 속에 적용, 실천하는 능력에 중점을 두어 설정한다.(「2011년 개정 국어과 교육과정」(73쪽) '평가 운용' 중에서)

이러한 평가 관점은 언어 지식이 국어 사용 능력 신장에 도움을 줄 수 있어야 한다는 기본적인 믿음을 바탕으로, 이 분야의 평가도 지식 자체의 이해보다는 지식의 발견 과정 및 그 사용적 측면을 위주로 해야 한다는 판단에서 나온 것으로 보인다. 그러나 교육과정의 이런 진술이 실제 평가 장면에 대해 절대적인 영향력으로 작용할 수 있다는 점을 고려하면 좀 더 신중한 태도가 필요하다.

탐구 과정과 활용적 측면만을 가지고 언어 지식의 전 국면을 평가하기는 불가능하다. 따라서 위와 같은 평가 관점은, 학습된 언어 지식의 많은 부분을 평가에서 제외시키는 결과를 초래할 수도 있다는 점을 생각해야 한다. 언어 지식의 평가는 이 분야의 교육적 가치가 지니는 다양성만큼이나 여러 가지 방법으로 이루어져야 한다. 따라서 그 평가 목표와 내용은 지식 자체의 이해 정도, 지식 발견 과정의 합리성, 지식의 활용 능력, 언어와 국어에 대한 태도나 가치관 등 다양한 범주로 구성되어야 한다. 문항의 출제 형식도 이에 따라 다양화되어야 함은 물론이다.

문법 영역의 평가에 대한 국어과 교육의 관점을 잘 반영하고 있는 용어로 '단편적인 언어 지식'이라는 표현을 들 수 있다. 이 표현은 교육과정이나 교사용 지도서 등에서 문법 교육의 평가와 관련된 지침이나 안내를 하는 곳이면 자주 등장했는데, 위의 인용문에서도 찾아볼 수 있다. 여기서 '단편적인 지식'이란 '전체나 본질과는 거리가 먼 부분적인 지식'으로서 결국 '교육적 가치가 없는 지식'이란 의미로 사용된 것으로 보인다. 그러나 단편적인 지식 여부를 지식 자체의 속성에서 찾고 그러한 기준을 바탕으로 좋은 평가 문항과 그렇지 못한 평가 문항을 구분하기는 어렵다고 생각한다. 단편적인 지식인지 아닌지를 판별할 수 있는 기준을 지식 자체가 가지고 있다고 보기 어렵다는 말이다. 예를 들어 다음 문항을 살펴보자.

다음은 음운 환경에 따른 소릿값의 변화를 예를 들어 설명하기 위한 것이다. ㄱ~ㅁ에 들어갈 말로 알맞지 않은 것은?

결합 양상	음운 현상	예
안울림 소리 + ㄱ, ㄷ, ㅂ, ㅅ, ㅈ	된소리되기	ㄱ
안울림 소리 + ㄴ, ㄹ, ㅁ	자음 동화	ㄴ
형태소 + 'ㅣ' 모음	구개음화	ㄷ
형태소 + 형태소	음절의 끝소리 규칙	ㄹ
어간 + 어미	음운의 축약	ㅁ

(1) ㄱ : 밥상 (2) ㄴ : 밭머리 (3) ㄷ : 낯이 (4) ㄹ : 옷안
(5) ㅁ : 낳고

위 문항은 음운 변동에 대한 이해 여부를 평가하기 위한 문항이다. 이 문항들에 담긴 지식의 내용은 사실 실제 국어 사용 능력과는 직접적인 관계가 적은 것들이라고 할 수 있다. 이들 지식의 이해 여부가 국어 사용 능력의 수준을 좌우할 수 있는 것이 아니기 때문이다. 그럼에도 불구하고 이 문항을 단편적인 지식을 묻는, 좋지 못한 문항으로 평가할 수는 없다. 왜냐하면 단순 암기에 의한 단편적인 지식으로는 이 문항들의 해답을 찾기 어려울 것이기 때문이다. 이 문항은 음운론과 형태론의 기본 개념, 우리말 음운 변동 현상에 대한 체계적인 이해가 바탕이 되어야 정답을 찾을 수 있으며, 이것은 올바른 과정에 의한 교수·학습을 전제로 하는 것이다.

언어와 국어에 대한 지식이 단편적인가 본질적인가 하는 것은 지식의 형성 과정 및 그것에 대한 학습자의 태도에 달려 있을 뿐, 해당 지식 고유의 속성은 아니라고 본다. 일방적인 주입과 암기에 의한 문법 지식은 그야말로 단편적인 지식이 되고 말겠지만 개념에 대한 충실한 이해를 바탕으로 규칙과 원리를 찾아내는 과정에 의해 획득된 지식은 어떤 식으로든 교육적 가치를 인정받을 수 있다. 따라서 문법에 대한 지식 그 자체라

하더라도 올바른 과정에 의해 교수·학습이 이루어지고 그 결과가 평가 된다면 언제든 가치 있는 지식과 평가가 되는 것이다.

이렇게 볼 때, '국어 지식 영역의 평가 목표는 단편적인 언어 지식 그 자체보다는 언어 지식을 도출하는 탐구 과정과 언어 지식의 활용에 중점을 두어 설정한다.'는 식의 진술은 그 진의와는 관계없이 문법 지식의 평가에 좋지 못한 영향을 주어 온 것으로 생각된다. 이러한 진술은 지금까지 언어 지식의 평가 대상을 원천적으로 제한함으로써 이 분야의 평가에 부당한 제약을 부과하는 결과를 초래하였다. 그리하여 언어 지식의 평가 문항은 대개 독립적인 문항으로 제시되기보다는 기능적 요소와 결부되거나 기능 영역 문항 속에 포함되어 제시되었고, 아예 이 영역의 지식을 묻는 문항은 그 형식과 내용에 관계없이 단편적인 지식을 묻는, 좋지 못한 것으로 인식되어 출제 자체가 기피되기도 했다. 요컨대 언어 지식 영역의 평가와 관련하여 유독 자주 등장하는 '단편적인 지식 그 자체' 식의 표현은 이 영역의 성격에 대한 편견에서 출발하여 그 올바른 평가를 가로막는 부당한 제약으로 작용하고 있다는 혐의를 벗기 어렵다. 이런 편견과 제약은 평가뿐 아니라 이 분야의 교육 전반에 도움을 주기보다는 언어 지식의 가치가 온전하게 구현되는 것을 가로막는 장애가 될 가능성이 많기 때문에 더 세심한 주의가 필요하다고 하겠다.

3. 음운 교육과 국어 교사

이제 마지막으로, 음운 교육을 직접 수행하는 국어 교사가 갖추어야 할 자질에 대해 생각해 보자. 앞에서 살폈듯이, 음운 교육의 중요한 내용은 말소리의 소릿값과 발음, 음운 체계, 음운 변동, 음운의 역사 등이다. 이 내용들을 제대로 가르치기 위해서 국어 교사는 이들에 대한 체계적인 지식을 갖추어야 함은 물론, 표준 발음 구사 능력까지 갖추는 것이 이상적이다.

음운 체계와 음운의 변동, 음운의 역사에 대한 지식은 음운론과 국어사를 포함한 국어학의 여러 하위 분야에 대한 폭넓은 이해를 바탕으로 해야 한다. 6장까지의 내용에서 드러났듯이 말소리는 홀로 존재하는 것이 아니라 의미가 담긴 단어나 문장의 모습으로 실현된다. 음운 체계는 개별 말소리가 형태소나 단어를 구성하고 의미를 구별하는 과정에 참여하는 방식에 따라 형성되는 것이고 음운의 변동 역시 형태소나 단어가 다양한 환경에서 그 모습을 바꾸는 것에 다름 아니다. 따라서 우리말의 음운 체계나 음운 변동을 제대로 탐구하고 이해하기 위해서는 국어학의 다른 분야, 즉 형태론이나 의미론, 통사론에 대한 이해가 반드시 필요하다.

표준 발음 능력에 대한 부분은 현실적으로 어려운 측면이 있을 수도 있다. 특히 방언 화자의 경우 어휘나 어법, 자·모음의 발음 정도까지는 어느 정도 수련을 통해 교정이 될 수 있지만 방언 특유의 고저, 장단, 억양과 같은 운율 요소까지 바꾸기는 매우 어려운 일이다. 그러나 발음 능력이 음운이나 언어 지식을 넘어 국어 능력의 중요한 기초가 된다는 점, 아울러 그 학습 및 수련의 과정에서 교사의 발음이 중요한 변수가 될 수 있다는 점을 고려하면 국어 교사에게 표준 발음 구사 능력을 요구하는 것은 결코 무리한 것이 아니라고 생각된다. 따라서 최소한, 음성·음운론에 대한 지식을 바탕으로 표준 발음의 내용을 체계적으로 설명할 수 있는 정도는 되어야겠고 나아가 표준 발음 구사 능력을 갖출 수 있도록 지속적으로 노력하는 자세가 필요하다.

많은 사람들이 표준 발음을 자음과 모음의 발음, 소리의 높낮이와 길이, 억양 등에만 관련되는 문제로 생각하는 경향이 있다. 그래서 자·모음을 정확하게 발음하고 서울말의 억양을 적당히 흉내 내면 표준 발음이 되는 것으로 생각하는 사람이 있는가 하면, 운율적인 요소의 교정이 어렵다는 이유로 아예 발음 수련을 포기하는 경우도 있다. 물론 표준 발음의 중요한 부분은 낱소리를 제 소릿값에 맞게 발음하는 것이고 또 운율 요소를 적절하게 구사하는 것도 필요하다. 그러나 이런 요소 못지않게 중요한 것이 '표준'에 맞는 단어와 형태를 사용하는 일이다. 실제로 방언 화자들의 발화를 관찰해 보면 자음이나 모음의 발음이 표준 발음과 다르기에 앞서, 어휘·형태 차원에서 '표준'의 범위를 크게 벗어나고 있음을 발견할 수 있다. 특히 조사나 어미는 방언에 따라 다양한 변이형을 가지고 있어 일반 어휘에 비해 쉽게 교정되지 않는 면이 있다. 예를 들어 표준어의 접속어미 '-려고'에 대응하는 경상방언의 형태는 '-(으)ㄹ라꼬'이다. 이 경우 '-(으)ㄹ라꼬'를 '-(으)려고'로 교정하지 않은 상태에서 자음 뒤의 이중 모음 내기

연습을 하거나 된소리를 피하기 위해 [-ㄹ라고]로 힘들게 발음하는 것은 의미 없는 일이다. 따라서 표준 발음을 수련할 때에는 단어나 문법 형태를 '표준'에 가깝게 구사하는 연습을 함께 하는 것이 필요하다. 표준 어형을 자연스럽게 사용하고 그것을 이루고 있는 자음과 모음을 표준 발음법에 따라 발음할 수 있는 정도면 표준 발음에 가깝다고 하겠다. 표준 발음법 제1항에서는 '표준 발음법은 **표준어**의 실제 발음을 따르되, 국어의 전통성과 합리성을 고려하여 정함을 원칙으로 한다.'라고 규정하고 있다.

Reference
참고문헌

강옥미(2003), ≪한국어 음운론≫, 태학사.

강창석(1989), 〈현대국어 음운론의 허와 실〉, ≪국어학≫ 19, 국어학회.

강창석(1992), 〈15세기 음운이론의 연구; 차자표기 전통과의 관련성을 중심으로〉, 서울대 박사학위 논문.

고광모(1991), 〈국어의 보상적 장음화 연구〉, 서울대 박사학위 논문.

곽동기(1992), 〈운율단위에 의한 국어 음운현상의 분석〉, 서울대 박사 학위 논문.

곽충구(2001), 〈구개음화 규칙의 발생과 확산〉, ≪진단학보≫ 92, 진단학회.

곽충구(2003), 〈현대국어의 모음체계와 그 변화의 방향〉, ≪국어학≫ 41, 국어학회.

구현옥(2000), 〈국어 변동 규칙 설정에 있어서의 몇 가지 제안〉, ≪한글≫ 247, 한글학회.

구희산·고도흥 외 공편(2001), ≪음성과학 용어 번역 사전≫, 한국문화사.

국경아·김주원·이호영(2005), 〈선호도 조사를 통한 ㄴ첨가 현상의 실현 양상 연구〉, ≪말소리≫ 53, 한국음성학회.

국립국어연구원(1999), ≪표준 국어 대사전≫, 두산동아.

권인한(1993), 〈'표준 발음법'과 '문화어발음법' 규정〉, ≪새국어생활≫ 3-1, 국립국어연구원.

권재선(1993), ≪훈민정음의 표기법과 음운: 중세 음운론≫, 우골탑.

권재일(1995), 〈국어학적 관점에서 본 언어 지식 영역의 지도의 내용〉, ≪국어교육연구≫ 2, 서울대 사대 국어교육연구소.

김경란(1993), 〈우리말 음절화와 관련된 음운규칙의 적용방법〉, ≪음성·음운·형태론 연구≫ 1, 한국문화사.

김경아(2000), ≪국어의 음운표시와 음운과정≫, 태학사.

김광해(1997), ≪국어 지식 교육론≫, 서울대학교 출판부.

김동소(1998), ≪한국어 변천사≫, 형설출판사.

김동소(2002), ≪중세 한국어 개설≫, 대구가톨릭대학교 출판부.

김무림(1992), ≪국어음운론≫, 한신문화사.

김무림(2002), 〈음성학 · 음운론의 연구 현황과 과제〉, ≪21세기 국어학의 현황과 과제≫, 박영순 편, 한국문화사.

김무식(1986), 〈경상도 방언 /ㅓ/와 /ㅡ/ 모음의 실험음성학적 연구: 대구지역을 중심으로〉, 경북대 석사학위 논문.

김무식(1993), 〈「훈민정음」의 음운체계 연구〉, 경북대 박사학위 논문.

김문웅(1984), 〈근대국어의 표기와 음운: 노걸대언해와 중간노걸대언해의 비교를 통하여〉, ≪한글≫, 한글학회.

김선미(1997), 〈한국어의 리듬단위와 문법 구조: 음성 합성에서 리듬 구현의 자연성 향상을 위한 음성 · 언어학적 연구〉, 서울대 박사학위 논문.

김선철(1997), 〈국어 억양의 음성학 · 음운론적 연구〉, 서울대 박사학위 논문.

김성규(1987), 〈어휘소 설정과 음운 현상〉, 서울대 석사 학위 논문.

김성규(1988), 〈비자동적 교체의 공시적 기술〉, ≪관악어문연구≫ 13, 서울대.

김성련(1996), 〈국어 음절간의 음운 현상에 대한 연구〉, 충남대 박사학위 논문.

김성화(1992), 〈삽입모음 '으'의 기능〉, ≪국어학≫ 22, 국어학회.

김수업(1989), ≪국어교육의 원리≫, 청하.

김영송(1981), ≪(고친판) 우리말 소리의 연구≫, 과학사.

김영일(1985), 〈국어와 터키어의 음운 비교 시론〉, ≪소당 천시권박사 화갑기념 국어학논총≫, 형설출판사.

김영일(1993), 〈중세국어 'ㄱ' 덧남 어형의 재고찰〉, ≪어문학≫ 64, 한국어문학회.

김영진(1990), 〈모음체계〉, ≪국어연구 어디까지 왔나≫, 동아출판사.

김정대(2000), 〈음운면에서 본 경남 방언의 방언 구획〉, ≪인문논총≫ 13, 경남대 인문과학연구소.

김정우(1991), 〈음절말 자음중화의 실상〉, ≪국어학의 새로운 인식과 전개≫, 민음사.

김정우(1994), 〈음운현상과 비음운론적 정보에 관한 연구〉, 서울대 박사학위 논문.

김정태(1996), ≪국어 과도음 연구≫, 박이정.

김종택(1980), 〈사잇소리 'ㅅ'과 형태소 'ㅅ'에 대하여〉, ≪어문학≫ 23, 한국어문학회.

김종택(2002), 〈어원 추정에서 본 경음 발생〉, ≪국어교육연구≫ 34, 국어교육학회.

김주원(1992), 〈모음체계와 모음조화〉, ≪국어학≫ 22, 국어학회.

김주원(1993), ≪모음조화의 연구≫, 영남대출판부.

김주원(1997), 〈구개음화와 과도교정〉, ≪국어학≫ 29, 국어학회.

김주필(1990), 〈국어 폐쇄음의 음성적 특징과 음운현상〉, ≪강신항교수 회갑기념 국어학논문집≫, 태학사.

김주필(1994), 〈17 · 8세기 국어의 구개음화와 관련 음운현상에 대한 통시적 연구〉, 서울대 박사학위 논문.

김진우(1971), 〈소위 변격용언의 비변격성에 관하여〉, ≪한국언어문학≫ 8 · 9, 한국언어문학회.

김진우(1971), 〈국어 음운론에 있어서의 공모성〉, ≪어문연구≫ 7, 어문연구회.

김진우(1985), ≪언어: 그 이론과 적용≫, 탑출판사.

김차균(1971), 〈변칙 용언의 연구〉, ≪한글≫ 149, 한글학회.

김차균(1983), ≪음운론의 원리≫, 창학사.

김차균(1988), ≪나랏말의 소리≫, 태학사.

김차균(1998), ≪나랏말과 겨레의 슬기에 바탕을 둔 음운학 강의≫, 태학사.

김차균(2006), ≪중부 동해안 방언의 성조 비교≫, 글누림.

김창식(1995), 〈국어 파생어 형성 과정의 음운·의미 변이 연구〉, 경북대 박사학위 논문.

김형철(1997), ≪개화기 국어 연구≫, 경남대출판부.

김혜영(1996), 〈국어 유음의 통시적 연구〉, 경남대 박사학위 논문.

남기심·고영근(1993), ≪표준국어문법론(개정판)≫, 탑출판사.

대한해부학회(1999), ≪해부학≫, 고려의학.

리의도(2004), ≪이야기 한글 맞춤법(다듬판)≫, 석필.

문교부(1988), ≪국어 어문 규정집≫, 대한교과서주식회사.

문수미(1999), 〈한국어 액센트에 관한 실험음성학적 연구; 자음 및 음절 구조와 관련하여〉, 서울대 박사학위 논문.

문화관광부(2000), ≪바람직한 통신언어 확립을 위한 기초연구≫(연구보고서).

민현식(1999), ≪국어 정서법 연구≫, 태학사.

박경래(1999), 〈움라우트〉, ≪새국어생활≫ 9권3호, 국립국어연구원.

박동근(1996), 〈현대국어 흉내말의 연구〉, 건국대 박사학위 논문.

박숙희(2014), ≪국어 어문 규범≫, 역락.

박창원(1987), 〈표면음성제약과 음운현상〉, ≪국어학≫ 16, 국어학회.

박창원(1989), 〈통시음운론 연구사와 국어음운사 연구 30년〉, ≪국어학≫ 19, 국어학회.

배주채(1989), 〈음절말 자음과 어간말 자음의 음운론〉, 서울대 석사학위 논문.

배주채(1996), ≪국어음운론 개설≫, 신구문화사.

배주채(2001), 〈지정사 활용의 형태음운론〉, ≪국어학≫ 37, 국어학회.

배주채(2010), 〈현대국어 음절의 가짓수 연구〉, ≪어문연구≫ 38, 한국어문교육연구회.

배주채(2013), ≪(개정판) 한국어의 발음≫, 삼경문화사.

백두현(1992), ≪영남 문헌어의 음운사 연구≫, 태학사.

백두현(1988), 〈'ᆞ 오 으 우'의 대립관계와 원순모음화〉, ≪국어학≫ 17, 국어학회.

백두현(1992), 〈경상방언의 모음체계와 모음중화〉, ≪어문교육논집≫, 부산대.

백두현·이미향·안미애(2013), ≪한국어 음운론≫, 태학사.

서보월(1992), 〈국어 자음 연계에서의 음운현상과 제약〉, 경북대 박사학위 논문.

서보월(1995), 〈국어의 유음화와 비음화에 대하여〉, ≪어문논총≫ 29, 경북어문학회.

송 민(1986), ≪전기근대국어 음운론 연구≫, 탑출판사.

송창선(1998), ≪국어 사동법 연구≫, 홍문각.

송철의(1983), 〈파생어 형성과 통시성의 문제〉, ≪국어학≫ 12, 국어학회.

송철의(1993), 〈자음의 발음〉, ≪새국어생활≫, 3-4, 국립국어연구원.

송철의(1990), 〈자음동화〉, ≪국어연구 어디까지 왔나≫, 동아출판사.

시정곤(1993), 〈국어의 단어형성 원리〉, 고려대 박사학위 논문.

신승용(2003), ≪음운 변화의 원인과 과정≫, 태학사.

신승용(2013), ≪국어 음운론≫, 역락.

신지영(2000), ≪말소리의 이해≫, 한국문화사.

신지영·차재은(2003), ≪우리말 소리의 체계≫, 한국문화사.

양병곤(1993), 〈한국어 이중모음의 음향학적 연구〉, ≪말소리≫ 25·26, 대한음성학회.

오정란(1988), ≪경음의 국어사적 연구≫, 한신문화사.

오정란(1987), 〈국어 복합어 내부의 경음화 현상〉, ≪언어≫ 12-1, 한국언어학회.

오정란(1997), ≪현대 국어 음운론(개정판)≫, 형설출판사.

오종갑(1988), ≪국어 음운의 통시적 연구≫, 계명대출판부.

오종갑(1997), 〈유기음화와 관련된 영남방언의 특성과 그 전개〉, ≪인문연구≫ 19-1, 영
        남대 인문과학연구소

유창균(1998), ≪훈민정음 역주≫, 형성출판사.

이관규(1999), ≪학교 문법론≫, 월인.

이기문(1977), ≪국어음운사연구≫, 탑출판사.

이기문(1998), ≪(신정판)국어사개설≫, 태학사.

이기문·김진우·이상억(2000), ≪국어음운론(증보판)≫, 학연사.

이돈주 역주(1985), ≪중국음운학≫, 일지사.

이동석(2002), 〈국어 음운 현상의 소멸과 변화에 대한 연구〉, 고려대 박사 학위 논문.

이동화(1999), ≪최근 이론 중심의 국어음운론≫, 문창사.

이명규(1990), 〈구개음화〉, ≪국어연구 어디까지 왔나≫, 동아출판사.

이명규(1993), ≪중세 및 근대국어의 구개음화≫, 한국문화사.

이문규(1996), 〈현대국어 상징어의 음운·형태론적 연구〉, 경북대 박사학위 논문.

이문규(1999), 〈음소 'ㅎ'과 유기음화〉, ≪언어과학연구≫ 16, 언어과학회.

이문규(2005), 〈국어과 발음 교육의 개선 방향에 대한 연구〉, ≪국어교육연구≫ 38, 국어
        교육학회.

이문규(2009), 〈음운 규칙의 공시성과 통시성-진행 중인 음운 변화의 기술 문제를 중심으
        로-〉, ≪한글≫ 285, 한글학회.

이병건(1976), ≪현대 한국어의 생성 음운론≫, 일지사.

이병근(1979), ≪음운현상에 있어서의 제약≫, 탑출판사.

이병근(1981), 〈유음 탈락의 음운론과 형태론〉, ≪한글≫ 173 · 174, 한글학회.

이병근 · 최명옥(1997), ≪국어음운론≫, 한국방송통신대학교 출판부.

이병운(1993), 〈중세국어의 음절구조와 음운현상 연구〉, 부산대 박사학위 논문.

이상규(1989), 〈서북경북방언의 통시음운현상〉, 경북대 박사학위 논문.

이상규(1998), ≪방언학≫, 학연사.

이상태(1976), 〈닿소리의 바뀜에 대하여〉, ≪한글≫ 158, 한글학회.

이상태(1993), ≪국어교육의 길잡이≫, 한신문화사.

이성영(1995), 〈언어 지식 영역 지도의 필요성과 방향〉, ≪국어교육연구≫ 2, 서울대 사대 국어교육연구소

이승재(1993), 〈모음의 발음〉, ≪새국어생활≫ 3-1, 국립국어연구원.

이승재(1994), 〈'-이-'의 삭제와 생략〉, ≪주시경학보≫ 13, 탑출판사.

이은규(1993), 〈『향약구급방』의 국어학적 연구〉, 효성여대 박사학위 논문.

이장희(2001), 〈신라시대 한자음 성모체계의 통시적 연구〉, 경북대 박사학위 논문.

이진호(1997), 〈국어 어간말 자음군과 관련 현상에 대한 통시음운론〉, 서울대 석사학위 논문.

이진호(1998), 〈국어 유음화에 대한 종합적 고찰〉, ≪국어학≫ 31, 국어학회.

이진호(2002), 〈음운 교체 양상의 변화와 공시론적 기술〉, 서울대 박사 학위 논문.

이진호(2009), ≪국어 음운 교육 변천사≫, 박이정.

이진호(2014), ≪(개정판) 국어 음운론 강의≫, 삼경문화사.

이철수(1985), ≪한국어 음운학≫, 인하대출판부.

이현복(1998), ≪(개정판) 한국어의 표준발음≫, 교육과학사.

이호영(1996), ≪국어 음성학≫, 태학사.

임석규(2002), 〈음운탈락과 관련된 몇 문제〉, ≪국어학≫ 40, 국어학회.

임석규(2008), 〈사이시옷 규정의 문제점 고찰〉, ≪우리말글≫ 43, 우리말글학회.

임석규(2012), 〈국어 교과서에서의 유음 탈락 기술 검토〉, ≪개신어문연구≫ 36, 개신어문학회.

임지룡(1990), 〈음운구조와 어휘구조의 상관성〉, ≪주시경학보≫ 6, 탑출판사.

임지룡(1992), ≪국어 의미론≫, 탑출판사.

임홍빈(1993), 〈국어 억양의 기본 성격과 특징〉, ≪새국어생활≫ 3-1, 국립국어연구원.

전광현(1990), 〈음장 · 억양 · 악센트〉, ≪국어연구 어디까지 왔나≫, 동아출판사.

전상범(1980), ≪생성음운론≫, 탑출판사.

전상범(1985), ≪영어음성학≫, 을유문화사.

전상범 외(1997), ≪최적성 이론≫, 한신문화사.

정연찬(1997), ≪개정 한국어 음운론≫, 한국문화사.

정원수(1994), 〈경북 방언의 복합동사 형성에 나타나는 성조 변동 연구〉, ≪한글≫ 224,

한글학회.

정인혁(2001), ≪사람해부학(셋째판 수정보완판)≫, 아카데미서적.

정인호(2007), 〈음운론 용어의 정확한 사용을 위한 제언〉, ≪인문과학연구≫ 30, 대구대
　　　학교 인문과학연구소

정　철(1962), 〈국어음소배열의 연구〉, 경북대 석사학위 논문.

조규태(2000ㄱ), 〈우리말 'ㅟ+ㅓ'의 준말에 대하여, ≪한글≫ 249, 한글학회.

조규태(2000ㄴ), ≪번역하고 풀이한 훈민정음≫, 한국문화사.

조규태(2001), 〈모음 체계〉, ≪경남 방언 연구≫, 한국문화사.

주상대(1989), 〈울진 지역어 모음의 음운현상 연구〉, 계명대 박사학위 논문.

최명옥(1982), ≪월성지역어의 음운론≫, 영남대 출판부.

최명옥(1985), 〈변칙동사의 음운현상에 대하여: p-, s-, t- 변칙동사를 중심으로〉, ≪국어
　　　학≫ 14, 국어학회.

최명옥(1989), 〈국어 움라우트의 연구사적 고찰〉, ≪주시경학보≫ 3, 탑출판사.

최명옥·곽충구·배주채·전학석(2002), ≪함북 북부지역어 연구≫, 태학사.

최영환(1995), 〈언어 능력 신장의 관점에서 본 언어 지식 영역의 지도 내용〉, ≪국어교육
　　　연구≫ 2, 서울대 사대 국어교육연구소.

최웅환(2000), ≪국어 문장의 형성 원리 연구≫, 역락.

최임식(1990), 〈국어 내파화에 관한 연구〉, 계명대 박사학위 논문.

최전승(1990), 〈움라우트〉, ≪국어연구 어디까지 왔나≫, 동아출판사.

최현배(1955), ≪우리말본≫, 정음문화사.

표진이(1975), 〈한국어 폐색자음의 음향음성학적 양상〉, ≪한글≫ 155, 한글학회.

한글학회(1992), ≪우리말 큰사전≫, 어문각.

한영균(1994), 〈후기중세국어의 모음조화 연구〉, 서울대 박사학위 논문.

허　웅(1955), 〈방점 연구: 경상도 방언 성조와의 비교〉, ≪동방학지≫ 2, 연세대.

허　웅(1981), ≪언어학: 그 대상과 방법≫, 샘문화사.

허　웅(1985), ≪국어 음운학: 우리말 소리의 오늘·어제≫, 샘문화사.

황미향(2002), 〈국어지식 내용의 문제점 및 해결 방안 연구〉, ≪어문학≫ 78, 한국어문학회.

董少文 編(1988), ≪語音常識(增訂版)≫, 上海敎育出版社(임동석 역, 1993, ≪한어
　　　음운학 강의≫, 동문선).

An, Sang-Cheol(1985), *The Interplay of Phonology and Morphology* in Korean, Hanshin
　　　Publishing Co.

Clark, J. and C. Yallop(1995), *An Introduction to Phonetics and Phonology*(2nd ed.),
　　　Blackwell.(구희산 외 옮김(1998), ≪음성학과 음운론≫, 한신문화사.)

Comsky, N. and M. Halle(1968), *The sound pattern of English*, New York: Harper and Row.

Cruttenden, A.(1986), *Intonation*, Cambridge Univ. Press.

Durand, J.(1990), *Generative and Non-Linear Phonology*, Longman Linguistics Library. (문양수 옮김(1994), ≪생성·비단선 음운론≫, 한신문화사.)

Goldsmith, J.(1976), *Autosegmental Phonology*, Indiana University.(이윤동 역(1990), ≪자율분절음운론≫, 한신문화사.)

Goldsmith, J. eds(1993), *The Last Phonological Rule*, The University of Chicago Press.

Gussmann, E.(2002), *Phonology: Analysis and Theory*, Cambridge Univ. Press.

Hooper, J. B.(1976), *An introduction to natural generative phonology*, New York: Academic Press.

Hulst, H. van der & N. Smith eds.(1982), *The structure of phonological representations(Part I, II)*, Foris Publications.

Hyman, L. M.(1970), How Concrete is Phonology? Language 49.

Hyman, L. M.(1975), *Phonology: theory and analysis*, New York: Holt, Rinehart and Winston.

Katamba, F.(1989), *An Introduction to Phonology*, Longman.(조학행 외 옮김(1997), ≪현대 음운론 입문≫, 한신문화사)

Kenstowicz, M.(1994), *Phonology in Generative Grammar*, Blackwell.(안상철 외 옮김(1997), ≪생성문법의 음운론≫, 한신문화사.)

Kenstowicz, M. and C. W. Kisserberth(1979), *Generative phonology: description and theory*, New York: Academic Press.

Kim, Chin Woo(1965), On the autonomy of Tensity feature in stop classification: with Special Reference to Korean Stops, *Word* 21.3.

Kim-Renaud, Young-Key(1974), *Korean Consonantal Phonology*, Doctoral dissertation, University of Hawaii, Hanshin Publishing Company.

Kiparsky, P.(1968), Linguistic universals and linguistic change, In Bach and Harms, eds.(1968), *Universals in linguistic theory*, New York: Holt, Rinehart and Winston.

Ladefoged, P.(1975), *A Course in Phonetics*, New York: Harcourt Brace Jovanovich.(황귀룡 역(1981), ≪음성학 입문≫, 한신문화사.)

Lass, R.(1984), *Phonology: An introduction to basic concepts*, Cambridge Univ. Press.

Pinker. S.(1994), *THE LANGUAGE INSTINCT*, (김한영 외 옮김(1998), ≪언어본능≫, 그린비.)

Roca, I. and W. Johnson(1999), A Course in *Phonology*, Blackwell.

Saussure, Ferdinand de(1916), *Cours de Linguistique Générale*, Paris: Payot. ≪일반언어학강의≫, 최승언 역, 민음사.

Sohn, Hyang-Sook(1987), *Underspecification in Korean Phonology*, Hanshin Publishing Co.

Index

찾아보기

정지음 28
조음 과정 13
조음 기관 25, 35, 36, 89, 106, 109, 178
조음 방법 14, 17
조음 방법 동화 141, 150
조음 방법에 대한 자질 107, 108
조음 위치 14, 15
조음 위치 동화 173, 176
조음 위치에 대한 자질 107
조음 음성학 8
조음부 13, 29
좁힘점 35
좌분지 구조 83
주모음 36, 38, 71
주변이음 56, 59
주요 부류 자질 106, 107
준동음어 52
중괄호 표기 104
중모음 30, 68
중설 모음 30, 63
중성 모음 243
중앙 모음 33
중화 134, 136
지속 17
지속 시간 40
지속성 108
지속음 28
지연 개방성 108
직각 괄호 표기 104
짧은 소리 237

최소 대립쌍 52, 55
최소 대립어 52, 56, 59
축약 89, 231
치간음 15
치음(잇소리) 15, 16
치조 마찰음 23
치조 무성 파열음 20
치조 비음 25, 145, 150
치조 설측음 26
치조 유성 파열음 20
치조 파열음 21, 118, 131
치조음 15, 16, 17, 158

지은이 **이문규**

경북대학교 사범대학 국어교육과를 졸업하고 같은 대학의 대학원 국어국문학과에서 국어 음운론을 전공하여 석사학위와 박사학위를 받았다. 부산교육대학교 국어교육과를 거쳐 지금은 경북대학교 사범대학 국어교육과에서 국어 음운론, 국어사, 국어문법교육론 등을 강의하고 있다. 최근 10여 년간 주로 국어 성조론과 국어과 문법 교육론 분야에 대해 관심을 가지고 연구를 진행하고 있다. 주요 논저로는 〈현대국어 상징어의 음운·형태론적 연구〉(박사 학위 논문, 1996), 〈국어 교육의 이념과 어휘 교육의 방향〉(2003), 『학교문법과 문법교육』(공저, 2005), 〈음운규칙의 공시성과 통시성〉(2009), 『문법교육론』(공저, 2010), 〈문법교육론의 쟁점과 문법 교육의 내용〉(2010), 〈국어 방언 성조의 성격과 성조 체계 기술의 기본 단위〉(2011), 〈국어 성조론에서의 성조형의 개념과 위상〉(2013), 『형태소 성조형 중심의 국어 성조론』(2017) 등이 있다.

국어 교육을 위한

현대 국어 음운론

초판 1쇄 · 2004년 8월 10일
2판 1쇄 · 2015년 8월 25일
2판 2쇄 · 2016년 8월 25일
2판 3쇄 · 2018년 3월 15일
2판 4쇄 · 2020년 9월 1일

지은이 · 이 문 규
펴낸이 · 김 진 수
펴낸곳 · **한국문화사**
주소 · 서울특별시 성동구 광나루로 130 서울숲IT캐슬 1310호
전화 · 02-464-7708
팩스 · 02-499-0846
등록번호 · 제2-1276호
등록일 · 1991년 11월 9일
홈페이지 · www.hankookmunhwasa.co.kr
이메일 · hkm7708@hanmail.net

ISBN 978-89-6817-273-1 93710

이 도서의 국립중앙도서관 출판예정도서목록(CIP)은
서지정보유통지원시스템 홈페이지(http://seoji.nl.go.kr)와
국가자료공동목록시스템(http://www.nl.go.kr/kolisnet)에서 이용하실 수 있습니다.
(CIP제어번호: CIP2015023007)